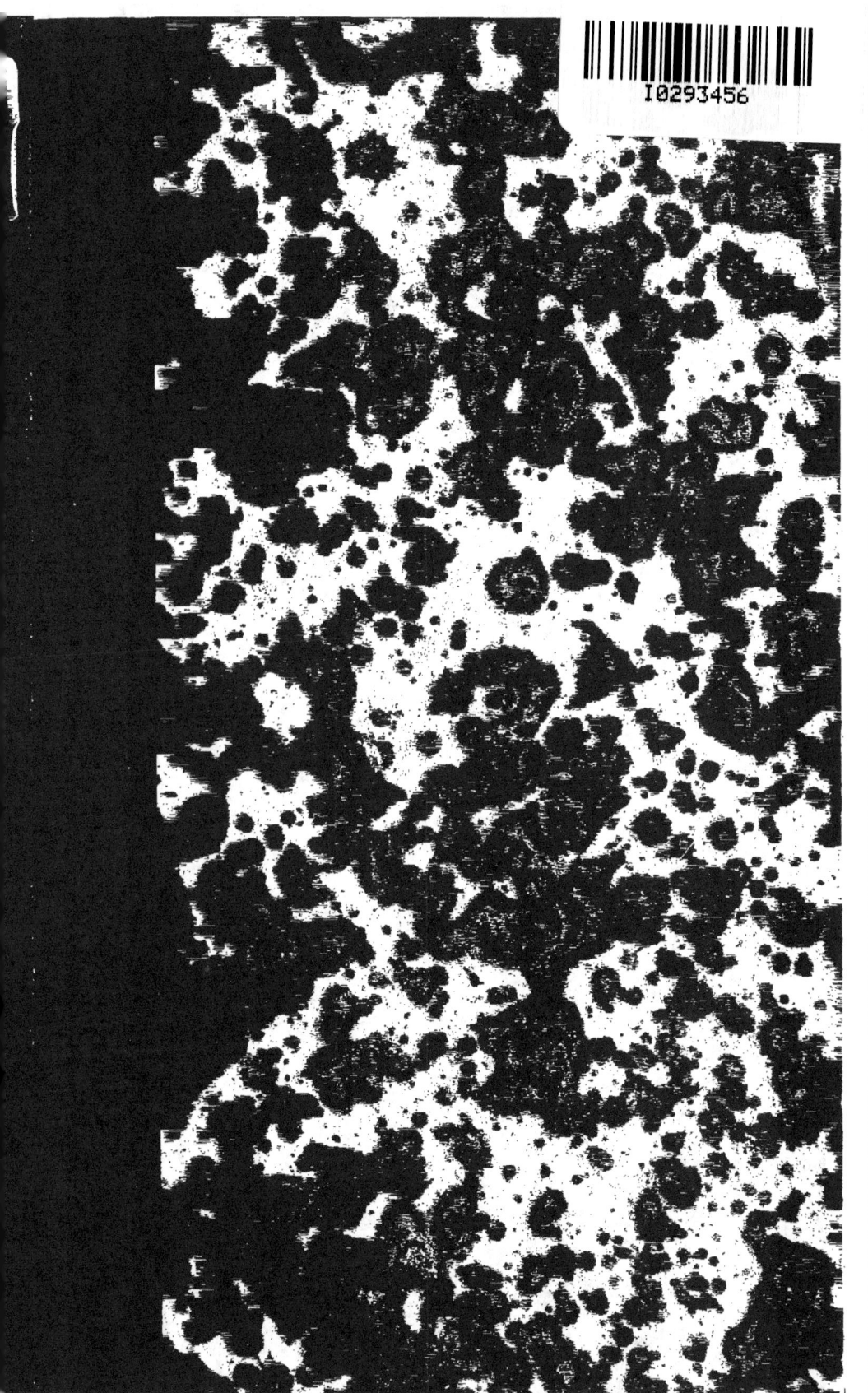

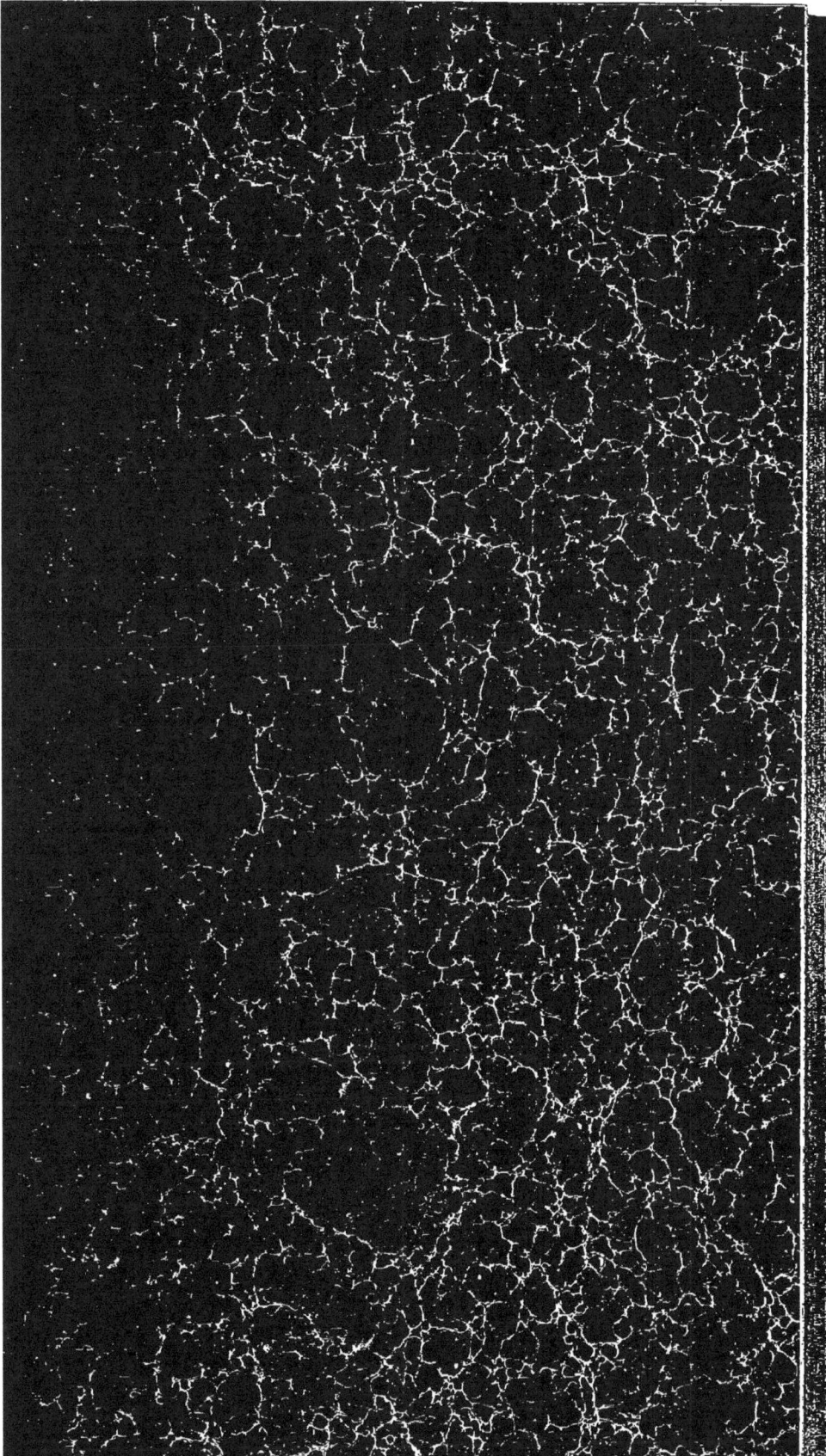

Z 2129.
Bg. 2.

Ⓒ

19703

ESSAIS

DE MICHEL

DE MONTAIGNE.

ESSAIS

DE MICHEL

DE MONTAIGNE.

NOUVELLE ÉDITION.

TOME DEUXIÈME.

Paris,

Hector Bossange,

QUAI VOLTAIRE, N. 11.

IMPRIMERIE DE LACHEVARDIERE,

RUE DU COLOMBIER, N. 30.

1828.

ESSAIS

DE MICHEL DE MONTAIGNE.

LIVRE SECOND.

CHAPITRE I.

De l'inconstance de nos actions.

Ceulx qui s'exercent à contrerooller les actions humaines ne se treuvent en aulcune partie si empeschez qu'à les rapiecer et mettre à mesme lustre; car elles se contredisent communement de si estrange façon, qu'il semble impossible qu'elles soient parties de mesme boutique. Le ieune Marius se treuve tantost fils de Mars, tantost fils de Venus : le pape Boniface huictiesme entra, dict on, en sa charge comme un regnard, s'y porta comme un lion, et mourut comme un chien : et qui croiroit que ce feust Neron, cette vraye image de cruauté, comme on luy presenta à signer, suivant le style, la sentence d'un criminel condamné, qui eust respondu, « Pleust à Dieu que ie n'eusse iamais sceu (1) escrire » ! tant le cœur luy serroit de condamner un homme à mort ! Tout est si

---

(1) Vellem nescire litteras! *Senec.* de clementia, l. 2, c. 1.

plein de tels exemples, voire chascun en peult tant fournir à soy mesme, que ie treuve estrange de veoir quelquefois des gents d'entendement se mettre en peine d'assortir ces pieces ; veu que l'irresolution me semble le plus commun et apparent vice de nostre nature : tesmoing ce fameux verset de Publius le farceur,

Malum consilium est, quod mutari non potest. (1)

Il y a quelque apparence de faire iugement d'un homme par les plus communs traicts de sa vie ; mais, veu la naturelle instabilité de nos mœurs et opinions, il m'a semblé souvent que les bons aucteurs mesmes ont tort de s'opiniastrer à former de nous une constante et solide contexture : ils choisissent un air universel ; et, suyvant cette image, vont rengeant et interpretant toutes les actions d'un personnage ; et, s'ils ne les peuvent assez tordre, les renvoyent à la dissimulation. Auguste leur est eschappé ; car il se treuve en cet homme une varieté d'actions si apparente, soubdaine et continuelle, tout le cours de sa vie, qu'il s'est faict lascher entier, et indecis, aux plus hardis iuges. Ie crois, des hommes, plus malayseement la constance, que toute aultre chose, et rien plus ayseement que l'inconstance. Qui en iugeroit en detail et distinctement, piece à piece, rencontreroit plus souvent à dire vray. En toute l'ancienneté, il est malaysé de choisir une douzaine d'hommes qui ayent dressé leur vie à un certain et asseuré train, qui est le principal but de la sagesse : car pour la comprendre toute en un mot, dict un ancien, et pour embrasser, en une, toutes les regles de nostre vie, « C'est vouloir, et ne vouloir pas, tousiours mesme chose : ie ne daignerois, dict il, adiouster, pourveu que la volonté soit iuste ; car si elle n'est iuste, il est impossible qu'elle soit tousiours

---

(1) C'est un mauvais dessein que celui qu'on ne peut changer. *Ex Publii Mimis*, apud A. Gell. l. 17, c. 14.

une ». De vray, i'ay aultrefois appris que le vice n'est que desreglement et faulte de mesure; et par consequent il est impossible d'y attacher la constance. C'est un mot de Demosthenes, dict on, « que le commencement de toute vertu, c'est consultation et deliberation; et la fin et perfection, constance ». Si par discours nous entreprenions certaine voye, nous la prendrions la plus belle; mais nul n'y a pensé:

> Quod petiit, spernit; repetit quod nuper omisit;
> Aestuat, et vitæ disconvenit ordine toto. (1)

Nostre façon ordinaire, c'est d'aller aprez les inclinations de nostre appetit, à gauche, à dextre, contre mont, contre bas, selon que le vent des occasions nous emporte. Nous ne pensons ce que nous voulons, qu'à l'instant que nous le voulons; et changeons comme cet animal qui prend la couleur du lieu où on le couche. Ce que nous avons à cette heure proposé, nous le changeons tantost; et tantost encores retournons sur nos pas : ce n'est que bransle et inconstance;

> Ducimur, ut nervis alienis mobile lignum. (2)

Nous n'allons pas; on nous emporte : comme les choses qui flottent, ores doulcement, ores avecques violence, selon que l'eau est ireuse ou bonasse;

> nonne videmus
> Quid sibi quisque velit nescire, et quærere semper,
> Commutare locum, quasi onus deponere possit ? (3)

---

(1) Il méprise ce qu'il vouloit avoir; il reprend ce qu'il venoit de quitter, toujours flottant, et dans une perpétuelle contradiction avec lui-même. *Horat.* epist. 1, l. 1, v. 98, 99.

(2) On nous fait aller comme une marionnette, ou un sabot. *Horat.* sat. 7, l. 2, v. 82.

(3) Ne voyons-nous pas que l'homme ne sait ce qu'il veut, et le cherche pourtant sans cesse; qu'il va de lieu en lieu, comme s'il

chasque iour, nouvelle fantasie; et se meuvent nos humeurs avecques les mouvements du temps :

> Tales sunt hominum mentes, quali pater ipse
> Iuppiter auctifero lustravit lumine terras. (1)

Nous flottons entre divers advis ; nous ne voulons rien librement, rien absoluement, rien constamment. A qui auroit prescript et estably certaines loix et certaine police en sa teste, nous verrions tout par tout en sa vie reluire une equalité de mœurs, un ordre et une relation infaillible des unes choses aux aultres : Empedocles remarquoit cette difformité aux Agrigentins, qu'ils s'abandonnoient aux delices comme s'ils avoient (a) landemein à mourir, et bastissoient comme si iamais ils ne debvoient mourir. Le discours en seroit bien aysé à faire : comme il se veoid du ieune Caton; qui en a touché une marche, a tout touché; c'est une harmonie de sons tresaccordants, qui ne se peult desmentir. A nous, au rebours, autant d'actions, autant fault il de iugements particuliers. Le plus seur, à mon opinion, seroit de les rapporter aux circonstances voisines, sans entrer en plus longue recherche, et sans en conclure aultre consequence. Pendant les desbauches de nostre pauvre estat, on me rapporta qu'une fille, de bien prez de là où i'estois, s'es-

---

pouvoit y décharger le fardeau qui l'accable? *Lucret.* l. 3, v. 1070, et seqq.

(1) Tel est le jour qui éclaire les hommes, telle est leur humeur. *Cic.* fragm. poëmatum, p. 180, opp. tom. 9, édit. Olivet. Paris. 1742. Ces deux vers sont d'Homere, odyss. l. 18, v. 135. N.

(a) C'est ainsi que ce mot est écrit dans l'exemplaire corrigé par Montaigne. Il y a apparence que de son temps, et en Gascogne, on disoit et on écrivoit indifféremment *lendemain*, *landemein*, ou *l'endemain*, au lieu de *le lendemain* comme on parle aujourd'hui. Voyez ci-dessus, l. 1, c 17, p. 63, 64, not. (b). N.

toit precipitee du hault d'une fenestre pour eviter la force d'un belitre de soldat son hoste : elle ne s'estoit pas tuee à la cheute, et, pour redoubler son entreprinse, s'estoit voulu donner d'un coulteau par la gorge, mais on l'en avoit empeschee : toutesfois, aprez s'y estre bien fort blecee, elle mesme confessoit que le soldat ne l'avoit encores pressee que de requestes, solicitations et presents, mais qu'elle avoit eu peur qu'enfin il en veinst à la contraincte : et là dessus les paroles, la contenance et ce sang tesmoing de sa vertu, à la vraye façon d'une aultre Lucrece. Or, i'ay sceu, à la verité, qu'avant et depuis elle avoit esté garse de non si difficile composition. Comme dict le conte, « Tout beau et honneste que vous estes, quand vous aurez failly vostre poincte, n'en concluez pas incontinent une chasteté inviolable en vostre maistresse ; ce n'est pas à dire que le muletier n'y treuve son heure ». Antigonus ayant prins en affection un de ses soldats pour sa vertu et vaillance, commanda à ses medecins de le panser d'une maladie longue et interieure qui l'avoit tormenté long temps ; et s'appercevant, aprez sa guarison, qu'il alloit beaucoup plus froidement aux affaires, luy demanda qui l'avoit ainsi changé et encouardy : « Vous mesme, sire, luy respondit il, m'ayant deschargé des maulx pour lesquels ie ne tenois compte de ma vie ». Le soldat de Lucullus ayant esté desvalisé par les ennemis, feit sur eulx pour se revencher une belle entreprinse : quand il se feut remplumé de sa perte, Lucullus l'ayant prins en bonne opinion, l'employoit à quelque exploict hazardeux, par toutes les plus belles remontrances de quoy il se pouvoit adviser ;

Verbis, quæ timido quoque possent addere mentem : (1)

---

(1) En termes capables d'inspirer du courage au plus timide. *Horat.* epist. 2, l. 2, v. 36.

« Employez y, respondit il, quelque miserable soldat desvalisé »;

quantumvis rusticus, ibit,
Ibit eò, quò vis, qui zonam perdidit, inquit ; (1)

et refusa resoluement d'y aller. Quand nous lisons que Mechmet (a) ayant oultrageusement rudoyé Chasan chef de ses ianissaires, de ce qu'il voyoit sa troupe enfoncee par les Hongres, et luy se porter laschement au combat; Chasan alla, pour toute response, se ruer furieusement, seul, en l'estat qu'il estoit, les armes au poing, dans le premier corps des ennemis qui se presenta, où il feut soubdain englouti : ce n'est à l'adventure pas tant iustification que radvisement; ny tant prouesse naturelle, qu'un nouveau despit. Celuy que vous vistes hier si avantureux, ne trouvez pas estrange de le veoir aussi poltron le lendemain ; ou la cholere, ou la necessité, ou la compaignie, ou le vin, ou le son d'une trompette, luy avoit mis le cœur au ventre : ce n'est pas un cœur ainsi formé par discours, ces circonstances le luy ont fermy; ce n'est pas merveille si le voylà devenu aultre, par aultres circonstances contraires. Cette variation et contradiction qui se veoid en nous, si souple, a faict que aulcuns nous songent deux ames, d'aultres deux puissances, qui nous accompaignent et agitent chascune à sa mode, vers le bien l'une, l'aultre vers le mal ; une si brusque diversité ne se pouvant bien assortir à un subiect simple.

Non seulement le vent des accidents me remue selon son inclination, mais en oultre ie me remue et trouble moy mesme par l'instabilité de ma posture : et qui y regarde primement, ne se treuve guere deux fois en mesme estat. Ie donne à mon ame tantost un visage, tantost un

---

(1) Tout grossier qu'il étoit : Aille à l'assaut qui voudra, dit-il, et qui n'a rien à perdre ! *Horat.* ep. 2, l. 2, v. 39, 40.

(a) Mahomet. *Edition de* 1595.

aultre, selon le costé où ie la couche. Si ie parle diversement de moy, c'est que ie me regarde diversement : toutes les contrarietez s'y treuvent selon quelque tour et en quelque façon ; honteux, insolent ; chaste, luxurieux ; bavard, taciturne; laborieux, delicat ; ingenieux, hebeté; chagrin, debonnaire ; menteur, veritable ; sçavant, ignorant ; et liberal, et avare, et prodigue : tout cela ie le veois en moy aulcunement, selon que ie me vire ; et quiconque s'estudie bien attentifvement, treuve en soy, voire et en son iugement mesme, cette volubilité et discordance. Ie n'ay rien à dire de moy entierement, simplement et solidement, sans confusion et sans meslange, ny en un mot : Distinguo, est le plus universel membre de ma logique. Encores que ie sois tousiours d'advis de dire du bien le bien, et d'interpreter plustost en bonne part les choses qui le peuvent estre, si est ce que l'estrangeté de nostre condition porte que nous soyons souvent, par le vice mesme, poulsez à bien faire; si le bien faire ne se iugeoit par la seule intention : par quoy un faict courageux ne doibt pas conclure un homme vaillant ; celuy qui le seroit bien à poinct, il le seroit tousiours et à toutes occasions. Si c'estoit une habitude de vertu, et non une saillie, elle rendroit un homme pareillement resolu à touts accidents ; tel seul, qu'en compaignie ; tel en camp clos, qu'en une battaille ; car, quoy qu'on die, il n'y a pas aultre vaillance sur le pavé, et aultre au camp ; aussi courageusement porteroit il une maladie en son lict, qu'une bleceure au camp ; et ne craindroit non plus la mort en sa maison, qu'en un assault : nous ne verrions pas un mesme homme donner dans la bresche, d'une brave asseurance ; et se tormenter aprez, comme une femme, de la perte d'un procez ou d'un fils : quand estant lasche à l'infamie, il est ferme à la pauvreté ; quand estant mol contre les razoirs des barbiers, il se treuve roide contre les espees des adversaires : l'action est louable, non pas l'homme. Plusieurs Grecs, dit Cicero, ne peuvent veoir les ennemis, et se treuvent constants aux maladies : les Cimbres et Celtiberiens, tout au rebours : Nihil enim potest esse æquabile, quod non à certa ratione proficiscatur (1). Il n'est point de vaillance plus extreme en son espece, que celle d'Alexandre ; mais elle n'est qu'en espece, ny assez pleine par tout, et universelle. Toute incomparable qu'elle est, si a elle encores ses taches : qui faict que nous le voyons se troubler si esperduement aux plus legiers soupeçons qu'il prend des machinations des siens contre sa vie, et se porter en cette recherche d'une si vehemente et indiscrette iniustice, et d'une crainte qui subvertit sa raison naturelle. La superstition aussi de quoy il estoit si fort attainct, porte quelque image de pusillanimité : et l'excez de la penitence qu'il feit du meurtre de Clytus, est aussi tesmoignage de l'inequalité de son courage. Nostre faict, ce ne sont que pieces rapportees : voluptatem contemnunt ; in dolore sunt molles : gloriam negligunt ; franguntur infamiâ (a) : et voulons acquerir un honneur à faulses enseignes. La vertu ne veult estre suyvie que pour elle mesme ; et si on emprunte parfois son masque pour aultre occasion, elle nous l'arrache aussitost du visage. C'est une vifve et forte teincture quand l'ame en est une fois abbruvee ; et qui ne s'en va, qu'elle n'emporte la piece. Voylà pourquoy pour iuger

---

(1) Car rien ne peut être constant et uniforme, que ce qui procede d'une raison ferme et solide. *Cic.* tusc. quæst. l. 2, c. 26.

(a) Le même homme méprise la volupté ; et montre une extrême foiblesse quand il souffre : il néglige le soin de sa réputation ; et il ne peut supporter, sans en être profondément affecté, la perte de l'honneur et de l'estime publique.

Ce passage dont j'ignore la source ne se trouve point dans l'édition in-fol. de 1595. C'est une intercalation interlinéaire que Montaigne a faite dans son exemplaire de l'édition in-4°. de 1588, qu'il a corrigé et augmenté en une infinité d'endroits. Voyez ce précieux exemplaire, p. 139, verso. N.

d'un homme il fault suyvre longuement et curieusement sa trace : si la constance ne s'y maintient de son seul fondement, cui vivendi via considerata atque provisa est (1), si la varieté des occurrences luy faict changer de pas, (ie dis de voye, car le pas s'en peult ou haster ou appesantir,) laissez le courre ; celuy là s'en va Avau le vent, comme dict la devise de nostre Talebot.

Ce n'est pas merveille, dict un ancien, que le hazard puisse tant sur nous, puisque nous vivons par hazard. A qui n'a dressé en gros sa vie à une certaine fin, il est impossible de disposer les actions particulieres : il est impossible de renger les pieces, à qui n'a une forme du total en sa teste: à quoy faire la provision des couleurs à qui ne sçait ce qu'il a à peindre? Aulcun ne faict certain desseing de sa vie; et n'en deliberons qu'à parcelles. L'archer doibt premierement sçavoir où il vise, et puis y accommoder la main, l'arc, la chorde, la flesche, et les mouvements : nos conseils fourvoyent parce qu'ils n'ont pas d'adresse et de but : nul vent faict, pour celuy qui n'a point de port destiné. Ie ne suis pas d'advis de ce iugement qu'on feit pour Sophocles, de l'avoir argumenté suffisant au maniement des choses domestiques, contre l'accusation de son fils, pour avoir veu l'une de ses tragedies; ny ne treuve la coniecture des Pariens, envoyez pour reformer les Milesiens, suffisante à la consequence qu'ils en tirerent : visitants l'isle, ils remarquoient les terres mieulx cultivees et maisons champestres mieulx gouvernees; et, ayants enregistré le nom des maistres d'icelles, comme ils eurent faict l'assemblee des citoyens en la ville, ils nommerent ces maistres là pour nouveaux gouverneurs et magistrats ; iugeants que soigneux de leurs affaires privees, ils le seroient des publicques. Nous sommes, touts, de lopins, et d'une contexture si

---

(1) De sorte qu'il soit fermement déterminé à un certain genre de vie. *Cic.* paradox. 5. c. 1.

informe et diverse, que chasque piece, chasque moment, faict son ieu; et se treuve autant de différence de nous à nous mesmes, que de nous à aultruy : Magnam rem puta, unum hominem agere (1). Puisque l'ambition peult apprendre aux hommes et la vaillance, et la temperance, et la liberalité, voire et la iustice; puisque l'avarice peult planter au courage d'un garson de boutique, nourri à l'ombre et à l'oysifveté, l'asseurance de se iecter, si loing du foyer domestique, à la mercy des vagues et de Neptune courroucé, dans un fraile bateau; et qu'elle apprend encores la discretion et la prudence; et que Venus mesme fournit de resolution et de hardiesse la ieunesse encores soubs la discipline et la verge, et gendarme le tendre cœur des pucelles au giron de leurs meres :

> Hac duce, custodes furtim transgressa iacentes.,
> Ad iuvenem tenebris sola puella venit: (2)

ce n'est pas tour de rassis entendement de nous iuger simplement par nos actions de dehors; il fault sonder iusqu'au dedans, et veoir par quels ressorts se donne le bransle. Mais d'autant que c'est une hazardeuse et haulte entreprinse, ie vouldrois que moins de gents s'en meslassent.

---

(1) Compte que c'est un grand point, de bien jouer le personnage de celui qui est un dans ses principes et dans sa conduite. *Senec.* epist. 120, sub fine.

(2) Sous la conduite de Vénus, la jeune fille passe de nuit, toute seule, au travers de ses gardes endormis, pour aller trouver son amant. *Tibull.* l. 2, eleg. 1, v. 75, 76.

CHAPITRE II.

De l'yvrongnerie.

LE monde n'est que varieté et dissemblance : les vices sont touts pareils, en ce qu'ils sont touts vices; et de cette façon l'entendent à l'adventure les stoïciens : mais encores qu'ils soyent egualement vices, ils ne sont pas eguaux vices ; et que celuy qui a franchi de cent pas les limites

> Quos ultra, citraque, nequit consistere rectum, (1)

ne soit de pire condition que celuy qui n'en est qu'à dix pas, il n'est pas croyable, et que le sacrilege ne soit pire que le larrecin d'un chou de nostre iardin :

> Nec vincet ratio, tantumdem ut peccet, idemque,
> Qui teneros caules alieni fregerit horti,
> Et qui nocturnus divûm sacra legerit. (2)

Il y a autant en cela de diversité, qu'en aulcune aultre chose. La confusion de l'ordre, et mesure des pechez, est dangereuse : les meurtriers, les traistres, les tyrans, y ont trop d'acquest ; ce n'est pas raison que leur conscience se soulage sur ce que tel aultre ou est oysif, ou est lascif, ou moins assidu à la devotion. Chascun poise sur le peché de son compaignon, et esleve le sien. Les instructeurs

---

(1) Dont on ne peut s'écarter en aucun sens, qu'on ne s'égare du droit chemin. *Horat.* sat. 1, l. 1, v. 107.

(2) Car on ne prouvera jamais par de bonnes raisons, que celui qui a volé quelques légumes dans un jardin soit coupable d'un aussi grand crime, que celui qui de nuit aura pillé le temple des dieux. *Horat.* sat. 3, l. 1, v. 115, et seqq.

mesmes les rengent souvent mal, à mon gré. Comme Socrates disoit que le principal office de la sagesse estoit distinguer les biens et les maulx ; nous aultres, à qui le meilleur est tousiours en vice, debvons dire de mesme de la science de distinguer les vices, sans laquelle, bien exacte, le vertueux et le meschant demeurent meslez et incogneus.

Or l'yvrongnerie, entre les aultres, me semble un vice grossier et brutal. L'esprit a plus de part ailleurs ; et il y a des vices qui ont ie ne sçais quoy de genereux, s'il le fault ainsi dire ; il y en a où la science se mesle, la diligence, la vaillance, la prudence, l'adresse et la finesse : cettuy cy est tout corporel et terrestre. Aussi la plus grossiere nation de celles qui sont auiourd'huy, est celle là seule qui le tient en credit. Les aultres vices alterent l'entendement ; cettuy cy le renverse, et estonne le corps.

> Cùm vini vis penetravit ....
> Consequitur gravitas membrorum, præpediuntur
> Crura vacillanti, tardescit lingua, madet mens,
> Nant oculi ; clamor, singultus, iurgia, gliscunt : (1)

Le pire estat de l'homme, c'est quand il perd la cognoissance et gouvernement de soy. Et en dict on entre aultres choses, que comme le moust, bouillant dans un vaisseau, poulse à mont tout ce qu'il y a dans le fond ; aussi le vin faict desbonder les plus intimes secrets à ceulx qui en ont prins oultre mesure.

> Tu sapientium
> Curas et arcanum iocoso
> Consilium retegis Lyæo. (2)

---

(1) Lorsqu'un homme est pris de vin, ses membres s'appesantissent, tout son corps chancelle, sa langue s'embarrasse ; l'esprit noyé et les yeux ondoyants, il ne fait que crier, quereller, et pousser des hoquets. *Lucret.* l. 3, v. 475, et seqq.

(2) Par la gaieté que tu inspires aux plus graves personnages,

Ioséphe conte qu'il tira le ver du nez à un certain ambassadeur que les ennemis luy avoient envoyé, l'ayant faict boire d'autant. Toutesfois Auguste, s'estant fié à Lucius Piso, qui conquit la Thrace, des plus privez affaires qu'il eust, ne s'en trouva iamais mescompté; ny Tyberius, de Cossus, à qui il se deschargeoit de touts ses conseils; quoyque nous les sçachions avoir esté si fort subiects au vin, qu'il en a fallu rapporter souvent du senat et l'un et l'aultre yvre,

Hesterno inflatum venas, de more, Lyæo: (1)

et commeit on, aussi fidellement qu'à Cassius buveur d'eau, à Cimber le desseing de tuer Cesar, quoyqu'il s'enyvrast souvent: d'où il respondit plaisamment: « Que ie portasse un tyran! moy, qui ne puis porter le vin! » Nous voyons nos Allemands noyez dans le vin se souvenir de leur quartier, du mot, et de leur reng:

Nec facilis victoria de madidis, et
Blæsis, atque mero titubantibus. (2)

Ie n'eusse pas creu d'yvresse si profonde, estoufee et ensepvelie, si ie n'eusse leu cecy dans les histoires: qu'Attalus ayant convié à souper, pour luy faire une notable indignité, ce Pausanias qui sur ce mesme subiect tua depuis Philippus roy de Macedoine, roy portant par ses belles qualitez tesmoignage de la nourriture qu'il avoit

---

tu nous découvres leurs pensées et leurs desseins les plus secrets. *Horat.* od. 21, l. 3, v. 14, et seqq.

(1) Ayant encore, selon leur coutume, les veines remplies du vin qu'ils avoient pris le soir précédent. *Virg.* eclog. 6, v. 15.

(2) Et quoique noyés dans le vin, begayants et chancelants, il n'est pas aisé de les battre.

C'est un fait assez remarquable; et Montaigne, pour nous l'apprendre, a trouvé bon de se servir des paroles de Juvénal, mais en les détournant du sens qu'elles ont dans ce poëte. *Juvenal.* sat. 15, v. 47, 48. C.

prinse en la maison et compaignie d'Epaminondas, il le feit tant boire, qu'il peust abandonner sa beauté, insensiblement, comme le corps d'une putain buissonniere, aux muletiers et nombre d'abiects serviteurs de sa maison : et ce que m'apprint une dame que i'honore et prise fort, que prez de Bourdeaux vers Castres où est sa maison, une femme de village, veufve, de chaste reputation, sentant les premiers ombrages de grossesse, disoit à ses voisines qu'elle penseroit estre enceincte si elle avoit un mary; mais, du iour à la iournee croissant l'occasion de ce souspeçon, et enfin iusques à l'evidence, elle en veint là de faire declarer au prosne de son eglise, que qui seroit consent de ce faict, en le advouant, elle promettoit de le luy pardonner, et, s'il le trouvoit bon, de l'espouser : un sien ieune valet de labourage, enhardy de cette proclamation, declara l'avoir trouvee un iour de feste, ayant bien largement prins son vin, si profondement endormie prez de son foyer, et si indecemment, qu'il s'en estoit peu servir sans l'esveiller : ils vivent encores mariez ensemble.

Il est certain que l'antiquité n'a pas fort descrié ce vice : les escripts mesmes de plusieurs philosophes en parlent bien mollement ; et, iusques aux stoïciens, il y en a qui conseillent de se dispenser quelquesfois à boire d'autant, et de s'enyvrer, pour relascher l'ame.

> Hoc quoque virtutum quondam certamine, magnum
> Socratem palmam promeruisse ferunt. (1)

Ce censeur et correcteur des aultres, Caton, a esté reproché de bien boire :

> Narratur et prisci Catonis
> Sæpè mero caluisse virtus. (2)

---

(1) On dit que jadis le grand Socrate même remporta le prix dans cet illustre combat. *Corn. Gall.* eleg. 1, v. 47.

(2) On dit que le vieux Caton réchauffoit souvent sa vertu par le vin. *Horat.* od. 21, l. 3, v. 11, 12.

Cyrus, roy tant renommé, allegue, entre ses aultres louanges pour se preferer à son frere Artaxerxes, qu'il sçavoit beaucoup mieulx boire que luy. Et ez nations les mieulx reglees et policees, cet essay de boire d'autant estoit fort en usage. I'ay ouï dire à Sylvius, excellent medecin de Paris, que, pour garder que les forces de nostre estomach ne s'apparessent, il est bon une fois le mois les esveiller par cet excez et les picquer, pour les garder de s'engourdir. Et escript on que les Perses aprez le vin consultoient de leurs principaulx affaires.

Mon goust et ma complexion est plus ennemie de ce vice, que mon discours; car oultre ce que ie captive ayseement mes creances soubs l'auctorité des opinions anciennes, ie le treuve bien un vice lasche et stupide, mais moins malicieux et dommageable que les aultres qui chocquent quasi touts, de plus droict fil, la societé publicque. Et, si nous ne nous pouvons donner du plaisir qu'il ne nous couste quelque chose, comme ils tiennent, ie treuve que ce vice couste moins à nostre conscience que les aultres; oultre ce qu'il n'est point de difficile apprest et malaysé à trouver : consideration non mesprisable. Un homme avancé en dignité et en aage, entre trois principales commoditez qu'il me disoit luy rester en la vie, comptoit cette cy; [et où les veult on trouver plus iustement qu'entre les naturelles?] mais il la prenoit mal : la delicatesse y est à fuyr et le soigneux triage du vin; si vous fondez votre volupté à le boire agreable, vous vous obligez à la douleur de le boire par fois desagreable. Il fault avoir le goust plus lasche et plus libre : pour estre bon beuveur il ne fault le palais si tendre. Les Allemands boivent quasi egualement de tout vin avecques plaisir; leur fin c'est l'avaller, plus que le gouster. Ils en ont bien meilleur marché : leur volupté est bien plus plantureuse et plus en main. Secondement, boire à la françoise, à deux repas, et modereement en crainte de sa santé, c'est trop restreindre les faveurs de ce dieu ; il y fault plus de temps et de constance : les anciens franchissoient des nuicts entieres à cet exercice, et y attachoient souvent les iours ; et si fault dresser son ordinaire plus large et plus ferme. I'ay veu un grand seigneur de mon temps, personnage de haultes entreprinses et fameux succez, qui, sans effort et au train de ses repas communs, ne beuvoit gueres moins de cinq lots de vin ; et ne se montroit au partir delà que trop sage et advisé aux despens de nos affaires. Le plaisir, duquel nous voulons tenir compte au cours de nostre vie, doibt en employer plus d'espace : il fauldroit, comme des garsons de boutique et gents de travail, ne refuser nulle occasion de boire, et avoir ce desir tousiours en teste. Il semble que touts les iours nous raccourcissons l'usage de cettuy cy; et qu'en nos maisons, comme i'ay veu en mon enfance, les desieusners, les ressiners et les collations feussent bien plus frequentes et ordinaires qu'à present. Seroit ce qu'en quelque chose nous allassions vers l'amendement? Vrayement non : mais c'est que nous nous sommes beaucoup plus iectez à la paillardise, que nos peres. Ce sont deux occupations qui s'entr'empeschent en leur vigueur : ell' a affoibli nostre estomach, d'une part ; et d'aultre part la sobrieté sert à nous rendre plus coints, plus damerets, pour l'exercice de l'amour.

C'est merveille des contes que i'ay ouï faire à mon pere de la chasteté de son siecle. C'estoit à luy d'en dire, estant tresadvenant, et par art et par nature, à l'usage des dames. Il parloit peu et bien ; et si mesloit son langage de quelque ornement des livres vulgaires, sur tout espaignols ; et entre les espaignols, luy estoit ordinaire celuy qu'ils nommoient Marc Aurele. La contenance, il l'avoit d'une gravité doulce, humble et tresmodeste ; singulier soing de l'honnesteté et decence de sa personne et de ses habits, soit à pied, soit à cheval : monstrueuse foy en ses paroles ; et une conscience et religion, en general, penchant plustost vers la superstition que vers l'aultre bout : pour un homme de petite taille, plein de vigueur, et d'une stature droicte et bien proportionnee ; d'un visage agreable, tirant sur le brun ; adroict et exquis en touts nobles exercices. l'ay veu encores des cannes farcies de plomb, desquelles on dict qu'il exerceoit ses bras pour se preparer à ruer la barre ou la pierre, ou à l'escrime ; et des souliers aux semelles plombees, pour s'alleger au courir et à saulter. Du primsault, il a laissé en memoire des petits miracles : ie l'ay veu par delà soixante ans se mocquer de nos alaigresses, se iecter avecques sa robbe fourree sur un cheval, faire le tour de la table sur son poulce, ne monter gueres en sa chambre sans s'eslancer trois ou quatre degrez à la fois. Sur mon propos, il disoit qu'en toute une province à peine y avoit il une femme de qualité qui feust mal nommee ; recitoit des estranges privautez, nommeement siennes, avecques des honnestes femmes, sans souspeçon quelconque ; et, de soy, iuroit sainctement estre venu vierge à son mariage, et si avoit eu fort longue part aux guerres delà les monts, desquelles il nous a laissé, de sa main, un papier iournal, suyvant poinct par poinct ce qui s'y passa et pour le public et pour son privé. Aussi se maria il bien avant en aage, l'an mil cinq cent vingt et huict, qui estoit son trente et troisiesme, retournant d'Italie. Revenons à nos bouteilles.

Les incommoditez de la vieillesse, qui ont besoing de quelque appuy et refreschissement, pourroient m'engendrer avecques raison desir de cette faculté ; car c'est quasi le dernier plaisir que le cours des ans nous desrobbe. La chaleur naturelle, disent les bons compaignons, se prend premierement aux pieds ; celle là touche l'enfance : de là elle monte à la moyenne region, où elle se plante long temps, et y produict, selon moy, les seuls vrays plaisirs de la vie corporelle ; les aultres voluptez dorment au prix : sur la fin, à la mode d'une vapeur qui va montant et s'exhalant, elle arrive au gosier, où elle faict sa derniere pose. Ie ne puis pourtant entendre comment on vienne à allonger le plaisir de boire oultre la soif, et se forger en l'imagination un appetit artificiel et contre nature : mon estomach n'iroit pas iusques là ; il est assez empesché à venir à bout de ce qu'il prend pour son besoing. Ma constitution est ne faire cas du boire que pour la suitte du manger ; et bois, à cette cause, le dernier coup quasi tousiours le plus grand. [Et (a) par ce qu'en la vieillesse nous apportons le palais encrassé de rheume, ou alteré par quelque aultre mauvaise constitution, le vin nous semble meilleur à mesme que nous avons ouvert et lavé nos pores : au moins il ne m'advient gueres que pour la premiere fois i'en prenne bien le goust.] Anacharsis s'estonnoit que les Grecs beussent sur la fin du repas en plus grands verres qu'au commencement : c'estoit, comme ie pense, pour la mesme raison que les Allemands le font, qui commencent lors le combat à boire d'autant. Platon deffend aux enfants de boire vin avant dix huict ans, et avant quarante de s'enyvrer : mais à ceulx qui ont passé les quarante il (b) ordonne de s'y plaire, et mesler [un peu] largement en leurs convives l'influence de Dionysius ; ce bon dieu qui redonne aux hommes la gayeté, et la ieunesse aux vieillards, qui adoucit et amollit les passions de l'ame, comme le fer s'amollit par le feu : et, en ses loix, treuve telles assemblees à boire, pourveu qu'l y aye un

---

(a) Ce passage, qu'on ne trouve, ainsi que plusieurs autres déja insérés dans le texte, que dans l'édition de 1595, fait regretter que la copie de cette édition ne soit pas parvenue jusqu'à nous. En effet, quoiqu'on reconnoisse facilement dans ces divers passages l'esprit, le style, et, pour me servir de l'expression des peintres, *le faire* de Montaigne, il faut avouer néanmoins qu'ils ne peuvent pas avoir aujourd'hui pour nous la même authenticité que le texte de l'exemplaire corrigé par ce philosophe. Voyez à ce sujet la note (b) de la page 280 de ce volume, et la note (a) de la page 223 du tome 4. N.

(b) il pardonne. *Edit.* de 1595.

chef de bande à les contenir et regler, utiles; l'yvresse estant une bonne espreuve et certaine de la nature d'un chascun, et, quand et quand, propre à donner aux personnes d'aage le courage de s'esbaudir en danses et en la musique; choses utiles, et qu'ils n'osent entreprendre en sens rassis: Que le vin est capable de fournir, à l'ame de la temperance, au corps de la santé. Toutesfois ces restrictions, en partie empruntees des Carthaginois, luy plaisent; Qu'on s'en espargne en expedition de guerre; Que tout magistrat et tout iuge s'en abstienne sur le poinct d'executer sa charge, et de consulter des affaires publicques; Qu'on n'y employe le iour, temps deu à d'aultres occupations, ny celle nuict qu'on destine à faire des enfants. Ils disent que le philosophe Stilpon, aggravé de vieillesse, hasta sa fin à escient par le bruvage de vin pur. Pareille cause, mais non du propre desseing, suffoqua aussi les forces abbattues par l'aage du philosophe Arcesilaus.

Mais c'est une vieille et plaisante question « Si l'ame du sage seroit pour se rendre à la force du vin »,

Si munitæ adhibet vim sapientiæ. (1)

A combien de vanité nous poulse cette bonne opinion que nous avons de nous! La plus reglee ame du monde n'a que trop à faire à se tenir en pieds, et à se garder de s'emporter par terre de sa propre foiblesse: de mille il n'en est pas une qui soit droicte et rassise un instant de sa vie; et se pourroit mettre en doubte si, selon sa naturelle condition, elle y peult iamais estre: mais d'y ioindre la constance, c'est sa derniere perfection; ie dis quand rien ne la chocqueroit, ce que mille accidents peuvent faire: Lucrece, ce grand poëte, a beau philosopher et se bander, le voylà rendu insensé

---

(1) Si le vin peut terrasser la sagesse la plus ferme. *Horat.* od. 28, lib. 3, vers. 4. C'est ici une parodie, plutôt qu'une citation. C.

par un bruvage amoureux. Pensent ils qu'une apoplexie n'estourdisse aussi bien Socrates qu'un portefaix? les uns ont oublié leur nom mesme par la force d'une maladie ; et une legiere bleceure a renversé le iugement à d'aultres. Tant sage qu'il voudra, mais enfin c'est un homme ; qu'est il plus caducque, plus miserable et plus de neant ? la sagesse ne force pas nos conditions naturelles :

> Sudores itaque et pallorem existere toto
> Corpore, et infringi linguam, vocemque aboriri,
> Caligare oculos, sonere aures, succidere artus,
> Denique concidere, ex animi terrore videmus : (1)

il fault qu'il cille les yeulx au coup qui le menace, il fault qu'il fremisse planté au bord d'un precipice, comme un enfant ; nature ayant voulu se reserver ces legieres marques de son auctorité, inexpugnables à nostre raison et à la vertu stoïque, pour luy apprendre sa mortalité et nostre fadeze : il paslit à la peur, il rougit à la honte, il se plainct en l'estrette d'une verte cholique, sinon d'une voix desesperee et esclatante, au moins d'une voix cassee et enrouee :

> Humani à se nihil alienum putet. (2)

Les poëtes, qui feignent tout à leur poste, n'osent pas descharger seulement des larmes leurs heros :

---

(1) Aussi voyons-nous que, lorsque l'esprit est saisi de crainte, la sueur et la pâleur se répandent sur tout le corps ; que la langue bégayant perd l'usage de la parole ; que les yeux s'obscurcissent ; qu'il se fait un bourdonnement dans les oreilles ; que les membres s'affoiblissent, et que toute la machine est affaissée. *Lucret.* l. 3, v. 155, et seqq.

(2) Qu'il ne se croie donc pas à couvert d'aucun accident humain. *Terent.* Heautontim. act. 1, sc. 1, v. 25.

Montaigne détourne ici ce vers de son vrai sens, pour l'adapter à sa pensée. C.

Sic fatur lacrymans, classique immittit habenas. (1)

Luy suffise de brider et moderer ses inclinations; car, de les emporter, il n'est pas en luy. Cettuy mesme nostre Plutarque, si parfaict et excellent iuge des actions humaines, à veoir Brutus et Torquatus tuer leurs enfants, est entré en doubte si la vertu pouvoit donner iusques là; et si ces personnages n'avoient pas este plustost agitez par quelque aultre passion. Toutes actions hors les bornes ordinaires sont subiectes à sinistre interpretation, d'autant que nostre goust n'advient non plus à ce qui est au dessus de luy qu'à ce qui est au dessoubs.

Laissons cette aultre secte faisant expresse profession de fierté : mais quand, en la secte mesme estimee la plus molle, nous oyons ces ventances de Metrodorus: Occupavi te, Fortuna, atque cepi; omnesque aditus tuos interclusi, ut ad me aspirare non posses (2): quand Anaxarchus, par l'ordonnance de Nicocreon tyran de Cypre, couché dans un vaisseau de pierre, et assommé à coups de mail de fer, ne cesse de dire, «Frappez, rompez; ce n'est pas Anaxarchus, c'est son estuy, que vous pilez » : quand nous oyons nos martyrs crier au tyran, au milieu de la flamme, « C'est assez rosti de ce costé là; hache le, mange le, il est cuit; recommence de l'aultre » : quand nous oyons, en Iosephe, cet enfant tout deschiré de tenailles mordantes, et percé des alesnes d'Antiochus, le desfier encores, criant d'une voix ferme et asseuree : « Tyran, tu perds temps, me voicy tousiours à mon ayse; où est cette douleur, où sont ces torments de quoy tu me menaceois? n'y sçais tu que cecy? ma constance

---

(1) Ainsi parloit Énée, les larmes aux yeux : cependant sa flotte vogue à pleines voiles. *Aeneid*. l. 6, v. 1.

(2) Je t'ai prévenue, je t'ai domptée, ô Fortune : je t'ai fermé tous les passages pour t'empêcher de venir jusqu'à moi. *Cic.* tusc. quæst. l. 5, c. 9.

te donne plus de peine que ie n'en sens de ta cruauté : ô lasche belitre ! tu te rends, et ie me renforce ; foys moy plaindre, foys moy flechir, foys moy rendre si tu peulx ; donne courage à tes satellites et à tes bourreaux ; les voylà defaillis de cœur, ils n'en peuvent plus ; arme les, acharne les » : certes il fault confesser qu'en ces ames là il y a quelque alteration et quelque fureur, tant saincte soit elle. Quand nous arrivons à ces saillies stoïques, « l'aime mieulx estre furieux, que voluptueux » ; mot d'Antisthenes (a), Μανειην μαλλον, η ησθειην : quand Sextius nous dict « qu'il aime mieulx estre enferré de la douleur que de la volupté » : quand Epicurus entreprend de se faire mignarder à la goutte ; et, refusant le repos et la santé, que de gayeté de cœur il desfie les maulx ; et, mesprisant les douleurs moins aspres, desdaignant les luicter et les combattre, qu'il en appelle et desire des fortes, poignantes et dignes de luy ;

> Spumantemque dari pecora inter inertia votis
> Optat aprum, aut fulvum descendere monte leonem : (1)

qui ne iuge que ce sont boutees d'un courage eslancé hors de son giste ? Nostre ame ne sçauroit de son siege atteindre si hault ; il fault qu'elle le quitte et s'esleve, et, prenant le frein aux dents, qu'elle emporte et ravisse son homme si loing, qu'aprez il s'estonne luy mesme de son faict : comme aux exploicts de la guerre la chaleur du combat poulse les soldats genereux souvent à franchir des pas si hazardeux, qu'estants revenus à eulx ils en transissent d'estonnement les premiers : comme aussi les poëtes sont esprins souvent d'admiration de leurs propres ouvrages, et ne recognoissent plus la trace par où ils ont passé une si belle carriere ; c'est ce qu'on appelle aussi en

---

(a) Vid. Diogen. Laert. l. 6, segm. 3. Montaigne a traduit ce passage grec, avant que de le citer. N.

(1) Et que parmi les animaux foibles et timides il souhaite de rencontrer un sanglier écumant, ou un lion qui vienne à lui du haut des montagnes. *Aeneid.* l. 4, v. 158, 159.

eulx ardeur et manie. Et comme Platon dict que pour neant heurte à la porte de la poësie un homme rassis : aussi dict Aristote qu'aulcune ame excellente n'est exempte de meslange de folie ; et a raison d'appeller folie tout eslancement, tant louable soit il, qui surpasse nostre propre iugement et discours; d'autant que la sagesse c'est un maniement reglé de nostre ame, et qu'elle conduict avecques mesure et proportion, et s'en respond. Platon argumente ainsi, « que la faculté de prophetiser est au dessus de nous; qu'il nous fault estre hors de nous quand nous la traictons ; il fault que nostre prudence soit offusquee ou par le sommeil, ou par quelque maladie, ou enlevee de sa place par un ravissement celeste. »

CHAPITRE III.

Coustume de l'isle de Cea. (a)

Si philosopher c'est doubter, comme ils disent ; à plus forte raison niaiser et fantastiquer, comme ie foys, doibt estre doubter : car c'est aux apprentifs à enquerir et à debattre, et au cathedrant de resoudre. Mon cathedrant c'est l'auctorité de la volonté divine, qui nous regle sans contredict, et qui a son reng au dessus de ces humaines et vaines contestations.

Philippus estant entré à main armee au Peloponnese, quelqu'un disoit à Damindas que les Lacedemoniens auroient beaucoup à souffrir s'ils ne se remettoient en sa grace : « Eh, poltron ! respondit il, que peuvent souffrir ceulx qui ne craignent point la mort » ? On demandoit aussi à Agis comment un homme pourroit vivre libre ; « Mesprisant, dict il, le mourir ». Ces propositions, et

---

(a) C'est une isle de la mer Egée. C.

mille pareilles qui se rencontrent à ce propos, sonnent evidemment quelque chose au delà d'attendre patiemment la mort quand elle nous vient : car il y a en la vie plusieurs accidents pires à souffrir que la mort mesme ; tesmoing cet enfant lacedemonien, prins par Antigonus, et vendu pour serf, lequel, pressé par son maistre de s'employer à quelque service abiect: « Tu verras, dict il, qui tu as acheté : ce me seroit honte de servir, ayant la liberté si à main » ; et, ce disant, se precipita du hault de la maison. Antipater, menaceant asprement les Lacedemoniens, pour les renger à certaine sienne demande, « Si tu nous menaces de pis que la mort, respondirent ils, nous mourrons plus volontiers » : et à Philippus leur ayant escript qu'il empescheroit toutes leurs entreprinses, « Quoy ! nous empescheras tu aussi de mourir » ? C'est ce qu'on dict, que le sage vit tant qu'il doibt, non pas tant qu'il peult; et que le present que nature nous ayt faict le plus favorable et qui nous oste tout moyen de nous plaindre de nostre condition, c'est de nous avoir laissé la clef des champs : elle n'a ordonné qu'une entree à la vie, et cent mille yssues. Nous pouvons avoir faulte de terre pour y vivre, mais de terre pour y mourir nous n'en pouvons avoir faulte (1), comme respondit Boiocalus aux Romains. Pourquoy te plains tu de ce monde? il ne te tient pas : si tu vis en peine, ta lascheté en est cause. A mourir il ne reste que le vouloir,

> Ubique mors est; optimè hoc cavit deus.
> Eripere vitam nemo non homini potest:
> At nemo mortem; mille ad hanc aditus patent. (2)

---

(1) *Tacit.* annal. l. 13, c. 56. *Deesse nobis terra in quâ vivamus; in quâ moriamur, non potest.*

(2) Par une sage dispensation des dieux la mort se trouve partout. Chacun peut ôter la vie à l'homme : mais personne ne peut l'empêcher d'aller à la mort ; mille chemins nous y conduisent. *Senec.* Thebaïd. act. 1, sc. 1, v. 151, et seqq.

Et ce n'est pas la recepte à une seule maladie, la mort est la recepte à touts maulx; c'est un port tresasseuré qui n'est iamais à craindre, et souvent à rechercher. Tout revient à un, que l'homme se donne sa fin, ou qu'il la souffre; qu'il courre au devant de son iour, ou qu'il l'attende; d'où qu'il vienne, c'est tousiours le sien : en quelque lieu que le filet se rompe, il y est tout; c'est le bout de la fusee. La plus volontaire mort c'est la plus belle. La vie despend de la volonté d'aultruy; la mort, de la nostre. En aulcune chose nous ne debvons tant nous accommoder à nos humeurs, qu'en celle là. La reputation ne touche pas une telle entreprinse; c'est folie d'en avoir respect. Le vivre, c'est servir, si la liberté de mourir en est à dire. Le commun train de la guarison se conduict aux despens de la vie : on nous incise, on nous cauterise, on nous destrenche les membres, on nous soustraict l'aliment et le sang; un pas plus oultre, nous voylà guaris tout à faict. Pourquoy n'est la veine du gosier autant à nostre commandement que la mediane? Aux plus fortes maladies, les plus forts remedes. Servius le grammairien ayant la goutte, n'y trouva meilleur conseil que de s'appliquer du poison et de tuer ses iambes : qu'elles feussent podagriques à leur poste, pourveu que ce feust sans sentiment. Dieu nous donne assez de congé, quand il nous met en tel estat que le vivre nous est pire que le mourir. C'est foiblesse de ceder aux maulx, mais c'est folie de les nourrir. Les stoïciens disent que c'est vivre convenablement à nature, pour le sage, de se despartir de la vie, encores qu'il soit en plein heur, s'il le faict opportunement; et au fol, de maintenir sa vie encores qu'il soit miserable, pourveu qu'il soit en la plus grande part des choses qu'ils disent estre selon nature. Comme ie n'offense les loix qui sont faictes contre les larrons, quand i'emporte le mien et que ie me coupe ma bourse; ny des boutefeux, quand ie brusle mon bois : aussi ne suis ie tenu aux loix faictes contre les meurtriers, pour m'avoir osté ma vie. Hegesias disoit que comme la condition de la vie, aussi la condition de la mort debvoit despendre de nostre eslection. Et Diogenes rencontrant le philosophe Speusippus affligé de longue hydropisie se faisant porter en lictiere, qui luy escria : « Le bon salut ! Diogenes ». « A toy, point de salut, respondit il, qui souffres le vivre estant en tel estat ». De vray, quelque temps aprez Speusippus se feit mourir, ennuyé d'une si penible condition de vie.

Cecy ne s'en va pas sans contraste : car plusieurs tiennent, Que nous ne pouvons abandonner cette garnison du monde sans le commandement exprez de celuy qui nous y a mis; et Que c'est à Dieu qui nous a icy envoyez, non pour nous seulement, ains pour sa gloire, et service d'aultruy, de nous donner congé quand il luy plaira, non à nous de le prendre : Que nous ne sommes pas nays pour nous, ains aussi pour nostre païs : Les loix nous redemandent compte de nous pour leur interest, et ont action d'homicide contre nous ; aultrement, comme deserteurs de nostre charge, nous sommes punis et en celuy cy et en l'aultre monde :

> Proxima deinde tenent mœsti loca, qui sibi letum
> Insontes peperere manu, lucemque perosi
> Proiecere animas : (1)

Il y a bien plus de constance à user la chaîsne qui nous tient, qu'à la rompre, et plus d'espreuve de fermeté en Regulus qu'en Caton ; c'est l'indiscretion et l'impatience qui nous haste le pas : Nuls accidents ne font tourner le dos à la vifve vertu ; elle cherche les maulx et la douleur comme son aliment ; les menaces des tyrans, les gehennes et les bourreaux, l'animent et la vivifient ;

---

(1) Immédiatement après, on trouve l'endroit où paroissent accablés de tristesse ceux qui, exempts de crime, mais dégoûtés de la vie, se sont donné la mort de leurs propres mains. *Aeneid.* l. 6, v. 434, et seqq.

> Duris ut ilex tonsa bipennibus.
> Nigræ feraci frondis in Algido,
> Per damna, per cædes, ab ipso
> Ducit opes animumque ferro: (1)

et comme dict l'aultre,

> Non est, ut putas, virtus, pater,
> Timere vitam; sed malis ingentibus
> Obstare, nec se vertere, ac retro dare: (2)

> Rebus in adversis facile est contemnere mortem:
> Fortiùs ille facit, qui miser esse potest: (3)

C'est le roolle de la couardise, non de la vertu, de s'aller tapir dans un creux, soubs une tumbe massifve, pour eviter les coups de la fortune: elle ne rompt son chemin et son train, pour orage qu'il fasse;

> Si fractus illabatur orbis,
> Impavidam ferient ruinæ. (4)

Le plus communement la fuitte d'aultres inconvenients nous poulse à cettuy cy; voire quelquefois la fuitte de la mort faict que nous y courons:

> Hic, rogo, non furor est, ne moriare, mori? (5)

---

(1) Comme un chêne de l'épaisse et sombre forêt du fertile mont Algide, qui, ébranché à coups de hache, tire de nouvelles forces du fer qui le blesse. *Horat.* od. 4, l. 4, v. 57, et seqq.

(2) Ah! mon pere, la vertu ne consiste pas, comme vous croyez, à craindre la vie; mais à résister aux plus grands maux, sans tourner le dos et sans prendre la fuite. *Senec.* Theb. act. 1, v. 190, et seqq.

(3) Dans l'adversité il est aisé de mépriser la mort: mais celui qui dans cet état peut supporter son malheur a beaucoup plus de courage. *Martial.* l. 11, epigr. 56, v. 15, 16. Edit. Varior.

(4) Que la machine du monde se brise et tombe sur elle, frappée de ses ruines elle demeurera intrépide. *Horat.* od. 3, l. 3, v. 7, 8.

(5) Mais mourir de peur de mourir,
N'est-ce pas follement périr?
Martial. l. 2, epigr. 80.

comme ceulx qui de peur du precipice s'y lancent eulx mesmes :

> multos in summa pericula misit
> Venturi timor ipse mali : fortissimus ille est,
> Qui, promptus metuenda pati si cominùs instent,
> Et differre potest. (1)

> Usque adeo, mortis formidine, vitæ
> Percipit humanos odium, lucisque videndæ,
> Ut sibi consciscant mœrenti pectore letum,
> Obliti fontem curarum hunc esse timorem. (2)

Platon, en ses loix, ordonne sepulture ignominieuse a celuy qui a privé son plus proche et plus amy, sçavoir est soy mesme, de la vie et du cours des destinees, non contrainct par iugement publicque ny par quelque triste et inevitable accident de la fortune, ny par une honte insupportable, mais par lascheté et foiblesse d'une ame craintifve. Et l'opinion qui desdaigne nostre vie, elle est ridicule : car enfin c'est nostre estre, c'est nostre tout. Les choses qui ont un estre plus noble et plus riche peuvent accuser le nostre : mais c'est contre nature que nous nous mesprisons et mettons nous mesmes à nonchaloir ; c'est une maladie particuliere, et qui ne se veoid en aulcune aultre creature, de se haïr et desdaigner. C'est de pareille vanité, que nous desirons estre aultre chose que ce que nous sommes : le fruict d'un tel desir ne nous touche pas, d'autant qu'il se contredict et s'empesche en soy. Celuy qui desire d'estre faict, d'un homme, ange ; il ne faict rien pour luy ; il n'en vauldroit de rien mieulx : car

---

(1) La seule crainte d'un mal à venir a jeté bien des gens dans de grands périls. L'homme le plus intrépide est celui qui prêt à souffrir les maux lorsqu'ils le menacent actuellement, sait trouver le moyen de les éloigner. *Lucan.* l. 7, v. 104, et seqq.

(2) Les hommes conçoivent quelquefois un si grand dégoût de la vie, par la peur qu'ils ont de la mort, qu'ils finissent par se détruire tristement eux-mêmes, sans songer que cette peur est la véritable cause de ce dégoût. *Lucret.* l. 3, v. 79, et seqq.

n'estant plus, qui se resiouïra et ressentira de cet amendement pour luy?

> Debet enim, miserè cui fortè ægrèque futurum est,
> Ipse quoque esse in eo tùm tempore, cùm malè possit
> Accidere. (1)

La securité, l'indolence, l'impassibilité, la privation des maulx de cette vie, que nous achetons au prix de la mort, ne nous apporte aulcune commodité : pour neant evite la guerre, celuy qui ne peult iouïr de la paix ; et pour neant fuit la peine, qui n'a de quoy savourer le repos.

Entre ceulx du premier advis, il y a eu grand doubte sur ce, Quelles occasions sont assez iustes pour faire entrer un homme en ce party de se tuer? ils appellent cela ευλογον εξαγωγην (2). Car, quoyqu'ils dient qu'il fault souvent mourir pour causes legieres puisque celles qui nous tiennent en vie ne sont gueres fortes, si y fault il quelque mesure. Il y a des humeurs fantastiques et sans discours qui ont poulsé, non des hommes particuliers seulement, mais des peuples, à se desfaire : i'en ay allegué par cy devant des exemples ; et nous lisons en oultre des vierges milesiennes, que par une conspiration furieuse elles se pendoient les unes aprez les aultres ; iusques à ce que le magistrat y pourveust, ordonnant que celles qui se trouveroient ainsi pendues feussent traisnees du mesme licol toutes nues par la ville. Quand Threicion presche Cleomenes de se tuer pour le mauvais estat de ses affaires, et, ayant fuy la mort plus ho-

---

(1) Il faut que celui qui doit être un jour dans la misere, subsiste en personne précisément dans le temps qu'il peut lui arriver du mal. *Lucret.* l. 3, v. 874, et seqq.

(2) Issue, sortie raisonnable.

C'est l'expression dont se servoient les stoïciens en ce cas-là. Voyez Diogene Laërce dans la vie de Zenon, l. 7, segm. 130, et les observations de Menage sur cet endroit, p. 311, 312. C.

norable en la bataille qu'il venoit de perdre, d'accepter cette aultre qui luy est seconde en honneur, et ne donner point loisir aux victorieux de luy faire souffrir ou une mort ou une vie honteuse; Cleomenes, d'un courage lacedemonien et stoïque, refuse ce conseil comme lasche et effeminé : « C'est une recepte, dict il, qui ne me peult iamais manquer, et de laquelle il ne se fault servir tant qu'il y a un doigt d'esperance de reste; que le vivre est quelquefois constance et vaillance; qu'il veult que sa mort mesme serve à son païs, et en veult faire un acte d'honneur et de vertu ». Threicion se creut dez lors, et se tua. Cleomenes en feit aussi autant depuis, mais ce feut aprez avoir essayé le dernier poinct de la fortune. Touts les inconvenients ne valent pas qu'on vueille mourir pour les eviter : et puis, y ayant tant de soubdains changements aux choses humaines, il est malaysé à iuger à quel poinct nous sommes iustement au bout de nostre esperance :

> Sperat et in sævâ victus gladiator arenâ,
> Sit licet infesto pollice turba minax. (1)

Toutes choses, dict un mot ancien, sont esperables à un homme pendant qu'il vit. « Ouy, mais, respond Seneca, pourquoy auray ie plustost en la teste cela, Que la fortune peult toutes choses pour celuy qui est vivant; que cecy, Que fortune ne peult rien sur celuy qui sçait mourir » ? On veoid Iosephe engagé en un si apparent dangier et si prochain, tout un peuple s'estant eslevé contre luy, que par discours il n'y pouvoit avoir aulcune ressource; toutesfois estant, comme il dict, conseillé sur ce

---

(1) Le gladiateur vaincu conserve encore quelque espoir sur l'arene, quoique le peuple paroisse disposé à le faire périr.
Ces deux vers sont d'un ancien poëte latin, que quelques uns nomment Pentadius. On trouve le poëme *De Spé*, d'où ils sont tirés, dans les catalectes de Virgile, etc. publiés par Scaliger, p. 223. C.

poinct, par un de ses amis, de se desfaire, bien luy servit de s'opiniastrer encores en l'esperance; car la fortune contourna, oultre toute raison humaine, cet accident, si qu'il s'en veid delivré sans aulcun inconvenient. Et Cassius et Brutus, au contraire, acheverent de perdre les reliques de la romaine liberté, de laquelle ils estoient protecteurs, par la precipitation et temerité de quoy ils se tuerent avant le temps et l'occasion. [A (a) la iournee de Serisolles, monsieur d'Anguien essaya deux fois de se donner de l'espee dans la gorge, desesperé de la fortune du combat qui se porta mal en l'endroict où il estoit; et cuida par precipitation se priver de la iouïssance d'une si belle (b) victoire.] I'ay veu cent lievres se sauver soubs les dents des levriers : Aliquis carnifici suo superstes fuit. (1)

> Multa dies, variusque labor mutabilis ævi,
> Rettulit in melius; multos alterna revisens
> Lusit, et in solido rursùs fortuna locavit. (2)

Pline dict qu'il n'y a que trois sortes de maladie pour lesquelles eviter on aye droict de se tuer; la plus aspre de toutes, c'est la pierre à la vessie, quand l'urine en est retenue : Seneque, celles seulement qui esbranslent pour

---

(a) On peut voir ci-dessus, page 18, note (a), ce que j'ai dit de ces passages qu'on ne trouve point dans l'exemplaire corrigé par Montaigne, et qui distinguent particulièrement l'édition in-fol. de 1595. Voyez aussi la note (b) de la page 280 de ce second volume. N.

(b) Blaise de Montluc, qui eut beaucoup de part au gain de la bataille, l'assure positivement dans son commentaire, fol. 95, verso. Cette bataille se donna en 1544. C.

(1) Tel a survécu à son bourreau. *Senec.* epist. 13.

(2) Le temps par ses différentes révolutions a changé plusieurs choses en mieux; et la fortune inconstante s'est jouée d'un grand nombre d'hommes qu'elle a fait jouir ensuite d'un bonheur constant et assuré. *Aeneid.* l. 11, v. 425, et seqq.

longtemps les offices de l'ame. Pour eviter une pire mort, il y en a qui sont d'advis de la prendre à leur poste. Damocritus chef des Aetoliens mené prisonnier à Rome, trouva moyen, de nuict, d'eschapper; mais, suyvi par ses gardes, avant que se laisser reprendre, il se donna de l'espee au travers le corps. Antinoüs et Theodotus, leur ville d'Epire reduicte à l'extremité par les Romains, feurent d'advis au peuple de se tuer touts : mais le conseil de se rendre plustost ayant gaigné, ils allerent chercher la mort, se ruants sur les ennemis en intention de frapper, non de se couvrir. L'isle de Goze (a) forcee par les Turcs il y a quelques annees, un Sicilien qui avoit deux belles filles prestes à marier, les tua de sa main, et leur mere aprez, qui accourut à leur mort : cela faict, sortant en rue avecques une arbaleste et une arquebuze, de deux coups il en tua les deux premiers Turcs qui s'approcherent de sa porte, et puis mettant l'espee au poing, s'alla mesler furieusement, où il feut soubdain enveloppé et mis en pieces, se sauvant ainsi du servage aprez en avoir delivré les siens. Les femmes iuifves aprez avoir faict circoncire leurs enfants s'alloient precipiter quand et eulx, fuyant la cruauté d'Antiochus. On m'a conté qu'un prisonnier de qualité estant en nos conciergeries, ses parents, advertis qu'il seroit certainement condemné, pour eviter la honte de telle mort, aposterent un presbtre pour luy dire que le souverain remede de sa delivrance estoit qu'il se recommendast à tel sainct avecques tel et tel vœu, et qu'il feust huict iours sans prendre aulcun aliment, quelque defaillance et foiblesse qu'il sentist en soy. Il l'en creut, et par ce moyen se desfeit, sans y penser, de sa vie et du dangier. Scribonia, conseillant Libo son nepveu de se tuer plustost que d'attendre la main de la iustice, luy disoit que c'estoit proprement

---

(a) Petite isle à l'occident de celle de Malte, dont elle n'est pas fort éloignée. C.

faire l'affaire d'aultruy, que de conserver sa vie pour la remettre entre les mains de ceulx qui la viendroient chercher trois ou quatre iours aprez; et que c'estoit servir ses ennemis, de garder son sang pour leur en faire curee. Il se lit dans la Bible, que Nicanor, persecuteur de la loy de Dieu, ayant envoyé ses satellites pour saisir le bon vieillard Razias, surnommé, pour l'honneur de sa vertu, le pere aux Iuifs; comme ce bon homme n'y veit plus d'ordre, sa porte bruslee, ses ennemis prests à le saisir, choisissant de mourir genereusement plustost que de venir entre les mains des meschants, et de se laisser mastiner contre l'honneur de son reng; qu'il se frappa de son espee: mais le coup, pour la haste, n'ayant pas esté bien assené, il courut se precipiter du hault d'un mur au travers de la troupe, laquelle s'escartant et luy faisant place, il cheut droictement sur la teste: ce neantmoins se sentant encores quelque reste de vie, il r'alluma son courage, et s'eslevant en pieds, tout ensanglanté et chargé de coups, et faulsant la presse, donna iusques à certain rochier coupé et precipiteux, où, n'en pouvant plus, il print par l'une de ses playes à deux mains ses entrailles, les deschirant et froissant, et les iecta à travers les poursuyvants, appellant sur eulx et attestant la vengeance divine. (a)

Des violences qui se font à la conscience, la plus à eviter, à mon advis, c'est celle qui se faict à la chasteté des femmes, d'autant qu'il y a quelque plaisir corporel naturellement meslé parmy; et à cette cause le dissentiment n'y peult estre assez entier, et semble que la force soit meslee à quelque volonté. Pelagia et Sophronia, toutes deux canonisees, celle là se precipita dans la riviere avecques sa mere et ses sœurs pour eviter la force de quelques soldats; et cette cy se tua aussi pour eviter la force de Maxentius l'empereur. L'histoire ecclesiastique a en re-

---

(a) Machabæorum lib. 2, cap. 14, v. 36, et seqq.

verence plusieurs tels exemples de personnes devotes qui appellerent la mort à garant contre les oultrages que les tyrans preparoient à leur [religion et] conscience. Il nous sera à l'adventure honorable aux siecles advenir, qu'un sçavant aucteur de ce temps, et notamment parisien, se mette en peine de persuader aux dames de nostre siecle de prendre plustost tout aultre party, que d'entrer en l'horrible conseil d'un tel desespoir. Ie suis marry qu'il n'a sceu, pour mesler à ses contes, le bon mot que i'apprins à Toulouse d'une femme passee par les mains de quelques soldats : « Dieu soit loué ! disoit elle, qu'au moins une fois en ma vie ie m'en sois saoulee sans peché » ! A la verité ces cruautez ne sont pas dignes de la doulceur françoise. Aussi, Dieu mercy, nostre air s'en veoid infiniment purgé depuis ce bon advertissement. Suffit qu'elles dient « Nenny », en le faisant, suyvant la regle du bon Marot. (a)

L'histoire est toute pleine de ceulx qui en mille façons ont changé à la mort une vie peineuse. Lucius Aruntius se tua « pour, disoit il, fuyr et l'advenir et le passé ». Granius Silvanus et Statius Proximus, aprez estre pardonnez par Neron, se tuerent ; ou pour ne vivre de la grace d'un si meschant homme, ou pour n'estre en peine une aultre fois d'un second pardon, veu sa facilité aux souspeçons et accusations à l'encontre des gents de bien. Spargapizez, fils de la royne Tomyris, prisonnier de guerre de Cyrus, employa à se tuer la premiere faveur que Cyrus luy feit de le faire destacher, n'ayant pretendu aultre fruict de sa liberté que de venger sur soy la honte de sa prinse. Bogez, gouverneur en Eione de la part du roy Xerxes, assiegé par l'armee des Atheniens soubs la conduicte de Cimon, refusa la composition de

---

(a) Dans une épigramme intitulée, De Ouy et Nenny, et qui commence ainsi :

Un doux nenny, avec un doux sourire, etc. C.

s'en retourner seurement en Asie à tout sa chevance, impatient de survivre à la perte de ce que son maistre luy avoit donné en garde; et, aprez avoir deffendu iusqu'à l'extremité sa ville, n'y restant plus que manger, iecta premierement en la riviere Strymon tout l'or et tout ce de quoy il luy sembla l'ennemy pouvoir faire plus de butin; et puis, ayant ordonné allumer un grand buchier et esgosiller femmes, enfants, concubines et serviteurs, les meit dans le feu, et puis soy mesme. Ninachetuen, seigneur indois, ayant senty le premier vent de la deliberation du vice roy portugais de le desposseder, sans aulcune cause apparente, de la charge qu'il avoit en Malaca, pour la donner au roy de Campar, print à part soy cette resolution : il feit dresser un eschafauld plus long que large, appuyé sur des colonnes, royalement tapissé et orné de fleurs et de parfums en abondance ; et puis, s'estant vestu d'une robbe de drap d'or chargee de quantité de pierreries de hault prix, sortit en rue; et par des degrez monta sur l'eschafauld, en un coing duquel il y avoit un buchier de bois aromatiques allumé. Le monde accourut veoir à quelle fin ces preparatifs inaccoustumés : Ninachetuen remontra, d'un visage hardy et mal content, l'obligation que la nation portugaloise luy avoit; combien fidelement il avoit versé en sa charge; qu'ayant si souvent tesmoigné pour aultruy, les armes en main, que l'honneur luy estoit de beaucoup plus cher que la vie, il n'estoit pas pour en abandonner le soing pour soy mesme ; que la fortune luy refusant tout moyen de s'opposer à l'iniure qu'on luy vouloit faire, son courage au moins luy ordonnoit de s'en oster le sentiment, et de ne servir de fable au peuple, et de triumphe à des personnes qui valoient moins que luy : ce disant, il se iecta dans le feu. Sextilia, femme de Scaurus, et Paxea, femme de Labeo, pour encourager leurs maris à eviter les dangiers qui les pressoient, ausquels elles n'avoient part que par l'interest de l'affection coniugale, enga-

gerent volontairement la vie, pour leur servir, en cette
extreme necessité, d'exemple et de compaignie. Ce qu'elles
feirent pour leurs maris, Cocceius Nerva le feit pour sa
patrie, moins utilement, mais de pareil amour : ce grand
iurisconsulte, fleurissant en santé, en richesses, en reputation, en credit prez de l'empereur, n'eut aultre
cause de se tuer, que la compassion du miserable estat
de la chose publicque romaine. Il ne se peult rien adiouster à la delicatesse de la mort de la femme de Fulvius
familier d'Auguste : Auguste, ayant descouvert qu'il avoit
esventé un secret important qu'il luy avoit fié, un matin qu'il le veint veoir, luy en feit une maigre mine : il
s'en retourna au logis plein de desespoir, et dict tout piteusement à sa femme qu'estant tumbé en ce malheur il
estoit résolu de se tuer : elle, tout franchement ; « Tu ne
feras que raison, veu qu'ayant assez souvent experimenté l'incontinence de ma langue, tu ne t'en es point donné
de garde : mais laisse, que ie me tue la premiere » : et, sans
aultrement marchander, se donna d'une espee dans le
corps. Vibius Virius, desesperé du salut de sa ville assiegee par les Romains, et de leur misericorde, en la derniere deliberation de leur senat, aprez plusieurs remontrances employées à cette fin, conclud que le plus beau
estoit d'eschapper à la fortune par leurs propres mains ;
les ennemis les en auroient en honneur, et Hannibal
sentiroit combien fideles amis il auroit abandonnés : con-
viant ceulx qui approuveroient son advis d'aller prendre un bon souper qu'on avoit dressé chez luy, où aprez
avoir faict bonne chere ils boiroient ensemble de ce qu'on
luy presenteroit; bruvage qui delivrera nos corps des
torments, nos ames des iniures, nos yeulx et nos aureilles du sentiment de tant de vilains maulx que les
vaincus ont à souffrir des vainqueurs trescruels et offensez : i'ay, disoit il, mis ordre qu'il y aura personnes propres à nous iecter dans un buchier au devant de mon
huis, quand nous serons expirez. Assez approuverent

cette haulte resolution; peu l'imiterent : vingt et sept senateurs le suyvirent; et, aprez avoir essayé d'estouffer dans le vin cette fascheuse pensée, finirent leur repas par ce mortel mets; et s'entre embrassants, aprez avoir en commun deploré le malheur de leur païs, les uns se retirerent en leurs maisons, les aultres s'arresterent pour estre enterrez dans le feu de Vibius avec luy : et eurent touts la mort si longue, la vapeur du vin ayant occupé les veines et retardant l'effect du poison, qu'aulcuns feurent à une heure prez de veoir les ennemis dans Capoue qui feut emportée le lendemein; et d'encourir les miseres qu'ils avoient si cherement fuy. Taurea Iubellius, un aultre citoyen de là, le consul Fulvius retournant de cette honteuse boucherie qu'il avoit faicte de deux cents vingt cinq senateurs, le rappella fierement par son nom, et l'ayant arresté : « Commande, feit il, qu'on me massacre aussi aprez tant d'aultres, à fin que tu te puisses vanter d'avoir tué un beaucoup plus vaillant homme que toy ». Fulvius le desdaignant comme insensé, aussi que sur l'heure il venoit de recevoir lettres de Rome, contraires à l'inhumanité de son execution, qui luy lioient les mains : Iubellius continua : « Puisque, mon païs prins, mes amis morts, et ayant de ma main occis ma femme et mes enfants pour les soustraire à la desolation de cette ruyne, il m'est interdict de mourir de la mort de mes concitoyens, empruntons de la vertu la vengeance de cette vie odieuse » : et tirant un glaive qu'il avoit caché s'en donna au travers la poictrine, tumbant renversé mourant aux pieds du consul. Alexandre assiegeoit une ville aux Indes, ceulx de dedans se trouvants pressez, se resolurent vigoureusement à le priver du plaisir de cette victoire, et s'embraiserent universellement touts quand et leur ville, en despit de son humanité : nouvelle guerre; les ennemis combattoient pour les sauver, eulx pour se perdre, et faisoient pour garantir leur mort toutes les choses qu'on faict pour garantir sa vie.

Astapa, ville d'Espaigne, se trouvant foible de murs et de deffenses pour soustenir les Romains, les habitants feirent un amas de leurs richesses et meubles en la place; et, ayant rengé au dessus de ce monceau les femmes et les enfants, et l'ayant entourné de bois et matiere propre à prendre feu soubdainement, et laissé cinquante ieunes hommes d'entre eulx pour l'execution de leur resolution, feirent une sortie où, suyvant leur vœu, à faulte de pouvoir vaincre ils se feirent touts tuer. Les cinquante, aprez avoir massacré toute ame vivante esparse par leur ville, et mis le feu en ce monceau, s'y lancerent aussi, finissants leur genereuse liberté en un estat insensible plustost que douloureux et honteux; et montrants aux ennemis que si fortune l'eust voulu ils eussent eu aussi bien le courage de leur oster la victoire, comme ils avoient eu de la leur rendre et frustratoire et hideuse, voire et mortelle à ceulx qui, amorcez par la lueur de l'or coulant en cette flamme, s'en estants approchez en bon nombre, y feurent suffoquez et bruslez, le reculer leur estant interdict par la foule qui les suyvoit. Les Abydeens pressez par Philippus se resolurent de mesmes: mais estants prins de trop court, le roy, ayant horreur de veoir la precipitation temeraire de cette execution (les thresors et les meubles, qu'ils avoient diversement condamnez au feu et au naufrage, saisis), retirant ses soldats, leur conceda trois iours à se tuer (a) à l'ayse; lesquels ils remplirent de sang et de meurtre au delà de toute hostile cruauté, et ne s'en sauva une seule personne qui eust pouvoir sur soy. Il y a infinis exemples de pareilles conclusions populaires, qui semblent plus aspres d'autant que l'effect en est plus universel: elles le sont moins, que separees; ce que le discours ne feroit en chascun, il le faict en touts, l'ardeur de la societé ravissant les particuliers iugements. Les condamnez qui

---

(a) Avec plus d'ordre et plus à l'ayse. *Edit. de* 1595.

attendoient l'execution, du temps de Tibere, perdoient leurs biens et estoient privez de sepulture : ceulx qui l'anticipoient en se tuants eulx mesmes estoient enterrez et pouvoient faire testament.

Mais on desire aussi quelquefois la mort pour l'esperance d'un plus grand bien: « Ie desire, dict saint Paul (a), estre dissoult, pour estre avecques Iesus christ » : et « Qui me desprendra de ces liens »? Cleombrotus Ambraciota ayant leu le Phaedon de Platon entra en si grand appetit de la vie advenir, que sans aultre occasion il s'alla precipiter en la mer. Par où il appert combien improprement nous appellons Desespoir cette dissolution volontaire, à laquelle la chaleur de l'espoir nous porte souvent, et souvent une tranquille et rassise inclination de iugement. Iacques du Chastel, evesque de Soissons, au voyage d'oultremer que feit sainct Louys, voyant le roy et toute l'armee en train de revenir en France, laissant les affaires de la religion imparfaictes, print resolution de s'en aller plustost en Paradis; et, ayant dict adieu à ses amis, donna seul, à la vue d'un chascun, dans l'armee des ennemis, où il feut mis en pieces. En certain royaume de ces nouvelles terres, au iour d'une solenne procession auquel l'idole qu'ils adorent est promenee en publicque sur un char de merveilleuse grandeur; oultre ce qu'il se veoid plusieurs se detaillant les morceaux de leur chair vifve à luy offrir, il s'en veoid nombre d'aultres, se prosternants emmy la place, qui se font mouldre et briser sous les roues pour en acquerir, aprez leur mort, veneration de saincteté qui leur est rendue. La mort de cet evesque, les armes au poing, a de la generosité plus, et moins de sentiment, l'ardeur du combat en amusant une partie.

Il y a des polices qui se sont meslees de regler la iustice et opportunité des morts volontaires. En nostre Mar-

---

(a) Epist. ad Philipp. c. 1, v. 23.... Ad Rom. c. 7, v. 24.

seille il se gardoit, au temps passé, du venin préparé à
tout de la ciguë, aux despens publicques, pour ceulx qui
vouldroient haster leurs iours; ayant premierement approuvé aux six cents, qui estoit leur senat, les raisons
de leur entreprinse : et n'estoit loisible, aultrement que
par congé du magistrat et par occasions legitimes, de
mettre la main sur soy. Cette loy estoit encores ailleurs.
Sextus Pompeius allant en Asie passa par l'isle de Cea
de Negrepont; il adveint, de fortune, pendant qu'il y
estoit, comme nous l'apprend l'un de ceulx de sa compaignie, qu'une femme de grande auctorité ayant rendu
compte à ses citoyens pourquoy elle estoit resolue de
finir sa vie, pria Pompeius d'assister à sa mort pour la
rendre plus honorable : ce qu'il feit ; et, ayant long temps
essayé pour neant, à force d'eloquence, qui luy estoit
merveilleusement à main, et de persuasion, de la destourner de ce desseing, souffrit enfin qu'elle se conten-
tast. Elle avoit passé quatre vingts et dix ans en tresheureux estat d'esprit et de corps : mais, lors couchée sur
son lict mieulx paré que de coustume, et appuyée sur le
coude, « Les dieux, dict elle, ô Sextus Pompeius, et
plustost ceulx que ie laisse que ceulx que ie voys trouver, te sçachent gré de quoy tu n'as desdaigné d'estre et
conseiller de ma vie et tesmoing de ma mort! De ma part,
ayant tousiours essayé le favorable visage de fortune,
de peur que l'envie de trop vivre ne m'en face veoir un
contraire, ie m'en voys d'une heureuse fin donner congé
aux restes de mon ame, laissant de moy deux filles et
une legion de nepveux ». Cela faict, ayant presché et en-
horté les siens à l'union et à la paix, leur ayant desparty
ses biens, et recommendé les dieux domestiques à sa fille
aisnee, elle print d'une main asseuree la coupe où estoit
le venin, et, ayant faict ses vœux à Mercure et les prieres
de la conduire en quelque heureux siege en l'aultre
monde, avala brusquement ce mortel bruvage. Or en-
treteint elle la compaignie du progrez de son operation ;

et comme les parties de son corps se sentoient saisies de froid l'une aprez l'aultre, iusques à ce qu'ayant dict enfin qu'il arrivoit au cœur et aux entrailles, elle appella ses filles pour luy faire le dernier office et luy clorre les yeulx. Pline recite de certaine nation hyperboree, qu'en icelle, pour la doulce temperature de l'air, les vies ne se finissent communement que par la propre volonté des habitants; mais qu'estants las et saouls de vivre, ils ont en coustume au bout d'un long aage, aprez avoir faict bonne chere, se precipiter en la mer, du hault d'un certain rochier destiné à ce service. La douleur insupportable et une pire mort me semblent les plus excusables incitations.

CHAPITRE IV.

A demain les affaires.

Ie donne avecques raison, ce me semble, la palme à Iacques Amyot sur touts nos escrivains françois, non seulement pour la naïveté et pureté du langage, en quoy il surpasse touts aultres, ny pour la constance d'un si long travail, ny pour la profondeur de son sçavoir, ayant peu developper si heureusement un aucteur si espineux et ferré (car on m'en dira ce qu'on vouldra, ie n'entends rien au grec, mais ie veois un sens si bien ioinct et entretenu par tout en sa traduction, que, ou il a certainement entendu l'imagination vraye de l'aucteur, ou, ayant par longue conversation planté vifvement dans son ame une generale idee de celle de Plutarque, il ne luy a au moins rien presté qui le desmente ou qui le desdie); mais sur tout ie luy sçais bon gré d'avoir sceu trier et choisir un livre si digne et si à propos, pour en faire present à son païs. Nous aultres ignorants estions perdus si ce livre

ne nous eust relevé du bourbier : sa mercy, nous osons
à cett' heure et parler et escrire ; les dames en regentent
les maistres d'eschole ; c'est nostre breviaire. Si ce bon
homme vit, ie luy resigne Xenophon, pour en faire autant :
c'est une occupation plus aysee, et d'autant plus propre
à sa vieillesse ; et puis, ie ne sçais comment il me semble,
quoyqu'il se desmesle bien brusquement et nettement
d'un mauvais pas, que toutesfois son style est plus chez
soy quand il n'est pas pressé et qu'il roule à son ayse.

I'estois à cett' heure sur ce passage où Plutarque dict
de soy mesme, que Rusticus, assistant à une sienne declamation à Rome, y receut un pacquet de la part de
l'empereur, et temporisa de l'ouvrir iusques à ce que tout
feust faict : en quoy (dict il) toute l'assistance loua singulierement la gravité de ce personnage. De vray, estant
sur le propos de la curiosité, et de cette passion avide
et gourmande de nouvelles, qui nous faict avecques tant
d'indiscretion et d'impatience abandonner toutes choses
pour entretenir un nouveau venu, et perdre tout respect
et contenance pour crocheter soubdain, où que nous
soyons, les lettres qu'on nous apporte, il a eu raison de
louer la gravité de Rusticus ; et pouvoit encores y ioindre la louange de sa civilité et courtoisie de n'avoir
voulu interrompre le cours de sa declamation. Mais ie
foys doubte qu'on le peust louer de prudence ; car recevant à l'improveu lettres, et notamment d'un empereur,
il pouvoit bien advenir que le differer à les lire eust esté
d'un grand preiudice. Le vice contraire à la curiosité, c'est
la nonchalance, vers laquelle ie penche evidemment de
ma complexion, et en laquelle i'ay veu plusieurs hommes
si extremes, que trois ou quatre iours aprez on retrouvoit
encores en leur pochette les lettres toutes closes qu'on leur
avoit envoyees. Ie n'en ouvris iamais, non seulement de
celles qu'on m'eust commises, mais de celles mesmes que
la fortune m'eust faict passer par les mains ; et foys conscience si mes yeulx desrobbent par mesgarde quelque

cognoissance des lettres d'importance qu'il lit quand ie suis à costé d'un grand. Iamais homme ne s'enquit moins et ne fureta moins ez affaires d'aultruy. Du temps de nos peres, monsieur de Boutieres cuida perdre Turin pour, estant en bonne compaignie à souper, avoir remis à lire un advertissement qu'on luy donnoit des trahisons qui se dressoient contre cette ville où il commandoit. Et ce mesme Plutarque m'a apprins que Iulius Cesar se feust sauvé si, allant au senat le iour qu'il y feut tué par les coniurez, il eust leu un memoire qu'on luy presenta : et faict aussi le conte d'Archias, tyran de Thebes, que, le soir avant l'execution de l'entreprinse que Pelopidas avoit faicte de le tuer pour remettre son païs en liberté, il luy feut escript par un aultre Archias athenien, de poinct en poinct, ce qu'on luy preparoit; et que ce pacquet luy ayant esté rendu pendant son souper, il remeit à l'ouvrir, disant ce mot, qui depuis passa en proverbe en Grece : « A demain les affaires ».

Un sage homme peult, à mon opinion, pour l'interest d'aultruy, comme pour ne rompre indecemment compaignie, ainsi que Rusticus, ou pour ne discontinuer un aultre affaire d'importance, remettre à entendre ce qu'on luy apporte de nouveau; mais, pour son interest ou plaisir particulier, mesme s'il est homme ayant charge publicque, pour ne rompre son disner voire ny son sommeil, il est inexcusable de le faire. Et anciennement estoit à Rome la place consulaire qu'ils appelloient, la plus honorable à table, pour estre plus à delivre, et plus accessible à ceulx qui surviendroient pour entretenir celuy qui y seroit assis : tesmoignage que, pour estre à table, ils ne se despartoient pas de l'entremise d'aultres affaires et survenances. Mais quand tout est dict, il est malaysé ez actions humaines de donner regle si iuste par discours de raison, que la fortune n'y maintienne son droict.

CHAPITRE V.

De la conscience.

Voyageant un jour, mon frere sieur de la Brousse et moy, durant nos guerres civiles, nous rencontrasmes un gentilhomme de bonne façon. Il estoit du party contraire au nostre, mais ie n'en sçavois rien, car il se contrefaisoit aultre : et le pis de ces guerres c'est que les chartes sont si meslees, vostre ennemy n'estant distingue d'avecques vous d'aulcune marque apparente, ny de langage, ny de port, nourry en mesmes loix, mœurs et mesme air, qu'il est malaysé d'y eviter confusion et desordre. Cela me faisoit craindre à moy mesme de rencontrer nos troupes en lieu où ie ne feusse cogneu, pour n'estre en peine de dire mon nom, et de pis, à l'adventure, comme il m'estoit aultrefois advenu; car en un tel mescompte ie perdis et hommes et chevaux, et m'y tua l'on miserablement, entre aultres, un page, gentilhomme italien, que ie nourrissois soigneusement, et feut esteincte en luy une tresbelle enfance et pleine de grande esperance. Mais cettuy cy en avoit une frayeur si esperdue, et ie le voyois si mort, à chasque rencontre d'hommes à cheval et pasage de villes qui tenoient pour le roy, que ie devinay enfin que c'estoient alarmes que sa conscience luy donnoit. Il sembloit à ce pauvre homme qu'au travers de son masque, et des croix de sa casaque, on iroit lire iusques dans son cœur ses secrettes intentions : tant est merveilleux l'effort de la conscience! Elle nous faict trahir, accuser et combattre nous mesmes, et à faulte de tesmoing estrangier, elle nous produict contre nous,

Occultum quatiens animo tortore flagellum. (1)

---

(1) Nous tourmentant secrètement, et nous servant elle-même de bourreau. *Juvenal.* sat. 13, v. 195.

Ce conte est en la bouche des enfants : Bessus, pœonien, reproché d'avoir de gayeté de cœur abbattu un nid de moineaux, et les avoir tuez, disoit avoir eu raison, parce que ces oysillons ne cessoient de l'accuser faulsement du meurtre de son pere. Ce parricide iusques lors avoit esté occulte et incogneu : mais les furies, vengeresses de la conscience, le feirent mettre hors à celuy mesme qui en debvoit porter la penitence. Hesiode corrige le dire de Platon « que la peine suit de bien prez le peché » ; car il dict « qu'elle naist en l'instant et quand et quand le peché ». Quiconque attend la peine, il la souffre ; et quiconque l'a meritee, l'attend. La meschanceté fabrique des torments contre soy :

Malum consilium, consultori pessimum : (1)

comme la mouche guespe picque et offense aultruy, mais plus soy mesme, car elle y perd son aiguillon et sa force pour iamais,

vitasque in vulnere ponunt. (2)

Les cantharides ont en elles quelque partie qui sert contre leur poison de contrepoison, par une contrarieté de nature : aussi à mesme qu'on prend le plaisir au vice, il s'engendre un desplaisir contraire en la conscience, qui nous tormente de plusieurs imaginations penibles, veillants et dormants :

Quippe ubi se multi per somnia sæpè loquentes,
Aut morbo delirantes, procraxe ferantur,
Et celata diu in medium peccata dedisse. (3)

Apollodorus songeoit qu'il se voyoit escorcher par les

---

(1) Un mauvais conseil est funeste à celui qui le donne. *Apud* A. Gellium, l. 4, c. 5.

(2) *Virgil.* georg. l. 4, v. 238. Montaigne exprime très bien le sens de ce vers avant que de le citer. N.

(3) Car on dit qu'il s'est trouvé plusieurs coupables qui en songe

Scythes, et puis bouillir dedans une marmitte, et que son cœur murmuroit en disant : « Ie te suis cause de touts ces maulx ». Aulcune cachette ne sert aux meschants, disoit Epicurus, parce qu'ils ne se peuvent asseurer d'estre cachez, la conscience les descouvrant à eulx mesmes :

prima est hæc ultio, quòd se
Iudice nemo nocens absolvitur. (1)

Comme elle nous remplit de crainte, aussi faict elle d'asseurance et de confiance ; et ie puis dire avoir marché en plusieurs hazards d'un pas bien plus ferme, en consideration de la secrette science que i'avois de ma volonté, et innocence de mes desseings :

Conscia mens ut cuique sua est, ita concipit intra
Pectora pro facto spemque metumque suo : (2)

il y en a mille exemples ; il suffira d'en alleguer trois de mesme personnage. Scipion, estant un iour accusé devant le peuple romain d'une accusation importante, au lieu de s'excuser, ou de flatter ses iuges : « Il vous siera bien, leur dict il, de vouloir entreprendre de iuger de la teste de celuy par le moyen duquel vous avez l'auctorité de iuger de tout le monde » ! Et une aultre fois, pour toute responce aux imputations que luy mettoit sus un tribun du peuple, au lieu de plaider sa cause : « Allons, dict il, mes citoyens, allons rendre graces aux dieux de la victoire qu'ils me donnerent contre les Carthaginois en pareil iour que cettuy cy » : et, se mettant à marcher devant,

---

se sont souvent accusés eux-mêmes, ou à qui le délire, dans un accès de maladie, a fait publier des crimes qui avoient été tenus secrets pendant long-temps. *Lucret.* l. 5, v. 1157, et seqq.

(1) Le premier supplice que souffre un méchant, c'est qu'il ne peut éviter de se condamner soi-même. *Juven.* sat. 13, v. 2, 3.

(2) Selon que chacun est convaincu en soi-même du mérite ou du démérite de ses actions, il a le cœur rempli d'espérance ou de crainte. *Ovid.* fast. l. 1, §. 5. *Proxima prospiciet Tithono,* etc. v. 25, 26.

vers le temple, voylà toute l'assemblee et son accusateur mesme à sa suite. Et Petilius ayant esté suscité par Caton pour luy demander compte de l'argent manié en la province d'Antioche, Scipion, estant venu au senat pour cet effect, produisit le livre des raisons, qu'il avoit dessoubs sa robbe, et dict que ce livre en contenoit au vray la recepte et la mise : mais, comme on le luy demanda pour le mettre au greffe, il le refusa, disant ne se vouloir pas faire cette honte à soy mesme ; et de ses mains, en la presence du senat, le deschira et meit en pieces. Ie ne crois pas qu'une ame cauterisee sceust contrefaire une telle asseurance. Il avoit le cœur trop gros de nature, et accoustumé à trop haulte fortune, dict Tite Live, pour qu'il sceust estre criminel et se desmettre à la bassesse de deffendre son innocence.

C'est une dangereuse invention que celle des gehennes, et semble que ce soit plustost un essay de patience que de verité. Et celuy qui les peult souffrir cache la verité, et celuy qui ne les peult souffrir : car pourquoy la douleur me fera elle plustost confesser ce qui en est, qu'elle ne me forcera de dire ce qui n'est pas ? Et, au rebours, si celuy qui n'a pas faict ce de quoy on l'accuse est assez patient pour supporter ces torments ; pourquoy ne le sera celuy qui l'a faict, un si beau guerdon que de la vie luy estant proposé ? Ie pense que le fondement de cette invention est appuyé sur la consideration de l'effort de la conscience : car au coupable il semble qu'elle ayde à la torture pour luy faire confesser sa faulte, et qu'elle l'affoiblisse ; et de l'aultre part, qu'elle fortifie l'innocent contre la torture. Pour dire vray, c'est un moyen plein d'incertitude et de dangier : que ne diroit on, que ne feroit on pour fuyr à si griefves douleurs ?

Etiam innocentes cogit mentiri dolor : (1)

---

(1) La douleur force à mentir ceux même qui sont innocents. *Ex Mimis Publicanis.*

d'où il advient que celuy que le iuge a gehenné, pour ne le faire mourir innocent, il le face mourir et innocent et gehenné. Mille et mille en ont chargé leur teste de faulses confessions, entre lesquels ie loge Philotas, considerant les circonstances du procez qu'Alexandre luy feit, et le progrez de sa gehenne. Mais tant y a que c'est, dict on, le moins mal que l'humaine foiblesse aye peu inventer : Bien inhumainement pourtant, et bien inutilement, à mon advis. Plusieurs nations, moins barbares en cela que la grecque et la romaine qui les en appellent, estiment horrible et cruel de tormenter et desrompre un homme, de la faulte duquel vous estes encores en doubte. Que peut il mais de vostre ignorance ? Estes vous pas iniuste, qui, pour ne le tuer sans occasion, luy faictes pis que le tuer ? Qu'il soit ainsi, voyez combien de fois il aime mieulx mourir sans raison, que de passer par cette information plus penible que le supplice, et qui souvent par son aspreté devance le supplice, et l'execute. Ie ne sçais d'où ie tiens ce conte (a), mais il rapporte exactement la conscience de nostre iustice. Une femme de village accusoit devant un general d'armee (b), grand iusticier, un soldat pour avoir arraché à ses petits enfants ce peu de bouillie qui luy restoit à les substanter, cette armee ayant ravagé touts les villages à l'environ. De preuve il n'y en avoit point. Le general, aprez avoir sommé la femme de regarder bien à ce qu'elle disoit,

---

(a) Il est dans Froissart, vol. 4, c. 87 ; et c'est là sans doute que Montaigne l'avoit lu, quoiqu'il ne s'en souvînt plus quand il composa ce chapitre. C.

(b) Bajazet I, que Froissart nomme l'Amorabaquin. Je viens d'apprendre de l'ingénieux commentateur de Rabelais, t. 5, p. 217, que Bajazet fut ainsi nommé, parcequ'il étoit fils d'Amurat. Ce que je remarque en faveur de ceux qui pourroient l'ignorer, comme je faisois avant que d'avoir jeté les yeux sur cette page du Rabelais, imprimé à Amsterdam, chez Henri Desbordes, en 1711. C.

d'autant qu'elle seroit coulpable de son accusation si elle mentoit ; et elle persistant, il feit ouvrir le ventre au soldat pour s'esclaircir de la verité du faict : et la femme se trouva avoir raison. Condamnation instructive.

CHAPITRE VI.

De l'exercitation.

Il est malaysé que le discours et l'instruction, encores que nostre creance s'y applique volontiers, soient assez puissantes pour nous acheminer iusques à l'action, si, oultre cela, nous n'exerceons et formons nostre ame par experience au train auquel nous la voulons renger : aultrement, quand elle sera au propre des effects, elle s'y trouvera sans doubte empeschee. Voylà pourquoy, parmy les philosophes, ceulx qui ont voulu attaindre à quelque plus grande excellence ne se sont pas contentez d'attendre à couvert et en repos les rigueurs de la fortune, de peur qu'elle ne les surprinst inexperimentez et nouveaux au combat ; ains ils luy sont allez au devant, et se sont iectez, à escient, a la preuve des difficultez : les uns en ont abandonné les richesses, pour s'exercer à une pauvreté volontaire ; les aultres ont recherché le labeur et une austerité de vie penible, pour se durcir au mal et au travail ; d'aultres se sont privez des parties du corps les plus cheres, comme de la veue et des membres propres à la generation, de peur que leur service trop plaisant et trop mol ne relaschast et n'attendrist la fermeté de leur ame. Mais à mourir, qui est la plus grande besongne que nous ayons à faire, l'exercitation ne nous y peult ayder. On se peult, par usage et par experience, fortifier contre les douleurs, la honte, l'indigence et tels aultres accidents : mais quant à la mort, nous ne la pouvons essayer qu'une fois, nous y sommes touts apprentis quand nous y venons. Il s'est trouvé anciennement des hommes si excellents mesnagiers du temps, qu'ils ont essayé, en la mort mesme, de la gouster et savourer, et ont bandé leur esprit pour veoir que c'estoit de ce passage : mais ils ne sont pas revenus nous en dire les nouvelles ;

nemo expergitus extat,
Frigida quem semel est vitai pausa sequuta. (1)

Canius Iulius, noble romain, de vertu et fermeté singuliere, ayant esté condamné à la mort par ce maraud de Caligula ; oultre plusieurs merveilleuses preuves qu'il donna de sa resolution, comme il estoit sur le poinct de souffrir la main du bourreau, un philosophe son amy luy demanda : « Eh bien, Canius ! en quelle demarche est à cette heure vostre ame ? que faict elle ? en quels pensements estes vous » ? « Ie pensois, luy respondit il, à me tenir prest et bandé de toute ma force pour veoir si en cet instant de la mort, si court et si brief, ie pourray appercevoir quelque deslogement de l'ame, et si elle aura quelque ressentiment de son yssue ; pour, si i'en apprends quelque chose, en revenir donner aprez, si ie puis, advertissement à mes amis ». Cettuy cy philosophe non seulement iusqu'à la mort, mais en la mort mesme. Quelle asseurance estoit ce, et quelle fierté de courage, de vouloir que sa mort luy servist de leçon, et avoir loisir de penser ailleurs en un si grand affaire !

ius hoc animi morientis habebat. (2)

Il me semble toutesfois qu'il y a quelque façon de nous

---

(1)   Dès qu'une fois on a cessé de vivre,
On ne s'éveille point de ce fatal sommeil.
Lucret. l. 3, v. 942, et seqq.

(2)   Maître de son esprit dans l'instant de la mort.
Lucan. l. 8, v. 636.

apprivoiser à elle, et de l'essayer aulcunement. Nous en pouvons avoir experience, sinon entiere et parfaicte, au moins telle qu'elle ne soit pas inutile, et qui nous rende plus fortifiez et asseurez : si nous ne la pouvons ioindre, nous la pouvons approcher, nous la pouvons recognoistre; et si nous ne donnons iusques à son fort, au moins verrons nous et en practiquerons les advenues. Ce n'est pas sans raison qu'on nous faict regarder à nostre sommeil mesme, pour la ressemblance qu'il a de la mort : combien facilement nous passons du veiller au dormir; avecques combien peu d'interest nous perdons la cognoissance de la lumiere et de nous ! A l'adventure pourroit sembler inutile et contre nature la faculté du sommeil, qui nous prive de toute action et de tout sentiment, n'estoit que par iceluy nature nous instruict qu'elle nous a pareillement faicts pour mourir que pour vivre ; et, dez la vie, nous presente l'eternel estat qu'elle nous garde aprez icelle, pour nous y accoustumer et nous en oster la crainte. Mais ceulx qui sont tumbez par quelque violent accident en defaillance de cœur, et qui y ont perdu touts sentiments, ceulx là, à mon advis, ont esté bien prez de veoir son vray et naturel visage: car quant à l'instant et au poinct du passage, il n'est pas à craindre qu'il porte avecques soy aulcun travail ou desplaisir, d'autant que nous ne pouvons avoir nul sentiment, sans loisir ; nos souffrances ont besoing de temps, qui est si court et si precipité en la mort, qu'il fault necessairement qu'elle soit insensible. Ce sont les approches que nous avons à craindre ; et celles là peuvent tumber en experience. Plusieurs choses nous semblent plus grandes par imagination que par effect : i'ay passé une bonne partie de mon aage en une parfaicte et entiere santé, ie dis non seulement entiere, mais encores alaigre et bouillante; cet estat plein de verdeur et de feste me faisoit trouver si horrible la consideration des maladies, que, quand ie suis venu à les experimenter, i'ay trouvé leurs poinctures molles et lasches au prix de ma crainte. Voicy que i'espreuve touts les iours : suis ie à couvert chauldement dans une bonne salle pendant qu'il se passe une nuict orageuse et tempesteuse, ie m'estonne et m'afflige pour ceulx qui sont lors en la campaigne : y suis ie moy 'mesme, ie ne desire pas seulement d'estre ailleurs. Cela seul d'estre tousiours enfermé dans une chambre me sembloit insupportable : ie feus incontinent dressé à y estre une semaine et un mois, plein d'esmotion, d'alteration et de foiblesse ; et ay trouvé que, lors de ma santé, ie plaignois les malades beaucoup plus que ie ne me treuve à plaindre moy mesme, quand i'en suis ; et que la force de mon apprehension encherissoit prez de moitié l'essence et verité de la chose. I'espere qu'il m'en adviendra de mesme de la mort, et qu'elle ne vault pas la peine que ie prends à tant d'apprests que ie dresse et tant de secours que i'appelle et assemble pour en soustenir l'effort. Mais, à toutes adventures, nous ne pouvons nous donner trop d'advantage.

Pendant nos troisiesmes troubles, ou deuxiesmes, il ne me souvient pas bien de cela, m'estant allé un iour promener à une lieue de chez moy, qui suis assis dans le moïau de tout le trouble des guerres civiles de France ; estimant estre en toute seureté, et si voisin de ma retraicte, que ie n'avois point besoing de meilleur equipage, i'avois prins un cheval bien aysé, mais non gueres ferme. A mon retour, une occasion soubdaine s'estant presentee de m'ayder de ce cheval à un service qui n'estoit pas bien de son usage, un de mes gents, grand et fort, monté sur un puissant roussin qui avoit une bouche desesperée, frais au demourant et vigoreux, pour faire le hardy et devancer ses compaignons, veint à le poulser à toute bride droict dans ma route, et fondre comme un colosse sur le petit homme et petit cheval, et le fouldroyer de sa roideur et de sa pesanteur, nous envoyant l'un et l'aultre les pieds contremont : si que voylà le cheval abbattu et couché tout estourdy; moy, dix ou douze pas au delà, estendu à la renverse, le visage tout meurtry et tout escorché, mon espee, que i'avois à la main, à plus de dix pas au delà, ma ceincture en pieces, n'ayant ny mouvement ny sentiment non plus qu'une souche. C'est le seul esvanouïssement que i'aye senty iusques à cette heure. Ceulx qui estoient avecques moy, aprez avoir essayé, par touts les moyens qu'ils peurent, de me faire revenir, me tenants pour mort, me prindrent entre leurs bras, et m'emportoient avecques beaucoup de difficulté en ma maison, qui estoit loing de là environ une demy lieue françoise. Sur le chemin, et aprez avoir esté plus de deux grosses heures tenu pour trespassé, ie commenceay à me mouvoir et respirer; car il estoit tumbé si grande abondance de sang dans mon estomach, que pour l'en descharger nature eut besoing de resusciter ses forces. On me dressa sur mes pieds, où ie rendis un plein seau de bouillons de sang pur; et plusieurs fois par le chemin il m'en fallut faire de mesme. Par là ie commenceay à reprendre un peu de vie, mais ce feut par les menus, et par un si long traict de temps, que mes premiers sentiments estoient beaucoup plus approchants de la mort que de la vie:

> Perchè, dubbiosa ancor del suo ritorno,
> Non s'assicura attonita la mente. (1)

Cette recordation que i'en ay fort empreinte en mon ame, me representant son visage et son idee si prez du naturel, me concilie aulcunement à elle. Quand ie commenceay à y veoir, ce feut d'une veue si trouble, si foible et si morte, que ie ne discernois encores rien que la lumiere,

---

(1) Car l'ame, encore incertaine de son retour, ne pouvoit revenir de son abattement. *Torq. Tasso*, Gerus. liberata, cant. 12, stanz. 74.

> come quel ch' or apre, or chiude
> Gli occhi, mezzo tra 'l sonno e l' esser desto. (1)

Quant aux functions de l'ame, elles naissoient avecques mesme progrez que celles du corps. Ie me veis tout sanglant, car mon pourpoinct estoit taché partout du sang que i'avois rendu. La premiere pensee qui me veint, ce feut que i'avois une arquebusade en la teste : de vray, en mesme temps il s'en tiroit plusieurs autour de nous. Il me sembloit que ma vie ne me tenoit plus qu'au bout des levres; ie fermois les yeulx pour ayder, ce me sembloit, à la poulser hors, et prenois plaisir à m'alanguir et à me laisser aller. C'estoit une imagination qui ne faisoit que nager superficiellement en mon ame, aussi tendre et aussi foible que tout le reste, mais à la verité non seulement exempte de desplaisir, ains meslee à cette doulceur que sentent ceulx qui se laissent glisser au sommeil. Ie crois que c'est ce mesme estat où se treuvent ceulx qu'on veoid defaillants de foiblesse en l'agonie de la mort; et tiens que nous les plaignons sans cause, estimants qu'ils soyent agitez de griefves douleurs, ou avoir l'ame pressee de cogitations penibles. C'a esté tousiours mon advis, contre l'opinion de plusieurs, et mesme d'Estienne de la Boëtie, que ceulx que nous voyons ainsi renversez et assopis aux approches de leur fin, ou accablez de la longueur du mal, ou par accident d'une apoplexie, ou mal caducque,

> vi morbi sæpè coactus
> Ante oculos aliquis nostros, ut fulminis ictu,
> Concidit, et spumas agit, ingemit, et fremit artus,
> Desipit, extentat nervos, torquetur, anhelat,
> Inconstanter et in iactando membra fatigat, (2)

---

(1) Comme un homme qui, moitié endormi et moitié éveillé, tantôt ouvre les yeux, et tantôt les ferme. *Torq. Tasso*, Gerus. liberata, caut. 8, stanz. 26.

(2) Un malheureux épileptique (comme on a souvent occasion

ou blecez en la teste, que nous oyons rommeller et rendre par fois des soupirs trenchants, quoyque nous en tirons aulcuns signes par où il semble qu'il leur reste encores de la cognoissance, et quelques mouvements que nous leur voyons faire du corps; i'ay tousiours pensé, dis ie, qu'ils avoient et l'ame et le corps ensepveli et endormi,

<small>Vivit, et est vitæ nescius ipse suæ; (1)</small>

et ne pouvois croire qu'à un si grand estonnement de membres, et si grande defaillance des sens, l'ame peust maintenir aulcune force au dedans pour se recognoistre; et que par ainsin ils n'avoient aulcun discours qui les tormentast, et qui leur peust faire iuger et sentir la misere de leur condition; et que par consequent ils n'estoient pas fort à plaindre. Ie n'imagine aulcun estat pour moy si insupportable et horrible, que d'avoir l'ame vifve et affligee, sans moyen de se declarer; comme ie dirois de ceulx qu'on envoye au supplice leur ayant coupé la langue, si ce n'estoit qu'en cette sorte de mort la plus muette me semble la mieulx seante si elle est accompaignee d'un ferme visage et grave; et comme ces miserables prisonniers qui tumbent ez mains des vilains bourreaux soldats de ce temps desquels ils sont tormentez de toute espece de cruel traictement pour les contraindre à quelque rançon excessifve et impossible; tenus ce pendant en condition et en lieu où ils n'ont moyen quelconque

---

de le voir) tombe à terre, abattu par la violence du mal comme par un coup de foudre; il écume, il gémit; tous ses membres frissonnent; il extravague; ses nerfs tendus par des mouvements convulsifs, tout hors d'haleine, il se fatigue, il s'épuise à se rouler bizarrement de tous côtés. *Lucretius*, libro 3, vers. 486, et seqq.

(1) Il vit, mais sans savoir s'il jouit de la vie.
Ovid. trist. l. 1, eleg. 3, v. 12.

d'expression et signification de leurs pensees et de leur misere. Les poëtes ont feinct quelques dieux favorables à la delivrance de ceulx qui traisnoient ainsin une mort languissante ;

> hunc ego Diti
> Sacrum iussa fero, teque isto corpore solvo : (1)

et les voix et responses courtes et descousues qu'on leur arrache à force de crier autour de leurs aureilles et de les tempester, ou des mouvements qui semblent avoir quelque consentement à ce qu'on leur demande, ce n'est pas tesmoignage qu'ils vivent pourtant, au moins une vie entiere. Il nous advient ainsi sur le begueyement du sommeil, avant qu'il nous ayt du tout saisis, de sentir comme en songe ce qui se faict autour de nous, et suyvre les voix, d'une ouïe trouble et incertaine qui semble ne donner qu'aux bords de l'ame; et faisons des responses, à la suitte des dernieres paroles qu'on nous a dictes, qui ont plus de fortune que de sens. Or, à present que ie l'ay essayé par effect, ie ne foys nul doubte que ie n'en aye bien iugé iusques à cette heure : car, premierement, estant tout esvanouï, ie me travaillois d'entr'ouvrir mon pourpoinct à belles ongles (car i'estois desarmé), et si sçais que ie ne sentois en l'imagination rien qui me bleceast : car il y a plusieurs mouvements en nous qui ne partent pas de nostre ordonnance ;

> Semianimesque micant digiti, ferrumque retractant; (2)

ceulx qui tumbent eslancent ainsi les bras au devant de leur cheute, par une naturelle impulsion qui faict que nos

---

(1) J'exécute, dit Iris, l'ordre que j'ai reçu : j'enleve cette ame devouée au dieu des enfers, et je la délivre de ce corps. *Virg.* Aeneid. l. 4, v. 702, et seqq.

(2) Les doigts à demi morts s'élancent, et reprennent l'épée. *Aeneid* l. 10, v. 396.

membres se prestent des offices, et ont des agitations à part de nostre discours :

> Falciferos memorant currus abscindere membra, ...
> Ut tremere in terrâ videatur ab artubus id quod
> Decidit abscissum; cùm mens tamen atque hominis vis,
> Mobilitate mali, non quit sentire dolorem : (1)

i'avois mon estomach pressé de ce sang caillé, mes mains y couroient d'elles mesmes, comme elles font souvent où il nous demange, contre l'advis de nostre volonté. Il y a plusieurs animaulx, et des hommes mesmes, aprez qu'ils sont trespassez, ausquels on veoid resserrer et remuer des muscles : chascun sçait par experience qu'il a des parties qui se branslent, dressent et couchent souvent sans son congé. Or ces passions, qui ne nous touchent que par l'escorce, ne se peuvent dire nostres : pour les faire nostres il fault que l'homme y soit engagé tout entier; et les douleurs que le pied ou la main sentent pendant que nous dormons ne sont pas à nous. Comme i'approchay de chez moy, où l'alarme de ma cheute avoit desia couru, et que ceulx de ma famille m'eurent rencontré avecques les cris accoustumez en telles choses, non seulement ie respondois quelque mot à ce qu'on me demandoit, mais encores ils disent que ie m'advisay de commander qu'on donnast un cheval à ma femme que ie voyois s'empestrer et se tracasser dans le chemin, qui est montueux et malaysé. Il semble que cette consideration deust partir d'une ame esveillee; si est ce que ie n'y estois aulcunement : c'estoient des pensements vains, en nue, qui estoient esmeus par les sens des yeulx et des aureilles; ils ne venoient pas de chez moy.

---

(1) On dit que dans le combat les chars armés de faulx coupent les membres avec tant de rapidité, qu'on les voit palpitants à terre, quoique par la vitesse du coup l'esprit et le corps soient insensibles à la douleur. *Lucret.* l. 3, v. 642, et seqq.

Ie ne sçavois pourtant ny d'où ie venois, ny où i'allois; ny ne pouvois poiser et considerer ce que on me demandoit : ce sont des legiers effects que les sens produisoient d'eulx mesmes, comme d'un usage ; ce que l'ame y prestoit, c'estoit en songe, touchee bien legierement et comme leichee seulement et arrousee par la molle impression des sens. Ce pendant mon assiette estoit à la verité tresdoulce et paisible : ie n'avois affliction ny pour aultruy ny pour moy ; c'estoit une langueur et une extreme foiblesse sans aulcune douleur. Ie veis ma maison sans la recognoistre. Quand on m'eut couché, ie sentis une infinie doulceur à ce repos, car i'avois esté vilainement tirassé par ces pauvres gents qui avoient prins la peine de me porter sur leurs bras par un long et tresmauvais chemin, et s'y estoient lassez deux ou trois fois les uns aprez les aultres. On me presenta force remedes, de quoy ie n'en receus aulcun, tenant pour certain que i'estois blecé à mort par la teste. C'eust esté, sans mentir, une mort bien heureuse ; car la foiblesse de mon discours me gardoit d'en rien iuger, et celle du corps d'en rien sentir : ie me laissois couler si doulcement et d'une façon (a) si doulce et si aysee, que ie ne sens gueres aultre action moins poisante que celle là estoit. Quand ie veins à revivre, et à reprendre mes forces,

Ut tandem sensus convaluere mei, (1)

qui feut deux ou trois heures aprez, ie me sentis tout d'un train rengager aux douleurs, ayant les membres touts moulus et froissez de ma cheute, et en feus si mal deux ou trois nuits aprez, que i'en cuiday remourir encores un coup, mais d'une mort plus vifve ; et me sens encores de la secousse de cette froissure. Ie ne veulx pas oublier

---

(a) Si molle et si aysee. *Edition in-fol.* de 1595.
(1) Lorsqu'enfin mes sens eurent repris leur premiere vigueur. *Ovid.* trist. l. 1, eleg. 3, v. 14.

cecy, que la derniere chose en quoy ie me peus remettre, ce feut la souvenance de cet accident; et me feis redire plusieurs fois où i'allois, d'où ie venois, à quelle heure cela m'estoit advenu, avant que de le pouvoir concevoir. Quant à la façon de ma cheute, on me la cachoit en faveur de celuy qui en avoit esté cause, et m'en forgeoit on d'aultres. Mais longtemps aprez, et le lendemain, quand ma memoire veint à s'entr'ouvrir, et me representer l'estat où ie m'estois trouvé en l'instant que i'avois apperceu ce cheval fondant sur moy (car ie l'avois veu à mes talons, et me teins pour mort; mais ce pensement avoit esté si soubdain que la peur n'eut pas loisir de s'y engendrer), il me sembla que c'estoit un esclair qui me frappoit l'ame de secousse, et que ie revenois de l'aultre monde.

Ce conte d'un evenement si legier est assez vain, n'estoit l'instruction que i'en ay tiree pour moy : car, à la verité, pour s'apprivoiser à la mort, ie treuve qu'il n'y a que de s'en avoisiner. Or, comme dict Pline, chascun est à soy mesme une tresbonne discipline, pourveu qu'il ait la suffisance de s'espier de prez. Ce n'est pas icy ma doctrine, c'est mon estude; et n'est pas la leçon d'aultruy, c'est la mienne : et ne me doibt on sçavoir mauvais gré pourtant si ie la communique; ce qui me sert peult aussi par accident servir à un aultre. Au demourant, ie ne gaste rien, ie n'use que du mien; et si ie foys le fol, c'est à mes despens, et sans l'interest de personne, car c'est en folie qui meurt en moy, qui n'a point de suitte. Nous n'avons nouvelles que de deux ou trois anciens qui ayent battu ce chemin; et si ne pouvons dire si c'est du tout en pareille maniere à cette cy, n'en cognoissant que les noms. Nul depuis ne s'est iecté sur leur trace. C'est une espineuse entreprinse, et plus qu'il ne semble, de suyvre une allure si vagabonde que celle de nostre esprit, de penetrer les profondeurs opaques de ses replis internes, de choisir et arrester tant de menus airs de ses agitations;

et est un amusement nouveau et extraordinaire qui nous retire des occupations communes du monde, ouy, et des plus recommendees. Il y a plusieurs annees que ie n'ay que moy pour visee à mes pensees, que ie ne contreroolle et n'estudie que moy; et si i'estudie aultre chose, c'est pour soubdain le coucher sur moy, ou en moy, pour mieulx dire : et ne me semble point faillir, si, comme il se faict des aultres sciences sans comparaison moins utiles, ie foys part de ce que i'ay apprins en cette cy, quoyque ie ne me contente gueres du progrez que i'y ay faict. Il n'est description pareille en difficulté à la description de soy mesme, ny certes en utilité : encores se fault il testonner, encores se fault il ordonner et renger, pour sortir en place; or ie me pare sans cesse, car ie me descris sans cesse. La coustume a faict le parler de soy vicieux, et le prohibe obstineement, en hayne de la ventance qui semble tousiours estre attachee aux propres tesmoignages : au lieu qu'on doibt moucher l'enfant, cela s'appelle l'enaser,

> In vitium ducit culpæ fuga; (1)

ie treuve plus de mal que de bien à ce remede. Mais, quand il seroit vray que ce feust necessairement presumption d'entretenir le peuple de soy, ie ne doibs pas, suyvant mon general desseing, refuser une action qui publie cette maladifve qualité, puisqu'elle est en moy; et ne doibs cacher cette faulte, que i'ay non seulement en usage mais en profession. Toutesfois, à dire ce que i'en crois, cette coustume a tort de condamner le vin parce que plusieurs s'y enyvrent : on ne peult abuser que des choses qui sont bonnes; et crois de cette regle, qu'elle ne regarde que la populaire defaillance. Ce sont brides à veaux, desquelles ny les saincts, que nous oyons si haul-

---

(1) Souvent la peur d'un mal nous conduit dans un pire.
Horat. De arte poët. v. 31. Traduction de Boileau.

tement parler d'eulx, ny les philosophes, ny les theologiens, ne se brident ; ne foys ie moy, quoyque ie sois aussi peu l'un que l'aultre. S'ils n'en escrivent à poinct nommé, au moins, quand l'occasion les y porte, ne féignent ils pas de se iecter bien avant sur le trottoir. De quoy traicte Socrates plus largement que de soy ? à quoy achemine il plus souvent les propos de ses disciples qu'à parler d'eulx, non pas de la leçon de leur livre, mais de l'estre et bransle de leur ame? Nous nous disons religieusement à Dieu et à nostre confesseur ; comme nos voisins à tout le peuple. « Mais nous n'en disons, me respondra on, que les accusations ». Nous disons donc tout ; car nostre vertu mesme est faultiere et repentable. Mon mestier et mon art, c'est vivre : qui me deffend d'en parler selon mon sens, experience et usage, qu'il ordonne à l'architecte de parler des bastiments non selon soy mais selon son voisin, selon la science d'un aultre, non selon la sienne. Si c'est gloire, de soy mesme publier ses valeurs, que ne met Cicero en avant l'eloquence de Hortense, Hortense celle de Cicero? A l'adventure entendent ils que ie tesmoigne de moy par ouvrage et effects, non nuement par des paroles. Ie peins principalement mes cogitations ; subiect informe qui ne peult tumber en production ouvragiere, à toute peine le puis ie coucher en ce corps aëré de la voix : des plus sages hommes et des plus devots ont vescu fuyants touts apparents effects. Les effects diroient plus de la fortune que de moy : ils tesmoignent leur roolle, non pas le mien, si ce n'est coniecturalement et incertainement : eschantillons d'une montre particuliere. Ie m'estale entier : c'est un skeletos où, d'une veue, les veines, les muscles, les tendons, paroissent, chasque piece en son siege ; l'effect de la toux en produisoit une partie ; l'effect de la pasleur ou battement de cœur un' aultre, et doubteusement. Ce ne sont mes gestes que i'escris ; c'est moy, c'est mon essence. Ie tiens qu'il fault estre prudent à estimer de soy, et pareillement conscientieux à en tesmoigner, soit bas, soit hault, indifferemment. Si ie me semblois bon et sage, ou prez de là, ie l'entonnerois à pleine teste. De dire moins de soy qu'il n'y en a, c'est sottise, non modestie; se payer de moins qu'on ne vault, c'est lascheté et pusillanimité, selon Aristote : nulle vertu ne s'ayde de la faulseté; et la verité n'est iamais matiere d'erreur. De dire de soy plus qu'il n'en y a, ce n'est pas tousiours presumption, c'est encores souvent sottise : se complaire oultre mesure de ce qu'on est, en tumber en amour de soy indiscrete, est à mon advis la substance de ce vice. Le supreme remede à le guarir c'est faire tout le rebours de ce que ceulx cy ordonnent, qui, en deffendant le parler de soy, deffendent par consequent encores plus de penser à soy. L'orgueil gist en la pensee; la langue n'y peult avoir qu'une bien legiere part. De s'amuser à soy, il leur semble que c'est se plaire en soy; de se hanter et practiquer, que c'est se trop cherir : il peult estre; mais cet excez naist seulement en ceulx qui ne se tastent que superficiellement; qui se voyent aprez leurs affaires; qui appellent resverie et oysifveté, s'entretenir de soy; et s'estoffer et bastir, faire des chasteaux en Espaigne; s'estimants chose tierce et estrangiere à eulx mesmes. Si quelqu'un s'enyvre de sa science, regardant soubs soy; qu'il tourne les yeulx au dessus, vers les siecles passez, il baissera les cornes, y trouvant tant de milliers d'esprits qui le foulent aux pieds : s'il entre en quelque flateuse presumption de sa vaillance; qu'il se ramentoive les vies des deux Scipions, [d'Epaminondas,] de tant d'armees, de tant de peuples, qui le laissent si loing derriere eulx. Nulle particuliere qualité n'enorgueillira celuy qui mettra quand et quand en compte tant d'imparfaictes et foibles qualitez aultres qui sont en luy, et au bout la nihilité de l'humaine condition. Parce que Socrates avoit seul mordu à certes au precepte de son dieu, « de se cognoistre », et par cet estude estoit arrivé à se mespriser, il feut estimé seul digne du surnom de sage. Qui se cognoistra ainsi, qu'il se donne hardiment à cognoistre par sa bouche.

CHAPITRE VII.

Des recompenses d'honneur.

Ceulx qui escrivent la vie d'Auguste Cesar remarquent cecy, en sa discipline militaire, que des dons il estoit merveilleusement liberal envers ceulx qui le meritoient; mais que des pures recompenses d'honneur il en estoit bien autant espargnant : si est ce qu'il avoit esté luy mesme gratifié par son oncle de toutes les recompenses militaires avant qu'il eust iamais esté à la guerre. C'a esté une belle invention, et receue en la pluspart des polices du monde, d'establir certaines marques vaines et sans prix pour en honorer et recompenser la vertu, comme sont les couronnes de laurier, de chesne, de meurte, la forme de certain vestement, le privilege d'aller en coche par ville, ou de nuict avecques flambeau, quelque assiette particuliere aux assemblees publiques, la prerogative d'aulcuns surnoms et tiltres, certaines marques aux armoiries, et choses semblables, de quoy l'usage a esté diversement receu selon l'opinion des nations, et dure encores. Nous avons pour nostre part, et plusieurs de nos voisins, les ordres de chevalerie, qui ne sont establis qu'à cette fin. C'est, à la verité, une bien bonne et proufitable coustume de trouver moyen de recognoistre la valeur des hommes rares et excellents, et de les contenter et satisfaire par des payements qui ne chargent aulcunement le publicque et qui ne coustent rien au prince. Et ce qui a esté tousiours cogneu par experience ancienne, et que nous avons aultrefois aussi peu veoir entre nous, que les gents de qualité avoient plus de ialousie de telles recompenses, que de celles où il y avoit du gaing et du proufit, cela n'est pas sans raison et grande apparence. Si au prix, qui doibt estre simplement d'honneur, on y mesle d'aultres commoditez et de la richesse, ce meslange, au lieu d'augmenter l'estimation, il la ravale et en retrenche. L'ordre sainct Michel, qui a esté si long temps en credit parmy nous, n'avoit point de plus grande commodité que celle là, de n'avoir communication d'aulcune aultre commodité : cela faisoit qu'aultrefois il n'y avoit ny charge, ny estat, quel qu'il feust, auquel la noblesse pretendist avecques tant de desir et d'affection qu'elle faisoit à l'ordre, ny qualité qui apportast plus de respect et de grandeur : la vertu embrassant et aspirant plus volontiers à une recompense purement sienne, plustost glorieuse qu'utile. Car, à la verité, les aultres dons n'ont pas leur usage si digne, d'autant qu'on les employe à toute sorte d'occasions ; par des richesses on satisfaict le service d'un valet, la diligence d'un courrier, le dancer, le voltiger, le parler, et les plus vils offices qu'on receoive ; voire et le vice s'en paye, la flaterie, le maquerelage, la trahison : ce n'est pas merveille si la vertu receoit et desire moins volontiers cette sorte de monnoye commune, que celle qui luy est propre et particuliere, toute noble et genereuse. Auguste avoit raison d'estre beaucoup plus mesnagier et espargnant de cette cy, que de l'aultre ; d'autant que l'honneur, c'est un privilege qui tire sa principale essence de la rareté ; et la vertu mesme.

   Cui malus est nemo, quis bonus esse potest ? (1)

On ne remarque pas, pour la recommendation d'un homme, qu'il ayt soing de la nourriture de ses enfants,

---

(1) A qui nul ne paroît méchant,
   Nul ne sauroit paroître juste.
       Martial. l. 12, epigr. 82.

d'autant que c'est une action commune, quelque iuste qu'elle soit; non plus qu'un grand arbre, où la forest est toute de mesme. Ie ne pense pas qu'aulcun citoyen de Sparte se glorifiast de sa vaillance, car c'estoit une vertu populaire en leur nation ; et aussi peu de la fidelité, et mespris des richesses. Il n'escheoit pas de recompense à une vertu, pour grande qu'elle soit, qui est passee en coustume ; et ne sçais avecques, si nous l'appellerions iamais grande, estant commune. Puis donc que ces loyers d'honneur n'ont aultre prix et estimation, que cette là que peu de gents en iouïssent, il n'est, pour les aneantir, que d'en faire largesse. Quand il se trouveroit plus d'hommes qu'au temps passé qui meritassent nostre ordre, il n'en falloit pas pourtant corrompre l'estimation : et peult ayseement advenir que plus le meritent; car il n'est aulcune des vertus qui s'espande si ayseement que la vaillance militaire. Il y en a une aultre vraye, parfaicte et philosophique, de quoy ie ne parle point, et me sers de ce mot selon nostre usage, bien plus grande que cette cy et plus pleine, qui est une force et asseurance de l'ame, mesprisant egualement toute sorte d'accidents ennemis, equable, uniforme et constante, de laquelle la nostre n'est qu'un bien petit rayon. L'usage, l'institution, l'exemple, et la coustume, peuvent tout ce qu'elles veulent en l'establissement de celle de quoy ie parle, et la rendent ayseement vulgaire, comme il est tresaysé à veoir par l'experience que nous en donnent nos guerres civiles : et qui nous pourroit ioindre à cette heure, et acharner à une entreprinse commune tout nostre peuple, nous ferions refleurir nostre ancien nom militaire. Il est bien certain que la recompense de l'ordre ne touchoit pas, au temps passé, seulement la vaillance; elle regardoit plus loing : ce n'a iamais esté le payement d'un valeureux soldat, mais d'un capitaine fameux ; la science d'obeïr ne meritoit pas un loyer si honorable. On y requeroit anciennement une expertise bellique plus universelle, et qui embrassast la plus part et plus grandes parties d'un homme militaire, *neque enim eædem, militares et imperatoriæ, artes sunt* (1), qui feust encores, oultre cela, de condition accommodable à une telle dignité. Mais ie dis, quand plus de gents en seroient dignes qu'il ne s'en trouvoit aultresfois, qu'il ne falloit pas pourtant s'en rendre plus liberal; et eust mieulx vallu faillir à n'en estrener pas touts ceulx à qui il estoit deu, que de perdre pour iamais, comme nous venons de faire, l'usage d'une invention si utile. Aulcun homme de cœur ne daigne s'advantager de ce qu'il a de commun avec plusieurs; et ceulx d'auiourd'huy qui ont moins merité cette recompense font plus de contenance de la desdaigner, pour se loger par là au reng de ceulx à qui on faict tort d'espandre indignement et avilir cette marque qui leur estoit particulierement deue. Or de s'attendre, en effaceant et abolissant cette cy, de pouvoir soubdain remettre en credit et renouveller une semblable coustume, ce n'est pas entreprinse propre à une saison si licencieuse et malade qu'est celle où nous nous trouvons à present : et en adviendra que la derniere encourra, dez sa naissance, les incommoditez qui viennent de ruyner l'aultre. Les regles de la dispensation de ce nouvel ordre auroient besoing d'estre extrememement tendues et contrainctes, pour luy donner auctorité; et cette saison tumultuaire n'est pas capable d'une bride courte et reglee : oultre ce qu'avant qu'on luy puisse donner credit, il est besoing qu'on ayt perdu la memoire du premier, et du mespris auquel il est cheu. Ce lieu pourroit recevoir quelque discours sur la consideration de la vaillance, et difference de cette vertu aux aultres; mais Plutarque estant souvent retumbé sur ce propos, ie me meslerois pour neant de rapporter icy ce qu'il en dict.

---

(1) Car les talents du soldat, et ceux du général, ne sont pas la même chose. *Tit. Liv.* l. 25, c. 19; où il y a, *Tanquam cædem militares et imperatoriæ artes essent.* C.

Mais il est digne d'estre consideré, que nostre nation donne à la Vaillance le premier degré des vertus, comme son nom montre, qui vient de Valeur : et qu'à nostre usage, quand nous disons un homme qui vault beaucoup, ou un homme de bien, au style de nostre court et de nostre noblesse ce n'est à dire aultre chose qu'un vaillant homme, d'une façon pareille à la romaine ; car la generale appellation de Vertu prend chez eulx etymologie de la Force. La forme propre, et seule, et essencielle, de noblesse en France, c'est la vacation militaire. Il est vraysemblable que la premiere vertu qui se soit faict paroistre entre les hommes, et qui a donné advantage aux uns sur les aultres, c'a esté cette cy, par laquelle les plus forts et courageux se sont rendus maistres des plus foibles et ont acquis reng et reputation particuliere, d'où luy est demeuré cet honneur et dignité de langage ; ou bien, que ces nations, estant tresbelliqueuses, ont donné le prix à celle des vertus qui leur estoit plus familiere, et le plus digne tiltre : tout ainsi que nostre passion, et cette fiebvreuse solicitude que nous avons de la chasteté des femmes ; faict aussi qu'Une bonne femme, Une femme de bien, et Femme d'honneur et de vertu, ce ne soit en effect à dire aultre chose pour nous que Une femme chaste ; comme si, pour les obliger à ce debvoir, nous mettions à nonchaloir touts les aultres, et leur laschions la bride à toute aultre faulte, pour entrer en composition de leur faire quitter cette cy.

CHAPITRE VIII.

De l'affection des peres aux enfants.

A madame d'Estissac.

MADAME, si l'estrangeté ne me sauve et la nouvelleté, qui ont accoustumé de donner prix aux choses, ie ne sors iamais à mon honneur de cette sotte entreprinse : mais elle est si fantastique, et a un visage si esloigné de l'usage commun, que cela luy pourra donner passage. C'est une humeur melancholique, et une humeur par consequent tresennemie de ma complexion naturelle, producte par le chagrin de la solitude en laquelle il y a quelques annees que ie m'estois iecté, qui m'a mis premierement en teste cette resverie de me mesler d'escrire. Et puis, me trouvant entierement despourveu et vuide de toute aultre matiere, ie me suis presenté moy mesme à moy pour argument et pour subiect. C'est le seul livre au monde de son espece, d'un desseing farouche et extravagant. Il n'y a rien aussi en cette besongne digne d'estre remarqué, que cette bizarrerie; car à un subiect si vain et si vil, le meilleur ouvrier du monde n'eust sceu donner façon qui merite qu'on en face compte. Or, madame, ayant à m'y pourtraire au vif, i'en eusse oublié un traict d'importance, si ie n'y eusse representé l'honneur que i'ay tousiours rendu à vos merites : et l'ay voulu dire signamment à la teste de ce chapitre, d'autant que, parmy vos aultres bonnes qualitez, celle de l'amitié que vous avez montree à vos enfants tient l'un des premiers rengs. Qui sçaura l'aage auquel monsieur d'Estissac, vostre mari, vous laissa veufve, les grands et honorables partis qui vous ont esté offerts autant qu'à dame de

France de vostre condition, la constance et fermeté de quoy vous avez soustenu, tant d'annees, et au travers de tant d'espineuses difficultez, la charge et conduicte de leurs affaires qui vous ont agitee par touts les coings de France, et vous tiennent encores assiegee, l'heureux acheminement que vous y avez donné par vostre seule prudence ou bonne fortune; il dira aysement, avecques moi, que nous n'avons poinct d'exemple d'affection maternelle en nostre temps plus exprez que le vostre. Ie loue Dieu, madame, qu'elle aye esté si bien employee; car les bonnes esperances que donne de soy monsieur d'Estissac, vostre fils, asseurent assez que, quand il sera en aage, vous en tirerez l'obeïssance et recognoissance d'un tresbon enfant. Mais d'autant qu'à cause de sa puerilité, il n'a peu remarquer les extremes offices qu'il a receu de vous en si grand nombre, ie veulx, si ces escripts viennent un iour à luy tumber en main lors que ie n'auray plus ny bouche ny parole qui le puisse dire, Qu'il receoive de moy ce tesmoignage en toute verité, qui luy sera encores plus vifvement tesmoigné par les bons effects de quoy, si Dieu plaist, il se ressentira, qu'il n'est gentilhomme en France qui doibve plus à sa mere, qu'il faict; et qu'il ne peult donner à l'advenir plus certaine preuve de sa bonté et de sa vertu, qu'en vous recognoissant pour telle.

S'il y a quelque loy vrayement naturelle, c'est à dire quelque instinct, qui se veoye universellement et perpetuellement empreint aux bestes et en nous (ce qui n'est pas sans controverse), ie puis dire, à mon advis, qu'aprez le soing que chasque animal a de sa conservation et de fuyr ce qui nuit, l'affection que l'engendrant porte à son engeance tient le second lieu en ce reng. Et, parce que nature semble nous l'avoir recommendee, regardant à estendre et faire aller avant les pieces successives de cette sienne machine, ce n'est pas merveille, si, à reculons, des enfants aux peres, elle n'est pas si grande:

ioinct cette aultre consideration aristotelique, que celuy qui bien faict à quelqu'un l'aime mieulx, qu'il n'en est aimé; et celuy à qui il est deu aime mieulx, que celuy qui doibt; et tout ouvrier aime mieulx son ouvrage, qu'il n'en seroit aimé si l'ouvrage avoit du sentiment : d'autant que nous avons cher, Estre; et Estre consiste en mouvement et action; parquoy chascun est aulcunement en son ouvrage. Qui bien faict, exerce un' action belle et honneste, qui receoit, l'exerce utile seulement. Or, l'utile est de beaucoup moins aimable que l'honneste : l'honneste est stable et permanent, fournissant à celuy qui l'a faict une gratification constante; l'utile se perd et eschappe facilement, et n'en est la memoire ny si fresche ny si doulce. Les choses nous sont plus cheres qui nous ont plus cousté; et il est plus difficile de donner, que de prendre.

Puisqu'il a pleu à Dieu nous douer de quelque capacité de discours, à fin que, comme les bestes; nous ne feussions pas servilement assubiectis aux loix communes, ains que nous nous y appliquassions par iugement et liberté volontaire, nous debvons bien prester un peu à la simple auctorité de nature, mais non pas nous laisser tyranniquement emporter à elle : la seule raison doibt avoir la conduicte de nos inclinations. I'ay, de ma part, le goust estrangement mousse à ces propensions qui sont produictes en nous sans l'ordonnance et entremise de nostre iugement, comme, sur ce subiect duquel ie parle, ie ne puis recevoir cette passion de quoy on embrasse les enfants à peine encores nays, n'ayants ny mouvement en l'ame, ny forme recognoissable au corps, par où ils se puissent rendre aimables, et ne les ay pas souffert volontiers nourrir prez de moy. Une vraye affection et bien reglee debvroit naistre et s'augmenter avecques la cognoissance qu'ils nous donnent d'eulx; et lors, s'ils le valent, la propension naturelle marchant quand et la raison, les cherir d'une amitié vrayement paternelle; et en iuger de mesme, s'ils sont aultres : nous rendants tousiours à la raison, nonobstant la force naturelle. Il en va fort souvent au rebours ; et le plus communement nous nous sentons plus esmeus des trepignements, ieux et niaiseries pueriles de nos enfants, que nous ne faisons aprez de leurs actions toutes formees ; comme si nous les avions aimez pour nostre passetemps, comme des guenons, non comme des hommes : et tel fournit bien liberalement de iouets à leur enfance, qui se treuve resserré à la moindre despense qu'il leur fault estants en aage. Voire il semble que la ialousie, que nous avons de les veoir paroistre et iouïr du monde quand nous sommes à mesme de le quitter, nous rende plus espargnants et retrains envers eulx : il nous fasche qu'ils nous marchent sur les talons, comme pour nous soliciter de sortir ; et si nous avions à craindre cela, puisque l'ordre des choses porte qu'ils ne peuvent, à dire verité, estre ny vivre qu'aux despens de nostre estre et de nostre vie, nous ne debvions pas nous mesler d'estre peres. Quant à moy, ie treuve que c'est cruauté et iniustice de ne les recevoir au partage et societé de nos biens, et compaignons en l'intelligence de nos affaires domestiques, quand ils en sont capables, et de ne retrencher et resserrer nos commoditez pour pourveoir aux leurs, puisque nous les avons engendrez à cet effect. C'est iniustice de veoir qu'un pere vieil, cassé et demy mort, iouïsse seul, à un coing du foyer, des biens qui suffiroient à l'advancement et entretien de plusieurs enfants, et qu'il les laisse ce pendant, par faulte de moyens, perdre leurs meilleures annees sans se poulser au service publicque et cognoissance des hommes. On les iecte au desespoir de chercher par quelque voye, pour iniuste qu'elle soit, à pourveoir à leur besoing : comme i'ay veu, de mon temps, plusieurs ieunes hommes, de bonne maison, si addonnez au larrecin, que nulle correction les en pouvoit destourner. I'en cognois un, bien apparenté, à qui, par la priere d'un sien frere treshonneste et brave gentilhomme, ie parlay une fois pour cet effect. Il me respondit, et confessa tout rondement, qu'il avoit esté acheminé à cett' ordure par la rigueur et avarice de son pere; mais qu'à present il y estoit si accoustumé qu'il ne s'en pouvoit garder. Et lors il venoit d'estre surprins en larrecin des bagues d'une dame, au lever de laquelle il s'estoit trouvé avecques beaucoup d'aultres. Il me feit souvenir du conte que i'avois ouï faire d'un aultre gentilhomme, si faict et façonné à ce beau mestier, du temps de sa ieunesse, que, venant aprez à estre maistre de ses biens, deliberé d'abandonner cette traficque, il ne se pouvoit garder pourtant, s'il passoit prez d'une boutique où il y eust chose de quoy il eust besoing, de la desrobber, en peine de l'envoyer payer aprez. Et en ay veu plusieurs si dressez et duicts à cela, que parmy leurs compaignons mesmes ils desrobboient ordinairement des choses qu'ils vouloient rendre. Ie suis gascon, et si n'est vice auquel ie m'entende moins : ie le hais un peu plus par complexion, que ie ne l'accuse par discours; seulement par desir, ie ne soustrais rien à personne. Ce quartier en est, à la verité, un peu plus descrié que les aultres de la françoise nation : si est ce que nous avons veu de nostre temps, à diverses fois, entre les mains de la iustice, des hommes de maison, d'aultres contrees, convaincus de plusieurs horribles voleries. Ie crains que de cette desbauche il s'en faille aulcunement prendre à ce vice des peres. Et si on me respond ce que feit un iour un seigneur de bon entendement, « qu'il faisoit espargne des richesses, non pour en tirer aultre fruict et usage, que pour se faire honorer et rechercher aux siens ; et que l'aage luy ayant osté toutes aultres forces, c'estoit le seul remede qui luy restoit pour se maintenir en auctorité en sa famille, et pour eviter qu'il ne veinst à mespris et desdaing à tout le monde »; de vray, non la vieillesse seulement, mais toute imbecillité, selon Aristote, est promotrice de l'avarice : cela est quelque chose; mais c'est la medecine à un mal, duquel on debvoit eviter la naissance. Un pere est bien miserable qui ne tient l'affection de ses enfants que par le besoing qu'ils ont de son secours, si cela se doibt nommer affection : il fault se rendre respectable par sa vertu et par sa suffisance, et aimable par sa bonté, et doulceur de ses mœurs; les cendres mesmes d'une riche matiere, elles ont leur prix; et les os et reliques des personnes d'honneur nous avons accoustumé de les tenir en respect et reverence. Nulle vieillesse peult estre si caducque et si rance à un personnage qui a passé en honneur son aage, qu'elle ne soit venerable, et notamment à ses enfants, desquels il fault avoir reglé l'ame à leur debvoir par raison, non par necessité et par le besoing, ny par rudesse et par force :

> et errat longè, meâ quidem sententiâ,
> Qui imperium credat esse gravius aut stabilius
> Vi quod fit, quàm illud quod amicitiâ adiungitur. (1)

I'accuse toute violence en l'education d'une ame tendre qu'on dresse pour l'honneur et la liberté. Il y a ie ne sçais quoy de servile en la rigueur et en la contraincte; et tiens que ce qui ne se peult faire par la raison et par prudence et addresse, ne se faict iamais par la force. On m'a ainsin eslevé : ils disent qu'en tout mon premier aage, ie n'ay tasté des verges qu'à deux coups, et bien mollement. I'ay deu la pareille aux enfants que i'ay eu : ils me meurent touts en nourrice; mais Leonor, une seule fille qui est eschappee à cette infortune, a attainct six ans et plus, sans qu'on ayt employé à sa conduicte, et pour le chastiement de ses faultes pueriles, l'indulgence de sa mere s'y appliquant aysement, aultre chose que paroles, et bien doulces : et quand mon desir y seroit

---

(1) Et celui-là se trompe fort, à mon avis, qui s'imagine pouvoir mieux établir son autorité par la violence que par l'affection. *Terent*. Adelph. act. 1, sc. 1, v. 40.

frustré, il est assez d'aultres causes ausquelles nous prendre, sans entrer en reproche avecques ma discipline que ie sçais estre iuste et naturelle. I'eusse esté beaucoup plus religieux encores en cela envers des masles, moins nays à servir, et de condition plus libre : i'eusse aimé à leur grossir le cœur d'ingenuité et de franchise. Ie n'ay veu aultre effect aux verges, sinon de rendre les ames plus lasches, ou plus malicieusement opiniastres. Voulons nous estre aimez de nos enfants ? leur voulons nous oster l'occasion de souhaiter nostre mort? (combien que nulle occasion d'un si horrible souhait peult estre ny iuste ny excusable, (a) nullum scelus rationem habet), accommodons leur vie raisonnablement de ce qui est en nostre puissance. Pour cela, il ne nous fauldroit pas marier si ieunes que nostre aage vienne quasi à se confondre avecques le leur ; car cet inconvenient nous iecte à plusieurs grandes difficultez : ie dis specialement à la noblesse, qui est d'une condition oysifve, et qui ne vit, comme on dict, que de ses rentes ; car ailleurs, où la vie est questuaire, la pluralité et compaignie des enfants, c'est un adgencement de mesnage ; ce sont autant de nouveaux utils et instruments à s'enrichir.

Ie me mariay à trente trois ans, et loue l'opinion de trente cinq, qu'on dict estre d'Aristote. Platon ne veult pas qu'on se marie avant les trente ; mais il a raison de se mocquer de ceulx qui font les œuvres de mariage aprez cinquante cinq, et condamne leur engeance indigne d'aliment et de vie. Thales y donna les plus vrayes bornes ; qui, ieune, respondit à sa mere le pressant de se marier, « qu'il n'estoit pas temps » ; et, devenu sur l'aage, « qu'il n'estoit plus temps ». Il fault refuser l'opportunité à toute action importune. Les anciens Gaulois estimoient à extreme reproche d'avoir eu accointance de femme avant

---

(1) Car nul crime n'est fondé en raison. *Ex Orat.* Scipionis Africani, apud *Tit. Liv.* l. 28, c. 28.

l'aage de vingt ans, et recommendoient singulierement aux hommes qui se vouloient dresser pour la guerre, de conserver bien avant en aage leur pucelage, d'autant que les courages s'amollissent et divertissent par l'accouplage des femmes :

> Mà or congiunto a giovinetta sposa,
> E lieto omai de' figli, era invilito
> Ne gli affetti di padre e di marito. (1)

L'histoire grecque remarque de Iccus, tarentin, de Crisso, d'Astillus, de Diopompus et d'aultres, que pour maintenir leurs corps fermes au service de la course des ieux olympiques, de la palestrine et aultres exercices, ils se priverent, autant que leur dura ce soing, de toute sorte d'acte venerien. Muleasses, roy de Thunes, celuy que l'empereur Charles cinquiesme remeit en son estat, reprochoit la memoire de [Mahomet] son pere pour son hantise avecques les femmes, et l'appelloit brode, efféminé, faiseur d'enfants. En certaine contree des Indes espaignolles, on ne permettoit aux hommes de se marier qu'aprez quarante ans; et si le permettoit on aux filles à dix ans. Un gentilhomme qui a trente cinq ans, il n'est pas temps qu'il face place à son fils qui en a vingt : il est luy mesme au train de paroistre et aux voyages des guerres, et en la court de son prince : il a besoing de ses pieces ; et en doibt certainement faire part, mais telle part qu'il ne s'oublie pas pour aultruy. Et à celuy là peult servir iustement cette response, que les peres ont ordinairement en la bouche : « Ie ne me veulx pas despouiller devant que de m'aller coucher ». Mais un pere atterré d'annees et de maulx, privé, par sa foiblesse et faulte de santé, de la commune societé des hommes, il se faict tort, et aux

---

(1) Mais alors uni à une jeune épouse, et tout joyeux de se voir des enfants, les affections de pere et de mari lui avoient amolli le cœur. *Tasso*, Gerusal. liber. canto 10, stanza 39.

siens, de couver inutilement un grand tas de richesses. Il est assez en estat, s'il est sage, pour avoir desir de se despouiller, pour se coucher, non pas iusques à la chemise, mais iusques à une robbe de nuict bien chaulde: le reste des pompes, de quoy il n'a plus que faire, il doibt en estrener volontiers ceulx à qui par ordonnance naturelle cela doibt appartenir. C'est raison qu'il leur en laisse l'usage, puisque nature l'en prive: aultrement sans doubte il y a de la malice et de l'envie. La plus belle des actions de l'empereur Charles cinquiesme feut celle là, à l'imitation d'aulcuns anciens de son qualibre, d'avoir sceu recognoistre que la raison nous commande assez de nous despouiller quand nos robbes nous chargent et empeschent, et de nous coucher quand les iambes nous faillent: il resigna ses moyens, grandeur et puissance à son fils, lorsqu'il sentit defaillir en soy la fermeté et la force pour conduire les affaires avecques la gloire qu'il y avoit acquise.

> Solve senescentem maturè sanus equum, ne
> Peccet ad extremum, ridendus, et ilia ducat. (1)

Cette faulte, de ne se sçavoir recognoistre de bonne heure, et ne sentir l'impuissance et extreme alteration que l'aage apporte naturellement et au corps et à l'ame, qui, à mon opinion, est eguale, si l'ame n'en a plus de la moitié, a perdu la reputation de la pluspart des grands hommes du monde. I'ay veu, de mon temps, et cogneu familierement, des personnages de grande auctorité, qu'il estoit bien aysé à veoir estre merveilleusement descheus de cette ancienne suffisance que ie cognoissois par la reputation qu'ils en avoient acquise en leurs meilleurs

---

(1) Dès que ton cheval commence à vieillir, laisse-le en repos, si tu es sage; de peur que, venant à battre du flanc au milieu de la carriere, il n'excite les risées du peuple. *Horat.* l. 1, epist. 1, v. 8, 9.

ans : ie les eusse, pour leur honneur, volontiers souhaitez retirez en leur maison à leur ayse, et deschargez des occupations publicques et guerrieres, qui n'estoient plus pour leurs espaules. I'ay aultrefois esté privé en la maison d'un gentilhomme veuf et fort vieil, d'une vieillesse toutesfois assez verte; cettuy cy avoit plusieurs filles à marier, et un fils desia en aage de paroistre : cela chargeoit sa maison de plusieurs despenses et visites estrangieres, à quoy il prenoit peu de plaisir, non seulement pour le soing de l'espargne, mais encores plus pour avoir, à cause de l'aage, prins une forme de vie fort esloingnee de la nostre. Ie luy dis un iour, un peu hardiment, comme i'ay accoustumé, qu'il luy sieroit mieulx de nous faire place, et de laisser à son fils sa maison principale, car il n'avoit que celle là de bien logee et accommodee, et se retirer en une sienne terre voisine, où personne n'apporteroit incommodité à son repos, puisqu'il ne pouvoit aultrement eviter nostre importunité, veu la condition de ses enfants. Il m'en creut depuis, et s'en trouva bien.

Ce n'est pas à dire qu'on leur donne par telle voye d'obligation, de laquelle on ne se puisse plus desdire : ie leur lairrois, moy qui suis à mesme de iouer ce roolle, la iouïssance de ma maison et de mes biens, mais avecques liberté de m'en repentir s'ils m'en donnoient occasion; ie leur en lairrois l'usage, parce qu'il ne me seroit plus commode; et de l'auctorité des affaires en gros, ie m'en reserverois autant qu'il me plairoit : ayant tousiours iugé que ce doibt estre un grand contentement à un pere vieil de mettre luy mesme ses enfants en train du gouvernement de ses affaires, et de pouvoir pendant sa vie contrerooller leurs deportements, leur fournissant d'instruction et d'advis suyvant l'experience qu'il en a, et d'acheminer luy mesme l'ancien honneur et ordre de sa maison en la main de ses successeurs, et se respondre par là des esperances qu'il peult prendre de leur conduicte à venir. Et pour cet effect ie ne vouldrois pas fuyr leur compaignie ; ie vouldrois les esclairer de prez, et iouïr, selon la condition de mon aage, de leur alaigresse et de leurs festes. Si ie ne vivois parmy eulx (comme ie ne pourrois, sans offenser leur assemblee par le chagrin de mon aage et la subiection de mes maladies, et sans contraindre aussi et forcer les regles et façons de vivre que i'aurois lors), ie vouldrois au moins vivre prez d'eulx en un quartier de ma maison, non pas le plus en parade, mais le plus en commodité. Non comme ie veis, il y a quelques annees, un doyen de sainct Hilaire de Poictiers, rendu à telle solitude par l'incommodité de sa melancholie, que, lorsque i'entray en sa chambre, il y avoit vingt et deux ans qu'il n'en estoit sorty un seul pas ; et si avoit toutes ses actions libres et aysees, sauf un rheume qui luy tumboit sur l'estomach : à peine une fois la sepmaine vouloit il permettre qu'aulcun entrast pour le veoir ; il se tenoit tousiours enfermé par le dedans de sa chambre, seul, sauf qu'un valet luy portoit une fois le iour à manger, qui ne faisoit qu'entrer et sortir : son occupation estoit se promener, et lire quelque livre, car il cognoissoit aulcunement les lettres, obstiné, au demourant, de mourir en cette desmarche, comme il feit bientost aprez. I'essayerois, par une doulce conversation, de nourrir en mes enfants une vifve amitié et bienvueillance non feincte en mon endroict ; ce qu'on gaigne aysement en une nature bien nee : car si ce sont bestes furieuses, comme nostre siecle en produict à foison, il les fault haïr et fuyr pour telles.

Ie veulx mal à cette coustume d'interdire aux enfants l'appellation paternelle, et leur en enioindre une estrangiere, comme plus reverentiale, nature n'ayant volontiers pas suffisamment pourveu à nostre auctorité. Nous appellons Dieu tout puissant, Pere ; et desdaignons que nos enfants nous en appellent : [i'ay reformé cett' erreur en ma famille.] C'est aussi iniustice et folie de priver les enfants, qui sont en aage, de la familiarité des peres, et vouloir maintenir en leur endroict une morgue austere et desdaigneuse, esperant par là les tenir en crainte et obeïssance : car c'est une farce tresinutile, qui rend les peres ennuyeux aux enfants, et, qui pis est, ridicules. Ils ont la ieunesse et les forces en la main, et par consequent le vent et la faveur du monde ; et receoivent avecques mocquerie ces mines fieres et tyranniques d'un homme qui n'a plus de sang ny au cœur ny aux veines ; vrais espovantails de cheneviere. Quand ie pourrois me faire craindre, i'aimerois encores mieulx me faire aimer : il y a tant de sortes de defauts en la vieillesse, tant d'impuissance, elle est si propre au mespris, que le meilleur acquest qu'elle puisse faire, c'est l'affection et amour des siens ; le commandement et la crainte, ce ne sont plus ses armes. I'en ay veu quelqu'un, duquel la ieunesse avoit esté tresimperieuse ; quand c'est venu sur l'aage, quoyqu'il le passe sainement ce qui se peult, il frappe, il mord, il iure, le plus tempestatif maistre de France ; il se ronge de soing et de vigilance. Tout cela n'est qu'un bastelage, auquel la famille mesme conspire : du grenier, du celier, voire et de sa bource, d'aultres ont la meilleure part de l'usage, ce pendant qu'il en a les clefs en sa gibbeciere plus cherement que ses yeulx. Ce pendant qu'il se contente de l'espargne et chicheté de sa table, tout est en desbauche en divers reduicts de sa maison, en ieu, et en despense, et en l'entretien des contes de sa vaine cholere et pourvoyance : chascun est en sentinelle contre luy. Si, par fortune, quelque chestif serviteur s'y addonne, soubdain il luy est mis en souspeçon, qualité à laquelle la vieillesse mord si volontiers de soy mesme. Quantes fois s'est il vanté à moy de la bride qu'il donnoit aux siens, et exacte obeïssance et reverence qu'il en recevoit ; combien il voyoit clair en ses affaires !

 Ille solus nescit omnia. (1)

Ie ne sçache homme qui peust apporter plus de parties, et naturelles et acquises, propres à conserver la maistrise, qu'il faict ; et si en est descheu comme un enfant : partant l'ay ie choisy, parmy plusieurs telles conditions que ie cognois, comme plus exemplaire. Ce seroit matiere à une question scholastique, « s'il est ainsi mieulx, ou aultrement ». En presence, toutes choses luy cedent : et laisse lon ce vain cours à son auctorité, qu'on ne luy resiste iamais. On le croit, on le craint, on le respecte, tout son saoul. Donne il congé à un valet ? Il plie son pacquet, le voylà party ; mais hors de devant luy seulement : les pas de la vieillesse sont si lents, les sens si troubles, qu'il vivra et fera son office en mesme maison, un an, sans estre apperceu. Et quand la saison en est, on faict venir des lettres loingtaines, piteuses, suppliantes, pleines de promesses de mieulx faire : par où on le remet en grace. Monsieur faict il quelque marché ou quelque despesche qui desplaise ? on la supprime, forgeant tantost aprez assez de causes pour excuser la faulte d'execution ou de response. Nulles lettres estrangieres ne luy estants premierement apportees, il ne veoid que celles qui semblent commodes à sa science. Si par cas d'adventure il les saisit ; ayant en coustume de se reposer sur certaine personne de les luy lire, on y treuve sur le champ ce qu'on veult : et faict on, à touts coups, que tel luy demande pardon qui l'iniurie par mesme lettre. Il ne veoid enfin ses affaires, que par une image disposee et desseignee, et satisfactoire le plus qu'on peult, pour n'esveiller son chagrin et son courroux. I'ay veu, soubs des figures differentes, assez

---

(1) Cependant lui seul ignore tout ce qu'on fait chez lui. *Terent.* Adelph. act. 4, sc. 2, v. 9.

d'œconomies longues, constantes, de tout pareil effect. Il est tousiours proclive aux femmes de disconvenir à leurs maris : elles saisissent à deux mains toutes couvertures de leur contraster ; la premiere excuse leur sert de planiere iustification. I'en ay veu qui desrobboit gros à son mary, pour, disoit elle à son confesseur, faire ses aulmosnes plus grasses. Fiez vous à cette religieuse dispensation ! Nul maniement leur semble avoir assez de dignité, s'il vient de la concession du mary ; il fault qu'elles l'usurpent, ou finement, ou fierement, et tousiours iniurieusement, pour luy donner de la grace et de l'auctorité. Comme en mon propos, quand c'est contre un pauvre vieillard, et pour des enfants, lors empoignent elles ce tiltre, et en servent leur passion avecques gloire ; et, comme en un commun servage, monopolent facilement contre sa domination et gouvernement. Si ce sont masles grands et fleurissants, ils subornent aussi incontinent, ou par force ou par faveur, et maistre d'hostel, et receveur, et tout le reste. Ceulx qui n'ont ny femme ny fils tumbent en ce malheur plus difficilement, mais plus cruellement aussi et indignement. Le vieil Caton disoit en son temps, « qu' Autant de valets, autant d'ennemis » : voyez si, selon la distance de la pureté de son siecle au nostre, il ne nous a pas voulu advertir que femme, fils et valets, autant d'ennemis à nous. Bien sert à la decrepitude de nous fournir le doulx benefice d'inapperceyance et d'ignorance, et facilité à nous laisser tromper. Si nous y mordions, que seroit ce de nous mesmes, en ce temps où les iuges qui ont à decider nos controverses sont communement partisans de l'enfance, et interessez ? Au cas que cette piperie m'eschappe à veoir, au moins ne m'eschappe il pas à veoir que ie suis trespipable. Et aura lon iamais assez dict de quel prix est un amy, et de combien aultre chose que ces liaisons civiles ? L'image mesme que i'en veois aux bestes, si pure, avecques quelle religion ie la respecte ! Si les aultres me pipent, au moins ne me pipe ie pas moy mesme à m'estimer capable de m'en garder, ny à me ronger la cervelle pour m'en rendre : ie me sauve de telles trahisons en mon propre giron ; non par une inquiete et tumultuaire curiosité, mais par diversion plustost et resolution. Quand i'ois reciter l'estat de quelqu'un, ie ne m'amuse pas à luy; ie tourne incontinent les yeulx à moy, veoir comment i'en suis : tout ce qui le touche me regarde ; son accident m'advertit, et m'esveille de ce costé là. Touts les iours et à toutes heures nous disons d'un aultre ce que nous dirions plus proprement de nous, si nous sçavions replier, aussi bien qu'estendre, nostre consideration. Et plusieurs aucteurs blecent en cette maniere la protection de leur cause, courant temerairement en avant à l'encontre de celle qu'ils attaquent, et lanceant à leurs ennemis des traicts propres à leur estre relancez [plus advantageusement]. Feu monsieur le mareschal de Montluc, ayant perdu son fils, qui mourut en l'isle de Maderes, brave gentilhomme, à la verité, et de grande esperance, me faisoit fort valoir, entre ses aultres regrets, le desplaisir et crevecœur qu'il sentoit de ne s'estre iamais communiqué à luy ; et, sur cette humeur d'une gravité et grimace paternelle, avoir perdu la commodité de gouster et bien cognoistre son fils, et aussi de luy declarer l'extreme amitié qu'il luy portoit, et le digne iugement qu'il faisoit de sa vertu. « Et ce pauvre garson, disoit il, n'a rien veu de moy « qu'une contenance renfrongnee et pleine de mespris ; et « a emporté cette creance que ie n'ay sceu ny l'aimer ny « l'estimer selon son merite. A qui gardois ie à descou- « vrir cette singuliere affection que ie luy portois dans « mon ame ? estoit ce pas luy qui en debvoit avoir tout le « plaisir et toute l'obligation ? Ie me suis contrainct et « gehenné pour maintenir ce vain masque ; et y ay perdu « le plaisir de sa conversation, et sa volonté quand et « quand, qu'il ne me peult avoir portee aultre que bien « froide, n'ayant iamais receu de moy que rudesse, ny « senty qu'une façon tyrannique ». Ie treuve que cette plaincte estoit bien prinse et raisonnable : car, comme ie sçais par une trop certaine experience, il n'est aulcune si doulce consolation en la perte de nos amis, que celle que nous apporte la science de n'avoir rien oublié à leur dire, et d'avoir eu avecques eulx une parfaicte et entiere communication. [O mon amy ! En vaulx ie mieulx d'en avoir le goust ? ou si i'en vaulx moins ? I'en vaulx certes bien mieulx ; son regret me console et m'honore : est ce pas un pieux et plaisant office de ma vie d'en faire à tout iamais les obseques ? est il iouïssance qui vaille cette (a) privation ?] Ie m'ouvre aux miens tant que ie puis, et leur signifie tresvolontiers l'estat de ma volonté et de mon iugement envers eulx, comme envers un chascun : ie me haste de me produire et de me presenter ; car ie ne veulx pas qu'on s'y mescompte, à quelque part que ce soit. Entre aultres coustumes particulieres qu'avoient nos anciens Gaulois, à ce que dict Cesar, cette cy en estoit l'une, que les enfants ne se presentoient aux peres, ny s'osoient trouver en publicque en leur compaignie, que lorsqu'ils commenceoient à porter les armes ; comme s'ils

---

(a) Montaigne s'adresse ici à la Boëtie, cet ami qui lui fut si cher, et qu'il a pour ainsi dire entraîné avec lui à l'immortalité, en consacrant son nom et son éloge dans un livre qui durera aussi long-temps que la langue françoise.

Fortunati ambo !
Nulla dies unquam memori vos eximet ævo.

Le passage qui fait le sujet de cette note ne se trouve point dans l'exemplaire de la bibliotheque centrale de Bordeaux. C'est un trait de plus que Montaigne ajoute à la peinture de son caractere, et qui nous montre ce philosophe par le côté moral, et *en son à touts les iours*, pour me servir de son expression. Après l'avoir si souvent admiré comme penseur profond, comme observateur exact et grand peintre de la nature humaine, on aime à le trouver sensible, à le voir s'attendrir, et, le cœur toujours plein, toujours occupé de l'ami qu'il a perdu, se plaire encore à répandre sur sa cendre insensible et froide des larmes qui n'étoient point sans quelque douceur. N.

vouloient dire que lors il estoit aussi saison que les peres les receussent en leur familiarité et accointance.

I'ay veu encores une aultre sorte d'indiscretion en aulcuns peres de mon temps, qui ne se contentent pas d'avoir privé pendant leur longue vie leurs enfants de la part qu'ils debvoient avoir naturellement en leurs fortunes, mais laissent encores aprez eulx à leurs femmes cette mesme auctorité sur touts leurs biens, et loy d'en disposer à leur fantasie. Et ay cogneu tel seigneur, des premiers officiers de nostre couronne, ayant, par esperance de droict à venir, plus de cinquante mille escus de rente, qui est mort necessiteux, et accablé de debtes, aagé de plus de cinquante ans, sa mere en son extreme decrepitude iouïssant encores de touts ses biens par l'ordonnance du pere; qui avoit de sa part vescu prez de quatre vingts ans. Cela ne me semble aulcunement raisonnable. Pourtant treuve ie peu d'advancement à un homme de qui les affaires se portent bien, d'aller chercher une femme qui le charge d'un grand dot; il n'est point de debte estrangiere qui apporte plus de ruyne aux maisons: mes predecesseurs ont communement suyvi ce conseil bien à propos, et moy aussi. Mais ceulx qui nous desconseillent les femmes riches, de peur qu'elles soient moins traictables et recognoissantes, se trompent de faire perdre quelque reelle commodité pour une si frivole coniecture. A une femme desraisonnable il ne couste non plus de passer par dessus une raison, que par dessus une aultre; elles s'aiment le mieulx où elles ont plus de tort: l'iniustice les alleiche; comme les bonnes, l'honneur de leurs actions vertueuses; et en sont debonnaires d'autant plus qu'elles sont plus riches; comme plus volontiers et glorieusement chastes, de ce qu'elles sont belles. C'est raison de laisser l'administration des affaires aux meres pendant que les enfants ne sont pas en l'aage selon les loix pour en manier la charge; mais le pere les a bien mal nourris s'il ne peult esperer qu'en leur maturité ils auront plus de sagesse et de suffisance que sa femme, veu l'ordinaire foiblesse du sexe. Bien seroit il toutesfois, à la verité, plus contre nature, de faire despendre les meres de la discretion de leurs enfants. On leur doibt donner largement de quoy maintenir leur estat, selon la condition de leur maison et de leur aage ; d'autant que la necessité et l'indigence est beaucoup plus malseante et malaysee à supporter à elles qu'aux masles : il fault plustost en charger les enfants que la mere.

En general, la plus saine distribution de nos biens en mourant me semble estre les laisser distribuer à l'usage du païs : les loix y ont mieulx pensé que nous ; et vault mieulx les laisser faillir en leur eslection, que de nous hazarder temerairement de faillir en la nostre. Ils ne sont pas proprement nostres, puisque, d'une prescription civile, et sans nous, ils sont destinez à certains successeurs. Et encores que nous ayons quelque liberté au delà, ie tiens qu'il fault une grande cause, et bien apparente, pour nous faire oster à un ce que sa fortune luy avoit acquis, et à quoy la iustice commune l'appelloit ; et que c'est abuser, contre raison, de cette liberté, d'en servir nos fantasies frivoles et privees. Mon sort m'a faict grace de ne m'avoir presenté des occasions qui me peussent tenter, et divertir mon affection de la commune et legitime ordonnance. I'en veois envers qui c'est temps perdu d'employer un long soing de bons offices : un mot receu de mauvais biais efface le merite de dix ans. Heureux qui se treuve à poinct pour leur oindre la volonté sur ce dernier passage ! La voisine action l'emporte : non pas les meilleurs et plus frequents offices, mais les plus recents et presents, font l'operation. Ce sont gents qui se iouent de leurs testaments, comme de pommes ou de verges, à gratifier ou chastier chasque action de ceulx qui y pretendent interest. C'est chose de trop longue suytte, et de trop de poids, pour estre ainsi promenee à chasque instant ; et en laquelle les sages se plantent une fois pour toutes, regardant à la raison et (a) observation publicque.

(a) Montaigne avoit d'abord écrit *regardant aux formes et*

Nous prenons un peu trop à cœur ces substitutions masculines, et proposons une eternité ridicule à nos noms. Nous poisons aussi trop les vaines conjectures de l'advenir, que nous donnent les esprits pueriles. A l'adventure, eust on faict injustice de me desplacer de mon reng, pour avoir esté le plus lourd et plombé, le plus long et desgousté en ma leçon, non seulement que touts mes freres, mais que touts les enfants de ma province; soit leçon d'exercice d'esprit, soit leçon d'exercice de corps. C'est folie de faire des triages extraordinaires sur la foy de ces divinations, ausquelles nous sommes si souvent trompez. Si on peult blecer cette regle, et corriger les destinees au choix qu'elles ont faict de nos heritiers, on le peult avecques plus d'apparence en consideration de quelque remarquable et enorme difformité corporelle, vice constant, inamendable, et, selon nous grands estimateurs de la beauté, d'important preiudice. Le plaisant dialogue du legislateur de Platon avecques ses citoyens fera honneur à ce passage. « Comment doncques, disent ils sentants leur fin prochaine, ne pourrons nous point disposer de ce qui est à nous à qui il nous plaira ? O dieux! quelle cruauté, qu'il ne nous soit loisible, selon que les nostres nous auront servi en nos maladies, en nostre vieillesse, en nos affaires, de leur donner plus et moins, selon nos fantasies » ! A quoy le legislateur respond en cette maniere: « Mes amis, qui avez sans doubte bientost à mourir, il est malaysé et que vous vous cognoissiez, et que vous cognoissiez ce qui est à vous, suyvant l'inscription delphique. Moy, qui foys les loix, tiens que ny vous n'estes à vous, ny n'est à vous ce que vous iouïssez. Et vos biens et vous estes à vostre famille, tant passee que future; mais encores plus sont au publicque et vostre famille et vos biens. Parquoy, si quelque flatteur en vostre vieillesse ou en vostre maladie, ou quelque

---

observations publiques : Leçon à laquelle il a substitué celle qu'on trouve au texte. N.

passion vous solicite mal à propos de faire testament iniuste, ie vous en garderay : mais, ayant respect et à
l'interest universel de la cité et à celuy de vostre famille,
i'establiray des loix, et feray sentir, comme de raison,
que la commodité particuliere doibt ceder à la commune.
Allez vous en doulcement, et de bone voglie, où l'humaine necessité vous appelle. C'est à moy, qui ne regarde pas l'une chose plus que l'aultre, qui, autant que
ie puis, me soigne du general, d'avoir soing de ce que
vous laissez. »

Revenant à mon propos, il me semble, en toutes façons, qu'il naist rarement des femmes à qui la maistrise
soit deue sur des hommes, sauf la maternelle et naturelle; si ce n'est pour le chastiement de ceulx qui, par
quelque humeur fiebvreuse, se sont volontairement
soubmis à elles : mais cela ne touche aulcunement les
vieilles de quoy nous parlons icy. C'est l'apparence de
cette consideration qui nous a faict forger et donner pied
si volontiers à cette loy, que nul ne veit oncques, qui
prive les femmes de la succession de cette couronne; et
n'est gueres seigneurie au monde où elle ne s'allegue,
comme icy, par une vraysemblance de raison qui l'auc-
torise : mais la fortune luy a donné plus de credit en
certains lieux qu'aux aultres. Il est dangereux de laisser à leur iugement la dispensation de nostre succession
selon le chois qu'elles feront des enfants, qui est à touts
les coups inique et fantastique. Car cet appetit desreglé
et goust malade qu'elles ont au temps de leurs groisses,
elles l'ont en l'ame en tout temps. Communement on
les veoid s'addonner aux plus foibles et malotrus, ou à
ceulx, si elles en ont, qui leur pendent encores au col.
Car n'ayant point assez de force de discours pour choisir et embrasser ce qui le vault, elles se laissent plus volontiers aller où les impressions de nature sont plus
seules; comme les animaulx qui n'ont cognoissance de
leurs petits que pendant qu'ils tiennent à leurs mammelles. Au demourant il est aysé à veoir, par experience,

que cette affection naturelle, à qui nous donnons tant d'auctorité, a les racines bien foibles : pour un fort legier proufit nous arrachons touts les iours leurs propres enfants d'entre les bras des meres, et leur faisons prendre les nostres en charge ; nous leur faisons abandonner les leurs à quelque chestifve nourrice à qui nous ne voulons pas commettre les nostres, ou à quelque chevre, leur deffendant non seulement de les allaicter, quelque dangier qu'ils en puissent encourir, mais encores d'en avoir aulcun soing, pour s'employer du tout au service des nostres : et veoid on, en la pluspart d'entre elles, s'engendrer bientost par accoustumance une affection bastarde plus vehemente que la naturelle, et plus grande solicitude de la conservation des enfants empruntez, que des leurs propres. Et ce que i'ay parlé des chevres, c'est d'autant qu'il est ordinaire autour de chez moy de veoir les femmes de village, lorsqu'elles ne peuvent nourrir les enfants de leurs mammelles, appeller des chevres à leur secours : et i'ay à cette heure deux laquays qui ne tetterent iamais que huict iours laict de femmes. Ces chevres sont incontinent duictes à venir allaicter ces petits enfants, recognoissent leur voix quand ils crient, et y accourent : si on leur en presente un aultre que leur nourrisson, elles le refusent ; et l'enfant en faict de mesme d'une aultre chevre. l'en veis un l'aultre iour à qui on osta la sienne, parce que son pere ne l'avoit qu'empruntee d'un sien voisin, il ne peut iamais s'adonner à l'aultre qu'on luy presenta, et mourut, sans doubte de faim. Les bestes alterent et abbastardissent, aussi ayseement que nous, l'affection naturelle. Ie crois qu'en ce que recite Herodote, de certain destroict de la Libye, qu'on s'y mesle aux femmes indifferemment, mais que l'enfant, ayant force de marcher, treuve son pere celuy vers lequel, en la presse, la naturelle inclination porte ses premiers pas, il y a souvent du mescompte.

Or, à considerer cette simple occasion d'aimer nos enfants pour les avoir engendrez, pour laquelle nous les appellons aultres nous mesmes, il semble qu'il y ayt bien une aultre production venant de nous qui ne soit pas de moindre recommendation : car ce que nous engendrons par l'ame, les enfantements de nostre esprit, de nostre courage et suffisance, sont produicts par une plus noble partie que la corporelle, et sont plus nostres; nous sommes pere et mere ensemble en cette generation. Ceulx cy nous coustent bien plus cher, et nous apportent plus d'honneur, s'ils ont quelque chose de bon : car la valeur de nos aultres enfants est beaucoup plus leur, que nostre, la part que nous y avons est bien legiere; mais de ceulx cy, toute la beauté, toute la grace et prix, est nostre. Par ainsin ils nous representent et nous rapportent bien plus vifvement que les aultres. Platon adiouste que ce sont icy des enfants immortels qui immortalisent leurs peres, voire et les deifient, comme à Lycurgus, à Solon, à Minos.

Or, les histoires estant pleines d'exemples de cette amitié commune des peres envers les enfants, il ne m'a pas semblé hors de propos d'en trier aussi quelqu'un de cette cy. Heliodorus, ce bon evesque de Tricca, aima mieulx perdre la dignité, le proufit, la devotion d'une prelature si venerable, que de perdre sa fille; fille qui dure encores bien gentille, mais à l'adventure pourtant un peu trop curieusement et mollement goderonnee pour fille ecclesiastique et sacerdotale, et de trop amoureuse façon. Il y eut un Labienus à Rome, personnage de grande valeur et auctorité, et, entre aultres qualitez, excellent en toute sorte de litterature, qui estoit, ce crois ie, fils de ce grand Labienus, le premier des capitaines qui feurent soubs Cesar en la guerre des Gaules, et qui depuis s'estant iecté au party du grand Pompeius, s'y maintient si valeureusement, iusques à ce que Cesar le desfeit en Espaigne : ce Labienus, de quoy ie parle, eut plusieurs envieux de sa vertu, et, comme il est vraysemblable, les courtisans et favoris des empereurs de son temps pour ennemis de sa franchise, et des humeurs paternelles qu'il retenoit encores contre la tyrannie, desquelles il est croyable qu'il avoit teinct ses escripts et ses livres. Ses adversaires poursuivirent devant le magistrat à Rome, et obteindrent de faire condamner plusieurs siens ouvrages, qu'il avoit mis en lumiere, à estre bruslez. Ce feut par luy (1) que commencea ce nouvel exemple de peine, qui depuis feut continué à Rome à plusieurs aultres, de punir de mort les escripts mesmes et les estudes. Il n'y avoit point assez de moyen et matiere de cruauté, si nous n'y meslions des choses que nature a exemptees de tout sentiment et de toute souffrance, comme la reputation et les inventions de nostre esprit, et si nous n'allions communiquer les maulx corporels aux disciplines et monuments des Muses. Or Labienus ne peut souffrir cette perte, ny de survivre à cette sienne si chere geniture : il se feit porter et enfermer tout vif dans le monument de ses ancestres; là où il pourveut tout d'un train à se tuer et à s'enterrer ensemble. Il est malaysé de montrer aulcune aultre plus vehemente affection paternelle que celle là. Cassius Severus, homme treseloquent, et son familier, voyant brusler ses livres, crioit que, par mesme sentence, on le debvoit quand et quand condamner à estre bruslé tout vif, car il portoit et conservoit en sa memoire ce qu'ils contenoient. Pareil accident adveint à Cremutius (a) Cordus, accusé d'avoir

---

(1) *In hunc primum excogitata est nova pœna : effectum est enim per inimicos, ut omnes ejus libri incenderentur. Res nova et insueta, supplicia de studiis sumi.* M. Annæi Senec. Controvers. l. 5, ab initio, p. 350, t. 3, edit. varior.

Cette espece de punition a été fort au goût des chrétiens : et encore aujourd'hui, l'on brûle des livres à Rome, en France, en Angleterre. C.

(a) Montaigne a laissé dans le texte *Greuntius*, mais c'est une *desfaillance de sa memoire.* Voyez Tacite, annal. l. 4, c. 34. N.

en ses livres loué Brutus et Cassius : ce senat vilain, servile, et corrompu, et digne d'un pire maistre que Tibere, condamna ses escripts au feu. Il feut content de faire compaignie à leur mort, et se tua par abstinence de manger. Le bon Lucanus, estant iugé par ce coquin de Neron, sur les derniers traicts de sa vie, comme la pluspart du sang feut desia escoulé par les veines des bras qu'il s'estoit faictes tailler à son medecin pour mourir, et que la froideur eut saisi les extremitez de ses membres, et commencea à s'approcher des parties vitales, la derniere chose qu'il eut en sa memoire, ce feurent aulcuns des vers de son livre de la guerre de Pharsale, qu'il recitoit ; et mourut ayant cette derniere voix en la bouche. Cela qu'estoit ce, qu'un tendre et paternel congé qu'il prenoit de ses enfants, representant les adieux et les estroicts embrassements que nous donnons aux nostres en mourant, et un effect de cette naturelle inclination qui r'appelle en nostre souvenance, en cette extremité, les choses que nous avons eu les plus cheres pendant nostre vie ? Pensons nous qu'Epicurus, qui, en mourant, tormenté, comme il dict, des extremes douleurs de la cholique, avoit toute sa consolation en la beauté de la doctrine qu'il laissoit au monde, eust receu autant de contentement d'un nombre d'enfants bien nays et bien eslevez, s'il en eust eu, comme il faisoit de la production de ses riches escripts ? et que s'il eust esté au chois de laisser, aprez luy, un enfant contrefaict et mal nay, ou un livre sot et inepte, il ne choisist plustost, et non luy seulement, mais tout homme de pareille suffisance, d'encourir le premier malheur que l'aultre ? Ce seroit à l'adventure impieté en sainct Augustin (pour exemple) si d'un costé on luy proposoit d'enterrer ses escripts, de quoy nostre religion receoit un si grand fruict, ou d'enterrer ses enfants au cas qu'il en eust, s'il n'aimoit mieulx enterrer ses enfants. Et ie ne sçais si ie n'aimerois pas mieulx beaucoup en avoir produict un, parfaictement bien formé, de l'accointance des Muses, que de l'accointance de ma femme. A cettuy cy, tel qu'il est, ce que ie donne, ie le donne purement et irrevocablement, comme on donne aux enfants corporels. Ce peu de bien que ie luy ay faict, il n'est plus en ma disposition : il peult sçavoir assez de choses que ie ne sçais plus, et tenir de moy ce que ie n'ay point retenu, et qu'il fauldroit que, tout ainsi qu'un estrangier, i'empruntasse de luy, si besoing m'en venoit ; il est plus riche que moy, si ie suis plus sage que luy. Il est peu d'hommes addonnez à la poësie, qui ne se gratifiassent plus d'estre peres de l'Aeneïde, que du plus beau garson de Rome ; et qui ne souffrissent plus ayseement l'une perte que l'aultre : car, selon Aristote, de touts ouvriers, le poëte, nommeement, est le plus amoureux de son ouvrage. Il est malaysé à croire qu'Epaminondas, qui se vantoit de laisser pour toute posterité des filles qui feroient un iour honneur à leur pere, (c'estoient les deux nobles victoires qu'il avoit gaigné sur les Lacedemoniens,) eust volontiers consenti d'eschanger celles là aux plus gorgiases de toute la Grece : ou qu'Alexandre et Cesar ayent iamais souhaité d'estre privez de la grandeur de leurs glorieux faicts de guerre, pour la commodité d'avoir des enfants et heritiers, quelque parfaicts et accomplis qu'ils peussent estre. Voire ie fais grand doubte que Phidias, ou aultre excellent statuaire, aimast autant la conservation et la durée de ses enfants naturels, comme il feroit d'une image excellente qu'avecques long travail et estude il auroit parfaicte selon l'art. Et quant à ces passions vicieuses et furieuses qui ont eschauffé quelquesfois les peres à l'amour de leurs filles, ou les meres envers leurs fils, encores s'en treuve il de pareilles en cette aultre sorte de parenté : tesmoing ce que l'on recite de Pigmalion, qui, ayant basty une statue de femme, de beauté singuliere, il deveint si esperduement esprins de l'amour forcené de ce sien ouvrage, qu'il fallut qu'en faveur de sa rage les dieux la luy vivifiassent:

> Tentatum mollescit ebur, positoque rigore
> Subsidit digitis. (1)

CHAPITRE IX.

Des armes des Parthes.

C'est une façon vicieuse de la noblesse de nostre temps, et pleine de mollesse, de ne prendre les armes que sur le poinct d'une extreme necessité, et s'en descharger aussi tost qu'il y a tant soit peu d'apparence que le dangier soit esloingné : d'où il survient plusieurs desordres ; car chascun criant et courant à ses armes sur le poinct de la charge, les uns sont à lacer encores leur cuirasse, que leurs compaignons sont desia rompus. Nos peres donnoient leur salade, leur lance et leurs gantelets à porter, et n'abandonnoient le reste de leur equipage tant que la courvee duroit. Nos troupes sont à cette heure toutes troublees et difformees par la confusion du bagage et des valets qui ne peuvent esloingner leurs maistres à cause de leurs armes. Tite Live, parlant des nostres, Intolerantissima laboris corpora vix arma humeris gerebant (2). Plu-

---

(1) Il touche l'ivoire, qui cede et s'amollit sous ses doigts, ayant perdu sa dureté naturelle. *Ovid.* metamorph. lib. 10, fab. 8, v. 41, 42.

(2) Peu faits au travail, à peine pouvoient-ils porter leurs armes sur leurs épaules. *Tit. Liv.* l. 10, c. 28.

Mais Tite-Live ne dit rien là de la peine que les Gaulois avoient a porter leurs armes : cela suit pourtant assez naturellement. Peut-être l'a-t-il dit expressément ailleurs, et que Montaigne aura joint les deux passages en un, comme il fait assez souvent. C.

sieurs nations vont encores, et alloient anciennement, à la guerre sans se couvrir, ou se couvroient d'inutiles deffenses :

Tegmina queis capitum raptus de subere cortex. (1)

Alexandre, le plus hazardeux capitaine qui feut iamais, s'armoit fort rarement. Et ceulx d'entre nous qui les mesprisent n'empirent pour cela de gueres leur marché· s'il se veoid quelqu'un tué par le default d'un harnois, il n'en est gueres moindre nombre que l'empeschement des armes a faict perdre, engagez soubs leur pesanteur, ou froissez et rompus, ou par un contrecoup, ou aultrement. Car il semble, à la verité, à veoir le poids des nostres et leur espesseur, que nous ne cherchons qu'à nous deffendre, et en sommes plus chargez que couverts. Nous avons assez à faire à en soustenir le faix, entravez et contraincts, comme si nous n'avions à combattre que du choc de nos armes ; et comme si nous n'avions pareille obligation à les deffendre, que elles ont à nous. Tacitus peinct plaisamment des gents de guerre de nos anciens Gaulois, ainsin armez pour se maintenir seulement, n'ayants moyen ny d'offenser, ny d'estre offensez, ny de se relever abbattus. Lucullus voyant certains hommes d'armes medois qui faisoient front en l'armee de Tigranes, poisamment et malayseement armez, comme dans une prison de fer, print de là opinion de les desfaire ayseement, et par eulx commencea sa charge, et sa victoire. Et à present que nos mousquetaires sont en credit, ie crois que l'on trouvera quelque invention de nous emmurer pour nous en garantir, et nous faire traisner à la guerre enfermez dans des bastions comme ceulx que les anciens faisoient porter à leurs elephants. Cette humeur est bien esloingnee de celle du ieune Scipion, lequel ac-

---

(1) Se faisant des casques avec la simple écorce du liege. *Aeneid.* l. 7, v. 742.

casa aigrement ses soldats de ce qu'ils avoient semé des chaussetrapes soubs l'eau à l'endroict du fossé par où ceulx d'une ville qu'il assiegeoit pouvoient faire des sorties sur luy : disant que ceulx qui assailloient debvoient penser à entreprendre, non pas à craindre : et craignant avecques raison que cette provision endormist leur vigilance à se garder. Il dict aussi à un ieune homme qui luy faisoit montre de son beau bouclier : « Il est vrayement beau, mon fils ! mais un soldat romain doibt avoir plus de fiance en sa main dextre qu'en la gauche ». Or il n'est que la coustume qui nous rende insupportable la charge de nos armes :

> L'usbergo in dosso haveano, e l'elmo in testa,
> Duo di questi guerrier, dei quali io canto ;
> Nè notte o dì, dappoi ch' entraro in questa
> Stanza, gl' haveano mai messi da canto ;
> Che facile a portar come la vesta
> Era lor, perchè in uso l' havean tanto : (1)

l'empereur Caracalla alloit par païs à pied, armé de toutes pieces, conduisant son armee : les pietons romains portoient non seulement le morion, l'espee et l'escu (car quant aux armes, dict Cicero, ils estoient si accoustumez à les avoir sur le dos, qu'elles ne les empeschoient non plus que leurs membres, (2) arma enim, membra militis esse dicunt); mais quand et quand encores ce qu'il leur falloit de vivres pour quinze iours, et certaine quantité de

---

(1) Deux des guerriers que je chante ici (Roland et Sacripant) avoient la cuirasse sur le dos, et le casque en tête. Et depuis qu'ils étoient dans ce château, ils n'avoient quitté, ni jour ni nuit, cette double armure, qu'ils portoient aussi aisément que leurs habits, tant ils y étoient accoutumés. *Ariosto*, cant. 12, stanz. 30.

(2) Car ils disent que les armes d'un soldat sont ses membres. *Cic.* Tusc. quæst. l. 2, c. 16.

paulx pour faire leurs remparts, iusques à soixante livres de poids. Et les soldats de Marius ainsi chargez, estoient duicts à faire cinq lieues en cinq heures, et six s'il y avoit haste. Leur discipline militaire estoit beaucoup plus rude que la nostre ; aussi produisoit elle de bien aultres effects. Le ieune Scipion, reformant son armee en Espaigne, ordonna à ses soldats de ne manger que debout, et rien de cuict. Ce traict est merveilleux à ce propos, qu'il feut reproché à un soldat lacedemonien, qu'estant à l'expedition d'une guerre, on l'avoit veu soubs le couvert d'une maison : ils estoient si durcis à la peine, que c'estoit honte d'estre veu soubs un aultre toict que celuy du ciel, quelque temps qu'il feist. Nous ne menerions gueres loing nos gents, à ce prix là !

Au demourant, Marcellinus, homme nourry aux guerres romaines, remarque curieusement la façon que les Parthes avoient de s'armer, et la remarque d'autant qu'elle estoit esloingnee de la romaine. « Ils avoient, dict il, des armes tissues en maniere de petites plumes qui n'empeschoient pas le mouvement de leur corps ; et si estoient si fortes, que nos dards reiallissoient venants à les heurter » : (ce sont les escailles de quoy nos ancestres avoient fort accoustumé de se servir). Et, en un aultre lieu: « Ils avoient, dict il, leurs chevaulx forts et roides, couverts de gros cuir; et eulx estoient armez, de cap à pied, de grosses lames de fer, rengees de tel artifice, qu'à l'endroict des ioinctures des membres elles prestoient au mouvement. On eust dict que c'estoient des hommes de fer ; car ils avoient des accoustrements de teste si proprement assis, et representants au naturel la forme et parties du visage, qu'il n'y avoit moyen de les assener que par des petits trous ronds qui respondoient à leurs yeulx, leur donnant un peu de lumiere, et par des fentes qui estoient à l'endroict des naseaux, par où ils prenoient assez malayseement haleine. »

Flexilis inductis animatur lamina membris,
Horribilis visu; credas simulacra moveri
Ferrea, cognatoque viros spirare metallo :
Par vestitus equis, ferratâ fronte minantur,
Ferratosque movent, securi vulneris, armos. (1)

Voylà une description qui retire bien fort à l'equipage d'un homme d'armes françois, à tout ses bardes. Plutarque dict que Demetrius feit faire, pour luy et pour Alcimus, le premier homme de guerre qui feust prez de luy, à chascun un harnois complet du poids de six vingts livres, là où les communs harnois n'en poisoient que soixante.

CHAPITRE X.

Des livres.

IE ne fois point de doubte qu'il ne m'advienne souvent de parler de choses qui sont mieulx traictees chez les maistres du mestier, et plus veritablement. C'est icy purement l'essay de mes facultez naturelles, et nullement des acquises : et qui me surprendra d'ignorance, il ne fera rien contre moy; car à peine respondrois ie à aultruy de mes discours, qui ne m'en responds point à moy, ny n'en

---

(1) Une lame flexible s'anime sur leurs membres : horribles à voir, on diroit que ce sont des simulacres d'hommes de fer mouvants et qui respirent avec le métal qui s'est converti en leur propre substance. Leurs chevaux, armés de même, avec un front menaçant tout couvert de fer, marchent à l'abri des coups, les épaules armées du même métal. *Claudian.* in Ruff. l. 2, v. 358, et seqq.

suis satisfaict. Qui sera en cherche de science, si la pesche où elle se loge; il n'est rien de quoy ie face moins de profession. Ce sont icy mes fantasies, par lesquelles ie ne tasche point à donner à cognoistre les choses, mais moy: elles me seront à l'adventure cogneues un iour, ou l'ont aultrefois esté, selon que la fortune m'a peu porter sur les lieux où elles estoient esclaircies; mais il ne m'en souvient plus; et si ie suis homme de quelque leçon, ie suis homme de nulle retention : ainsi ie ne pleuvis aulcune certitude, si ce n'est de faire cognoistre iusques à quel poinct monte, pour cette heure, la cognoissance que i'en ay. Qu'on ne s'attende pas aux matieres, mais à la façon que i'y donne : qu'on veoye, en ce que i'emprunte, si i'ay sceu choisir de quoy (a) rehaulser mon propos ; car ie fois dire aux aultres [non à ma teste, mais à ma suitte] ce que ie ne puis si bien dire, tantost par foiblesse de mon langage, tantost par foiblesse de mon sens. Ie ne compte pas mes emprunts, ie les poise; et si ie les eusse voulu faire valoir par nombre, ie m'en feusse chargé deux fois autant : ils sont touts, ou fort peu s'en fault, de noms si fameux et anciens, qu'ils me semblent se nommer assez sans moy. Ez raisons et inventions que ie transplante en mon solage et confonds aux miennes, i'ay, à escient, obmis parfois d'en marquer l'aucteur, pour tenir en bride la temerité de ces sentences hastifves qui se iectent sur toute sorte d'escripts, notamment ieunes escripts, d'hommes encores vivants, et en vulgaire, qui receoit tout le monde à en parler, et qui semble convaincre la conception et le desseing, vulgaire de mesme : ie veulx qu'ils donnent une nazarde à Plutarque sur mon nez; et qu'ils s'eschauldent à iniurier Seneque en moy. Il fault musser ma foiblesse soubs ces grands

---

(a) rehaulser ou secourir proprement l'iuvention, qui vient tousiours de moy. *Edit.* de 1595.

credits. I'aimeray quelqu'un qui me sçache deplumer, ie dis par clarté de iugement, et par la seule distinction de la force et beauté des propos : car moy, qui, à faulte de memoire, demeure court touts les coups à les trier par cognoissance de nation, sçais tresbien sentir, à mesurer ma portee, que mon terroir n'est aulcunement capable d'aulcunes fleurs trop riches que i'y treuve semees ; et que touts les fruicts de mon creu ne les sçauroient payer. De cecy suis ie tenu de respondre ; si ie m'empesche moy mesme ; s'il y a de la vanité et vice en mes discours, que ie ne sente point, ou que ie ne soye capable de sentir en me le representant : car il eschappe souvent des faultes à nos yeulx ; mais la maladie du iugement consiste à ne les pouvoir appercevoir lorsqu'un aultre nous les descouvre. La science et la verité peuvent loger chez nous sans iugement ; et le iugement y peult aussi estre sans elles : voire la recognoissance de l'ignorance est l'un des plus beaux et plus seurs tesmoignages de iugement que ie treuve. Ie n'ay point d'aultre sergeant de bande, à renger mes pieces, que la fortune : à mesme que mes resveries se presentent, ie les entasse ; tantost elles se pressent en foule, tantost elles se traisnent à la file. Ie veulx qu'on veoye mon pas naturel et ordinaire, ainsi destracqué qu'il est ; ie me laisse aller comme ie me treuve : aussi ne sont ce point icy matieres qu'il ne soit pas permis d'ignorer et d'en parler casuellement et temerairement. Ie souhaiterois avoir plus parfaicte intelligence des choses ; mais ie ne la veulx pas acheter si cher qu'elle couste. Mon desseing est de passer doulcement, et non laborieusement, ce qui me reste de vie : il n'est rien pour quoy ie me vueille rompre la teste, non pas pour la science, de quelque grand prix qu'elle soit.

Ie ne cherche aux livres qu'à m'y donner du plaisir par un honneste amusement : ou si i'estudie, ie n'y cherche que la science qui traicte de la cognoissance de moy mesme, et qui m'instruise à bien mourir et à bien vivre;

Has meus ad metas sudet oportet equus. (1)

Les difficultez, si i'en rencontre en lisant, ie n'en ronge pas mes ongles; ie les laisse là, aprez leur avoir faict une charge ou deux. Si ie m'y plantois, ie m'y perdrois, et le temps; car i'ay un esprit primsaultier : ce que ie ne veois de la premiere charge, ie le veois moins en m'y obstinant. Ie ne foys rien sans gayeté; et la continuation et la contention trop ferme esblouït mon iugement, l'attriste et le lasse. Ma veue s'y confond et s'y dissipe (a); il fault que ie la retire, et que ie l'y remette à secousses : tout ainsi que pour iuger du lustre de l'escarlatte, on nous ordonne de passer les yeulx par dessus, en la parcourant à diverses veues, soubdaines reprinses, et reïterees. Si ce livre me fasche, i'en prends un aultre; et ne m'y addonne qu'aux heures où l'ennuy de rien faire commence à me saisir. Ie ne me prends gueres aux nouveaux, pour ce que les anciens me semblent plus pleins et plus roides : ny aux grecs, parce que mon iugement ne sçait pas faire ses besongnes d'une puerile et apprentisse intelligence. Entre les livres simplement plaisants ie treuve, des modernes, le Decameron de Boccace, Rabelais, et les Baisers de Iehan second, s'il les faut loger soubs ce tiltre, dignes qu'on s'y amuse. Quant aux Amadis, et telles sortes d'escripts, ils n'ont pas eu le credit d'arrester seulement mon enfance. Ie dirai encores cecy, ou hardiment ou temerairement, que cette vieille ame poisante ne se laisse plus chatouiller, non seule-

---

(1)   C'est vers ce but qu'à toute bride
        Mon cheval doit courir.
                Propert. l. 4, eleg. 1, v. 70.

(a) Montaigne ajoutoit ici : *Mon esprit pressé se iecte au rouet :* mais il a rayé ensuite cette addition. Voyez l'exemplaire corrigé de sa main, page 169, verso. N.

ment à l'Arioste, mais encores au bon Ovide : sa facilité et ses inventions, qui m'ont ravi aultrefois, à peine m'entretiennent elles à cette heure. Ie dis librement mon advis de toutes choses, voire et de celles qui surpassent à l'adventure ma suffisance, et que ie ne tiens aulcunement estre de ma iurisdiction : ce que i'en opine, c'est aussi pour declarer la mesure de ma veue, non la mesure des choses. Quand ie me treuve desgouste de l'Axioche de Platon, comme d'un ouvrage sans force, eu esgard à un tel aucteur, mon iugement ne s'en croit pas : il n'est pas si (a) sot de s'opposer à l'auctorité de tant d'aultres fameux iugements anciens, qu'il tient ses regents et ses maistres, et avecques lesquels il est plustost content de faillir ; il s'en prend à soy, et se condamne ou de s'arrester à l'escorce, ne pouvant penetrer iusques au fonds, ou de regarder la chose par quelque fauls lustre. Il se contente de se garantir seulement du trouble et du desreglement : quant à sa foiblesse, il la recognoist, et advoue volontiers. Il pense donner iuste interpretation aux apparences que sa conception luy presente ; mais elles sont imbecilles et imparfaictes. La pluspart des fables d'Esope ont plusieurs sens et intelligences : ceulx qui les mythologisent, en choisissent quelque visage qui quadre bien à la fable ; mais pour la pluspart ce n'est que le premier visage et superficiel ; il y en a d'aultres plus vifs, plus essentiels et internes, ausquels ils n'ont sceu penetrer : voilà comme i'en foys. Mais, pour suivre ma route, il m'a tousiours semblé qu'en la poësie, Virgile, Lucrece, Catulle et Horace tiennent de bien loing le premier reng ; et signamment Virgile en ses Georgiques, que i'estime le plus accomply ouvrage de la poësie : à la comparaison duquel on peult recognoistre aysement qu'il y a des endroicts de l'Aeneïde, ausquels l'aucteur eust donné encores quelque tour de pigne s'il en eust eu loisir ; et le

---

(a) Si oultrecuidé : *édit. in-fol. de 1595.*

cinquiesme livre en l'Aeneïde me semble le plus parfaict. I'aime aussi Lucain, et le practique volontiers, non tant pour son style, que pour sa valeur propre et verité de ses opinions et iugements. Quant au bon Terence, la mignardise et les graces du langage latin, ie le treuve admirable à representer au vif les mouvements de l'ame et la condition de nos mœurs ; à toute heure nos actions me reiectent à luy : ie ne le puis lire si souvent, que ie n'y treuve quelque beauté et grace nouvelle. Ceulx des temps voisins à Virgile se plaignoient de quoy aulcuns luy comparoient Lucrece : ie suis d'opinion que c'est à la verité une comparaison inegale ; mais, i'ay bien à faire à me r'asseurer en cette creance, quand ie me treuve attaché à quelque beau lieu de ceulx de Lucrece. S'ils se picquoient de cette comparaison, que diroient ils de la bestise et stupidité barbaresque de ceulx qui luy comparent à cette heure Arioste? et qu'en diroit Arioste luy mesme ?

O seclum insipiens et infacetum ! (1)

I'estime que les anciens avoient encores plus à se plaindre de ceulx qui apparioient Plaute à Terence (cettuy cy sent bien mieulx son gentilhomme), que Lucrece à Virgile. Pour l'estimation et preference de Terence, faict beaucoup que le pere de l'eloquence romaine l'a si souvent en la bouche, seul de son reng ; et la sentence que le premier iuge des poëtes romains donne de son compagnon. Il m'est souvent tumbé en fantasie comme, en nostre temps, ceulx qui se meslent de faire des comedies (ainsi que les Italiens qui y sont assez heureux) employent trois ou quatre arguments de celles de Terence ou de Plaute pour en faire une des leurs : ils entassent en une seule comedie cinq ou six contes de Boccace. Ce qui les faict ainsi se charger de matiere, c'est la desfiance qu'ils ont de se pouvoir soustenir de leurs propres graces : il fault

---

(1) O siecle insipide et peu sensé ! *Catull.* epigr. 41, v. 8.

qu'ils treuvent un corps où s'appuyer ; et n'ayants pas, du leur, assez de quoy nous arrester, ils veulent que le conte nous amuse. Il en va de mon aucteur tout au contraire : les perfections et beautez de sa façon de dire nous font perdre l'appetit de son subiect ; sa gentillesse et sa mignardise nous retiennent par tout ; il est par tout si plaisant,

<blockquote>liquidus, puroque simillimus amni, (1)</blockquote>

et nous remplit tant l'ame de ses graces, que nous en oublions celles de sa fable. Cette mesme consideration me tire plus avant : ie veois que les bons et anciens poëtes ont evité l'affectation et la recherche, non seulement des fantastiques eslevations espaignolles et petrarchistes, mais des poinctes mesmes plus doulces et plus retenues qui sont l'ornement de touts les ouvrages poëtiques des siecles suyvants. Si n'y a il bon iuge qui les treuve à dire en ces anciens, et qui n'admire plus sans comparaison l'eguale polissure et cette perpetuelle doulceur et beauté fleurissante des epigrammes de Catulle, que touts les aiguillons de quoy Martial aiguise la queue des siens. C'est cette même raison que ie disois tantost, comme Martial de soy, *minus illi ingenio laborandum fuit, in cuius locum materia successerat* (2). Ces premiers là, sans s'esmouvoir et sans se picquer, se font assez sentir, ils ont de quoy rire par tout, il ne fault pas qu'ils se chatouillent ; ceulx cy ont besoing de secours estrangier ; à mesure qu'ils ont moins d'esprit, il leur fault plus de corps ; ils montent à cheval parce qu'ils ne sont assez forts sur leurs iambes : tout ainsi qu'en nos bals, ces hommes de vile condition qui en tiennent eschole, pour ne pouvoir

---

(1) Son style pur et coulant ressemble à un fleuve dont les eaux fertilisent les campagnes. *Horat.* epist. 2, l. 2, v. 120.

(2) La richesse de son sujet lui a épargné de grands efforts d'esprit. *In præfatione*, l. 8.

representer le port et la decence de nostre noblesse, cherchent à se recommender par des saults perilleux et aultres mouvements estranges et basteleresques ; et les dames ont meilleur marché de leur contenance aux danses où il y a diverses descoupeures et agitations de corps, qu'en certaines aultres danses de parade, où elles n'ont simplement qu'à marcher un pas naturel, et representer un port naïf et leur grace ordinaire : et comme i'ay veu aussi les badins excellents, vestus (a) en leur à touts les iours et d'une contenance commune, nous donner tout le plaisir qui se peult tirer de leur art ; les apprentifs et qui ne sont de si haulte leçon, avoir besoing de s'enfariner le visage, de se travestir, et se contrefaire en mouvements et grimaces sauvages, pour nous appresler à rire. Cette mienne conception se recognoist mieulx, qu'en tout aultre lieu, en la comparaison de l'Aeneïde et du Furieux : celuy là on le veoit aller à tire d'aile, d'un vol hault et ferme, suyvant tousiours sa poincte ; cettuy cy, voleter et saulteler de conte en conte, comme de branché en branche, ne se fiant à ses ailes que pour une bien courte traversé, et prendre pied à chasque bout de champ, de peur que l'haleine et la force luy faille ;

 Excursusque breves tentat. (1)

Voylà doncques, quant à cette sorte de subiects, les aucteurs qui me plaisent le plus.

Quant à mon aultre leçon qui mesle un peu plus de fruict au plaisir, par où i'apprends à renger mes opinions et conditions, les livres qui m'y servent, c'est Plutarque, depuis qu'il est françois, et Seneque. Ils ont touts deux cette notable commodité pour mon humeur, que la science que i'y cherche y est traictee à pieces descousues.

(a) *A leur ordinaire*. Edit. in-4°. de 1588.
(1) Il tente de petites courses. *Georgic.* l. 4, v. 194.

qui ne demandent pas l'obligation d'un long travail, de quoy ie suis incapable : ainsi sont les opuscules de Plutarque et les epistres de Seneque, qui sont la plus belle partie de leurs escripts et la plus proufitable. Il ne fault pas grande entreprinse pour m'y mettre ; et les quitte où il me plaist : car elles n'ont point de suitte [et dependance] des unes aux aultres. Ces aucteurs se rencontrent en la pluspart des opinions utiles et vrayes ; comme aussi leur fortune les feit naistre environ mesme siecle ; touts deux precepteurs de deux empereurs romains ; touts deux venus de païs estrangier ; touts deux riches et puissants. Leur instruction est de la cresme de la philosophie, et presentee d'une simple façon, et pertinente. Plutarque est plus uniforme et constant ; Seneque plus ondoyant et divers : Cettuy cy se peine, se roidit et se tend, pour armer la vertu contre la foiblesse, la crainte et les vicieux appetits ; L'aultre semble n'estimer pas tant leurs efforts, et desdaigner d'en haster son pas et se mettre sur sa garde : Plutarque a les opinions platoniques, doulces et accommodables à la société civile ; L'aultre les a stoïques et epicuriennes, plus esloingnees de l'usage commun, mais, selon moy, plus commodes en particulier et plus fermes : Il paroist en Seneque qu'il preste un peu à la tyrannie des empereurs de son temps, car ie tiens pour certain que c'est d'un iugement forcé qu'il condemne la cause de ces genereux meurtriers de Cesar ; Plutarque est libre par tout : Seneque est plein de poinctes et saillies ; Plutarque, de choses : Celuy là vous eschauffe plus et vous esmeut ; Cettuy cy vous contente davantage et vous paye mieulx ; il nous guide, l'aultre nous poulse.

Quant à Cicero, les ouvrages qui me peuvent servir chez luy à mon desseing, ce sont ceulx qui traictent de la philosophie, signamment (a) morale. Mais, à confesser hardiement la verité (car, puisqu'on a franchi les barrieres

---

(a) Specialement. *Edit.* de 1595.

de l'impudence, il n'y a plus de bride), sa façon d'escrire
me semble ennuyeuse; et toute aultre pareille façon : car
ses prefaces, definitions, partitions, etymologies, consu-
ment la plus part de son ouvrage; ce qu'il y a de vif et
de mouelle est estouffé par ses longueries d'apprests. Si
i'ay employé une heure à le lire, qui est beaucoup pour
moy, et que ie ramentoive ce que i'en ay tiré de suc et
de substance, la plus part du temps ie n'y treuve que du
vent; car il n est pas encores venu aux arguments qui
servent à son propos, et aux raisons qui touchent proprement le nœud que ie cherche. Pour moy, qui ne demande qu'à devenir plus sage, non plus sçavant ou elo-
quent, ces ordonnances logiciennes et aristoteliques ne
sont pas à propos; ie veulx qu'on commence par le
dernier poinct: i'entends assez que c'est que Mort et Volupté; qu'on ne s'amuse pas à les anatomizer. Ie cherche
des raisons bonnes et fermes, d'arrivee, qui m'instruisent à en soustenir l'effort; ny les subtilitez grammai-
riennes, ny l'ingenieuse contexture de paroles et d'argumentations, n'y servent. Ie veulx des discours qui
donnent la premiere charge dans le plus fort du doubte :
les siens languissent autour du pot; ils sont bons pour
l'eschole, pour le barreau et pour le sermon, où nous
avons loisir de sommeiller, et sommes encores, un quart
d'heure aprez, assez à temps pour (a) rencontrer le fil du
propos. Il est besoing de parler ainsin aux iuges qu'on
veult gaigner à tort ou à droict, aux enfants et au vulgaire
à qui il fault tout dire, veoir ce qui portera. Ie ne veulx
pas qu'on s'employe à me rendre attentif, et qu'on me
crie cinquante fois, « Or oyez »! à la mode de nos héraults:
les Romains disoient en leur religion, Hoc age, que nous
disons en la nostre, Sursum corda : ce sont autant de paroles perdues pour moy; i'y viens tout preparé du logis.
Il ne me fault point d'alleichement ny de saulse; ie mange
bien la viande toute crue : et au lieu de m'aiguiser l'appe-

(a) en retrouver le fil. *Edit.* de 1595.

tit par ces preparatoires et avant ieux, on me le lasse et affadit. La licence du temps m'excusera elle de cette sacrilege audace, d'estimer aussi traisnants les dialogismes de Platon mesme, estouffant par trop sa matiere ; et de plaindre le temps que met à ces longues interlocutions vaines et preparatoires un homme qui avoit tant de meilleures choses à dire ? mon ignorance m'excusera mieulx sur ce que ie ne veois rien en la beauté de son langage. Ie demande en general les livres qui usent des sciences, non ceulx qui les dressent. Les deux premiers, et Pline, et leurs semblables, ils n'ont point de Hoc age; ils veulent avoir à faire à gents qui s'en soyent advertis eulx mesmes : ou s'ils en ont, c'est un Hoc age substantiel et qui a son corps à part. Ie veois aussi volontiers les epistres ad Atticum, non seulement parce qu'elles contiennent une tresample instruction de l'histoire et affaires de son temps ; mais beaucoup plus pour y descouvrir ses humeurs privees : car i'ay une singuliere curiosité, comme i'ay dict ailleurs, de cognoistre l'ame et les naïfs iugements de mes aucteurs. Il fault bien iuger leur suffisance, mais non pas leurs mœurs ny eulx, par cette montre de leurs escripts qu'ils etalent au theatre du monde. l'ay mille fois regretté que nous ayons perdu le livre que Brutus avoit escript De la vertu : car il faict beau apprendre la theorique de ceulx qui sçavent bien la practique. Mais d'autant que c'est aultre chose le presche, que le prescheur, i'aime bien autant veoir Brutus chez Plutarque, que chez luy mesme : ie choisirois plustost de sçavoir au vray les devis qu'il tenoit en sa tente à quelqu'un de ses privez amis, la veille d'une bataille, que les propos qu'il teint le lendemain à son armee; et ce qu'il faisoit en son cabinet et en sa chambre, que ce qu'il faisoit emmy la place et au senat. Quant à Cicero, ie suis du iugement commun, que, hors la science, il n'y avoit pas beaucoup d'excellence en son ame : il estoit bon citoyen, d'une nature debonnaire, comme sont volontiers les hommes gras et gosseurs, tel qu'il estoit; mais de mollesse, et de vanité ambitieuse, il en avoit, sans mentir, beaucoup. Et si ne sçais comment l'excuser d'avoir estimé sa poësie digne d'estre mise en lumiere : ce n'est pas grande imperfection que de mal faire des vers; mais c'est à luy faulte de iugement (a) de n'avoir pas senty combien ils estoient indignes de la gloire de son nom. Quant à son eloquence, elle est du tout hors de comparaison : ie crois que iamais homme ne l'egualera. Le ieune Cicero, qui n'a ressemblé son pere que de nom, commandant en Asie, il se trouva un iour en sa table plusieurs estrangiers, et entre aultres Cestius, assis au bas bout, comme on se fourre souvent aux tables ouvertes des grands. Cicero s'informa qui il estoit, à l'un de ses gents, qui luy dict son nom : mais, comme celuy qui songeoit ailleurs, et qui oublioit ce qu'on luy respondoit, il le luy redemanda encores, depuis, deux ou trois fois. Le serviteur, pour n'estre plus en peine de luy redire si souvent mesme chose, et pour le luy faire cognoistre par quelque circonstance, « C'est, dict il, ce Cestius, de qui on vous a dict qu'il ne faict pas grand estat de l'eloquence de vostre pere, au prix de la sienne ». Cicero, s'estant soubdain picqué de cela, commanda qu'on empoignast ce pauvre Cestius, et le feit tresbien fouetter en sa presence. Voylà un mal courtois hoste! Entre ceulx mesmes qui ont estimé, toutes choses comptees, cette sienne eloquence incomparable, il y en a eu qui n'ont pas laissé d'y remarquer des faultes; comme ce grand Brutus, son amy, disoit que c'estoit une eloquence cassee et esrenee (b), *fractam et elumbem*. Les orateurs voisins de son siecle reprenoient aussi en luy ce curieux soing de certaine longue cadence au bout de ses clauses, et notoient ces mots *esse videatur*, qu'il y employe si souvent. Pour moy, i'aime mieulx une

---

(a) C'est imperfection. *Edit. de* 1595.
(b) Voyez le dialogue, *de caussis corruptæ eloquentiæ*, c. 18.

cadence qui tumbe plus court, coupee en iambes. Si mesle il par fois bien rudement ses nombres, mais rarement : i'en ay remarqué ce lieu à mes aureilles : Ego verò me minùs diù senem esse mallem, quàm esse senem antequàm essem. (1)

Les historiens sont ma droicte balle ; ils sont plaisants et aysez : et quand et quand l'homme en general, de qui ie cherche la cognoissance, y paroist plus vif et plus entier qu'en nul aultre lieu ; la diversité et verité de ses conditions internes, en gros et en detail, la varieté des moyens de son assemblage, et des accidents qui le menacent. Or ceulx qui escrivent les vies, d'autant qu'ils s'amusent plus aux conseils qu'aux evenements, plus à ce qui part du dedans qu'à ce qui arrive au dehors, ceulx là me sont plus propres : voylà pourquoy, en toutes sortes, c'est mon homme que Plutarque. Ie suis bien marry que nous n'ayons une douzaine de Laertius, ou qu'il ne soit ou plus estendu, ou plus entendu : car ie ne considere pas moins curieusement la fortune et la vie de ces grands precepteurs du monde, que la diversité de leurs dogmes et fantasies. En ce genre d'estude des histoires, il fault feuilleter, sans distinction, toutes sortes d'aucteurs et vieils et nouveaux, et barragouins et françois, pour y apprendre les choses de quoy diversement ils traictent. Mais Cesar singulierement me semble meriter qu'on l'estudie, non pour la science de l'histoire seulement, mais pour luy mesme : tant il a de perfection et d'excellence par dessus touts les aultres, quoyque Salluste soit du nombre. Certes ie lis cet aucteur avec un peu plus de reverence et de respect, qu'on ne lit les humains ouvrages ; tantost le considerant luy mesme par ses actions et le miracle de sa grandeur ; tantost la pureté et inimitable

---

(1) Pour moi, j'aimerois mieux être moins de temps vieux, que d'être vieux avant que de l'être effectivement. *Cic.* de Senectute, c. 10.

polissure de son langage, qui a surpassé non seulement touts les historiens, comme dict Cicero, mais à l'adventure Cicero mesme : avecques tant de sincerité en ses iugements parlant de ses ennemis, que, sauf les faulses couleurs de quoy il veult couvrir sa mauvaise cause et l'ordure de sa pestilente ambition, ie pense qu'en cela seul on y puisse trouver à redire qu'il a esté trop espargnant à parler de soy ; car tant de grandes choses ne peuvent avoir esté executees par luy, qu'il n'y soit allé beaucoup plus du sien qu'il n'y en met. I'aime les historiens ou fort simples ou excellents. Les simples, qui n'ont point de quoy y mesler quelque chose du leur, et qui n'y apportent que le soing et la diligence de r'amasser tout ce qui vient à leur notice, et d'enregistrer, à la bonne foy, toutes choses sans chois et sans triage, nous laissent le iugement entier pour la cognoissance de la verité : tel est entre aultres, pour exemple, le bon Froissard, qui a marché, en son entreprinse, d'une si franche naïfveté, qu'ayant faict une faulte, il ne craint aulcunement de la recognoistre et corriger en l'endroict où il en a esté adverty ; et qui nous represente la diversité mesme des bruits qui couroient, et les differents rapports qu'on luy faisoit : c'est la matiere de l'histoire nue et informe ; chascun en peult faire son proufit autant qu'il a d'entendement. Les bien excellents ont la suffisance de choisir ce qui est digne d'estre sceu ; peuvent trier, de deux rapports, celuy qui est plus vraysemblable ; de la condition des princes et de leurs humeurs, ils en concluent les conseils, et leur attribuent les paroles convenables : ils ont raison de prendre l'auctorité de regler nostre creance à la leur ; mais certes cela n'appartient à gueres de gents. Ceulx d'entre deux (qui est la plus commune façon) ceulx là nous gastent tout ; ils veulent nous mascher les morceaux : ils se donnent loy de iuger, et par consequent d'incliner l'histoire à leur fantasie ; car depuis que le iugement pend d'un costé, on ne se peult garder de contourner et tordre la narration à ce biais : ils entreprennent de choisir les choses dignes d'estre sceues, et nous cachent souvent telle parole, telle action privee, qui nous instruiroit mieulx : obmettent pour choses incroyables celles qu'ils n'entendent pas ; et peutestre encores telle chose, pour ne la sçavoir dire en bon latin ou françois. Qu'ils estalent hardiment leur eloquence et leur discours, qu'ils iugent à leur poste : mais qu'ils nous laissent aussi de quoy iuger aprez eulx; et qu'ils n'alterent ny dispensent, par leurs raccourciments et par leur chois, rien sur le corps de la matiere, ains qu'ils nous la r'envoyent pure et entiere en toutes ses dimensions. Le plus souvent on trie, pour cette charge, et notamment en ces siecles icy, des personnes d'entre le vulgaire, pour cette seule consideration de sçavoir bien parler; comme si nous cherchions d'y apprendre la grammaire : et eulx ont raison, n'ayants esté gagez que pour cela, et n'ayants mis en vente que le babil, de ne se soulcier aussi principalement que de cette partie ; ainsin, à force beaux mots ils nous vont pastissant une belle contexture des bruits qu'ils ramassent ez carrefours des villes. Les seules bonnes histoires sont celles qui ont esté escriptes par ceulx mesmes qui commandoient aux affaires, ou qui estoient participants à les conduire, ou au moins qui ont eu la fortune d'en conduire d'aultres de mesme sorte : telles sont quasi toutes les grecques et romaines ; car plusieurs tesmoings oculaires ayants escript de mesme subiect (comme il advenoit en ce temps là que la grandeur et le sçavoir se rencontroient communement), s'il y a de la faulte, elle doibt estre merveilleusement legiere et sur un accident fort doubteux. Que peult on esperer d'un medecin traictant de la guerre, ou d'un escholier traictant les desseings des princes? Si nous voulons remarquer la religion que les Romains avoient en cela, il n'en fault que cet exemple : Asinius Pollio trouvoit ez histoires mesme de Cesar quelque mesconte en quoy il estoit tumbé, pour n'avoir peu iecter les yeulx en touts les endroicts de son armee, et en avoir creu les particuliers qui luy rapportoient souvent des choses non assez verifiees ; ou bien pour n'a voir esté assez curieusement adverty par ses lieutenants des choses qu'ils avoient conduictes en son absence. On peult veoir, par là, si cette recherche de la verité est delicate, qu'on ne se puisse pas fier d'un combat à la science de celuy qui y a commandé, ny aux soldats, de ce qui s'est passé prez d'eulx, si, à la mode d'une information iudiciaire, on ne confronte les tesmoings et receoit les obiects sur la preuve des ponctilles de chasque accident. Vrayement la cognoissance que nous avons de nos affaires est bien plus lasche : mais cecy a esté suffisamment traicté par Bodin, et selon ma conception.

Pour subvenir un peu à la trahison de ma memoire, et à son default, si extreme qu'il m'est advenu plus d'une fois de reprendre en main des livres comme recents et à moy incogneus, que i'avois leu soigneusement quelques annees auparavant, et barbouillé de mes notes, i'ay prins en coustume, depuis quelque temps, d'adiouster au bout de chasque livre (ie dis de ceulx desquels ie ne me veulx servir qu'une fois) le temps auquel i'ay achevé de le lire, et le iugement que i'en ay retiré en gros ; à fin que cela me represente au moins l'air et idee generale que i'avois conceu de l'aucteur en le lisant. Ie veulx icy transcrire aulcunes de ces annotations.

Voyci ce que ie meis, il y a environ dix ans, en mon Guicciardin (car quelque langue que parlent mes livres, ie leur parle en la mienne). « Il est historiographe diligent, et duquel, à mon advis, autant exactement que de nul aultre, on peult apprendre la verité des affaires de son temps : aussi, en la plus part, en a il esté acteur luy mesme et en reng honorable. Il n'y a aulcune apparence que par haine, faveur ou vanité, il ayt desguisé les choses ; de quoy font foy les libres iugements qu'il donne des grands, et notamment de ceulx par lesquels il avoit esté advancé et employé aux charges, comme du pape Clement septiesme. Quant à la partie de quoy il semble se vouloir prevaloir le plus, qui sont ses digressions et discours, il y en a de bons et enrichis de beaux traicts : mais il s'y est trop pleu; car pour ne vouloir rien laisser à dire, ayant un subiect si plein et ample et à peu prez infini, il en devient lasche et sentant un peu au cacquet scholastique. I'ay aussi remarqué cecy, que de tant d'ames et effects qu'il iuge, de tant de mouvements et conseils, il n'en rapporte iamais un seul à la vertu, religion et conscience, comme si ces parties là estoient du tout esteinctes au monde; et de toutes les actions, pour belles par apparence qu'elles soient d'elles mesmes, il en reiecte la cause à quelque occasion vicieuse ou à quelque proufit. Il est impossible d'imaginer que parmy cet infiny nombre d'actions de quoy il iuge, il n'y en ayt eu quelqu'une produicte par la voye de la raison : nulle corruption peult avoir saisi les hommes si universellement, que quelqu'un n'eschappe de la contagion. Cela me faict craindre qu'il y aye un peu du vice de son goust; et peult estre advenu qu'il ayt estimé d'aultruy selon soy (a). »

En mon Philippe de Comines, il y a cecy : « Vous y trouverez le langage doulx et agreable, d'une naïfve simplicité; la narration pure, et en laquelle la bonne foy de l'aucteur reluit evidemment, exempte de vanité parlant de soy, et d'affection et d'envie parlant d'aultruy; ses discours et enhortements accompaignez plus de bon zele et de verité, que d'aulcune exquise suffisance; et, tout par tout, de l'auctorité et gravité, representant son homme de bon lieu et eslevé aux grands affaires ».

Sur les memoires de monsieur du Bellay : « C'est tous-

(a) Montaigne ajoutoit à la marge : *Trescommune et tresdangereuse corruption du iugement humain* : mais il a jugé à propos de barrer cette addition. Voyez la page 176 recto de l'exemplaire qu'il a corrigé. N.

iours plaisir de veoir les choses escriptes par ceulx qui ont essayé comme il les fault conduire : mais il ne se peult nier qu'il ne se descouvre evidemment, en ces deux seigneurs icy, un grand deschet de la franchise et liberté d'escrire, qui reluit ez anciens de leur sorte, comme au sire de Iouinville, domestique de sainct Louys, Eginard, chancelier de Charlemaigne, et de plus fresche memoire en Philippe de Comines. C'est icy plustost un plaidoyer pour le roy François, contre l'empereur Charles cinquiesme, qu'une histoire. Ie ne veulx pas croire qu'ils ayent rien changé quant au gros du faict; mais, de contourner le iugement des evenements, souvent contre raison, à nostre advantage, et d'obmettre tout ce qu'il y a de chatouilleux en la vie de leur maistre, ils en font mestier : tesmoing les reculements de messieurs de Montmorency et de Brion, qui y sont oubliez; voire le seul nom de madame d'Estampes ne s'y treuve point. On peult couvrir les actions secrettes ; mais de taire ce que tout le monde sçait, et les choses qui ont tiré des effects publicques et de telle consequence, c'est un default inexcusable. Somme, pour avoir l'entiere cognoissance du roy François et des choses advenues de son temps, qu'on s'addresse ailleurs, si on m'en croit. Ce qu'on peult faire icy de proufit, c'est par la deduction particuliere des battailles et exploicts de guerre où ces gentilshommes se sont trouvez; quelques paroles et actions privees d'aulcuns princes de leur temps ; et les practiques et negociations conduictes par le seigneur de Langeay, où il y a tout plein de choses dignes d'estre sceues, et des discours non vulgaires. »

CHAPITRE XI.

De la cruauté.

Il me semble que la vertu est chose aultre, et plus noble, que les inclinations à la bonté qui naissent en nous. Les ames reglees d'elles mesmes et bien nees, elles suyvent mesme train, et representent, en leurs actions, mesme visage que les vertueuses : mais la vertu sonne ie ne sçais quoy de plus grand et de plus actif que de se laisser, par une heureuse complexion, doulcement et paisiblement conduire à la suitte de la raison. Celuy qui, d'une doulceur et facilité naturelle, mespriseroit les offenses receues, féroit chose tresbelle et digne de louange : mais celuy qui, picqué et oultré iusques au vif d'une offense, s'armeroit des armes de la raison contre ce furieux appetit de vengeance, et, aprez un grand conflict, s'en rendroit enfin maistre, feroit sans doubte beaucoup plus. Celuy là feroit bien ; et cettuy cy, vertueusement : l'une action se pourroit dire bonté ; l'aultre, vertu ; car il semble que le nom de la vertu presuppose de la difficulté et du contraste, et qu'elle ne peult s'exercer sans partie. C'est à l'adventure pourquoy nous nommons Dieu, bon, fort, et liberal, et iuste, mais nous ne le nommons pas vertueux ; ses operations sont toutes naïfves et sans effort. Des philosophes non seulement stoïciens, mais encores epicuriens (et cette enchere ie l'emprunte de l'opinion commune, qui est faulse, quoy que die ce subtil rencontre d'Arcesilaus à celuy qui luy reprochoit que beaucoup de gents passoient de son eschole en l'epicurienne, mais iamais au rebours ; « Ie crois bien : des coqs il se faict des chappons assez ; mais des chappons il ne s'en faict iamais des coqs » : car, à la verité, en fermeté et rigueur d'opi-

nions et de preceptes, la secte epicurienne ne cede aulcunement à la stoïcque; et un stoïcien, recognoissant
meilleure foy que ces disputateurs, qui, pour combattre
Epicurus et se donner beau ieu, luy font dire ce à quoy il
ne pensa iamais, contournants ses paroles à gauche, argumentants par la loy grammairienne aultre sens de sa
façon de parler et aultre creance que celle qu'ils sçavent
qu'il avoit en l'ame et en ses mœurs, dict qu'il a laissé
d'estre epicurien pour cette consideration entre aultres,
qu'il treuve leur route trop haultaine et inaccessible:
et ii qui φιληδονοι vocantur, sunt φιλοκαλοι et φιλοδικαιοι,
omnesque virtutes et colunt et (1) retinent.): des philosophes
stoïciens, et epicuriens, dis ie, il y en a plusieurs qui
ont iugé que ce n'estoit pas assez d'avoir l'ame en bonne
assiette, bien reglee et bien disposee à la vertu; ce n'estoit pas assez d'avoir nos resolutions et nos discours au
dessus de touts les efforts de fortune; mais qu'il falloit
encores rechercher les occasions d'en venir à la preuve:
ils veulent quester de la douleur, de la necessité, et du
mespris, pour les combattre, et pour tenir leur ame en
haleine: multum sibi adiicit virtus lacessita (2). C'est l'une
des raisons pourquoy Epaminondas, qui estoit encores
d'une tierce secte, refuse des richesses que la fortune luy
met en main par une voye treslegitime, pour avoir, dict
il, à s'escrimer contre la pauvreté, en laquelle extreme il
se maintient tousiours. Socrates s'essayoit, ce me semble, encores plus rudement, conservant pour son exercice la malignité de sa femme, qui est un essay à fer es-
moulu. Metellus, ayant, seul de touts les senateurs ro-

---

(1) Car ceux qu'on appelle *amoureux de la volupté*, étant
en effet *amoureux de l'honnêteté et de la justice*, aiment
et pratiquent toute sorte de vertus. *Cic.* epist. 19, l. 15, ad fa-
miliar.

(2) La vertu qui est attaquée, ajoute beaucoup à son prix.
Senec. epist. 13.

mains, entreprins par l'effort de sa vertu de soustenir la violence de Saturninus, tribun du peuple à Rome, qui vouloit à toute force faire passer une loy iniuste en faveur de la commune, et ayant encouru par là les peines capitales que Saturninus avoit establies contre les refusants, entretenoit ceulx qui en cette extremité le conduisoient en la place, de tels propos : « Que c'estoit chose trop facile et trop lasche que de mal faire ; et Que de faire bien où il n'y eust point de dangier, c'estoit chose vulgaire : mais De faire bien où il y eust dangier, c'estoit le propre office d'un homme de vertu ». Ces paroles de Metellus nous representent bien clairement ce que ie voulois verifier, que la vertu refuse la facilité pour compaigne ; et que cette aysee, doulce et penchante voye, par où se conduisent les pas reglez d'une bonne inclination de nature, n'est pas celle de la vraye vertu : elle demande un chemin aspre et espineux ; elle veult avoir, ou des difficultez estrangieres à luicter, comme celle de Metellus, par le moyen desquelles fortune se plaist à luy rompre la roideur de sa course, ou des difficultez internes que luy apportent les appetits desordonnez et imperfections de nostre condition.

Ie suis venu iusques icy bien à mon ayse : mais, au bout de ce discours, il me tumbe en fantasie que l'ame de Socrates, qui est la plus parfaicte qui soit venue à ma cognoissance, seroit, à mon compte, une ame de peu de recommendation : car ie ne puis concevoir en ce personnage aulcun effort de vicieuse concupiscence ; au train de sa vertu, ie n'y puis imaginer aulcune difficulté ny aulcune contraincte ; ie cognois sa raison si puissante et si maistresse chez luy, qu'elle n'eust iamais donné moyen à un appetit vicieux seulement de naistre ; à une vertu si eslevee que la sienne, ie ne puis rien mettre en teste ; il me semble la veoir marcher d'un victorieux pas et triumphant, en pompe et à son ayse, sans empeschement ne destourbier. Si la vertu ne peult luire que par le

combat des appetits contraires, dirons nous doncques
qu'elle ne se puisse passer de l'assistance du vice, et qu'elle
luy doibve cela, d'en estre mise en credit et en honneur?
que deviendroit aussi cette brave et genereuse volupté
epicurienne qui faict estat de nourrir mollement en son
giron et y faire folastrer la vertu, luy donnant pour ses
iouets la honte, les fiebvres, la pauvreté, la mort et les
gehennes? Si ie presuppose que la vertu parfaicte se
cognoist à combattre et porter patiemment la douleur,
à soustenir les efforts de la goutte sans s'esbransler de
son assiette; si ie luy donne pour son obiect necessaire
l'aspreté et la difficulté : que deviendra la vertu qui sera
montee à tel poinct, que de non seulement mespriser la
douleur, mais de s'en esiouïr, et de se faire chatouiller
aux poinctes d'une forte cholique; comme est celle que
les epicuriens ont establie, et de laquelle plusieurs d'entre
eulx nous ont laissé par leurs actions des preuves tres-
certaines? comme ont bien d'aultres, que ie treuve avoir
surpassé par effect les regles mesmes de leur discipline;
tesmoing le ieune Caton : quand ie le veois mourir et se
deschirer les entrailles, ie ne me puis contenter de croire
simplement qu'il eust lors son ame exempte totalement
de trouble et d'effroy; ie ne puis croire qu'il se mainteinst seulement en cette desmarche, que les regles de la
secte stoïcque luy ordonnoient, rassise, sans esmotion et
impassible; il y avoit, ce me semble, en la vertu de cet
homme trop de gaillardise et de verdeur pour s'en arrester là : ie crois sans doubte qu'il sentit du plaisir et de la
volupté en une si noble action, et qu'il s'y agrea plus
qu'en aultre de celles de sa vie : Sic abiit è vitâ, ut causam
moriendi nactum se esse gauderet (1). Ie le crois si avant,
que i'entre en doubte s'il eust voulu que l'occasion d'un
si bel exploict luy feust ostee; et, si la bonté qui luy fai-

---

(1) Il sortit de la vie, heureux d'avoir trouvé un motif pour
se donner la mort. *Cic.* Tusc. quæst. l. 1, c. 30.

soit embrasser les commoditez publicques plus que les siennes ne me tenoit en bride, ie tumberois ayseement en cette opinion Qu'il sçavoit bon gré à la fortune d'avoir mis sa vertu à une si belle espreuve, et d'avoir favorisé ce brigand (a) à fouler aux pieds l'ancienne liberté de sa patrie. Il me semble lire en cette action ie ne sçais quelle esiouïssance de son ame, et une esmotion de plaisir extraordinaire et d'une volupté virile, lorsqu'elle consideroit la noblesse et haulteur de son entreprinse :

Deliberatâ morte ferocior : (1)

non pas aiguisee par quelque esperance de gloire, comme les iugements populaires et effeminez d'aulcuns hommes ont iugé, car cette consideration est trop basse pour toucher un cœur si genereux, si haultain et si roide ; mais pour la beauté de la chose mesme en soy, laquelle il voyoit bien plus claire et en sa perfection, luy qui en manioit les ressorts, que nous ne pouvons faire. La philosophie m'a faict plaisir de iuger qu'une si belle action eust esté indecemment logee en toute aultre vie qu'en celle de Caton, et qu'à la sienne seule il appartenoit de finir ainsi. Pourtant ordonna il, selon raison, et à son fils et aux senateurs qui l'accompaignoient, de prouveoir aultrement à leur faict. Catoni, quum incredibilem natura tribuisset gravitatem, eamque ipse perpetuâ constantiâ roboravisset, semperque in proposito consilio perman-

---

(a) César, qui, malgré ses grandes qualités que Montaigne a mises dans un si beau jour, au chapitre précédent, est ici traité comme il le mérite, pour avoir commis le plus atroce de tous les crimes. C.

(1) Elevée à un nouveau degré de fierté par la résolution de mourir. *Horat.* od. 37, l. 1, v. 29.
Ce qu'Horace a dit de Cléopatre, Montaigne l'applique à l'ame de Caton. C.

sisset, moriendum potiùs, quàm tyranni vultus aspiciendus, erat (1). Toute mort doibt estre de mesme sa vie : nous ne devenons pas aultres pour mourir. J'interprete tousiours la mort par la vie : et, si on me la recite d'apparence forte attachee à une foible vie, ie tiens qu'elle est producte de cause foible, et sortable à sa vie. L'aisance doncques de cette mort, et cette facilité qu'il avoit acquise par la force de son ame, dirons nous qu'elle doibve rabattre quelque chose du lustre de sa vertu ? Et qui de ceulx qui ont la cervelle tant soit peu teincte de la vraye philosophie, peult se contenter d'imaginer Socrates, seulement franc de crainte et de passion en l'accident de sa prison, de ses fers et de sa condamnation ? et qui ne recognoist en luy non seulement de la fermeté et de la constance, (c'estoit son assiette ordinaire que celle là), mais encores ie ne sçais quel contentement nouveau, et une alaigresse eniouee en ses propos et façons dernieres ? A ce tressaillir, du plaisir qu'il sent à gratter sa iambe aprez que les fers en feurent hors, accuse il pas une pareille doulceur et ioye en son ame pour estre desenforgee des incommoditez passees, et à mesme d'entrer en cognoissance des choses à venir ? Caton me pardonnera, s'il luy plaist ; sa mort est plus tragique et plus tendue. mais cette cy est encores, ie ne sçais comment, plus belle. Aristippus, à ceulx qui la plaignoient, « Les dieux m'en envoyent une telle » ! feit il. On veoid aux ames de ces deux personnages et de leurs imitateurs (car, de semblables, ie foys grand doubte qu'il y en ait eu), une si parfaicte habitude à la vertu, qu'elle leur est passee en complexion. Ce n'est plus vertu penible, ny des ordonnances de la raison pour lesquelles maintenir il faille que leur ame se roi-

---

(1) La nature ayant doué Caton d'une incroyable gravité, qu'il avoit fortifiée par une fermeté continuelle, sans jamais s'écarter de la route qu'il s'étoit proposée, il falloit qu'il mourût, plutôt que de voir le visage du tyran. *Cic.* de Offic. l. 1, c. 31.

disse; c'est l'essence mesme de leur ame, c'est son train naturel et ordinaire; ils l'ont rendue telle par un long exercice des preceptes de la philosophie, ayants rencontré une belle et riche nature : les passions vicieuses, qui naissent en nous, ne treuvent plus par où faire entree en eulx; la force et roideur de leur ame estouffe et esteinct les concupiscences aussitost qu'elles commencent à s'esbransler. Or qu'il ne soit plus beau, par une haulte et divine resolution, d'empescher la naissance des tentations, et de s'estre formé à la vertu de maniere que les semences mesmes des vices en soyent desracinees, que d'empescher à vifve force leur progrez, et, s'estant laissé surprendre aux esmotions premieres des passions, s'armer et se bander pour arrester leur course et les vaincre; et que ce second effect ne soit encores plus beau, que d'estre simplement garny d'une nature facile et debonnaire et desgoustee par soy mesme de la desbauche et du vice, ie ne pense point qu'il y ayt doubte : car cette tierce et derniere façon, il semble bien qu'elle rende un homme innocent, mais non pas vertueux; exempt de mal faire, mais non assez apte à bien faire : ioinct que cette condition est si voisine à l'imperfection et à la foiblesse, que ie ne sçais pas bien comment en desmesler les confins et les distinguer; les noms mesmes de Bonté et d'Innocence sont à cette cause aulcunement noms de mespris. Ie veois que plusieurs vertus, comme la chasteté, sobrieté et temperance, peuvent arriver à nous par defaillance corporelle; la fermeté aux dangiers, (si fermeté il la fault appeller), le mespris de la mort, la patience aux infortunes, peult venir et se treuve souvent aux hommes par faulte de bien iuger de tels accidents, et ne les concevoir tels qu'ils sont : la faulte d'apprehension et la bestise contrefont ainsi par fois les effects vertueux; comme i'ay veu souvent advenir qu'on a loué des hommes de ce de quoy ils meritoient du blasme. Un seigneur italien tenoit une fois ce propos en ma presence, au desadvantage de sa nation : Que la subtilité des Italiens et la vivacité de leurs conceptions estoit si grande, qu'ils prevoyoient les dangiers et accidents, qui leur pouvoient advenir, de si loing, qu'il ne falloit pas trouver estrange si on les voyoit souvent à la guerre prouveoir à leur seureté, voire avant que d'avoir recogneu le peril : Que nous et les Espaignols, qui n'estions pas si fins, allions plus oultre; et qu'il nous falloit faire veoir à l'œil et toucher à la main le dangier avant que de nous en effroyer; et que lors aussi nous n'avions plus de tenue : mais Que les Allemans et les Souysses, plus grossiers et plus lourds, n'avoient le sens de se radviser, à peine lors mesme qu'ils estoient accablez soubs les coups. Ce n'estoit à l'adventure que pour rire. Si est il bien vray qu'au mestier de la guerre, les apprentis se iettent bien souvent aux (a) dangiers, d'aultre inconsideration qu'ils ne font aprez y avoir esté eschauldez :

> Haud ignarus.... quantùm nova gloria in armis,
> Et prædulce decus primo certamine, possit. (1)

Voilà pourquoy quand on iuge d'une action particuliere, il fault considerer plusieurs circonstances, et l'homme tout entier qui l'a produicte, avant la baptizer.

Pour dire un mot de moy mesme : i'ay veu quelquesfois mes amis appeler prudence en moy ce qui estoit fortune; et estimer advantage de courage et de patience ce qui estoit advantage de iugement et opinion; et m'attribuer un tiltre pour aultre, tantost à mon gaing, tantost à ma perte. Au demourant, il s'en fault tant que ie sois arrivé à ce premier et plus parfaict degré d'excellence, où de la vertu il se faict une habitude, que du second mesme je n'en ay faict gueres de preuves. Ie ne me suis mis en grand effort pour brider les desirs de quoy ie me

---

(a) Aux hazards : *Edit. in-fol.* de 1595.
(1) Car on sait ce que peut dans un premier combat le doux charme de l'honneur et de la gloire. *Aeneid.* l. 11, v. 154, 155.

suis trouvé pressé : ma vertu, c'est une vertu, ou innocence pour mieulx dire, accidentale et fortuite. Si ie feusse nay d'une complexion plus desreglee, ie crains qu'il feust allé piteusement de mon faict; car ie n'ay essayé gueres de fermeté en mon ame pour soustenir des passions, si elles eussent esté tant soit peu vehementes : ie ne sçais point nourrir des querelles et du desbat chez moy. Ainsi, ie ne me puis dire nul grand mercy de quoy ie me treuve exempt de plusieurs vices;

> Si vitiis mediocribus et mea paucis
> Mendosa est natura, alioqui recta ; velut si
> Egregio inspersos reprehendas corpore nævos : (1)

ie le dois plus à ma fortune qu'à ma raison. Elle m'a faict naistre d'une race fameuse en preud'hommie, et d'un tresbon pere : ie ne sçais s'il a escoulé en moi partie de ses humeurs, ou bien si les exemples domestiques, et la bonne institution de mon enfance, y ont insensiblement aydé, ou si ie suis aultrement ainsi nay,

> Seu Libra, seu me Scorpius aspicit
> Formidolosus, pars violentior
> Natalis horæ, seu tyrannus
> Hesperiæ Capricornus undæ : (2)

mais tant y a que la pluspart des vices, ie les ay de moy mesme en horreur. La response d'Antisthenes à celuy qui luy demandoit le meilleur apprentissage : « Desapprendre le mal », semble s'arrester à cett' image. Ie les

---

(1) Si je n'ai que des défauts peu considérables et en petit nombre, qui sont comme de petites taches sur un beau visage. *Horat.* sat. 6, l. 1, v. 65, et seqq.

(2) Soit que je sois né sous le signe de la balance, ou sous celui du scorpion, constellation maligne, la plus terrible de toutes, ou sous le capricorne, roi des mers d'occident. *Horat.* od. 17. l. 2, v. 17, et seqq.

ay, dis ie, en horreur, d'une opinion si naturelle et si mienne, que ce mesme instinct et impression que i'en ay apporté de la nourrice, ie l'ay conservé sans qu'aulcunes occasions me l'ayent sceu faire alterer; voire non pas mes discours propres, qui, pour s'estre desbandez en aulcunes choses de la route commune, me licencieroient ayseement à des actions que cette naturelle inclination me faict haïr. Ie diray un monstre, mais ie le diray pourtant : ie treuve par là en plusieurs choses plus d'arrest et de regle en mes mœurs, qu'en mon opinion; et ma concupiscence moins desbauchee, que ma raison. Aristippus establit des opinions si hardies en faveur de la volupté et des richesses, qu'il meit en rumeur toute la philosophie à l'encontre de luy: mais, quant à ses mœurs, le tyran Dionysius lui ayant présenté trois belles garses, pour qu'il en feist le chois, il respondit qu'il les choisissoit toutes trois, et qu'il avoit mal prins à Paris d'en preferer une à ses compaignes; mais les ayant conduictes à son logis, il les renvoya sans en taster. Son valet, se trouvant surchargé en chemin de l'argent qu'il portoit aprez luy, il luy ordonna qu'il en iectast et versast là ce qui luy faschoit. Et Epicurus, duquel les dogmes sont irreligieux et delicats, se porta en sa vie tresdevotieusement et laborieusement : il escrit à un sien amy, qu'il ne vit que de pain bis et d'eau; qu'il luy envoye un peu de formage pour quand il vouldra faire quelque sumptueux repas. Seroit il vray que pour être bon à faict, il nous le faille estre par occulte, naturelle et universelle proprieté, sans loy, sans raison, sans exemple? Les desbordements ausquels ie me suis trouvé engagé, ne sont pas Dieu mercy, des pires; ie les ay bien condamnez chez moy selon qu'ils le valent, car mon iugement ne s'est pas trouvé infecté par eulx; au rebours, il les accuse plus rigoureusement en moy que en un aultre : mais c'est tout; car, au demourant, i'y apporte trop peu de resistance, et me laisse trop ayseement pencher à l'aultre part de la balance, sauf pour les regler et empescher du meslange d'aultres vices, lesquels s'entretiennent et s'entr'enchaisnent pour la pluspart les uns aux aultres, qui ne s'en prend garde; les miens, ie les ay retrenchez, et contraincts les plus seuls et les plus simples que i'ay peu;

nec ultra
Errorem foveo. (1)

Car, quant à l'opinion des stoïciens qui disent, « Le sage œuvrer, quand il œuvre, par toutes les vertus ensemble, quoyqu'il y ayt une plus apparente selon la nature de l'action »; et à cela leur pourroit servir aulcunement la similitude du corps humain, car l'action de la cholere ne se peult exercer que toutes les humeurs ne nous y aydent, quoyque la cholere predomine: si de là ils veulent tirer pareille consequence, que quand le faultier fault, il fault par touts les vices ensemble, ie ne les en crois pas ainsi simplement, ou ie ne les entends pas; car ie sens par effect le contraire : ce sont subtilitez aiguës, insubstantielles, ausquelles la philosophie s'arreste par fois. Ie suys quelques vices; mais i'en fuys d'aultres autant qu'un sainct sçauroit faire. Aussi desadvouent les peripateticiens cette connexité et cousture indissoluble; et tient Aristote qu'un homme prudent et iuste peult estre et intemperant et incontinent. Socrates advouoit à ceulx qui recognoissoient en sa physionomie quelque inclination au vice, que c'estoit, à la verité, sa propension naturelle, mais qu'il avoit corrigee par discipline: et les familiers du philosophe Stilpo disoient qu'estant nay subiect au vin et aux femmes, il s'estoit rendu par estude tresabstinent de l'un et de l'aultre. Ce que i'ay de bien, ie l'ay, au rebours, par le sort de ma naissance; ie ne le tiens ny de

---

(1) Sans pousser plus loin l'extravagance. *Juvenal.* sat. 8, v. 164.

loy, ny de precepte, ou aultre apprentissage : l'innocence
qui est en moy est une innocence niaise ; peu de vigueur,
et point d'art. Ie hais, entre aultres vices, cruellement la
cruauté, et par nature et par iugement, comme l'extreme de touts les vices ; mais c'est iusques à telle mollesse, que ie ne veois pas esgorger un poulet sans desplaisir, et ois impatiemment gemir un lievre soubs les dents
de mes chiens, quoyque ce soit un plaisir violent que la
chasse. Ceulx qui ont à combattre la volupté usent volontiers de cet argument, pour montrer qu'elle est toute
vicieuse et desraisonnable, « Que lorsqu'elle est en son
plus grand effort, elle nous maistrise de façon que la
raison n'y peult avoir accez » ; et alleguent l'experience
que nous en sentons en l'accointance des femmes,

cùm iam præsagit gaudia corpus,
Atque in eo est Venus, ut muliebria conserat arva : (1)

où il leur semble que le plaisir nous transporte si fort
hors de nous, que nostre discours ne sçauroit lors faire
son office, tout perclus et ravi en la volupté. Ie sçais qu'il
en peult aller aultrement ; et qu'on arrivera par fois, si
on veult, à reiecter l'ame, sur ce mesme instant, à aultres pensements : mais il la fault tendre et roidir d'aguet.
Ie sçais qu'on peult gourmander l'effort de ce plaisir ; et
m'y cognois bien : et si n'ay point trouvé Venus si im-
perieuse deesse, que plusieurs et plus chastes que moy la
tesmoignent. Ie ne prends pour miracle, comme faict la
royne de Navarre en l'un des contes de son Heptame-
ron (qui est un gentil livre pour son estoffe), ny pour
chose d'extreme difficulté, de passer des nuicts entieres,
en toute commodité et liberté avecques une maistresse
de long temps desiree, maintenant la foy qu'on luy aura

---

(1) Dans les approches du plaisir, et lorsqu'on goûte actuellement ce que l'amour a de plus voluptueux. *Lucret.* l. 4, v. 1099,
et seq.

engagee de se contenter des baisers et simples attouchemens. Ie crois que l'exemple de la chasse y seroit plus propre : comme il y a moins de plaisir, il y a plus de ravissement et de surprinse, par où nostre raison estonnee perd le loisir de se preparer et bander à l'encontre, lorsqu'aprez une longue queste la beste vient en sursault à se presenter en lieu où, à l'adventure, nous l'esperions le moins ; cette secousse, et l'ardeur de ces huees, nous frappe, si qu'il seroit malaysé, à ceulx qui aiment cette sorte de chasse, de retirer sur ce poinct la pensee ailleurs : et les poëtes font Diane victorieuse du brandon et des fleches de Cupidon,

> Quis non malarum quas amor curas habet
> Hæc inter obliviscitur ? (1)

Pour revenir à mon propos, ie me compassionne fort tendrement des afflictions d'aultruy, et pleurerois ayseement par compaignie, si, pour occasion que ce soit, ie sçavois pleurer. Il n'est rien qui tente mes larmes que les larmes, non vrayes seulement, mais, comment que ce soit, ou feinctes, ou peinctes. Les morts, ie ne les plains gueres, et les envierois plustost ; mais ie plains bien fort les mourants. Les sauvages ne m'offensent pas tant de rostir et manger les corps des trespassez, que ceulx qui les tormentent et persecutent vivants. Les executions mesmes de la iustice, pour raisonnables qu'elles soient, ie ne les puis veoir d'une véue ferme. Quelqu'un ayant à tesmoigner la clemence de Iulius Cesar : « Il estoit, dict il, doulx en ses vengeances : ayant forcé les pirates de se rendre à luy, qui l'avoient auparavant prins prisonnier et mis à rançon; d'autant qu'il les avoit menacez de les faire mettre en croix, il les y condemna, mais ce feut

---

(1) Qui, dans ce temps-là, n'oublie point toutes les funestes inquiétudes de l'amour ? *Horat.* Epod. lib. od. 2, v. 37, 38.

aprez les avoir faict estrangler. Philemon, son secretaire, qui l'avoit voulu empoisonner, il ne le punit pas plus aigrement que d'une mort simple ». Sans dire qui est cet aucteur latin (a), qui ose alleguer pour tesmoignage de clemence de seulement tuer ceulx desquels on a esté offensé, il est aysé à deviner qu'il est frappé des vilains et horribles exemples de cruauté que les tyrans romains meirent en usage. Quant à moy, en la iustice mesme, tout ce qui est au delà de la mort simple me semble pure cruauté : et notamment à nous, qui debvrions avoir respect d'en envoyer les ames en bon estat; ce qui ne se peult, les ayant agitees et desesperees par torments insupportables. Ces iours passez un soldat prisonnier ayant apperceu, d'une tour où il estoit (b), qu'en la place, des charpentiers pensoient à dresser leurs ouvrages, et le peuple à s'y assembler, teint que c'estoit pour luy : et, entré en desespoir, n'ayant aultre chose à se tuer, se saisit d'un vieux clou de charrette, rouillé, que la fortune

---

(a) Sueton. *in Cæsar.* cap. 74, edit. Pitisc. C.

(b) Dans l'édition in-fol. de 1595, ce fait est raconté un peu différemment. Voici la leçon de cette édition que les notes précédentes ont assez fait connoître.

Ces iours passez, un soldat prisonnier, ayant apperceu, d'une tour où il estoit, que le peuple s'assembloit en la place, et que des charpentiers y dressoient leurs ouvrages, creut que c'estoit pour luy; et, entré en la resolution de se tuer, ne trouva, qui l'y peust secourir, qu'un vieux clou de charrette, rouillé, que la fortune luy offrit, de quoy il se donna premierement deux grands coups autour de la gorge ; mais, voyant que ce avoit esté sans effect, bientost aprez il s'en donna un tiers dans le ventre, où il laissa le clou fiché. Le premier de ses gardes qui entra où il estoit, le trouva en cet estat, vivant encores, mais couché, et tout affoibly de ses coups. Pour employer le temps avant qu'il defaillist, on se hasta de luy prononcer sa sentence ; laquelle ouïe, et qu'il n'estoit condemné qu'à avoir la teste trenchee, il sembla

luy presenta, et s'en donna deux grands coups autour de la gorge; et, voyant qu'il n'en avoit peu esbransler sa vie, s'en donna un aultre tantost aprez dans le ventre, de quoy il tumba en esvanouïssement : et en cet estat le trouva le premier de ses gardes qui entra pour le veoir. On le feit revenir; et, pour employer le temps avant qu'il defaillist, on luy feit sur l'heure lire sa sentence, qui estoit d'avoir la teste trenchee : de laquelle il se trouva infiniement resiouï, et accepta à prendre du vin qu'il avoit refusé; et, remerciant ses iuges de la doulceur inesperee de leur condemnation, dict que cette deliberation de se tuer luy estoit venue par l'horreur de quelque plus cruel supplice, duquel luy avoient augmenté la crainte les apprests qu'il avoit veu faire en la place; et qu'il avoit prins parti d'appeler la mort, pour en fuyr une plus insupportable. Ie conseillerois que ces exemples de rigueur, par le moyen desquels on veult tenir le peuple en office,

---

reprendre un nouveau courage, accepta du vin qu'il avoit refusé, remercia ses iuges de la doulceur inesperee de leur condemnation; qu'il avoit prins party d'appeler la mort, pour la crainte d'une mort plus aspre et insupportable, ayant conceu opinion, par les apprests qu'il avoit veu faire en la place, qu'on le voulsist tormenter de quelque horrible supplice, et sembla estre delivré de la mort, pour l'avoir changee.

La leçon que j'ai suivie est celle de l'exemplaire de la bibliotheque centrale de Bordeaux. En comparant ces deux récits d'un même fait, on voit que Montaigne n'étoit pas aussi indifférent sur le style, et, en général, sur la maniere de dire les choses, qu'il semble vouloir nous le faire croire. Il suffit de parcourir avec quelque attention l'exemplaire des Essais qu'il a corrigé, et qu'il paroît même avoir destiné à servir de copie à l'imprimeur, pour se convaincre qu'il avoit fort à cœur de perfectionner son livre, soit en y semant çà et là des pensées fortes et profondes, soit en en rendant le style plus correct, mais sur-tout plus concis, plus vif, et plus énergique. Ses corrections sont presque toujours heureuses et même celles d'un homme de goût et d'un jugement très sain. N

s'exerceassent contre les corps des criminels : car de les veoir priver de sepulture, de les veoir bouillir et mettre à quartiers, cela toucheroit quasi autant le vulgaire, que les peines qu'on fait souffrir aux vivants; quoyque, par effect, ce soit peu ou rien, comme Dieu dict, qui corpus occidunt, et postea non habent quod faciant (1) : et les poëtes font singulierement valoir l'horreur de cette peincture, et au dessus de la mort :

> Heu! reliquias semiassi regis, denudatis ossibus,
> Per terram sanie delibutas foedè divexarier! (2.)

Ie me rencontrai un iour à Rome, sur le poinct qu'on desfaisoit Catena, un voleur insigne : on l'estrangla, sans aulcune esmotion de l'assistance; mais, quand on veint à le mettre à quartiers, le bourreau ne donnoit coup, que le peuple ne suyvist d'une voix plaintifve et d'une exclamation, comme si chascun eust presté son sentiment à cette charongne. Il fault exercer ces inhumains excez contre l'escorce, non contre le vif. Ainsin amollit, en cas aulcunement pareil, Artoxerxes l'aspreté des loix anciennes de Perse, ordonnant que les seigneurs qui avoient failly en leur estat, au lieu qu'on les souloit fouetter, feussent despouillez, et leurs vestements fouettez pour eulx; et, au lieu qu'on leur souloit arracher les cheveux, qu'on leur ostast leur hault chapeau seulement. Les Aegyptiens, si devotieux, estimoient bien satisfaire à la iustice divine, luy sacrifiant des pourceaux en figure et representez : invention hardie, de vouloir payer en peincture et en umbrage Dieu, substance si essentielle! Ie vis en une saison en laquelle nous abondons

---

(1) ils tuent le corps, et ne peuvent rien faire après. *S. Luc*, c. 12, v. 4.

(2) Ah! quelle horreur de voir les membres demi-brûlés de ce malheureux prince; de les voir épars sur la terre, dégouttants de sang, et ses os décharnés! *Cic.* tusc. quæst. l. 1, c. 44.

en exemples incroyables de ce vice, par la licence de nos guerres civiles ; et ne veoid on rien aux histoires anciennes de plus extreme, que ce que nous en essayons touts les iours : mais cela ne m'y a nullement apprivoisé. A peine me pouvois ie persuader, avant que ie l'eusse veu, qu'il se feust trouvé des ames si farouches, qui, pour le seul plaisir du meurtre, le voulussent commettre ; hacher et destrencher les membres d'aultruy ; aiguiser leur esprit à inventer des torments inusitez et des morts nouvelles, sans inimitié, sans proufit, et, pour cette seule fin de iouïr du plaisant spectacle des gestes et mouvements pitoyables, des gemissements et voix lamentables, d'un homme mourant en angoisse. Car voylà l'extreme poinct où la cruauté puisse attaindre : Ut homo hominem, non iratus, non timens, tantùm spectaturus, occidat (1). De moy, ie n'ay pas sceu veoir seulement, sans desplaisir, poursuyvre et tuer une beste innocente qui est sans deffense, et de qui nous ne recevons aulcune offense ; et, comme il advient communement que le cerf se sentant hors d'haleine et de force, n'ayant plus aultre remede, se reiecte et rend à nous mesmes qui le poursuyvons, nous demandant mercy par ses larmes,

quæstuque, cruentus,
Atque imploranti similis ; (2)

ce m'a tousiours semblé un spectacle tresdesplaisant. Ie ne prends gueres beste en vie, à qui ie ne redonne les champs ; Pythagoras les achetoit des pescheurs et des oyseleurs, pour en faire autant :

---

(1) Que l'homme tue un homme, sans y être poussé par la colere, ou par la crainte, mais par le seul desir de le voir expirer. *Senec.* epist. 90, p. 416, t. 2, edit. varior. Je cite la page, parceque cette épître est fort longue. N.

(2) Et, sanglant, par ses pleurs semble demander grace.
Aeneid. l. 7, v. 501, 502.

> Primoque à cæde ferarum
> Incaluisse puto maculatum sanguine ferrum. (1)

Les naturels sanguinaires à l'endroict des bestes tesmoignent une propension naturelle à la cruauté. Aprez qu'on se feut apprivoisé à Rome aux spectacles des meurtres des animaulx, on veint aux hommes et aux gladiateurs. Nature a, ce crains ie, elle mesme attaché à l'homme quelque instinct à l'inhumanité : nul ne prend son esbat à veoir des bestes s'entreiouer et caresser ; et nul ne fault de le prendre à les veoir s'entredeschirer et desmembrer. Et, à fin qu'on ne se mocque de cette sympathie que i'ay avecques elles, la theologie mesme nous ordonne quelque faveur en leur endroict ; et, considerant qu'un mesme maistre nous a logez en ce palais pour son service, et qu'elles sont, comme nous, de sa famille, elle a raison de nous enioindre quelque respect et affection envers elles. Pythagoras emprunta la metempsychose des Aegyptiens ; mais depuis elle a esté receue par plusieurs nations, et notamment par nos Druydes :

> Morte carent animæ ; semperque, priore relictâ
> Sede, novis domibus vivunt, habitantque receptæ : (2)

la religion de nos anciens Gaulois portoit que les ames estant eternelles ne cessoient de se remuer et changer de place d'un corps à un aultre : meslant en oultre à cette fantasie quelque consideration de la iustice divine ; car, selon les desportements de l'ame, pendant qu'elle avoit esté chez Alexandre, ils disoient que Dieu luy ordonnoit un aultre corps à habiter, plus ou moins penible, et rapportant à sa condition :

---

(1) C'est, je crois, du sang des bêtes que le premier glaive a été teint. *Ovid*. Metamorph. l. 15, fab. 3, v. 47, 48.

(2) Les ames ne meurent point : mais après avoir quitté leur premier domicile, elles vont habiter et vivre dans un autre. *Ovid*. Metamorph. l. 15, fab. 3, v. 6, 7.

muta ferarum
Cogit vincla pati: truculentos ingerit ursis,
Prædonesque lupis; fallaces vulpibus addit :
. . . .
Atque ubi per varios annos, per mille figuras,
Egit, lethæo purgatos flumine, tandem
Rursus ad humanæ revocat primordia formæ : (1)

si elle avoit esté vaillante, la logeoient au corps d'un lion; si voluptueuse, en celuy d'un pourceau; si lasche, en celuy d'un cerf ou d'un lievre; si malicieuse, en celuy d'un regnard; ainsi du reste, iusques à ce que, purifiee par ce chastiement, elle reprenoit le corps de quelque aultre homme:

Ipse ego, nam memini, troiani tempore belli,
Panthoïdes Euphorbus eram. (2)

Quant à ce cousinage là, d'entre nous et les bestes, ie n'en foys pas grande recepte : ny de ce aussi que plusieurs nations, et notamment des plus anciennes et plus nobles, ont non seulement receu des bestes à leur societé et compaignie, mais leur ont donné un reng bien loing au dessus d'eulx, les estimant tantost familieres et favories de leurs dieux, et les ayant en respect et reverence plus qu'humaine; et d'aultres ne recognoissant

---

(1) Il les réduit à vivre incorporés à des bêtes brutes : logeant les naturels féroces dans des ours, les ravisseurs dans des loups, les fourbes dans des renards. Et après les avoir fait passer, durant un long cercle d'années, par mille figures différentes, et les avoir enfin purifiés dans les eaux du fleuve Lethé, il leur redonne encore la forme humaine. *Claudian.* in Ruffin. l. 2, v. 482, 483, 484.—491, 492, 493.

(2) Et moi-même du temps de la guerre de Troye (car il m'en souvient encore) j'étois Euphorbe, fils de Panthus.

C'est Pythagore qui parle ainsi de lui-même dans Ovide, Metamorph. l. 15, fab. 3, v. 8, 9. C.

aultre Dieu ny aultre divinité qu'elles. Belluæ à barbaris propter beneficium consecratæ : (1)

>   crocodilon adorat
> Pars hæc ; illa pavet saturam serpentibus ibin :
> Effigies sacri hic nitet aurea cercopitheci ;
> . . . . hic piscem fluminis, illic
> Oppida tota canem venerantur. (2)

Et l'interpretation mesme que Plutarque donne à cette erreur, qui est trez bien prinse, leur est encores honorable : car il dict que ce n'estoit le chat ou le bœuf (pour exemple) que les Aegyptiens adoroient ; mais qu'ils adoroient en ces bestes là quelque image des facultez divines : en cette cy, la patience et l'utilité ; en cette là, la vivacité, ou, comme nos voisins les Bourguignons, avecques toute l'Allemaigne, l'impatience de se veoir enfermez ; par où ils se representoient la Liberté, laquelle ils aimoient et adoroient au delà de toute aultre faculté divine ; et ainsi des aultres. Mais quand ie rencontre parmy les opinions plus moderees, les discours qui essayent à montrer la prochaine ressemblance de nous aux animaulx, et combien ils ont de part à nos plus grands privileges, et avecques combien de vraysemblance on nous les apparie, certes i'en rabats beaucoup de nostre presumption, et me demets volontiers de cette royauté imaginaire qu'on nous donne sur les aultres creatures. Quand tout cela en seroit à dire, si y a il un certain respect qui

---

(1) Les bêtes ont été divinisées par les barbares, à cause du bien qu'ils en recevoient. *Cic.* de nat. deor. l. 1, c. 36.

(2) Chez les Egyptiens, les uns adorent le crocodile, les autres la cicogne qui se nourrit de serpents. Dans un de leurs temples ou voit briller sur l'autel un singe tout d'or, à qui l'on rend les honneurs divins. Ici c'est un poisson du Nil qui fait l'objet de leur culte : et là des villes entieres reverent un chien. *Juvenal.* sat. 15, v. 2, 3, 4.—7, 8.

nous attache, et un general debvoir d'humanité, non aux bestes seulement qui ont vie et sentiment, mais aux arbres mesmes et aux plantes. Nous debvons la iustice aux hommes, et la grace et la benignité aux aultres creatures qui en peuvent estre capables : il y a quelque commerce entre elles et nous, et quelque obligation mutuelle. Ie ne crains point à dire la tendresse de ma nature, si puerile, que ie ne puis pas bien refuser à mon chien la feste qu'il m'offre hors de saison, ou qu'il me demande. Les Turcs ont des aulmosnes et des hospitaulx pour les bestes. Les Romains avoient un soing publicque de la nourriture des oyes, par la vigilance desquelles leur Capitole avoit esté sauvé. Les Atheniens ordonnerent que les mules et mulets qui avoient servy au bastiment du temple appellé Hecatompedon, feussent libres, et qu'on les laissast paistre partout sans empeschement. Les Agrigentins avoient en usage commun d'enterrer serieusement les bestes qu'ils avoient eu cheres, comme les chevaulx de quelque rare merite, les chiens et les oyseaux utiles, ou mesme qui avoient servy de passetemps à leurs enfants : et la magnificence, qui leur estoit ordinaire en toutes aultres choses, paroissoit aussi singulierement à la sumptuosité et nombre des monuments eslevez à cette fin, qui ont duré en parade plusieurs siecles depuis. Les Aegyptiens enterroient les loups, les ours, les crocodiles, les chiens et les chats, en lieux sacrez, embasmoient leurs corps, et portoient le dueil à leur trespas. Cimon feit une sepulture honorable aux iuments avecques lesquelles il avoit gaigné par trois fois le prix de la course aux ieux olympiques. L'ancien Xantippus feit enterrer son chien sur un chef en la coste de la mer qui en a depuis retenu le nom. Et Plutarque faisoit, dict il, conscience de vendre et envoyer à la boucherie, pour un legier proufit, un bœuf qui l'avoit long temps servy.

CHAPITRE XII.

Apologie de Raimond Sebond.

C'est, à la verité, une tresutile et grande partie que la science; ceulx qui la mesprisent tesmoignent assez leur bestise : mais ie n'estime pas pourtant sa valeur iusques à cette mesure extreme qu'aulcuns luy attribuent, comme Herillus le philosophe, qui logeoit en elle le souverain bien, et tenoit qu'il feust en elle de nous rendre sages et contents ; ce que ie ne crois pas : ny ce que d'aultres ont dict, que la science est mere de toute vertu, et que tout vice est produict par l'ignorance. Si cela est vray, il est subiect à une longue interpretation. Ma maison a esté dez long temps ouverte aux gents de sçavoir, et en est fort cogneue; car mon pere, qui l'a commandee cinquante ans et plus, eschauffé de cette ardeur nouvelle de quoy le roy François premier embrassa les lettres et les meit en credit, rechercha avecques grand soing et despense l'accointance des hommes doctes, les recevant chez luy comme personnes sainctes et ayants quelque particuliere inspiration de sagesse divine, recueillant leurs sentences et leurs discours comme des oracles, et avecques d'autant plus de reverence et de religion, qu'il avoit moins de loy d'en iuger, car il n'avoit aulcune cognoissance des lettres, non plus que ses predecesseurs. Moy, ie les aime bien ; mais ie ne les adore pas. Entre aultres, Pierre Bunel, homme de grande reputation de sçavoir, en son temps, ayant arresté quelques iours à Montaigne, en la compaignie de mon pere, avecques d'aultres hommes de sa sorte, luy feit present, au desloger, d'un livre qui s'intitule Theologia naturalis ; sive, Liber creaturarum, magistri

Raimondi de Sebonde; et parce que la langue italienne et espaignolle estoient familieres à mon pere, et que ce livre est basty d'un espaignol barragouiné en terminaisons latines, il esperoit qu'avecques bien peu d'ayde il en pourroit faire son proufit, et le luy recommenda comme livre tresutile, et propre à la saison en laquelle il le luy donna; ce feut lors que les nouvelletez de Luther commenceoient d'entrer en credit, et esbransler en beaucoup de lieux nostre ancienne creance : en quoy il avoit un tresbon advis, prevoyant bien, par discours de raison, que ce commencement de maladie declineroit ayseement en un exsecrable atheïsme; car le vulgaire, n'ayant pas la faculté de iuger des choses par elles mesmes, se laissant emporter à la fortune et aux apparences, aprez qu'on luy a mis en main la hardiesse de mespriser et contreroller les opinions qu'il avoit eues en extreme reverence, comme sont celles où il va de son salut, et qu'on a mis aulcuns articles de sa religion en doubte et à la balance, il iecte tantost aprez ayseement en pareille incertitude toutes les aultres pieces de sa creance, qui n'avoient pas chez luy plus d'auctorité ny de fondement que celles qu'on luy a esbranslees, et secoue, comme un ioug tyrannique, toutes les impressions qu'il avoit receues par l'auctorité des loix ou reverence de l'ancien usage,

Nam cupide conculcatur nimis ante metutum; (1)

entreprenant dez lors en avant de ne recevoir rien à quoy il n'ayt interposé son decret, et presté particulier consentement. Or, quelques iours avant sa mort, mon pere, ayant, de fortune, rencontré ce livre soubs un tas d'aultres papiers abandonnez, me commanda de le luy mettre en françois. Il faict bon traduire les aucteurs comme celuy là, où il n'y a gueres que la matiere à re-

---

(1) Car on se fait un plaisir de fouler aux pieds ce qu'on a le plus craint et révéré. *Lucret.* l. 5, v. 1139.

presenter : mais ceulx qui ont donné beaucoup à la grace
et à l'elegance du langage, ils sont dangereux à entreprendre, nommeement pour les rapporter à un idiome
plus foible. C'estoit une occupation bien estrange et nouvelle pour moy; mais estant, de fortune, pour lors de
loisir, et ne pouvant rien refuser au commandement du
meilleur pere qui feut oncques, i'en veins à bout, comme
ie peus : à quoy il print un singulier plaisir, et donna
charge qu'on le feist imprimer ; ce qui feut executé aprez
sa mort. Ie trouvay belles les imaginations de cet aucteur, la contexture de son ouvrage bien suyvie, et son
desseing plein de pieté. Parce que beaucoup de gents
s'amusent à le lire, et notamment les dames, à qui nous
debvons plus de service, ie me suis trouvé souvent à
mesme de les secourir, pour descharger leur livre de
deux principales obiections qu'on luy faict. Sa fin est
hardie et courageuse; car il entreprend, par raisons humaines et naturelles, establir et verifier contre les atheïs-
tes touts les articles de la religion chrestienne: en quoy,
a dire la verité, ie le treuve si ferme et si heureux, que
ie ne pense point qu'il soit possible de mieulx faire en
cet argument là; et crois que nul ne l'a egualé. Cet ouvrage me semblant trop riche et trop beau pour un aucteur duquel le nom soit si peu cogneu, et duquel tout
ce que nous sçavons, c'est qu'il estoit Espaignol, faisant
profession de medecine à Toulouse il y a environ deux
cents ans ; ie m'enquis aultresfois à Adrien Tournebu,
qui sçavoit toutes choses, que ce pouvoit estre de ce
livre : il me respondit qu'il pensoit que ce feust quelque
quintessence tiree de sainct Thomas d'Aquin ; car, de
vray, cet esprit là, plein d'une erudition infinie, et
d'une subtilité admirable, estoit seul capable de telles
imaginations. Tant y a que, quiconque en soit l'aucteur
et inventeur (et ce n'est pas raison d'oster sans plus
grande occasion à Sebond ce tiltre), c'estoit un tressuffi-
sant homme, et ayant plusieurs belles parties.

La premiere reprehension qu'on faict de son ouvrage, c'est que les chrestiens se font tort de vouloir appuyer leur creance par des raisons humaines, qui ne se conceoit que par foy, et par une inspiration particuliere de la grace divine. En cette obiection, il semble qu'il y ayt quelque zele de pieté; et, à cette cause, nous fault il, avecques autant plus de doulceur et de respect, essayer de satisfaire à ceulx qui la mettent en avant. Ce seroit mieulx la charge d'un homme versé en la theologie, que de moy, qui n'y sçais rien : toutesfois ie iuge ainsi, qu'à une chose si divine et si haultaine, et surpassant de si loing l'humaine intelligence, comme est cette Verité de laquelle il a pleu à la bonté de Dieu nous esclairer, il est bien besoing qu'il nous preste encores son secours, d'une faveur extraordinaire et privilegiee, pour la pouvoir concevoir et loger en nous ; et ne crois pas que les moyens purement humains en soient aulcunement capables; et, s'ils l'estoient, tant d'ames rares et excellentes, et si abondamment garnies de forces naturelles ez siecles anciens, n'eussent pas failly, par leur discours, d'arriver à cette cognoissance. C'est la foy seule qui embrasse vivement et certainement les haults mysteres de nostre religion : mais ce n'est pas à dire que ce ne soit une tresbelle et treslouable entreprinse d'accommoder encores au service de nostre foy les utils naturels et humains que Dieu nous a donnez ; il ne fault pas doubter que ce ne soit l'usage le plus honorable que nous leur sçaurions donner, et qu'il n'est occupation ny desseing plus digne d'un homme chrestien, que de viser, par touts ses estudes et pensements, à embellir, estendre et amplifier la verité de sa creance. Nous ne nous contentons point de servir Dieu d'esprit et d'ame ; nous luy debvons encores, et rendons, une reverence corporelle; nous appliquons nos membres mesmes, et nos mouvements, et les choses externes, à l'honorer : il en fault faire de mesme, et accompaigner nostre foy de toute la raison qui est en nous ;

mais tousiours avecques cette reservation, de n'estimer pas que ce soit de nous qu'elle despende, ny que nos efforts et arguments puissent attaindre à une si supernaturelle et divine science. Si elle n'entre chez nous par une infusion extraordinaire ; si elle y entre non seulement par discours, mais encores par moyens humains, elle n'y est pas en sa dignité ny en sa splendeur : et certes ie crains pourtant que nous ne la iouïssions que par cette voye. Si nous tenions à Dieu par l'entremise d'une foy vifve ; si nous tenions à Dieu par luy, non par nous ; si nous avions un pied et un fondement divin : les occasions humaines n'auroient pas le pouvoir de nous esbransler comme elles ont ; nostre fort ne seroit pas pour se rendre à une si foible batterie ; l'amour de la nouvelleté, la contraincte des princes, la bonne fortune d'un party, le changement temeraire et fortuite de nos opinions, n'auroient pas la force de secouer et alterer nostre croyance ; nous ne la lairrions pas troubler à la mercy d'un nouvel argument, et à la persuasion, non pas de toute la rhetorique qui feut oncques ; nous soustiendrions ces flots, d'une fermeté inflexible et immobile :

> Illisos fluctus rupes ut vasta refundit,
> Et varias circum latrantes dissipat undas
> Mole suâ : (1)

si ce rayon de la divinité nous touchoit aulcunement,

---

(1) Comme un vaste rocher par sa masse pesante
Dissipe tous les flots dont le bruit menaçant
Ne montre autour de lui qu'une rage impuissante.

Les vers latins sont d'un poëte moderne qui a tiré la pensée, et la plupart des mots, de ces beaux vers de Virgile :

> Ille, velut pelagi rupes immota, resistit :
> Ut pelagi rupes, magno veniente fragore,
> Quæ sese, multis circum latrantibus undis,
> Mole tenet. *Aeneid.* l. 7, v. 587, et seqq.

Dans quelques éditions de Montaigne on nous renvoie à cet endroit de Virgile, comme si Montaigne l'eût cité directement. Ce

il y paroistroit partout; non seulement nos paroles, mais encores nos operations, en porteroient la lueur et le lustre; tout ce qui partiroit de nous, on le verroit illuminé de cette noble clarté. Nous debvrions avoir honte, qu'ez sectes humaines il ne feust iamais partisan, quelque difficulté et estrangeté que mainteinst sa doctrine, qui n'y conformast aulcunement ses desportements et sa vie: et une si divine et celeste institution ne marque les chrestiens que par la langue! Voulez vous veoir cela? comparez nos mœurs à un mahometan, à un païen; vous demeurez tousiours au dessoubs : là où, au regard de l'advantage de nostre religion, nous debvrions luire en excellence, d'une extreme et incomparable distance; et debvroit on dire, « Sont ils si iustes, si charitables, si bons ? ils sont donc chrestiens ». Toutes aultres apparences sont communes à toutes religions; esperance, confiance, evenements, cerimonies, penitence, martyres: la marque peculiere de nostre Verité debvroit estre nostre vertu, comme elle est aussi la plus celeste marque et la plus difficile, et que c'est la plus digne production de la Verité. Pourtant eut raison nostre bon sainct Louys, quand ce roy tartare qui s'estoit faict chrestien desseignoit de venir à Lyon baiser les pieds au pape, et y recognoistre la sanctimonie qu'il esperoit trouver en nos mœurs, de l'en destourner instamment, de peur qu'au contraire nostre desbordee façon de vivre ne le desgoustast d'une si saincte creance : combien que depuis il adveint tout diversement à cet aultre, lequel, estant allé à Rome pour mesme effect, y voyant la dissolution des prelats et peuple de ce temps là, s'establit d'autant plus fort en nostre religion, considerant combien elle debvoit avoir de force et de divinité, à maintenir sa dignité et sa splendeur parmy tant de corruption et en mains si vi-

---

sont des vers d'un anonyme, à la louange de Ronsard, t. 10, Paris 1609, in-12. C.

cieuses. Si nous avions une seule goutte de foy, nous remuerions les montaignes de leur place, dict la saincte Parole(a): nos actions, qui seroient guidees et accompaignees de la Divinité, ne seroient pas simplement humaines; elles auroient quelque chose de miraculeux comme nostre croyance : Brevis est institutio vitæ honestæ beatæque, si credas (1). Les uns font accroire au monde qu'ils croyent ce qu'ils ne croyent pas; les aultres, en plus grand nombre, se le font accroire à eulx mesmes, ne sçachants pas penetrer que c'est que croire : et nous trouvons estrange si, aux guerres qui pressent à cette heure nostre estat, nous voyons flotter les evenements et diversifier d'une maniere commune et ordinaire ; c'est que nous n'y apportons rien que le nostre. La iustice, qui est en l'un des partis, elle n'y est que pour ornement et couverture : elle y est bien alleguee; mais elle n'y est ny receue, ny logee, ny espousee : elle y est comme en la bouche de l'advocat, non comme dans le cœur et affection de la partie. Dieu doibt son secours extraordinaire à la foy et à la religion, non pas à nos passions : les hommes y sont conducteurs, et s'y servent de la religion ; ce debvroit estre tout le contraire. Sentez, si ce n'est par nos mains que nous la menons : à tirer, comme de cire, tant de figures contraires d'une regle si droicte et si ferme, quand s'est il veu mieulx, qu'en France, en nos iours ? ceulx qui l'ont prinse à gauche, ceulx qui l'ont prinse à droicte, ceulx qui en disent le noir, ceulx qui en disent le blanc, l'employent si pareillement à leurs violentes et ambitieuses entreprinses, s'y conduisent d'un progrez si conforme en desbordement et iniustice, qu'ils rendent doubteuse et malaysee à croire la diversité qu'ils pretendent de leurs opinions en chose de laquelle despend

---

(a) Evang. S. Matth. c. 17, v. 19.
(1) Si tu crois, tu seras bientôt instruit des devoirs d'une bonne et heureuse vie. *Quint.* Inst. l. 12, c. 11.

la conduicte et loy de nostre vie : peut on veoir partir de mesme eschole et discipline des mœurs plus unies, plus unes ? Voyez l'horrible impudence de quoy nous pelotons les raisons divines ; et combien irreligieusement nous les avons et reiectees, et reprinses, selon que la fortune nous a changé de place en ces orages publicques. Cette proposition si solenne, « S'il est permis au subiect de se rebeller et armer contre son prince pour la deffense de la religion » : souvienne vous en quelles bouches, cette annee passee, l'affirmative d'icelle estoit l'arc boutant d'un party ; la negative, de quel aultre party c'estoit l'arc boutant : et oyez (a) à present de quel quartier vient la voix et instruction de l'une et de l'aultre ; et si les armes bruyent moins pour cette cause que pour celle là. Et nous bruslons les gents qui disent qu'il fault faire souffrir à la Verité le ioug de nostre besoing : et de combien faict la France pis que de le dire ? Confessons la verité : qui trieroit de l'armee, mesme legitime, et moyenne, ceulx qui y marchent par le seul zele d'une affection religieuse, et encores ceulx qui regardent seulement la protection des loix de leur païs, ou service du prince, il n'en sçauroit bastir une compaignie de gents d'armes complette. D'où vient cela, qu'il s'en treuve si peu qui ayent maintenu mesme volonté et mesme progrez en nos mouvements publicques, et que nous les voyons tantost n'aller que le pas, tantost y courir à bride avalee, et mesmes hommes tantost gaster nos affaires par leur violence et aspreté, tantost par leur froideur, mollesse et pesanteur ; si ce n'est qu'ils y sont poulsez par des considerations particulieres et casuelles, selon la diversité desquelles ils se remuent ? Ie vois cela evidemment, que nous ne prestons volontiers

---

(a) Ici Montaigne se moque tout doucement des catholiques, comme dit M. Bayle dans son dictionnaire, à l'article Hotman, remarque 1. C.

à la devotion que les offices qui flattent nos passions : il n'est point d'hostilité excellente comme la chrestienne: nostre zele faict merveilles quand il va secondant nostre pente vers la haine, la cruauté, l'ambition, l'avarice, la detraction, la rebellion; à contrepoil, vers la bonté, la benignité, la temperance, si, comme par miracle, quelque rare complexion ne l'y porte, il ne va ny de pied, ny d'aile. Nostre religion est faicte pour extirper les vices : elle les couvre, les nourrit, les incite. Il ne fault point faire barbe de foarre à Dieu (comme on (a) dict). Si nous le croyions, ie ne dis pas par foy, mais d'une simple croyance; voire (et ie le dis à nostre grande confusion) si nous le croyions et cognoissions, comme une aultre histoire, comme l'un de nos compaignons, nous l'aimerions au dessus de toutes aultres choses, pour l'infinie bonté et beauté qui reluict en luy; au moins marcheroit il en mesme reng de nostre affection que les richesses, les plaisirs, la gloire, et nos amis: le meilleur de nous ne craint point de l'oultrager, comme il craint d'oultrager son voisin, son parent, son maistre. Est il si simple entendement, lequel, ayant d'un costé l'obiect d'un de nos vicieux plaisirs, et de l'aultre, en pareille cognoissance et persuasion, l'estat d'une gloire immortelle, entrast en troque de l'un pour l'aultre? et si, nous y renonceons souvent de pur mespris : car quel goust nous attire au blasphemer, sinon à l'adventure le goust mesme de l'offense? Le philosophe Antisthenes, comme on l'initioit aux mysteres d'Orpheus, le presbtre luy disant que ceulx qui se vouoient à cette religion avoient à recevoir, aprez leur mort, des biens eternels et parfaicts: « Pourquoy, [si tu le crois,] ne meurs

---

(a) Vieux proverbe, dont le sens est qu'il ne faut pas se moquer de Dieu, et *lui faire barbe de paille*. On disoit du temps de Rabelais, *faire gerbe de feurre.* Gargantua, dit-il, faisoit gerbe de feurre aux dieux, l. 1, c. 11. C.

tu doncques toy mesme? » luy feit il. Diogenes, plus brusquement, selon sa mode, et hors de nostre propos, au presbtre qui le preschoit de mesme de se faire de son ordre pour parvenir aux biens de l'aultre monde : « Veulx tu pas que ie croye qu'Agesilaus et Epaminondas, si grands hommes, seront miserables; et que toy, qui n'és qu'un veau, [et qui ne fais rien qui vaille], seras bienheureux, parce que tu es presbtre » ? Ces grandes promesses de la beatitude eternelle, si nous les recevions de pareille auctorité qu'un discours philosophique, nous n'aurions pas la mort en telle horreur que nous avons :

Non iam se moriens dissolvi conquereretur;
Sed magis ire foras, vestemque relinquere, ut anguis,
Gauderet, prælonga senex aut cornua cervus : (1)

« ie veulx estre dissoult, dirions nous, et estre avecques Iesus Christ (a) » : la force du discours de Platon de l'immortalité de l'ame poulsa bien aulcuns de ses disciples à la mort pour iouïr plus promptement des esperances qu'il leur donnoit. Tout cela, c'est un signe tresevident que nous ne recevons nostre religion qu'à nostre façon, et par nos mains, et non aultrement que comme les aultres religions se receoivent. Nous nous sommes rencontrez au païs où elle estoit en usage; ou nous regardons son ancienneté, ou l'auctorité des hommes qui l'ont maintenue; ou craignons les menaces qu'elle attache aux mescreants, ou suyvons ses promesses : ces considerations là doibvent estre employees à nostre creance, mais comme subsidiaires; ce sont liaisons humaines : une

___

(1) Bien loin de nous plaindre, en mourant, de notre dissolution, nous nous réjouirions d'aller ailleurs, et de quitter, comme le serpent, une dépouille corruptible, ou d'imiter le cerf qui avec l'âge se décharge de son bois. *Lucret.* l. 3, v. 612, et seqq.
(a) S. Paul, dans son épître aux Philipp. c. 1, v. 23.

aultre region, d'aultres tesmoings, pareilles promesses
et menaces nous pourroient imprimer, par mesme voye,
une creance contraire; nous sommes chrestiens, à mesme
tiltre que nous sommes ou perigordins ou allemans. Et
ce que dict Plato, qu'il est peu d'hommes si fermes en
l'atheïsme, qu'un dangier pressant ne ramene à la recognoissance de la divine puissance : ce roolle ne touche
point un vray chrestien ; c'est à faire aux religions mortelles, et humaines, d'estre receues par une humaine
conduicte. Quelle foy doibt ce estre, que la lascheté et
la foiblesse de cœur plantent en nous et establissent?
plaisante foy, qui ne croid ce qu'elle croid, que pour
n'avoir le courage de le descroire! une vicieuse passion,
comme celle de l'inconstance et de l'etonnement, peult
elle faire en nostre ame aulcune production reglee? Ils
establissent, dict il, par la raison de leur iugement, que
ce qui se recite des enfers, et des peines futures, est
feinct : mais l'occasion de l'experimenter s'offrant lorsque la vieillesse ou les maladies les approchent de leur
mort, la terreur d'icelle les remplit d'une nouvelle
creance, par l'horreur de leur condition à venir. Et,
parce que telles impressions rendent les courages crain-
tifs, il deffend, en ses loix, toute instruction de telles
menaces, et la persuasion que des dieux il puisse venir
à l'homme aulcun mal, sinon pour son plus grand bien,
quand il y escheoit, et pour un medecinal effect. Ils recitent de Bion, qu'infect des atheïsmes de Theodorus, il
avoit esté long temps se mocquant des hommes religieux;
mais, la mort le surprenant, qu'il se rendit aux plus
extremes superstitions : comme si les dieux s'ostoient et
se remettoient selon l'affaire de Bion (a). Platon, et ces

(a) Cette réflexion, si juste et si naturelle, est de Diogene
Laërce lui-même, dans la vie de Bion. l. 4, *Segm.* 55. Comme il
n'est pas riche de son fonds, il seroit cruel de lui ravir le peu
qu'il a. C.

exemples, veulent conclurre que nous sommes ramenez à la creance de Dieu, ou (a) par amour, ou par force. L'atheïsme estant une proposition comme desnaturee et monstrueuse, difficile aussi et malaysee d'establir en l'esprit humain, pour insolent et desreglé qu'il puisse estre, il s'en est veu assez, par vanité, et par fierté de concevoir des opinions non vulgaires et reformatrices du monde, en affecter la profession par contenance; qui, s'ils sont assez fols, ne sont pas assez forts pour l'avoir plantee en leur conscience: pourtant, ils ne lairront de ioindre les mains vers le ciel, si vous leur attachez un bon coup d'espee en la poictrine; et quand la crainte ou la maladie aura abbattu [et appesanti] cette licencieuse ferveur d'humeur volage, ils ne lairront de se revenir, et se laisser tout discrettement manier aux creances et exemples publicques. Aultre chose est un dogme serieusement digeré; aultre chose ces impressions superficielles, lesquelles, nees de la desbauche d'un esprit desmanché, vont nageant temerairement et incertainement en la fantasie. Hommes bien miserables et escervellez, qui taschent d'estre pires qu'ils ne peuvent!

L'erreur du paganisme, et l'ignorance de nostre saincte Verité, laissa tumber cette grande ame de Platon, mais grande d'humaine grandeur seulement, encores en cet aultre voisin abus, « que les enfants et les vieillards se treuvent plus susceptibles de religion » : comme si elle naissoit et tiroit son credit de nostre imbecillité. Le nœud qui debvroit attacher nostre iugement et nostre volonté, qui debvroit estreindre nostre ame et ioindre à nostre Createur, ce debvroit estre un nœud prenant ses replis et ses forces, non pas de nos considerations, de nos raisons et passions, mais d'une estreincte divine et supernaturelle, n'ayant qu'une forme, un visage, et un lustre, qui est l'auctorité de Dieu et sa grace. Or, nostre cœur

---

(a) Par raison. *Edit.* in-fol. de 1595.

et nostre ame estant regie et commandee par la foy, c'est raison qu'elle tire au service de son desseing toutes nos aultres pieces, selon leur portee. Aussi n'est il pas croyable que toute cette machine n'ayt quelques marques empreintes de la main de ce grand architecte, et qu'il n'y ayt quelque image ez choses du monde rapportant aulcunement à l'ouvrier qui les a basties et formées. Il a laissé en ces haults ouvrages le charactere de sa divinité, et ne tient qu'à nostre imbecillité que nous ne le puissions descouvrir : c'est ce qu'il nous dict luy mesme, « Que ses operations invisibles il nous les manifeste par les visibles ». Sebond s'est travaillé à ce digne estude, et nous montre comment il n'est piece du monde qui desmente son facteur. Ce seroit faire tort à la bonté divine, si l'univers ne consentoit à nostre creance : le ciel, la terre, les elements, nostre corps et nostre ame, toutes choses y conspirent; il n'est que de trouver le moyen de s'en servir : elles nous instruisent, si nous sommes capables d'entendre, car ce monde est un temple tressainct, dedans lequel l'homme est introduict pour y contempler des statues, non ouvrees de mortelle main, mais celles que la divine Pensee a faict sensibles, le soleil, les estoiles, les eaux, et la terre, pour nous representer les intelligibles. « Les choses invisibles de Dieu, dict sainct Paul, apparoissent par la creation du monde, considerant sa sapience eternelle, et sa divinité, par ses œuvres. » (a)

> Atque adeò faciem cœli non invidet orbi
> Ipse Deus, vultusque suos corpusque recludit
> Semper volvendo : seque ipsum inculcat et offert ;
> Ut bene cognosci possit, doceatque videndo
> Qualis eat, doceatque suas attendere leges. (1)

(a) Epître aux Romains, c. 1, v. 20.

(1) Dieu n'envie point à la terre l'aspect du ciel; lequel roulant sans cesse, expose à nos yeux son corps à découvert : il se

Or nos raisons et nos discours humains, c'est comme la matiere lourde et sterile : la grace de Dieu en est la forme ; c'est elle qui y donne la façon et le prix. Tout ainsi que les actions vertueuses de Socrates et de Caton demeurent vaines et inutiles pour n'avoir eu leur fin, et n'avoir regardé l'amour et obeïssance du vray createur de toutes choses, et pour avoir ignoré Dieu : ainsin est il de nos imaginations et discours ; ils ont quelque corps, mais une masse informe, sans façon et sans iour, si la foy et grace de Dieu n'y sont ioinctes. La foy venant à teindre et illustrer les arguments de Sebond, elle les rend fermes et solides : ils sont capables de servir d'acheminement et de premiere guide à un apprentif pour le mettre à la voye de cette cognoissance ; ils le façonnent aulcunement et rendent capable de la grace de Dieu, par le moyen de laquelle se parfournit, et se perfect aprez, nostre creance. Ie sçais un homme d'auctorité, nourry aux lettres, qui m'a confessé avoir esté ramené des erreurs de la mescreance, par l'entremise des arguments de Sebond. Et quand on les despouillera de cet ornement et du secours et approbation de la foy, et qu'on les prendra pour fantasies pures humaines, pour en combattre ceulx qui sont precipitez aux espoventables et horribles tenebres de l'irreligion, ils se trouveront encores lors aussi sôlides et autant fermes, que nuls aultres de mesme condition qu'on leur puisse opposer : de façon que nous serons sur les termes de dire à nos parties,

Si melius quid habes, accerse ; vel imperium fer ; (1)

qu'ils souffrent la force de nos preuves, ou qu'ils nous

---

montre à nous pour être clairement connu, et nous apprend à contempler sa marche, et à remarquer attentivement ses loix. *Manil.* l. 4, v. 907, et seqq.

(1) Avez-vous quelque chose de meilleur, produisez-le ; ou acceptez ce qu'on vous présente. *Horat.* Epist. 5, l. 1, v. 6.

en facent veoir ailleurs, et sur quelque aultre subiect, de mieulx tissues et mieulx estoffees. Ie me suis, sans y penser, à demy desia engagé dans la seconde obiection à laquelle i'avois proposé de respondre pour Sebond.

Aulcuns disent que ses arguments sont foibles, et ineptes à verifier ce qu'il veult : et entreprennent de les chocquer ayseement. Il fault secouer ceulx cy un peu plus rudement, car ils sont plus dangereux et plus malicieux que les premiers. On couche volontiers le sens des escripts d'aultruy à la faveur des opinions qu'on a preiugees en soy; (a) et un atheïste se flatte à ramener touts aucteurs à l'atheïsme, infectant de son propre venin la matiere innocente : ceulx cy ont quelque preoccupation de iugement qui leur rend le goust fade aux raisons de Sebond. Au demourant il leur semble qu'on leur donne beau ieu de les mettre en liberté de combattre nostre religion par les armes pures humaines, laquelle ils n'oseroient attaquer en sa maiesté pleine d'auctorité et de commandement. Le moyen que ie prends pour rabbattre cette frenesie, et qui me semble le plus propre, c'est de froisser et fouler aux pieds l'orgueil et l'humaine fierté; leur faire sentir l'inanité, la vanité et deneantise de l'homme; leur arracher des poings les chestifves armes de leur raison; leur faire baisser la teste et mordre la terre soubs l'auctorité et reverence de la maiesté divine. C'est à elle seule qu'appartient la science et la sapience; elle seule qui peult estimer de soy quelque chose, et à qui nous desrobbons ce que nous nous comptons et ce que nous nous prisons. Οὐ γὰρ ἐᾳ φρονειν ὁ θεος μεγα αλλον η ἑαυτον (1). Abbattons ce cuider, premier fonde-

---

(a) A un atheïste touts escripts tirent à l'atheïsme; il infecte, etc. *Ed. in-fol.* de 1595.

(1) Car Dieu ne veut point qu'autre que lui soit véritablement sage. C'est un passage d'*Hérodote*, pris du discours d'Artaban à Xerxès, l. 7, c. 10, n. 5, de l'édition de Gronovius.

ment de la tyrannie du maling esprit: Deus superbis resistit; humilibus autem dat gratiam (1). L'intelligence est en touts les dieux, dict Platon, (a) et en fort peu d'hommes. Or c'est cependant beaucoup de consolation à l'homme chrestien de veoir nos utils mortels et caducques si proprement assortis à nostre foy saincte et divine, que, lorsqu'on les employe aux subiects de leur nature mortels et caducques, ils n'y soyent pas appropriez plus uniement ny avec plus de force. Voyons donc si l'homme a en sa puissance d'aultres raisons plus fortes que celles de Sebond; voire s'il est en luy d'arriver à aulcune certitude, par argument et par discours. Car sainct Augustin (b), plaidant contre ces gents icy, a occasion de reprocher leur iniustice, en ce qu'ils tiennent les parties de nostre creance faulses, que nostre raison fault à establir: et, pour montrer qu'assez de choses peuvent estre et avoir esté, desquelles nostre discours ne sçauroit fonder la nature et les causes, il leur met en avant certaines experiences cogneues et indubitables ausquelles l'homme confesse rien ne veoir; et cela (c), comme toutes aultres choses, d'une curieuse et ingenieuse recherche. Il fault plus faire, et leur apprendre que pour convaincre la foiblesse de leur raison, il n'est besoing d'aller triant des rares exemples; et qu'elle est si manque et si aveugle, qu'il n'y a nulle si claire facilité qui luy soit assez claire; que l'aysé et le malaysé luy sont un; que touts subiects egualement, et la nature en general, desadvoue sa iurisdiction et entremise. Que nous presche la Verité, quand elle nous presche De fuyr la mondaine philosophie; quand elle nous inculque si souvent Que nostre

---

(1) Dieu résiste aux superbes; et fait grace aux humbles. *I. Epist. S. Petri*, c. 5, v. 5.

(a) Et point ou peu aux hommes. *Ed. in-fol.* de 1595.

(b) De civit. Dei, lib. 21, c. 5.

(c) Et cela faict il, comme, etc. *Ed. in-fol.* de 1595.

sagesse n'est que folie devant Dieu ; Que de toutes les vanitez, la plus vaine c'est l'homme ; Que l'homme qui presume de son sçavoir ne sçait pas encores que c'est que sçavoir ; et Que l'homme, qui n'est rien, s'il pense estre quelque chose, se seduict soy mesme et se trompe ? ces sentences du sainct Esprit expriment si clairement et si vifvement ce que ie veulx maintenir, qu'il ne me fauldroit aulcune aultre preuve contre des gents qui se rendroient avecques toute soubmission et obeïssance à son auctorité : mais ceulx cy veulent estre fouettez à leurs propres despens, et ne veulent souffrir qu'on combatte leur raison, que par elle mesme. Considerons doncques pour cette heure l'homme seul, sans secours estrangier, armé seulement de ses armes, et despourveu de la grace et cognoissance divine, qui est tout son honneur, sa force et le fondement de son estre : voyons combien il a de tenue en ce bel equippage. Qu'il me face entendre, par l'effort de son discours, sur quels fondements il a basty ces grands advantages qu'il pense avoir sur les aultres creatures : Qui luy a persuadé que ce bransle admirable de la voulte celeste, la lumiere eternelle de ces flambeaux roulants si fierement sur sa teste, les mouvements espoventables de cette mer infinie, soyent establis, et se continuent tant de siecles, pour sa commodité et pour son service ? Est il possible de rien imaginer si ridicule, que cette miserable et chestifve creature, qui n'est pas seulement maistresse de soy, exposee aux offenses de toutes choses, se die maistresse et emperiere de l'univers, duquel il n'est pas en sa puissance de cognoistre la moindre partie, tant s'en fault de la commander ? Et ce privilege qu'il s'attribue d'estre seul en ce grand bastiment qui ayt la suffisance d'en recognoistre la beauté et les pieces, seul qui en puisse rendre graces à l'architecte, et tenir compte de la recepte et mise du monde ; qui luy a seellé ce privilege ? Qu'il nous montre lettres de cette belle et grande-charge : ont elles esté octroyees en faveur des sages seulement? elles ne touchent gueres de gents : les fols et les meschants sont ils dignes de faveur si extraordinaire, et, estants la pire piece du monde, d'estre preferez à tout le reste? En croirons nous cettuy là (1)? *quorum igitur causâ quis dixerit effectum esse mundum? Eorum scilicet animantium quæ ratione utuntur; hi sunt dii et homines, quibus profectò nihil est melius*: nous n'aurons iamais assez bafoué l'impudence de cet accouplage. Mais, pauvret, qu'a il en soy digne d'un tel advantage? A considerer cette vie incorruptible des corps celestes, leur beauté, leur grandeur, leur agitation continuee d'une si iuste regle;

  Cùm suspicimus magni cœlestia mundi
  Templa super, stellisque micantibus æthera fixum,
  Et venit in mentem lunæ solisque viarum; (2)

à considerer la domination et puissance que ces corps là ont, non seulement sur nos vies et conditions de nostre fortune,

  Facta etenim et vitas hominum suspendit ab astris, (3)

mais sur nos inclinations mesmes, nos discours, nos volontez, qu'ils regissent, poulsent et agitent à la mercy

---

(1) C'est-à-dire, le stoïcien Balbus, qui dans le livre de Cicéron, *de naturâ deorum*, l. 2, c. 53, parle ainsi : *Quorum igitur*, etc. « Pour qui dirons-nous donc que le monde a été fait ? C'est sans « doute pour les êtres animés qui ont l'usage de la raison, savoir « les dieux et les hommes, qui sont certainement ce qu'il y a de « plus excellent. »

(2) Lorsque nous levons les yeux vers la voûte éclatante qui couvre ce vaste univers ; lorsque nous contemplons le ciel tout brillant d'étoiles, et que nous considérons le cours réglé du soleil et de la lune. *Lucret*. l. 5, v. 1203, et seqq.

(3) Car tout le cours de notre vie dépend de celui des astres. *Manil.* l. 3, v. 58.

de leurs influences, selon que nostre raison nous l'apprend et le treuve ;

> speculataque longe
> Deprendit tacitis dominantia legibus astra,
> Et totum alternâ mundum ratione moveri,
> Fatorumque vices certis discernere signis ; (1)

à veoir que non un homme seul, non un roy, mais les monarchies, les empires, et tout ce bas monde se meut au bransle des moindres mouvements celestes :

> Quantaque quàm parvi faciant discrimina motus :
> Tantum est hoc regnum quod regibus imperat ipsis : (2)

si nostre vertu, nos vices, nostre suffisance et science, et ce mesme discours que nous faisons de la force des astres, et cette comparaison d'eulx à nous, elle vient, comme iuge nostre raison, par leur moyen et de leur faveur ;

> furit alter amore,
> Et pontum tranare potest et vertere Troiam :
> Alterius sors est scribendis legibus apta.
> Ecce patrem nati perimunt, natosque parentes ;
> Mutuaque armati coeunt in vulnera fratres.
> Non nostrum hoc bellum est ; coguntur tanta movere,
> Inque suas ferri pœnas, lacerandaque membra....
> Hoc quoque fatale est, sic ipsum expendere fatum ; (3)

si nous tenons de la distribution du ciel cette part de

---

(1) Puisqu'on trouve que ces astres, qu'on voit de si loin, regnent par des loix secretes ; que le monde se meut par une mutuelle correspondance ; et que l'enchaînement des destinées est déterminé par des signes certains. *Manil.* l. 1, v. 60, et seqq.

(2) Et quels grands changements sont produits par ces mouvements insensibles, dont l'empire s'étend jusque sur les rois. *Id.* l. 1, v. 55, et l. 4, v. 93.

(3) L'un, forcené d'amour, passe la mer pour aller renverser la ville de Troye : un autre est déterminé par sa destinée à composer des loix. Voici d'un autre côté des enfants qui tuent leur pere ;

raison que nous avons, comment nous pourra elle egualer à luy? comment soubmettre à nostre science son essence et ses conditions? Tout ce que nous veoyons en ces corps là nous estonne : quæ molitio, quæ ferramenta, qui vectes, quæ machinæ, qui ministri tanti operis fuerunt (1)? Pourquoy les privons nous et d'ame, et de vie, et de discours? y avons nous recogneu quelque stupidité immobile et insensible, nous qui n'avons aulcun commerce avecques eulx que d'obeïssance? Dirons nous que nous n'avons veu en nulle aultre creature qu'en l'homme l'usage d'une ame raisonnable? Eh quoy? avons nous veu quelque chose semblable au soleil? laisse il d'estre, parce que nous n'avons rien veu de semblable? et ses mouvements, d'estre, parce qu'il n'en est point de pareils? Si ce que nous n'avons pas veu n'est pas, nostre science est merveilleusement raccourcie : Quæ sunt tantæ animi angustiæ (2)! Sont ce pas des songes de l'humaine vanité, de faire de la lune une terre celeste? y (a) songer des montaignes, des vallees, comme Anaxagoras? y planter des habitations et demeures humaines, et y dresser des colonies pour nostre commodité, comme faict Platon et Plutarque? et de nostre terre en faire un astre esclairant et lumineux? Inter cætera mortalitatis incommoda, et hoc est,

---

des peres qui tuent leurs enfants; et des freres qui courent aux armes pour s'égorger l'un l'autre. Ce n'est pas aux armes qu'il faut imputer la cause de tous ces désordres : une force supérieure, qui les y entraîne, leur en fait souffrir la peine..... Et d'examiner le destin, comme je fais ici, cela même est un effet du destin. *Manil.* l. 4, v. 79—85, 118.

(1) De quels instruments, de quelles machines, de quels ouvriers s'est-on servi pour élever un si vaste édifice? *Cic.* de nat. deor. l. 1, c. 8.

(2) Ah! que les bornes de notre esprit sont étroites! *Cic.* de nat. deor. l. 1, c. 31.

(a) y deviner, *édit.* in-fol. de 1595.

caligo mentium; nec tantùm necessitas errandi, sed errorum amor (1). Corruptibile corpus aggravat animam, et deprimit terrena inhabitatio sensum multa cogitantem (2). La presumption est nostre maladie naturelle et originelle : La plus calamiteuse et fraile de toutes les creatures c'est l'homme, et quand et quand la plus orgueilleuse : elle se sent et se veoid logee icy parmy la bourbe et le fient du monde, attachee et clouee à la pire, plus morte et croupie partie de l'univers, au dernier estage du logis et le plus esloingné de la voulte celeste, avecques les animaulx de la pire condition des trois; et se và plantant, par imagination, au dessus du cercle de la lune, et ramenant le ciel soubs ses pieds. C'est par la vanité de cette mesme imagination, qu'il s'eguale à Dieu, qu'il s'attribue les conditions divines, qu'il se trie soy mesme et separe de la presse des aultres creatures, taille les parts aux animaulx ses confreres et compaignons, et leur distribue telle portion de facultez et de forces que bon luy semble. Comment cognoist il par l'effort de son intelligence les bransles internes et secrets des animaulx? par quelle comparaison d'eulx à nous conclud il la bestise qu'il leur attribue? Quand ie me ioue à ma chatte, qui sçait si elle passe son temps de moy, plus que ie ne (a) fois d'elle? [nous nous

---

(1) Entre autres desavantages de notre nature mortelle, l'un est l'aveuglement de l'esprit humain, qui non seulement se trouve dans la nécessité d'errer, mais qui se plait dans ses erreurs. *Senec. de irâ*, l. 2, c. 9.

(2) Le corps corruptible appesantit l'ame de l'homme; et cette habitation terrestre déprime son imagination, qui se répand sur tant de différents objets.

C'est un passage que S. Augustin (*de Civit. Dei*, l. 12, c. 15.) à pris du livre de la Sapience, c. 9, v. 15.

(a) Voyez sur ce mot, qui a été ainsi orthographié l. 2, c. 10, l. 2, p. 98, la note (a) de la page 9 du troisieme volume, livre second, chapitre 15. N.

entretenons de singeries reciproques : si i'ay mon heure de commencer ou de refuser, aussi a elle la sienne.] Platon, en sa peincture de l'aage doré soubs Saturne, compte, entre les principaulx advantages de l'homme de lors, la communication qu'il avoit avecques les bestes, desquelles s'enquerant et s'instruisant, il sçavoit les vrayes qualitez et differences de chascune d'icelles ; par où il acqueroit une tresparfaicte intelligence et prudence, et en conduisoit de bien loing plus heureusement sa vie, que nous ne sçaurions faire : nous fault il meilleure preuve à iuger l'impudence humaine sur le faict des bestes ? Ce grand aucteur a opiné qu'en la plus part de la forme corporelle que nature leur a donné, elle a regardé seulement l'usage des prognostications qu'on en tiroit en son temps. Ce default qui empesche la communication d'entre elles et nous, pourquoy n'est il aussi bien à nous, qu'à elles ? c'est à deviner à qui est la faulte de ne nous entendre point ; car nous ne les entendons non plus qu'elles nous : par cette mesme raison elles nous peuvent estimer bestes, comme nous les en estimons. Ce n'est pas grand' merveille si nous ne les entendons pas: aussi ne faisons nous les Basques et les (1) Troglodytes. Toutesfois aulcuns se sont vantez de les entendre, comme Apollonius tyaneus, Melampus, Tiresias, Thales, et aultres. Et puis qu'il est ainsi, comme disent les cosmographes, qu'il y a des nations qui receoivent un chien pour leur roy, il fault bien qu'ils donnent certaine interpretation à sa voix et mouvements. Il nous fault remarquer la parité qui est entre nous : nous avons quelque moyenne intelligence de leur sens; aussi ont les bestes du nostre, environ à mesme mesure : elles nous flattent, nous menacent, et nous requierent ; et nous elles. Au demourant nous descouvrons bien evidemment

---

(1) Anciens peuples sur la côte occidentale du golfe arabique, ainsi nommés parcequ'ils habitoient dans des cavernes. C.

qu'entre elles il y a une pleine et entiere communication, et qu'elles s'entr'entendent, non seulement celles de mesme espece, mais aussi d'especes diverses :

> Et mutæ pecudes, et denique sæcla ferarum
> Dissimiles suerunt voces variasque ciere,
> Cùm metus aut dolor est, aut cùm iam gaudia gliscunt. (1)

en certain abbayer du chien, le cheval cognoist qu'il y a de la cholere; de certaine aultre sienne voix; il ne s'effroye point. Aux bestes mesme qui n'ont pas de voix, par la société d'offices que nous voyons entre elles, nous argumentons aysement quelque aultre moyen de communication; leurs mouvements discourent et traictent.

> Non aliâ longè ratione atque ipsa videtur
> Protrahere ad gestum pueros infantia linguæ. (2)

Pourquoy non? tout aussi bien que nos muets disputent, argumentent, et content des histoires, par signes : i'en ay veu de si souples et formez à cela, qu'à la verité il ne leur manquoit rien à la perfection de se sçavoir faire entendre. Les amoureux se courroucent, se reconcilient, se prient, se remercient, s'assignent, et disent enfin toutes choses, des yeulx:

> E 'l silentio ancor suole
> Aver prieghi e parole. (3)

Quoy des mains? nous requerons, nous promettons,

---

(1) Les différents animaux, tant les domestiques que les sauvages, forment divers sons, selon que la peur, la douleur, ou la joie, agissent en eux. *Lucret.* l. 5, v. 1058, et seqq.

(2) Ainsi nous voyons que l'impuissance où se trouvent les enfants d'expliquer leurs pensées par leurs premiers begayements les force à recourir aux gestes pour se faire entendre. *Id.* ibid. v. 1029, et seq.

(3) Le silence même a son langage : il sait prier, et se faire entendre. *Aminta* del Tasso, atto 2, nel choro, v. 34, 35.

appellons, congedions, menaceons, prions, supplions, nions, refusons, interrogeons, admirons, nombrons, confessons, repentons, craignons, vergoignons, doubtons, instruisons, commandons, incitons, encourageons, iurons, tesmoignons, accusons, condamnons, absolvons, iniurions, mesprisons, desfions, despitons, flattons, applaudissons, benissons, humilions, mocquons, reconcilions, recommendons, exaltons, festoyons, resioüissons, complaignons, attristons, desconfortons, desesperons, estonnons, escrions, taisons, et quoy non ? d'une variation et multiplication, à l'envy de la langue. De la teste, nous convions, nous renvoyons, advouons, desadvouons, desmentons, bienveignons, honorons, venerons, desdaignons, demandons, esconduisons, esguayons, lamentons, caressons, tansons, soubmettons, bravons, enhortons, menaceons, asseurons, enquerons. Quoy des sourcils ? quoy des espaules ? Il n'est mouvement qui ne parle et un langage intelligible, sans discipline, et un langage publicque ; qui faict, voyant la varieté et usage distingué des aultres, que cettuy cy doibt plustost estre iugé le propre de l'humaine nature. Ie laisse à part ce que particulierement la necessité en apprend soubdain à ceulx qui en ont besoing ; et les alphabets des doigts, et grammaires en gestes ; et les sciences qui ne s'exercent et expriment que par iceulx ; et les nations que Pline dict n'avoir point d'aultre langue. Un ambassadeur de la ville d'Abdere, aprez avoir longuement parlé au roy Agis de Sparte, luy demanda : « Et bien, sire, quelle response veulx tu que ie rapporte à nos citoyens » ? « Que ie t'ay laissé dire tout ce que tu as voulu, et tant que tu as voulu, sans iamais dire mot ». Voylà pas un taire, parlier et bien intelligible ?

Au reste, quelle sorte de nostre suffisance ne recognoissons nous aux operations des animaulx ? Est il police reglee avecques plus d'ordre, diversifiee à plus de charges et d'offices, et plus constamment entretenue, que celle des mouches à miel? cette disposition d'actions et de vacations si ordonnee, la pouvons nous imaginer se conduire sans discours et sans prudence?

> His quidam signis atque hæc exempla sequuti,
> Esse apibus partem divinæ mentis, et haustus
> Aethereos, dixere. (1)

Les arondelles, que nous voyons au retour du printemps fureter touts les coins de nos maisons, cherchent elles sans iugement, et choisissent elles sans discretion, de mille places, celle qui leur est la plus commode à se loger? Et en cette belle et admirable contexture de leurs bastiments, les oiseaux peuvent ils se servir plustost d'une figure quarree, que de la ronde, d'un angle obtus, que d'un angle droict, sans en sçavoir les conditions et les effects? prennent ils tantost de l'eau, tantost de l'argille, sans iuger que la dureté s'amollit en l'humectant? planchent ils de mousse leurs palais, ou de duvet, sans prevoir que les membres tendres de leurs petits y seront plus mollement et plus à l'ayse? se couvrent ils du vent pluvieux, et plantent leur loge à l'orient, sans cognoistre les conditions differentes de ces vents, et considerer que l'un leur est plus salutaire que l'aultre? Pourquoy espessit l'araignee sa toile en un endroict, et relasche en un aultre, se sert à cette heure de cette sorte de nœud, tantost de celle là, si elle n'a et deliberation, et pensement et conclusion? Nous recognoissons assez, en la pluspart de leurs ouvrages, combien les animaulx ont d'excellence au dessus de nous, et combien nostre art est foible à les imiter: nous voyons toutesfois aux nos-

---

(1) A ces marques et sur ces observations, quelques uns ont dit que les abeilles avoient une portion de l'esprit divin, et qu'elles étoient éclairées d'un rayon céleste. *Georg.* l. 4, v. 219, et seqq.

tres, plus grossiers, les facultez que nous y employons, et que nostre ame s'y sert de toutes ses forces; pourquoy n'en estimons nous autant d'eulx? pourquoy attribuons nous à je ne sçais quelle inclination naturelle et servile les ouvrages qui surpassent tout ce que nous pouvons par nature et par art? En quoy, sans y penser, nous leur donnons un tresgrand advantage sur nous, de faire que nature, par une doulceur maternelle, les accompaigne et guide, comme par la main, à toutes les actions et commoditez de leur vie; et qu'à nous elle nous abandonne au hazard et à la fortune, et à quester, par art, les choses necessaires à nostre conservation; et nous refuse quand et quand les moyens de pouvoir arriver, par aulcune institution et contention d'esprit, à l'industrie naturelle des bestes : de maniere que leur stupidité brutale surpasse en toutes commoditez tout ce que peult nostre divine intelligence. Vrayement, à ce compte, nous aurions bien raison de l'appeler une tresiniuste marastre : mais il n'en est rien; nostre police n'est pas si difforme et desreglee. Nature a embrassé universellement toutes ses creatures; et n'en est aulcune qu'elle n'ayt bien pleinement fournie de touts moyens necessaires à la conservation de son estre : car ces plainctes vulgaires que i'ois faire aux hommes (comme la licence de leurs opinions les esleve tantost au dessus des nues, et puis les ravalle aux antipodes), Que nous sommes le seul animal abandonné, nud sur la terre nue, lié, garrotté, n'ayant de quoy s'armer et couvrir que de la despouille d'aultruy; là où toutes les aultres creatures nature les a revestues de coquilles, de gousses, d'escorce, de poil, de laine, de poinctes, de cuir, de bourre, de plume, d'escaille, de toison, et de soye, selon le besoing de leur estre : les a armees de griffes, de dents, de cornes, pour assaillir et pour deffendre, et les a elle mesme instruictes à ce qui leur est propre, à nager, à courir, à voler, à chanter; là où l'homme ne sçait ny cheminer, ny parler, ny manger, ny rien que pleurer, sans apprentissage ;

> Tùm porrò puer, ut sævis proiectus ab undis
> Navita, nudus humi iacet, infans, indigus omni
> Vitali auxilio, cùm primùm in luminis oras
> Nixibus ex alvo matris natura profudit,
> Vagituque locum lugubri complet; ut æquum est
> Cui tantum in vita restet transire malorum.
> At variæ crescunt pecudes, armenta, feræque,
> Nec crepitacula eis opus est, nec cuiquam adhibenda est
> Almæ nutricis blanda atque infracta loquela ;
> Nec varias quærunt vestes pro tempore cœli ;
> Denique non armis opus est, non mœnibus altis
> Queis sua tutentur, quando omnibus omnia largè
> Tellus ipsa parit, naturaque dædala rerum : (1)

ces plainctes là sont faulses ; il y a en la police du monde une egalité plus grande, et une relation plus uniforme. Nostre peau est pourveue, aussi suffisamment que la leur, de fermeté contre les iniures du temps : tesmoings tant de nations qui n'ont encores gousté aulcun usage de vestements ; nos anciens Gaulois n'estoient gueres vestus ; ne sont pas les Irlandois nos voisins, soubs un ciel si froid : mais nous le iugeons mieulx par nous mesmes,

---

(1) L'enfant, comme un pauvre matelot que les flots ont jeté sur le bord de la mer après un triste naufrage, est couché par terre tout nu, et denué de tous les secours de la vie, dès que la nature l'a détaché du sein de sa mere pour lui faire voir la lumiere. Aussi remplit-il de cris lugubres le lieu de sa naissance, comme doit faire un être destiné à souffrir tant de maux dans le court espace de sa durée. Au contraire, les bêtes de toute espece, tant privées que sauvages, croissent d'elles-mêmes, sans avoir besoin de jouets, ni qu'une nourrice les amuse par des paroles flatteuses et enfantines : elles ne sont point obligées de s'habiller différemment selon la différence des saisons : et comme la nature fait éclore de son sein tout ce qui leur est nécessaire, elles n'ont besoin ni d'armes, ni de hautes murailles pour défendre leurs provisions. *Lucret.* l. 5, v. 223—235.

car touts les endroicts de la personne qu'il nous plaist descouvrir au vent et à l'air se treuvent propres à le souffrir, le visage, les pieds, les mains, les iambes, les espaules, la teste, selon que l'usage nous y convie : car s'il y a partie en nous foible, et qui semble debvoir craindre la froidure, ce debvroit estre l'estomach, où se faict la digestion ; nos peres le portoient descouvert ; et nos dames, ainsi molles et delicates qu'elles sont, elles s'en vont tantost entr'ouvertes iusques au nombril. Les liaisons et emmaillottements des enfants ne sont non plus necessaires ; et les meres lacedemoniennes eslevoient les leurs en toute liberté de mouvements de membres, sans les attacher ne plier. Nostre pleurer est commun à la pluspart des aultres animaulx, et n'en est gueres qu'on ne vcoye se plaindre et gemir long temps aprez leur naissance ; d'autant que c'est une contenance bien sortable à la foiblesse en quoy ils se sentent. Quant à l'usage du manger, il est, en nous comme en eulx, naturel et sans instruction ;

Sentit enim vim quisque suam quam possit abuti : (1)

qui faict doubte qu'un enfant, arrivé à la force de se nourrir, ne sceust quester sa nourriture? et la terre en produict et luy en offre assez pour sa necessité, sans aultre culture et artifice ; et si non en tout temps, aussi ne faict elle pas aux bestes, tesmoings les provisions que nous voyons faire aux fourmis, et aultres, pour les saisons steriles de l'annee. Ces nations que nous venons de descouvrir, si abondamment fournies de viande et de bruvage naturel, sans soing et sans façon, nous viennent d'apprendre que le pain n'est pas nostre seule nourriture, et que, sans labourage, nostre mere nature nous avoit munis à planté de tout ce qu'il nous falloit ; voire, comme il est vraysemblable, plus plainement et plus

---

(1) Car chaque animal sent sa force et ses besoins. *Lucret.* l. 5, v. 1032.

richement qu'elle ne faict à present que nous y avons meslé nostre artifice;

> Et tellus nitidas fruges vinetaque læta
> Sponte suâ primùm mortalibus ipsa creavit,
> Ipsa dedit dulces fœtus, et pabula læta;
> Quæ nunc vix nostro grandescunt aucta labore,
> Conterimusque boves et vires agricolarum: (1)

le debordement et desreglement de nostre appetit devanceant toutes les inventions que nous cherchons de l'assouvir.

Quant aux armes, nous en avons plus de naturelles que la pluspart des aultres animaulx, plus de divers mouvements de membres, et en tirons plus de service naturellement, et sans leçon; ceulx qui sont duicts à combattre nuds, on les veoid se iecter aux hazards pareils aux nostres: si quelques bestes nous surpassent en cet advantage, nous en surpassons plusieurs aultres. Et l'industrie de fortifier le corps, et le couvrir par moyens acquis, nous l'avons par un instinct et precepte naturel: qu'il soit ainsi, l'elephant aiguise et esmould ses dents desquelles il se sert à la guerre (car il en a de particulieres pour cet usage, lesquelles il espargne, et ne les employe aulcunement à ses aultres services); quand les taureaux vont au combat, ils respandent et iectent la poussiere à l'entour d'eulx; les sangliers affinent leurs deffenses, et l'ichneumon, quand il doibt venir aux prinses avecques le crocodile, munit son corps, l'enduict et le crouste tout à l'entour de limon bien serré et bien paistri, comme d'une cuirasse: pourquoy ne dirons nous qu'il est aussi naturel de nous armer de bois et de fer?

---

(1) D'abord la terre produisit d'elle-même pour les hommes les riches moissons et les fertiles vignobles; elle leur donna d'excellents fruits et de gras pâturages: mais à présent toutes ces choses dépérissent, malgré tout notre travail qui fatigue le bœuf et épuise les forces du laboureur. *Lucret.* l. 2, v. 1157, et seqq.

Quant au parler, il est certain que, s'il n'est pas naturel, il n'est pas necessaire. Toutesfois, ie crois qu'un enfant qu'on auroit nourri en pleine solitude, esloingné de tout commerce (qui seroit un essay malaysé à faire), auroit quelque espece de parole pour exprimer ses conceptions : et n'est pas croyable que nature nous ayt refusé ce moyen, qu'elle a donné à plusieurs aultres animaulx ; car qu'est ce aultre chose que parler, cette faculté que nous leur voyons de se plaindre, de se resiouïr, de s'entr'appeler au secours, se convier à l'amour, comme ils font par l'usage de leur voix ? Comment ne parleroient elles entr'elles ? elles parlent bien à nous, et nous à elles : en combien de sortes parlons nous à nos chiens ? et ils nous respondent : d'aultre langage, d'aultres appellations, devisons nous avecques eulx qu'avecques les oyseaux, avecques les pourceaux, les bœufs, les chevaulx ; et changeons d'idiome, selon l'espece.

> Così per entro loro schiera bruna
> S'ammusa l'una con l'altra formica,
> Forse a spïar lor via e lor fortuna. (1)

Il me semble que Lactance attribue aux bestes, non le parler seulement, mais le rire encores. Et la difference de langage qui se veoid entre nous, selon la difference des contrees, elle se treuve aussi aux animaulx de mesme espece : Aristote allegue, à ce propos, le chant divers des perdrix, selon la situation des lieux :

> variæque volucres....
> Longè alias alio iaciunt in tempore voces....
> Et partim mutant cum tempestatibus unà
> Raucisonos cantus. (2)

---

(1) Ainsi parmi une troupe de fourmis on en voit qui semblent discourir entre elles, dans la vue peut-être d'épier les desseins et la fortune, l'une de l'autre. *Dante*, nel purg. c. 26, v. 34, et seqq.

(2) Les voix des oiseaux sont différentes en différents temps :

Mais cela est à sçavoir quel langage parleroit cet enfant : et ce qui s'en dict par divination n'a pas beaucoup d'apparence. Si on m'allegue, contre cette opinion, que les sourds naturels ne parlent point ; ie responds que ce n'est pas seulement pour n'avoir peu recevoir l'instruction de la parole par les aureilles, mais plustost pource que le sens de l'ouïe, duquel ils sont privez, se rapporte à celuy du parler, et se tiennent ensemble d'une cousture naturelle ; en façon que ce que nous parlons, il fault que nous le parlions premierement à nous, et que nous le facions sonner au dedans à nos aureilles, avant que de l'envoyer aux estrangieres.

I'ay dict tout cecy pour maintenir cette ressemblance qu'il y a aux choses humaines, et pour nous ramener et ioindre (a) au nombre : nous ne sommes ny au dessus, ny au dessoubs du reste. Tout ce qui est soubs le ciel, dict le sage, court une loy et fortune pareille :

> Indupedita suis fatalibus omnia vinclis : (1)

il y a quelque difference, il y a des ordres et des degrez ; mais c'est soubs le visage d'une mesme nature :

> Res... quæque suo ritu procedit ; et omnes
> Fœdere naturæ certo discrimina servant. (2)

Il fault contraindre l'homme, et le renger dans les barrieres de cette police. Le miserable n'a garde d'eniamber par effect au delà : il est entravé et engagé, il est assubiecti de pareille obligation que les aultres creatures de

---

et ils changent en partie leur chant selon les saisons. *Lucret.* l. 5, v. 1077, 1080, 1082, 1083.

(a) A la presse. *Ed. in-fol.* de 1595.

(1) Toutes choses sont liées entre elles par un enchaînement nécessaire. *Lucret.* l. 5, v. 874.

(2) Chaque chose a une maniere d'être et d'agir, qui lui est propre ; et elles gardent toutes constamment les différentes loix qui leur sont prescrites par la nature. *Id.* ibid. v. 921, 922.

son ordre, et d'une condition fort moyenne, sans aulcune prerogative, preexcellence, vraye et essentielle; celle qu'il se donne, par opinion et par fantasie, n'a ny corps ny goust. Et s'il est ainsi, que luy seul de touts les animaulx ayt cette liberté de l'imagination, et ce desreglement de pensees, luy representant ce qui est, ce qui n'est pas, et ce qu'il veult, le faulx, et le veritable; c'est un advantage qui luy est bien cher vendu, et duquel il a bien peu à se glorifier : car de là naist la source principale des maulx qui le pressent, peché, maladie, irresolution, trouble, desespoir. Ie dis doncques, pour revenir à mon propos, qu'il n'y a point d'apparence d'estimer que les bestes facent par inclination naturelle et forcee les mesmes choses que nous faisons par nostre choix et industrie : nous debvons conclure de pareils effects, pareilles facultez ; et de plus riches effects, des facultez plus riches ; et confesser, par consequent, que ce mesme discours, cette mesme voye, que nous tenons à ouvrer, aussi la tiennent les animaulx, ou quelque aultre meilleure. Pourquoy imaginons nous en eulx cette contraincte naturelle, nous qui n'en esprouvons aulcun pareil effect ? ioinct qu'il est plus honorable d'estre acheminé et obligé à regleement agir par naturelle et inevitable condition, et plus approchant de la Divinité, que d'agir regleement par liberté temeraire et fortuite ; et plus seur de laisser à nature, qu'à nous, les resnes de nostre conduicte. La vanité de nostre presumption faict que nous aimons mieulx debvoir à nos forces, qu'à sa liberalité, nostre suffisance ; et enrichissons les aultres animaulx des biens naturels, et les leur renonceons, pour nous honorer et ennoblir des biens acquis : par une humeur bien simple, ce me semble, car ie priserois bien autant des graces toutes miennes, et naïfves, que celles que i'aurois esté mendier et quester de l'apprentissage : il n'est pas en nostre puissance d'acquerir une plus belle recommendation que d'estre favorisé de Dieu et de nature. Par ainsi, le regnard, de quoy se servent les habitants de la Thrace quand ils veulent entreprendre de passer par dessus la glace de quelque riviere gelee, et le laschent devant eulx pour cet effect; quand nous le verrions au bord de l'eau approcher son aureille bien prez de la glace, pour sentir s'il orra, d'une longue ou d'une voisine distance, bruire l'eau courant au dessoubs, et, selon qu'il treuve par là qu'il y a plus ou moins d'espesseur en la glace, se reculer, ou s'advancer, n'aurions nous pas raison de iuger qu'il luy passe par la teste ce mesme discours qu'il feroit en la nostre, et que c'est une ratiocination et consequence tiree du sens naturel : « Ce qui faict bruict, se remue; ce qui se remue, n'est pas gelé; ce qui n'est pas gelé, est liquide; et ce qui est liquide, plie soubs le faix »? car d'attribuer cela seulement à une vivacité du sens de l'ouïe, sans discours et sans consequence, c'est une chimere, et ne peult entrer en nostre imagination. De mesme fault il estimer de tant de sortes de ruses et d'inventions de quoy les bestes se couvrent des entreprinses que nous faisons sur elles. Et si nous voulons prendre quelque advantage de cela mesme, qu'il est en nous de les saisir, de nous en servir, et d'user à nostre volonté; ce n'est que ce mesme advantage que nous avons les uns sur les aultres : nous avons à cette condition nos esclaves; et les Climacides estoient ce pas des femmes, en Syrie, qui servoient, couchees à quatre pattes, de marchepied et d'eschelle aux dames à monter en coche? et la pluspart des personnes libres abandonnent, pour bien legieres commoditez, leur vie et leur estre à la puissance d'aultruy : les femmes et concubines des Thraces plaident à qui sera choisie pour estre tuee au tumbeau de son mary : les tyrans ont ils iamais failli de trouver assez d'hommes vouez à leur devotion, aulcuns d'eulx adioustants davantage cette necessité de les accompaigner à la mort comme en la vie? des armees entieres se sont ainsin obligees à leurs capitaines : la formule du serment, en cette rude eschole des escrimeurs à oultrance, portoit ces promesses (a): « Nous iurons de nous laisser enchaisner, brusler, battre, et tuer de glaive, et souffrir tout ce que les gladiateurs legitimes souffrent de leur maistre; engageant tresreligieusement et le corps et l'ame à son service : »

> Ure meum, si vis, flammâ caput, et pete ferro
> Corpus, et intorto verbere terga secá : (1)

c'estoit une obligation veritable; et si, il s'en trouvoit dix mille, telle annee, qui y entroient et s'y perdoient. Quand les Scythes enterroient leur roy, ils estrangloient sur son corps la plus favorie de ses concubines, son eschanson, escuyer d'escuirie, chambellan, huissier de chambre, et cuisinier : et, en son anniversaire, ils tuoient cinquante chevaulx, montez de cinquante pages, qu'ils avoient empalez par l'espine du dos iusques au gozier, et les laissoient ainsi plantez en parade autour de la tumbe. Les hommes qui nous servent, le font à meilleur marché, et pour un traictement moins curieux et moins favorable, que celuy que nous faisons aux oyseaux, aux chevaulx, et aux chiens. A quel soulcy ne nous desmettons nous pour leur commodité? il ne me semble point que les plus abiects serviteurs facent volontiers pour leurs maistres ce que les princes s'honorent de faire pour ces bestes. Diogenes voyant ses parents en peine de le racheter de servitude : « Ils sont fols, disoit

---

(a) Ceci est tiré de Pétrone : *Sacramentum iuravimus, uri, vinciri, verberari, ferroque necari, et quidquid aliud Eumolpus iussisset; tanquam legitimi gladiatores domino corpora animasque religiosissimè addicimus*, satyr. cap. 117, et pag. 411, 412, Petronii cum notis Varior. anno 1669.

(1) Je consens que tu me brûles la tête avec un fer chaud, que tu me perces le corps d'une épée, et que tu me déchires le dos à coups de fouet. *Tibull.* eleg. 9, l. 1, v. 21, 22.

il; c'est celuy qui me traicte et nourrit, qui me sert » : et ceulx qui entretiennent les bestes, se doibvent dire plustost les servir, qu'en estre servis. Et si, elles ont cela de plus genereux, que iamais lion ne s'asservit à un aultre lion, ny un cheval à un aultre cheval, par faulte de cœur. Comme nous allons à la chasse des bestes : ainsi vont les tigres et les lions à la chasse des hommes ; et ont un pareil exercice les unes sur les aultres, les chiens sur les lievres, les brochets sur les tenches, les arondelles sur les cigales, les esperviers sur les merles et sur les allouettes :

>serpente ciconia pullos
>Nutrit, et inventâ per devia rura lacertâ ; ....
>Et leporem aut capream famulæ Iovis et generosæ
>In saltu venantur aves. (1)

Nous partons le fruict de nostre chasse avecques nos chiens et oyseaux, comme la peine et l'industrie : et au dessus d'Amphipolis, en Thrace, les chasseurs, et les faulcons sauvages, partent iustement le butin par moitié ; comme, le long des Palus Maeotides, si le pescheur ne laisse aux loups, de bonne foy, une part eguale de sa prinse, ils vont incontinent deschirer ses rets. Et comme nous avons une chasse qui se conduict plus par subtilité que par force, comme celle des colliers, de nos lignes, et de l'hamesson, il s'en veoid aussi de pareilles entre les bestes : Aristote dict que la seche iecte de son col un boyau long comme une ligne, qu'elle estend au loing en le laschant, et le retire à soy quand elle veult : à mesure qu'elle apperceoit quelque petit poisson s'approcher, elle luy laisse mordre le bout de ce boyau, estant cachee dans le sable ou dans la vase, et, petit à petit, le retire ius-

---

(1) La cicogne nourrit ses petits de serpents et de lézards qu'elle trouve dans les champs ; et l'aigle, ministre de Jupiter, et les autres oiseaux de ce noble genre, vont dans les bois à la chasse des lievres ou des chevreuils. *Juvenal.* satir. 14, v. 74, et seqq.

ques à ce que ce petit poisson soit si prez d'elle que d'un sault elle puisse l'attraper.

Quant à la force, il n'est animal au monde en butte de tant d'offenses, que l'homme : il ne nous fault point une baleine, un elephant, et un crocodile, ny tels aultres animaulx, desquels un seul est capable de desfaire un grand nombre d'hommes : les pouils sont suffisants pour faire vacquer la dictature de Sylla ; c'est le desieusner d'un petit ver, que le cœur et la vie d'un grand et triumphant empereur.

Pourquoy disons nous que c'est a l'homme science et cognoissance, bastie par art et par discours, de discerner les choses utiles à son vivre, et au secours de ses maladies, de celles qui ne le sont pas ; de cognoistre la force de la rubarbe et du polypode : et, quand nous voyons les chevres de Candie, si elles ont receu un coup de traict, aller, entre un million d'herbes, choisir le dictame pour leur guarison ; et la tortue, quand elle a mangé de la vipere, chercher incontinent de l'origanum pour se purger; le dragon, fourbir et esclairer ses yeulx avecques du fenoil; les cigoignes, se donner elles mesmes des clysteres à tout de l'eau de marine; les elephants, arracher non seulement de leurs corps, et de leurs compaignons, mais des corps aussi de leurs maistres (tesmoing celuy du roy Porus qu'Alexandre desfeit), les iavelots et les dards qu'on leur a iectez au combat, et les arracher si dextrement que nous ne le sçaurions faire avecques si peu de douleur; pourquoy ne disons nous de mesme que c'est science et prudence ? Car d'alleguer, pour les deprimer, que c'est par la seule instruction et maistrise de nature qu'elles le sçavent; ce n'est pas leur oster le tiltre de science et de prudence, c'est la leur attribuer à plus forte raison qu'à nous, pour l'honneur d'une si certaine maistresse d'eschole. Chrysippus, bien qu'en toutes aultres choses autant desdaigneux iuge de la condition des animaulx que nul aultre philosophe, consi-

derant les mouvements du chien qui, se rencontrant en
un carrefour à trois chemins, ou à la queste de son maistre qu'il a esgaré, ou à la poursuitte de quelque proye
qui fuyt devant luy, va essayant un chemin aprez l'aultre;
et, aprez s'estre asseuré des deux, et n'y avoir trouvé la
trace de ce qu'il cherche, s'eslance dans le troisiesme
sans marchander; il est contrainct de confesser qu'en ce
chien là un tel discours se passe : « I'ay suyvi iusques à
ce carrefour mon maistre à la trace; il fault necessairement qu'il passe par l'un de ces trois chemins : ce n'est
ny par cettuy cy, ny par celuy là; il fault doncques infailliblement qu'il passe par cet aultre » : et que, s'asseurant par cette conclusion et discours, il ne se sert plus
de son sentiment au troisiesme chemin, ny ne le sonde
plus, ains s'y laisse emporter par la force de la raison.
Ce traict, purement dialecticien, et cet usage de propositions divisees et conioinctes, et de la suffisante enumeration des parties, vault il pas autant que le chien le
sçache de soy, que de Trapezonce (a)? Si ne sont pas les
bestes incapables d'estre encores instruictes à nostre
mode : les merles, les corbeaux, les pies, les perroquets, nous leur apprenons à parler; et cette facilité
que nous recognoissons à nous fournir leur voix et haleine si souple et si maniable, pour la former, et l'astreindre à certain nombre de lettres et de syllabes, tesmoigne qu'ils ont un discours au dedans qui les rend
ainsi disciplinables et volontaires à apprendre. Chascun
est saoul, ce crois ie, de veoir tant de sortes de singeries que les basteleurs apprennent à leurs chiens; les
danses où ils ne faillent une seule cadence du son qu'ils

(a) *Georgius Trapezuntius*, qu'on nomme présentement en
françois George de Trebisonde, l'un de ces savants qui, forcés
de quitter l'orient dans le quinzieme siecle, se réfugierent en
occident, où ils firent revivre les belles lettres. Eugène IV l'honora de la conduite d'un des colleges de Rome. C.

oyent; plusieurs divers mouvements et saults qu'ils leur font faire par le commandement de leur parole. Mais ie remarque avecques plus d'admiration cet effect, qui est toutesfois assez vulgaire, des chiens de quoy se servent les aveugles, et aux champs et aux villes; ie me suis prins garde comme ils s'arrestent à certaines portes d'où ils ont accoustumé de tirer l'aulmosne; comme ils evitent le choc des coches et des charrettes, lors mesme que, pour leur regard, ils ont assez de place pour leur passage; i'en ay veu, le long d'un fossé de ville, laisser un sentier plain et uni, et en prendre un pire, pour esloingner son maistre du fossé : comment pouvoit on avoir faict concevoir à ce chien, que c'estoit sa charge de regarder seulement à la seureté de son maistre, et mespriser ses propres commoditez pour le servir? et comment avoit il la cognoissance que tel chemin luy estoit bien assez large, qui ne le seroit pas pour un aveugle? Tout cela se peult il comprendre sans ratiocination ?

Il ne fault pas oublier ce que Plutarque dict avoir veu à Rome, d'un chien, avecques l'empereur Vespasian le pere, au theatre de Marcellus : ce chien servoit à un basteleur qui iouoit une fiction à plusieurs mines et à plusieurs personnages, et y avoit son roolle. Il falloit, entre aultres choses, qu'il contrefeist pour un temps le mort, pour avoir mangé de certaine drogue : aprez avoir avalé le pain qu'on feignoit estre cette drogue, il commencea tantost à trembler et bransler, comme s'il eust esté estourdi : finalement, s'estendant et se roidissant, comme mort, il se laissa tirer et traisner d'un lieu à aultre, ainsi que portoit le subiect du ieu; et puis, quand il cogneut qu'il estoit temps, il commencea premierement à se remuer tout bellement, ainsi que s'il se feust revenu d'un profond sommeil, et, levant la teste, regarda çà et là, d'une façon qui estonnoit touts les assistants. Les bœufs qui servoient aux iardins royaux de Suse, pour les arrouser, et tourner certaines grandes roues à puiser de l'eau ausquelles il y a des bacquets attachez (comme il s'en veoid plusieurs en Languedoc), on leur avoit ordonné d'en tirer par iour iusques à cent tours chascun; ils estoient si accoustumez à ce nombre, qu'il estoit impossible, par aulcune force, de leur en faire tirer un tour davantage, et, ayants faict leur tasche, ils s'arrestoient tout court: nous sommes en l'adolescence avant que nous sçachions compter iusques à cent, et venons de descouvrir des nations qui n'ont aulcune cognoissance des nombres. Il y a encores plus de discours à instruire aultruy qu'à estre instruict: or, laissant à part ce que Democritus iugeoit, et prouvoit, que la pluspart des arts, les bestes nous les ont apprinses, comme l'araignee à tistre et à coudre, l'arondelle à bastir, le cygne et le rossignol la musique, et plusieurs animaulx, par leur imitation, à faire la medecine, Aristote tient que les rossignols instruisent leurs petits à chanter, et y emploient du temps et du soing; d'où il advient que ceulx que nous nourrissons en cage, qui n'ont point eu loisir d'aller à l'eschole soubs leurs parents, perdent beaucoup de la grace de leur chant: nous pouvons iuger par là qu'il receoit de l'amendement par discipline et par estude; et, entre les libres mesme, il n'est pas un et pareil, chascun en a prins selon sa capacité; et sur la ialousie de leur apprentissage, ils se debattent, à l'envy, d'une contention si courageuse que par fois le vaincu y demeure mort, l'haleine luy faillant plustost que la voix. Les plus ieunes ruminent pensifs, et prennent à imiter certains couplets de chanson; le disciple escoute la leçon de son precepteur, et en rend compte avecques grand soing; ils se taisent, l'un tantost, tantost l'aultre; on oyt corriger les faultes, et sent on aulcunes reprehensions du precepteur. I'ay veu, dict (a) Arrius, aultresfois un elephant

---

(a) C'est une traduction assez exacte de ce qu'Arrien dit avoir

ayant à chascune cuisse un cymbale pendu, et un aultre attaché à sa trompe, au son desquels touts les aultres dansoient en rond, s'eslevants et s'inclinants à certaines cadences, selon que l'instrument les guidoit ; et y avoit plaisir à ouïr cette harmonie. Aux spectacles de Rome il se voyoit ordinairement des elephants dressez à se mouvoir, et danser, au son de la voix, des danses à plusieurs entrelasseures, coupeures, et diverses cadences tresdifficiles à apprendre. Il s'en est veu qui, en leur privé, rememoroient leur leçon, et s'exerceoient, par soing et par estude, pour n'estre tansez et battus de leurs maistres.

Mais cett' aultre histoire de la pie, de laquelle nous avons Plutarque mesme pour respondant, est estrange : elle estoit en la boutique d'un barbier, à Rome, et faisoit merveilles de contrefaire avecques la voix tout ce qu'elle oyoit. Un iour il adveint que certaines trompettes s'arresterent à sonner longtemps devant cette boutique. Depuis cela, et tout le lendemain, voylà cette pie pensifve, muette, et melancholique ; de quoy tout le monde estoit esmerveillé, et pensoit on que le son des trompettes l'eust ainsiu estourdie et estonnee, et qu'avecques l'ouïe, la voix se feust quand et quand esteincte : mais on trouva enfin que c'estoit une estude profonde, et une retraicte en soy mesme, son esprit s'exercitant, et preparant sa voix à representer le son de ces trompettes : de maniere que sa premiere voix, ce feut celle là d'exprimer parfaictement leurs reprinses, leurs poses, et leurs muances, ayant quitté par ce nouvel apprentissage, et prins à desdaing, tout ce qu'elle sçavoit dire auparavant.

Ie ne veulx pas obmettre d'alleguer aussi cet aultre exemple d'un chien que ce mesme Plutarque dict avoir

---

vu, *hist. indic.* c. 14, p. 328. Ed. Gronov. Montaigne, ou ses imprimeurs ont mis ici *Arrius* pour *Arrianus*. C.

veu (car, quant à l'ordre, ie sens bien que ie le trouble ; mais ie n'en observe non plus à renger ces exemples, qu'au reste de toute ma besongne), luy estant dans un navire : ce chien estant en peine d'avoir l'huile qui estoit dans le fond d'une cruche, où il ne pouvoit arriver de la langue, pour l'estroicte emboucheure du vaisseau, alla querir des cailloux, et en meit dans cette cruche iusques à ce qu'il eust faict haulser l'huile plus prez du bord, où il la peust attaindre. Cela, qu'est ce, si ce n'est l'effect d'un esprit bien subtil ? On dict que les corbeaux de Barbarie en font de mesme quand l'eau qu'ils veulent boire est trop basse. Cette action est aulcunement voisine de ce que recitoit des elephants un roy de leur nation, Iuba, que quand, par la finesse de ceulx qui les chassent, l'un d'entre eulx se treuve prins dans certaines fosses profondes qu'on leur prepare, et les recouvre lon de menues brossailles pour les tromper, ses compaignons y apportent en diligence force pierres et pieces de bois, à fin que cela l'ayde à s'en mettre hors. Mais cet animal rapporte, en tant d'aultres effects, à l'humaine suffisance, que si ie voulois suyvre par le menu ce que l'experience en a apprins, ie gaignerois ayseement ce que ie maintiens ordinairement, qu'il se treuve plus de difference de tel homme à tel homme, que de tel animal à tel homme. Le gouverneur d'un elephant, en une maison privee de Syrie, desrobboit à touts les repas la moitié de la pension qu'on luy avoit ordonné : un iour le maistre voulut luy mesme le panser, versa dans sa mangeoire la iuste mesure d'orge qu'il luy avoit prescripte pour sa nourriture ; l'elephant, regardant de mauvais œil ce gouverneur, separa avecques la trompe et en meit à part la moitié, declarant par là le tort qu'on luy faisoit. Et un aultre, ayant un gouverneur qui mesloit dans sa mangeaille des pierres pour en croistre la mesure, s'approcha du pot où il faisoit cuire sa chair pour son disner, et le luy remplit de cendre. Cela, ce sont des effects particuliers : mais ce que tout le monde a veu, et que tout le monde sçait, qu'en toutes les armees qui se conduisoient du païs de Levant, l'une des plus grandes forces consistoit aux elephants, desquels on tiroit des effects sans comparaison plus grands que nous ne faisons à present de nostre artillerie, qui tient à peu prez leur place en une battaille ordonnee, (cela est aysé à iuger à ceulx qui cognoissent les histoires anciennes);

>   si quidem Tyrio servire solebant
> Annibali, et nostris ducibus, regique Molosso,
> Horum maiores, et dorso ferre cohortes,
> Partem aliquam belli, et euntem in prælia turrim; (1)

il falloit bien qu'on se respondist à bon escient de la creance de ces bestes et de leur discours, leur abandonnant la teste d'une battaille, là où le moindre arrest qu'elles eussent sceu faire pour la grandeur et pesanteur de leur corps, le moindre effroy qui leur eust faict tourner la teste sur leurs gents, estoit suffisant pour tout perdre : et s'est veu moins d'exemples où cela soit advenu qu'ils se reiectassent sur leurs troupes, que de ceulx où nous mesmes nous reiectons les uns sur les aultres et nous rompons. On leur donnoit charge, non d'un mouvement simple, mais de plusieurs diverses parties, au combat ; comme faisoient aux chiens les Espaignols à la nouvelle conqueste des Indes (a), ausquels ils payoient solde, et faisoient partage au butin : et montroient ces

---

(1) Les éléphants, d'où nous sont venus (dit *Juvénal*, sat. 12, v. 107, et suiv.) ceux que de simples particuliers entretiennent aujourd'hui, servoient Annibal, Pyrrhus, et nos généraux d'armée, qui leur faisoient porter sur le dos des cohortes entieres, et des tours pleines de soldats qui de là chargeoient les ennemis.

(a) C'est ce que plusieurs peuples avoient fait long-temps auparavant : voyez *Pline*, nat. hist. l. 8, c. 40, et *Aelian*. var. hist. l. 14, c. 46. C.

animaulx autant d'addresse et de iugement à poursuyvre et arrester leur victoire, à charger ou à reculer,
selon les occasions, à distinguer les amis des ennemis,
comme ils faisoient d'ardeur et d'aspreté.

Nous admirons et poisons mieulx les choses estrangieres que les ordinaires ; et, sans cela, ie ne me feusse
pas amusé à ce long registre : car, selon mon opinion,
qui contreroollera de prez ce que nous voyons ordinairement ez animaulx qui vivent parmy nous, il y a de
quoy y trouver des effects autant admirables que ceulx
qu'on va recueillant ez païs et siecles estrangiers. C'est
une mesme nature qui roule son cours : qui en auroit
suffisamment iugé le present estat, en pourroit seurement conclure et tout l'advenir et tout le passé. I'ay veu
aultresfois parmy nous des hommes amenez par mer
de loingtain païs, desquels parce que nous n'entendions
aulcunement le langage, et que leur façon, au demourant, et leur contenance, et leurs vestements, estoient du
tout esloingnez des nostres, qui de nous ne les estimoit
et sauvages et brutes ? qui n'attribuoit à stupidité et à
bestise de les veoir muets, ignorants la langue françoise, ignorants nos baisemains et nos inclinations ser-
pentees, nostre port, et nostre maintien, sur lequel,
sans faillir, doibt prendre son patron la nature humaine?
Tout ce qui nous semble estrange nous le condamnons,
et ce que nous n'entendons pas ; comme il nous advient au
iugement que nous faisons des bestes. Elles ont plusieurs
conditions qui se rapportent aux nostres ; de celles là,
par comparaison, nous pouvons tirer quelque coniecture : mais de ce qu'elles ont particulier, que sçavons
nous que c'est? Les chevaulx, les chiens, les bœufs, les
brebis, les oyseaux, et la pluspart des animaulx qui
vivent avecques nous, recognoissent nostre voix, et se
laissent conduire par elle : si faisoit bien encores la mu-
rene de Crassus, et venoit à luy quand il l'appelloit ; et
le font aussi les anguilles qui se treuvent en la fontaine

d'Arethuse : et i'ay veu des gardoirs assez, où les poissons accourent, pour manger, à certain cri de ceulx qui les traictent,

> nomen habent, et ad magistri
> Vocem quisque sui venit citatus : (1)

nous pouvons iuger de cela. Nous pouvons aussi dire que les elephants ont quelque participation de religion, d'autant, qu'aprez plusieurs ablutions et purifications, on les veoid haulsant leur trompe, comme des bras; et, tenant les yeulx fichez vers le soleil levant, se planter longtemps en meditation et contemplation, à certaines heures du iour, de leur propre inclination, sans instruction et sans precepte. Mais, pour ne veoir aulcune telle apparence ez aultres animaulx, nous ne pouvons pourtant establir qu'ils soient sans religion, et ne pouvons prendre en aulcune part ce qui nous est caché; comme nous voyons quelque chose en cette action que le philosophe Cleanthes remarqua, parce qu'elle retire aux nostres : il veit, dict il, des fourmis partir de leur fourmilliere, portants le corps d'un fourmi mort, vers une aultre fourmilliere, de laquelle plusieurs aultres fourmis leur veindrent au devant, comme pour parler à eulx; et, aprez avoir esté ensemble quelque piece, ceulx cy s'en retournerent pour consulter, pensez, avecques leurs concitoyens, et feirent ainsi deux ou trois voyages, pour la difficulté de la capitulation : enfin ces derniers venus apporterent aux premiers un ver de leur taniere, comme pour la rançon du mort, lequel ver les premiers chargerent sur leur dos, et emporterent chez eulx, laissants aux aultres le corps du trespassé. Voylà l'interpretation que Cleanthes y donna, tesmoignant par là que celles qui n'ont point de voix ne laissent pas d'avoir practique et

---

(1) Ils ont un nom; et chacun d'eux vient à la voix du maître qui l'appelle. *Martial.* epigr. 29, l. 4, v. 6, 7.

communication mutuelle; de laquelle c'est nostre default que nous ne soyons participants, et nous entremettons à cette cause sottement d'en opiner. Or elles produisent encores d'aultres effects qui surpassent de bien loing nostre capacité; ausquels il s'en fault tant que nous puissions arriver par imitation, que, par imagination mesme, nous ne les pouvons concevoir. Plusieurs tiennent qu'en cette grande et derniere bataille navale qu'Antonius perdit contre Auguste, sa galere capitainesse feut arrestee au milieu de sa course par ce petit poisson que les Latins nomment Remora, à cause de cette sienne proprieté d'arrester toute sorte de vaisseaux ausquels il s'attache. Et l'empereur Caligula, voguant avecques une grande flotte en la coste de la Romanie, sa seule galere feut arrestee tout court par ce mesme poisson; lequel il feit prendre attaché comme il estoit au bas de son vaisseau, tout despit de quoy un si petit animal pouvoit forcer et la mer et les vents et la violence de touts ses avirons, pour estre seulement attaché par le bec à sa galere (car c'est un poisson à coquille); et s'estonna encores, non sans grande raison, de ce que, luy estant apporté dans le batteau, il n'avoit plus cette force qu'il avoit au dehors. Un citoyen de Cyzique acquit iadis reputation de bon mathematicien, pour avoir apprins la condition de l'herisson; il a sa taniere ouverte à divers endroicts et à divers vents, et, prevoyant le vent advenir, il va boucher le trou du costé de ce vent là : ce que remarquant ce citoyen apportoit en sa ville certaines predictions du vent qui avoit à tirer. Le cameleon prend la couleur du lieu où il est assis; mais le poulpe se donne luy mesme la couleur qui luy plaist, selon les occasions, pour se cacher de ce qu'il craint, et attraper ce qu'il cherche : au cameleon, c'est changement de passion; mais au poulpe, c'est changement d'action. Nous avons quelques mutations de couleur, à la frayeur, la cholere, la honte, et aultres passions, qui alterent le teinct de nostre visage ; mais c'est par l'effect de la souffrance, comme au cameleon : il est bien en la iaunisse de nous faire iaunir; mais il n'est pas en la disposition de nostre volonté. Or ces effects, que nous recognoissons aux aultres animaulx, plus grands que les nostres, tesmoignent en eulx quelque faculté plus excellente qui nous est occulte; comme il est vraysemblable que sont plusieurs aultres de leurs conditions et puissances, desquelles nulles apparences ne viennent iusques à nous.

De toutes les predictions du temps passé, les plus anciennes et plus certaines estoient celles qui se tiroient du vol des oyseaux : nous n'avons rien de pareil et de si admirable. Cette regle, cet ordre du bransler de leur aile, par lequel on tire des consequences des choses à venir, il fault bien qu'il soit conduict par quelque excellent moyen à une si noble operation : car c'est prester à la lettre, d'aller attribuant ce grand effect à quelque ordonnance naturelle, sans l'intelligence, consentement et discours de qui le produict ; et est une opinion evidemment faulse. Qu'il soit ainsi : La torpille a cette condition, non seulement d'endormir les membres qui la touchent, mais, au travers des filets et de la seine, elle transmet une pesanteur endormie aux mains de ceulx qui la remuent et manient; voire, dict on davantage, que si on verse de l'eau dessus, on sent cette passion qui gaigne contremont iusques à la main et endort l'attouchement au travers de l'eau. Cette force est merveilleuse : mais elle n'est pas inutile à la torpille ; elle la sent, et s'en sert, de maniere que, pour attraper la proie qu'elle queste, on la veoid se tapir soubs le limon, à fin que les aultres poissons, se coulants par dessus, frappez et endormis de cette sienne froideur, tombent en sa puissance. Les grues, les arondelles, et aultres oyseaux passagiers, changeants de demeure selon les saisons de l'an, montrent assez la cognoissance qu'elles ont de leur faculté divinatrice, et la mettent en usage. Les chasseurs nous asseurent que, pour choisir d'un nombre de petits chiens celuy qu'on doibt conserver pour le meilleur, il ne fault que mettre la mere au propre de le choisir elle mesme; comme, si on les emporte hors de leur giste, le premier qu'elle y rapportera sera tousiours le meilleur; ou bien, si on faict semblant d'entourner de feu leur giste, de toutes parts, celuy des petits au secours duquel elle courra premierement : par où il appert qu'elles ont un usage de prognostique, que nous n'avons pas, ou qu'elles ont quelque vertu à iuger de leurs petits, aultre et plus vifve que la nostre.

La maniere de naistre, d'engendrer, nourrir, agir, mouvoir, vivre, et mourir, des bestes, estant si voisine de la nostre, tout ce que nous retrenchons de leurs causes motrices, et que nous adioustons à nostre condition au dessus de la leur, cela ne peult aulcunement partir du discours de nostre raison. Pour reglement de nostre santé, les medecins nous proposent l'exemple du vivre des bestes, et leur façon; car ce mot est de tout temps en la bouche du peuple,

Tenez chaulds les pieds et la teste:
Au demourant vivez en beste:

la generation est la principale des actions naturelles ; nous avons quelque disposition de membres qui nous est plus propre à cela : toutesfois ils nous ordonnent de nous renger à l'assiette et disposition brutale, comme plus effectuelle ;

more ferarum,
Quadrupedumque magis ritu, plerumque putantur
Concipere uxores: quia sic loca sumere possunt,
Pectoribus positis, sublatis semina lumbis; (1)

et reiectent, comme nuisibles, ces mouvements indis-

---

(1) On croit généralement que les femmes conçoivent plus sûrement lorsque leur corps est placé dans la même direction que

crets et insolents que les femmes y ont meslé de leur creu; les ramenant à l'exemple et usage des bestes de leur sexe, plus modeste et rassis:

> Nam mulier prohibet se concipere atque repugnat,
> Clunibus ipsa viri Venerem si læta retractet,
> Atque exossato ciet omni pectore fluctus.
> Eicit enim sulci rectà regione viâque
> Vomerem, atque locis avertit seminis ictum. (1)

Si c'est iustice de rendre à chascun ce qui luy est deu, les bestes qui servent, aiment, et deffendent leurs bienfaicteurs, et qui poursuyvent et oultragent les estrangiers et ceulx qui les offensent, elles representent en cela quelque air de nostre iustice: comme aussi en conservant une egualité tresequitable en la dispensation de leurs biens à leurs petits. Quant à l'amitié, elles l'ont, sans comparaison, plus vifve et plus constante que n'ont pas les hommes. Hyrcanus, le chien du roy Lysimachus, son maistre mort, demeura obstiné sus son lict, sans vouloir boire ne manger; et le iour qu'on en brusla le corps, il print sa course, et se iecta dans le feu, où il feut bruslé: comme feit aussi le chien d'un nommé Pyrrhus; car il ne bougea de dessus le lict de son maistre depuis qu'il feut mort, et, quand on l'emporta, il se laissa enlever quand et luy, et finalement se lancea dans le buchier où on brusloit le corps de son maistre. Il y a certaines inclinations d'affection qui naissent quel-

---

celui des bêtes, parceque dans cette disposition elles reçoivent plus aisément ce qui contribue à la génération. *Lucret.* l. 4, v. 1258, et seqq.

(1) Dans l'acte de la génération les mouvements lascifs de la part de la femme sont un obstacle à sa fécondation: car par là elle rend inutiles les efforts de l'homme, dont elle détourne la semence de l'organe vers lequel la nature la détermine. *Id. ibid.* v. 1263, et seqq.

quesfois en nous sans le conseil de la raison, qui viennent d'une temerité fortuite que d'aultres nomment sympathie ; les bestes en sont capables comme nous : nous voyons les chevaulx prendre certaine accointance des uns aux aultres, iusques à nous mettre en peine pour les faire vivre ou voyager separeement : on les veoid appliquer leur affection à certain poil de leurs compaignons ; comme à certain visage, et, où ils le rencontrent, s'y ioindre incontinent avecques feste et demonstration de bienveuillance ; et prendre quelque aultre forme à contre-cœur et en haine. Les animaulx ont choix, comme nous, en leurs amours, et font quelque triage de leurs femelles ; ils ne sont pas exempts de nos ialousies et d'envies extremes et irreconciliables. Les cupiditez sont ou naturelles et necessaires, comme le boire et le manger ; ou naturelles et non necessaires, comme l'accointance des femelles ; ou elles ne sont ny naturelles ny necessaires : de cette derniere sorte sont quasi toutes celles des hommes, elles sont toutes superflues et artificielles ; car c'est merveille combien peu il fault à nature pour se contenter, combien peu elle nous a laissé à desirer : les appresẗs à nos cuisines ne touchent pas son ordonnance ; les stoïciens disent qu'un homme auroit de quoy se substanter d'une olive par iour : la delicatesse de nos vins n'est pas de sa leçon, ny la recharge que nous adioustons aux appetits amoureux :

neque illa
Magno prognatum deposcit consule cunnum. (1)

Ces cupiditez estrangieres, que l'ignorance du bien et une faulse opinion ont coulees en nous, sont en si grand nombre, qu'elles chassent presque toutes les naturelles ; ny plus ny moins que si en une cité il y avoit si grand

---

(1) Elle ne recherche point la haute naissance, comme un stimulant qui doive assaisonner le plaisir de l'amour. *Horat.* sat. 2, l. 1, v. 69, 70.

nombre d'estrangiers, qu'ils en meissent hors les naturels habitants, ou esteignissent leur auctorité et puissance ancienne, l'usurpant entierement et s'en saisissant. Les animaulx sont beaucoup plus reglez que nous ne sommes, et se contiennent avecques plus de moderation soubs les limites que nature nous a prescripts ; mais non pas si exactement qu'ils n'ayent encores quelque convenance à nostre desbauche ; et tout ainsi comme il s'est trouvé des desirs furieux qui ont poulsé les hommes à l'amour des bestes, elles se treuvent aussi par fois esprinses de nostre amour, et receoivent des affections monstrueuses d'une espece à aultre: tesmoing l'elephant corrival d'Aristophanes, le grammairien, en l'amour d'une ieune bouquetiere en la ville d'Alexandrie, qui ne luy cedoit en rien aux offices d'un poursuyvant bien passionné ; car, se promenant par le marché où l'on vendoit des fruicts, il en prenoit avecques sa trompe, et les luy portoit ; il ne la perdoit de veue que le moins qu'il luy estoit possible ; et luy mettoit quelquesfois la trompe dans le sein par dessoubs son collet, et luy tastoit les tettins. Ils recitent aussi d'un dragon amoureux d'une fille ; et d'une oye esprinse de l'amour d'un enfant, en la ville d'Asope ; et d'un belier serviteur de la menestriere Glaucia : et il se veoid touts les iours des magots furieusement esprins de l'amour des femmes. On veoid aussi certains animaulx s'addonner à l'amour des masles de leur sexe. Oppianus, et aultres, recitent quelques exemples pour monstrer la reverence que les bestes, en leurs mariages, portent à la parenté ; mais l'experience nous faict bien souvent veoir le contraire :

> nec habetur turpe iuvencæ
> Ferre patrem tergo : fit equo sua filia coniux :
> Quasque creavit init pecudes caper : ipsaque cuius
> Semine concepta est, ex illo concipit ales. (1)

---

(1) La génisse ne refuse pas le taureau qui lui a donné la vie :

De subtilité malicieuse, en est il une plus expresse que celle du mulet du philosophe Thales? lequel passant au travers d'une riviere, chargé de sel, et, de fortune, y estant brunché, si que les sacs qu'il portoit en feurent touts mouillez, s'estant apperceu que le sel, fondu par ce moyen, luy avoit rendu sa charge plus legiere, ne failloit iamais, aussitost qu'il rencontroit quelque ruisseau, de se plonger dedans avecques sa charge; iusques à ce que son maistre, descouvrant sa malice, ordonna qu'on le chargeast de laine; à quoy se trouvant mesconté, il cessa de plus user de cette finesse. Il y en a plusieurs qui representent naïfvement le visage de nostre avarice; car on leur veoid un soing extreme de surprendre tout ce qu'elles peuvent, et de le curieusement cacher, quoyqu'elles n'en tirent point d'usage. Quant à la mesnagerie, elles nous surpassent, non seulement en cette prevoyance d'amasser et espargner pour le temps à venir, mais elles ont encores beaucoup de parties de la science qui y est necessaire: les fourmis estendent au dehors de l'aire leurs grains et semences pour les esventer, refreschir, et seicher, quand ils voyent qu'ils commencent à se moisir et à sentir le rance, de peur qu'ils ne se corrompent et pourrissent. Mais la caution et prevention dont ils usent à ronger le grain de froment surpasse toute imagination de prudence humaine: parce que le froment ne demeure pas tousiours sec ny sain, ains s'amollit, se resoult, et destrempe comme en laict, s'acheminant à germer et produire; de peur qu'il ne devienne semence, et perde sa nature et proprieté de magasin pour leur nourriture, ils rongent le bout par où le germe a coustume de sortir.

---

la cavale se livre au cheval de qui elle est née : le bouc se sert librement des chevres qu'il a engendrées; et l'oiseau s'aparie avec l'oiseau qui a fécondé l'œuf dont il est éclos. *Ovid.* Metamorph. fab. 9, l. 10, v. 28, et seqq.

Quant à la guerre, qui est la plus grande et pompeuse des actions humaines, ie sçaurois volontiers si nous nous en voulons servir pour argument de quelque prerogative, ou, au rebours, pour tesmoignage de nostre imbecillité et imperfection ; comme de vray, la science de nous entredesfaire et entretuer, de ruyner et perdre nostre propre espece, il semble qu'elle n'a pas beaucoup de quoy se faire desirer aux bestes qui ne l'ont pas :

>Quando leoni
Fortior eripuit vitam leo ? quo nemore unquam
Expiravit aper maioris dentibus apri ? (1)

mais elles n'en sont pas universellement exemptes pourtant ; tesmoing les furieuses rencontres des mouches à miel, et les entreprinses des princes des deux armees contraires :

>sæpè duobus
Regibus incessit magno discordia motu :
Continuòque animos vulgi et trepidantia bello
Corda licet longè præsciscere. (2)

Ie ne veois iamais cette divine description, qu'il ne m'y semble lire peincte l'ineptie et vanité humaine : car ces mouvements guerriers qui nous ravissent de leur horreur et espoventement, cette tempeste de sons et de cris,

>Fulgur ubi ad cœlum se tollit, totaque circùm
Aere renidescit tellus, subterque virûm vi

---

(1) Quand est-ce qu'un lion a ôté la vie à un lion plus foible que lui ? et en quelle forêt un sanglier a-t-il expiré sous la dent d'un autre sanglier plus vigoureux ? *Juvenal.* sat. 15, v. 160, et seqq.

(2) Dans une ruche il s'éleve souvent une violente discorde entre deux rois : d'où l'on peut d'abord prévoir de loin des emportements et de violents combats entre le peuple. *Georg.* l. 4, v. 67, et seqq.

> Excitur pedibus sonitus, clamoreque montes
> Icti reiectant voces ad sidera mundi; (1)

cette effroyable ordonnance de tant de milliers d'hommes armez, tant de fureur, d'ardeur, et de courage, il est plaisant à considerer par combien vaines occasions elle est agitee, et par combien legieres occasions esteincte :

> Paridis propter narratur amorem
> Græcia Barbariæ diro collisa duello : (2)

toute l'Asie se perdit, et se consomma en guerres pour le macquerellage de Paris : l'envie d'un seul homme, un despit, un plaisir, une ialousie domestique, causes qui ne debvroient pas esmouvoir deux harengieres à s'esgratigner, c'est l'ame et le mouvement de tout ce grand trouble. Voulons nous en croire ceulx mesmes qui en sont les principaulx aucteurs et motifs? oyons le plus grand, le plus victorieux empereur, et le plus puissant qui feust oncques, se iouant, et mettant en risee tresplaisamment et tresingenieusement plusieurs battailles hazardees et par mer et par terre, le sang et la vie de cinq cents mille hommes qui suyvirent sa fortune, et les forces et richesses des deux parties du monde espuisees, pour le service de ses entreprinses :

> Quòd futuit Glaphyran Antonius, hanc mihi pœnam
> Fulvia constituit, se quoque uti futuam.

---

(1) Lorsque l'éclat des armes rejaillit jusqu'au ciel, que la terre qui en est éclairée en tous sens, tremble sous les pieds des chevaux, et que les cris des soldats, remplissant les montagnes, retentissent dans les airs. *Lucret.* l. 2, v. 327, et seqq.

(2) On raconte qu'une guerre funeste, allumée par l'amour de Paris, épuisa toute la Grece. *Horat.* epist. 2, l. 1, v. 6, 7.

Fulviam ego ut futuam! quid, si me Manius oret
Pædicem, faciam? non puto, si sapiam.
Aut futue, aut pugnemus, ait : quid, si mihi vitâ
Charior est ipsâ mentula? signa canant. (1)

(j'use en liberté de conscience de mon latin, avecques le congé que vous (a) m'en avez donné): or ce grand corps à tant de visages et de mouvements, qui semble menacer le ciel et la terre;

Quàm multi Libyco volvuntur marmore fluctus,
Sævus ubi Orion hybernis conditur undis,
Vel quàm sole novo densæ torrentur aristæ,
Aut Hermi campo, aut Lyciæ flaventibus arvis ;
Scuta sonant, pulsuque pedum tremit excita tellus : (2)

ce furieux monstre à tant de bras et à tant de testes, c'est

---

(1) Parcequ'Antoine est charmé de Glaphyre,
Fulvie à ses beaux yeux me veut assujettir.
Antoine est infidele. Hé bien donc? Est-ce à dire
Que des fautes d'Antoine on me fera pâtir?
 Qui? moi, que je serve Fulvie!
 Suffit-il qu'elle en ait envie?
A ce compte on verroit se retirer vers moi
 Mille épouses mal satisfaites.
Aime-moi, me dit-elle, ou combattons. Mais quoi?
Elle est bien laide! Allons, sonnez trompettes.

Cette épigramme, composée par Auguste, nous a été conservée par *Martial*, epigr. 20, l. 11, v. 3, et seqq. J'ai emprunté la traduction que M. de Fontenelle en a donnée dans un de ses Dialogues des morts, laquelle ne nous fait rien perdre du sens d'Auguste. C.

(a) Montaigne s'adresse ici à une dame d'une qualité distinguée, qui l'avoit chargé de faire l'apologie de Sebond, et à laquelle nous devons par conséquent ce chapitre douzieme, le plus long, et, au jugement de bien des gens, le plus curieux. C.

(2) Comme dans le fort de l'hiver il y a des flots innombrables

tousiours l'homme, foible, calamiteux et miserable ; ce n'est qu'une fourmilliere esmeue et eschauffee ;

It nigrum campis agmen ; (1)

un souffle du vent contraire, le croassement d'un vol de corbeaux, le fauls pas d'un cheval, le passage fortuite d'un aigle, un songe, une voix, un signe, une brouee matiniere, suffisent à le renverser et porter par terre. Donnez luy seulement d'un rayon de soleil par le visage, le voylà fondu et esvanouï; qu'on luy esvente seulement un peu de poulsiere aux yeulx, comme aux mouches à miel de nostre poëte, voylà toutes nos enseignes, nos legions, et le grand Pompeius mesme à leur teste, rompu et fracassé : car ce feut luy, ce me semble, que Sertorius battit en Espaigne à tout ces belles armes, qui ont aussi servi à Eumenes contre Antigonus, à Surena contre Crassus :

Hi motus animorum, atque hæc certamina tanta,
Pulveris exigui iactu compressa quiescent: (2)

qu'on descouple mesme de nos mouches aprez, elles auront et la force et le courage de le dissiper. De fresche memoire, les Portugais pressants (a) la ville de Tamly, au territoire de Xiatime, les habitants d'icelle porterent sur la muraille grand' quantité de ruches, de quoy ils sont riches ; et à tout du feu chasserent les abeilles si

---

qui s'entresuivent impétueusement sur la mer d'Afrique, où des épis au retour de l'été que le soleil mûrit dans les campagnes qu'arrose le fleuve Hermus, ou dans celles de la Lycie : ainsi les boucliers retentissent dans le combat, et la terre tremble sous les pieds des chevaux. *Aeneid.* l. 7, v. 718, et seqq.

(1) Noire brigade qui court les champs. *Aeneid.* l. 4, v. 404.

(2) Un peu de poussiere suffira pour dissiper toute cette fougue et terminer ces grands combats. *Georg.* l. 4, v. 86, 87.

(a) Assiegeants. *Edit. de* 1595.

vifvement sur leurs ennemis, qu'ils les (a) meirent en route, ne pouvants soustenir leurs assaults et leurs poinctures : ainsi demeura la victoire et liberté de leur ville à ce nouveau secours; avecques telle fortune, qu'au retour du combat il ne s'en trouva une seule à dire. Les ames des empereurs et des savatiers sont iectees à mesme moule : considerants l'importance des actions des princes, et leur poids, nous nous persuadons qu'elles soient produictes par quelques causes aussi poisantes et importantes; nous nous trompons : ils sont menez et ramenez en leurs mouvements par les mesmes ressorts que nous sommes aux nostres; la mesme raison qui nous faict tanser avecques un voisin, dresse entre les princes une guerre; la mesme raison qui nous faict fouetter un laquay, tumbant en un roy, luy faict ruyner une province; ils veulent aussi legierement que nous, mais ils peuvent plus : pareils appetits agitent un ciron et un elephant.

Quant à la fidelité, il n'est animal au monde traistre, au prix de l'homme. Nos histoires racontent la vifve poursuitte que certains chiens ont faict de la mort de leurs maistres. Le roy Pyrrhus, ayant rencontré un chien qui gardoit un homme mort, et ayant entendu qu'il y avoit trois iours qu'il faisoit cet office, commanda qu'on enterrast ce corps, et mena ce chien quand et luy. Un iour qu'il assistoit aux montres generales de son armee, ce chien appercevant les meurtriers de son maistre leur courut sus avecques grands abbays et aspreté de courroux, et, par ce premier indice, achemina la vengeance de ce meurtre, qui en feut faicte bientost aprez par la voye de la iustice. Autant en feit le chien du sage Hesiode, ayant convaincu les enfants de Ganistor, naupactien, du meurtre commis en la personne de son maistre. Un aultre chien, estant à la garde d'un temple à Athenes, ayant apperceu un lar-

---

(a) Qu'ils abandonnerent leur entreprinse. *Edit. in-fol.* de 1595.

ron sacrilege qui emportoit les plus beaux ioyaux, se meit à abbayer contre luy tant qu'il peut; mais les marguilliers ne s'estants point esveillez pour cela, il se meit à le suyvre, et, le iour estant venu, se teint un peu plus esloingné de luy, sans le perdre iamais de veue : s'il luy offroit à manger, il n'en vouloit pas; et, aux aultres passants qu'il rencontroit en son chemin, il leur faisoit feste de la queue, et prenoit de leurs mains ce qu'ils luy donnoient à manger : si son larron s'arrestoit pour dormir, il s'arrestoit quand et quand au lieu mesme. La nouvelle de ce chien estant venue aux marguilliers de cette eglise, ils se meirent à le suyvre à la trace, s'enquerants des nouvelles du poil de ce chien, et enfin le rencontrerent en la ville de Cromyon, et le larron aussi, qu'ils ramenerent en la ville d'Athenes, où il feut puni : et les iuges, en recognoissance de ce bon office, ordonnerent, du publicque, certaine mesure de bled pour nourrir le chien, et aux presbtres d'en avoir soing. Plutarque tesmoigne cette histoire comme chose tresaveree et advenue en son siecle.

Quant à la gratitude (car il me semble que nous avons besoing de mettre ce mot en credit), ce seul exemple y suffira, qu'Appion recite comme en ayant esté luy mesme spectateur : Un iour, dict il, qu'on donnoit à Rome au peuple le plaisir du combat de plusieurs bestes estranges, et principalement de lions de grandeur inusitee, il y en avoit un, entre aultres, qui, par son port furieux, par la force et grosseur de ses membres, et un rugissement haultain et espoventable, attiroit à soy la veue de toute l'assistance. Entre les aultres esclaves qui feurent presentez au peuple en ce combat des bestes, feut un Androclus, de Dace, qui estoit à un seigneur romain de qualité consulaire. Ce lion, l'ayant apperceu de loing, s'arresta premierement tout court, comme estant entré en admiration, et puis s'approcha tout doulcement d'une façon molle et paisible, comme pour entrer en recognoissance avecques luy : cela faict, et s'estant asseuré de ce qu'il cherchoit, il commencea à battre de la queue à la mode des chiens qui flattent leur maistre, et à baiser et leicher les mains et les cuisses de ce pauvre miserable tout transi d'effroi et hors de soy. Androclus ayant reprins ses esprits par la benignité de ce lion, et r'asseuré sa veue pour le considerer et recognoistre ; c'estoit un singulier plaisir de veoir les caresses et les festes qu'ils s'entrefaisoient l'un à l'aultre. De quoy le peuple ayant eslevé des cris de ioye, l'empereur feit appeller cet esclave pour entendre de luy le moyen d'un si estrange evenement. Il luy recita une histoire nouvelle et admirable : « Mon maistre, dict il, estant proconsul en Afrique, ie feus contrainct, par la cruauté et rigueur qu'il me tenoit, me faisant iournellement battre, me desrobber de luy, et m'en fuyr ; et, pour me cacher seurement d'un personnage ayant si grande auctorité en la province, ie trouvay mon plus court de gaigner les solitudes et les contrees sablonneuses et inhabitables de ce païs là, resolu, si le moyen de me nourrir venoit à me faillir, de trouver quelque façon de me tuer moy mesme. Le soleil estant extremement aspre sur le midi, et les chaleurs insupportables, m'estant embattu sur une caverne cachee et inaccessible, ie me iectay dedans. Bientost aprez y surveint ce lion, ayant une patte sanglante et blecee, tout plaintif et gemissant des douleurs qu'il y souffroit. A son arrivee i'eus beaucoup de frayeur ; mais luy, me voyant mussé dans un coing de sa loge, s'approcha tout doulcement de moy, me presentant sa patte offensee, et me la montrant comme pour demander secours : ie luy ostay lors un grand escot qu'il y avoit, et, m'estant un peu apprivoisé à luy, pressant sa playe, en feis sortir l'ordure qui s'y amassoit, l'essuyay et nettoyay le plus proprement que ie peus. Luy, se sentant allegé de son mal et soulagé de cette douleur, se print à reposer et à dormir, ayant tousiours sa patte entre mes mains. De là en hors, luy et moy vesquismes ensemble en cette caverne, trois ans entiers, de mesmes viandes ; car des bestes qu'il tuoit à sa chasse, il m'en apportoit les meilleurs endroicts, que ie faisois cuire au soleil, à faulte de feu, et m'en nourrissois. A la longue, m'estant ennuyé de cette vie brutale et sauvage, comme ce lion estoit allé un iour à sa queste accoustumee, ie partis de là ; et, à ma troisiesme iournee, feus surprins par les soldats qui me menerent d'Afrique en cette ville à mon maistre, lequel soubdain me condamna à mort et à estre abandonné aux bestes. Or, à ce que ie veois, ce lion feut aussi prins bientost aprez, qui m'a à cette heure voulu recompenser du bienfaict et guarison qu'il avoit receu de moy ». Voylà l'histoire qu'Androclus recita à l'empereur, laquelle il feit aussi entendre de main à main au peuple : parquoy, à la requeste de touts, il feut mis en liberté, et absouls de cette condamnation, et, par ordonnance du peuple, luy feut faict present de ce lion. Nous voyions depuis, dict Appion, Androclus conduisant ce lion à tout une petite lesse, se promenant par les tavernes à Rome, recevoir l'argent qu'on luy donnoit, le lion se laisser couvrir des fleurs qu'on luy iectoit, et chascun dire en les rencontrant : « Voylà le lion hoste de l'homme : Voylà l'homme medecin du lion. »

Nous pleurons souvent la perte des bestes que nous aimons ; aussi font elles la nostre :

> Post, bellator equus, positis insignibus, Aethon
> It lacrymans, guttisque humectat grandibus ora. (1)

Comme aulcunes de nos nations ont les femmes en commun ; aulcunes, à chascun la sienne : cela ne se veoid il pas aussi entre les bestes ; et des mariages mieulx gardez que les nostres ? Quant à la societé et confederation

---

(1) Ensuite venoit Aethon, son cheval de bataille, dépouillé de ses ornements, et pleurant à grosses larmes. *Aeneid.* l. 11, v. 89, 90.

qu'elles dressent entre elles pour se liguer ensemble et s'entresecourir, il se veoid, des bœufs, des porceaux, et aultres animaulx, qu'au cry de celuy que vous offensez, toute la troupe accourt à son ayde, et se rallie pour sa deffense: l'escare, quand il a avallé l'hameçon du pescheur, ses compaignons s'assemblent en foule autour de luy, et rongent la ligne; et, si d'adventure il y en a un qui ayt donné dedans la nasse, les aultres luy baillent la queue par dehors, et luy la serre tant qu'il peult à belles dents; ils le tirent ainsin au dehors, et l'entraisnent. Les barbiers, quand l'un de leurs compaignons est engagé, mettent la ligne contre leur dos, dressants un' espine qu'ils ont dentelee comme une scie, à tout laquelle ils la scient et coupent. Quant aux particuliers offices que nous tirons l'un de l'aultre pour le service de la vie, il s'en veoid plusieurs pareils exemples parmi elles : ils tiennent que la baleine ne marche iamais qu'elle n'ayt au devant d'elle un petit poisson semblable au gouion de mer, qui s'appelle pour cela La guide : la baleine le suit, se laissant mener et tourner, aussi facilement que le timon faict retourner la navire; et, en recompense aussi, au lieu que toute aultre chose, soit beste, ou vaisseau, qui entre dans l'horrible chaos de la bouche de ce monstre, est incontinent perdu et englouti, ce petit poisson s'y retire en toute seureté, et y dort; et pendant son sommeil la baleine ne bouge : mais aussi tost qu'il sort, elle se met à le suyvre sans cesse ; et si, de fortune, elle l'escarte, elle va errant çà et là, et souvent se froissant contre les rochiers, comme un vaisseau qui n'a point de gouvernail : ce que Plutarque tesmoigne avoir veu en l'isle d'Anticyre. Il y a une pareille societé entre le petit oyseau qu'on nomme le roytelet, et le crocodile : le roytelet sert de sentinelle à ce grand animal ; et si l'ichneumon, son ennemy, s'approche pour le combattre, ce petit oyseau, de peur qu'il ne le surprenne endormi, va, de son chant, et à coups de bec, l'esveillant, et l'advertissant de son dangier: il vit des demeurants de ce monstre, qui le receoit familierement en sa bouche, et luy permet de becqueter dans ses machoueres et entre ses dents et y recueillir les morceaux de chair qui y sont demeurez; et, s'il veult fermer la bouche, il l'advertit premierement d'en sortir, en la serrant peu à peu, sans l'estreindre et l'offenser. Cette coquille qu'on nomme la Nacre vit aussi ainsin avecques le pinnothere, qui est un petit animal de la sorte d'un cancre, luy servant d'huissier et de portier, assis à l'ouverture de cette coquille, qu'il tient continuellement entrebaaillee et ouverte, iusques à ce qu'il y veoye entrer quelque petit poisson propre à leur prinse: car lors il entre dans la nacre, et luy va pinceant la chair vifve, et la contrainct de fermer sa coquille: lors eulx deux ensemble mangent la proye enfermee dans leur fort. En la maniere de vivre des thuns, on y remarque une singuliere science des trois parties de la mathematique: quant à l'astrologie, ils l'enseignent à l'homme; car ils s'arrestent au lieu où le solstice d'hyver les surprend, et n'en bougent iusques à l'equinoxe ensuyvant; voylà pourquoy Aristote mesme leur concede volontiers cette science: quant à la geometrie et arithmetique, ils font tousiours leur bande de figure cubique, carree en touts sens, et en dressent un corps de battaillon solide, clos et environné tout à l'entour, à six faces toutes eguales; puis nagent en cette ordonnance carree, autant large derriere que devant; de façon que qui en veoid et compte un reng, il peult ayseement nombrer toute la troupe, d'autant que le nombre de la profondeur est egual à la largeur, et la largeur à la longueur.

Quant à la magnanimité, il est malaysé de luy donner un visage plus apparent qu'en ce faict du grand chien qui feut envoyé des Indes au roy Alexandre: on luy presenta premierement un cerf pour le combattre, et puis un sanglier, et puis un ours; il n'en feit compte, et ne daigna se remuer de sa place: mais, quand il veid un lion, il se dressa incontinent sur ses pieds, montrant manifestement qu'il declaroit celuy là seul digne d'entrer en combat avecques luy. Touchant la repentance et recognoissance des faultes, on recite d'un elephant, lequel ayant tué son gouverneur par impetuosité de cholere, en print un dueil si extreme, qu'il ne voulut oncques puis manger, et se laissa mourir. Quant à la clemence, on recite d'un tigre, la plus inhumaine beste de toutes, que luy ayant esté baillé un chevreau, il souffrit deux iours la faim avant que de le vouloir offenser, et le troisiesme il brisa la cage où il estoit enfermé, pour aller chercher aultre pasture, ne se voulant prendre au chevreau, son familier et son hoste. Et quant aux droicts de la familiarité et convenance qui se dresse par la conversation, il nous advient ordinairement d'appriuoiser des chats, des chiens et des lievres ensemble. Mais ce que l'experience apprend à ceulx qui voyagent par mer, et notamment en la mer de Sicile, de la condition des halcyons, surpasse toute humaine cogitation: de quelle espece d'animaulx a iamais nature tant honoré les couches, la naissance, et l'enfantement? car les poëtes disent bien qu'une seule isle de Delos, estant auparavant vagante, feut affermie pour le service de l'enfantement de Latone; mais Dieu a voulu que toute la mer feust arrestee, affermie, et applanie, sans vagues, sans vents et sans pluye, ce pendant que l'halcyon faict ses petits, qui est iustement environ le solstice, le plus court iour de l'an; et, par son privilege, nous avons sept iours et sept nuicts, au fin cœur de l'hyver, que nous pouvons naviguer sans dangier. Leurs femelles ne recognoissent aultre masle que le leur propre; l'assistent toute leur vie, sans iamais l'abandonner: s'il vient à estre debile et cassé, elles le chargent sur leurs espaules, le portent partout, et le servent iusques à la mort. Mais aulcune suffisance n'a encores peu atteindre à la cognoissance de cette merveilleuse fabrique de quoy l'halcyon compose le nid pour ses petits, ny en deviner la matiere. Plutarque, qui en a veu et manié plusieurs, pense que ce soit des arrestes de quelque poisson qu'elle conioinct et lie ensemble, les entrelaceant, les unes de long, les aultres de travers, et adioustant des courbes et des arrondissements, tellement qu'enfin elle en forme un vaisseau rond prest à voguer: puis, quand elle a parachevé de le construire, elle le porte au battement du flot marin, là où la mer, le battant tout doulcement, luy enseigne à radouber ce qui n'est pas bien lié, et à mieulx fortifier aux endroicts où elle veoid que sa structure se desmeut et se lasche pour les coups de mer : et au contraire, ce qui est bien ioinct, le battement de la mer le vous estreinct et vous le serre de sorte qu'il ne se peult ny rompre, ny dissouldre, ou endommager à coups de pierre, ny de fer, si ce n'est à toute peine. Et ce qui plus est à admirer, c'est la proportion et figure de la concavité du dedans : car elle est composee et proportionnee de maniere qu'elle ne peult recevoir ny admettre aultre chose que l'oyseau qui l'a bastie; car à toute aultre chose elle est impenetrable, close, et fermee, tellement qu'il n'y peult rien entrer, non pas l'eau de la mer seulement. Voylà une description bien claire de ce bastiment, et empruntee de bon lieu : toutesfois il me semble qu'elle ne nous esclaircit pas encores suffisamment la difficulté de cette architecture. Or de quelle vanité nous peult il partir, de loger au dessoubs de nous, et d'interpreter desdaigneusement, les effects que nous ne pouvons imiter ny comprendre ?

Pour suyvre encores un peu plus loing cette egualité et correspondance de nous aux bestes: le privilege, de quoy nostre ame se glorifie, de ramener à sa condition tout ce qu'elle conceoit, de despouiller de qualitez mortelles et corporelles tout ce qui vient à elle, de renger les choses, qu'elle estime dignes de son accointance, à desvestir et despouiller leurs conditions corruptibles, et leur faire laisser à part, comme vestements superflus et viles, l'espesseur, la longueur, la profondeur, le poids, la couleur, l'odeur, l'aspreté, la polisseure, la dureté, la mollesse, et touts accidents sensibles, pour les accommoder à sa condition immortelle et spirituelle; de maniere que Rome et Paris, que i'ay en l'ame, Paris que i'imagine, ie l'imagine et le comprends sans grandeur et sans lieu, sans pierre, sans plastre, et sans bois : ce mesme privilege, dis ie, semble estre bien evidemment aux bestes ; car un cheval accoustumé aux trompettes, aux arquebusades, et aux combats, que nous voyons tremousser et fremir en dormant, estendu sur sa lictiere, comme s'il estoit en la meslee, il est certain qu'il conceoit en son ame un son de tabourin sans bruict, une armee sans armes et sans corps :

> Quippe videbis equos fortes, cùm membra iacebunt
> In somnis, sudare tamen, spirareque sæpe,
> Et quasi de palmà summas contendere vires : (1)

ce lievre, qu'un levrier imagine en songe, aprez lequel nous le voyons haleter en dormant, alonger la queue, secouer les iarrets, et representer parfaictement les mouvements de sa course, c'est un lievre sans poil et sans os :

> Venantûmque canes in molli sæpè quiete
> Iactant crura tamen subitò, vocesque repentè
> Mittunt, et crebras reducunt naribus auras,
> Ut vestigia si teneant inventa ferarum :
> Expergefactique sequuntur inania sæpè
> Cervorum simulacra, fugæ quasi dedita cernant;
> Donec discussis redeant erroribus ad se : (2)

---

(1) Car le sommeil ayant assoupi des chevaux vigoureux, on les voit quelquefois suer, haleter, et s'animer comme s'ils étoient prêts à partir pour disputer le prix de la course. *Lucret.* l. 4, v. 984, et seqq.

(2) Et souvent les chiens de chasse, ensevelis dans un doux

les chiens de garde que nous voyons souvent gronder en songeant, et puis iapper tout à faict, et s'esveiller en sursault, comme s'ils appercevoient quelque estrangier arriver; cet estrangier que leur ame veoid, c'est un homme spirituel et imperceptible, sans dimension, sans couleur, et sans estre:

> consueta domi catulorum blanda propago
> Degere, sæpè levem ex oculis volucremque soporem
> Discutere, et corpus de terrâ corripere instant,
> Proinde quasi ignotas facies atque ora tueantur. (1)

Quant à la beauté du corps, avant passer oultre il me fauldroit sçavoir si nous sommes d'accord de sa description. Il est vraysemblable que nous ne sçavons gueres que c'est que beauté en nature et en general, puisque à l'humaine et nostre beauté nous donnons tant de formes diverses, de laquelle s'il y avoit quelque prescription naturelle, nous la recognoistrions en commun, comme la chaleur du feu. Nous en fantasions les formes à nostre poste:

> Turpis romano belgicus ore color: (2)

les Indes la peignent noire et basannee, aux levres grosses et enflees, au nez plat et large; et chargent de

---

sommeil, remuent tout d'un coup les jambes, aboyent et inspirent l'air à différentes reprises, comme s'ils étoient sur la piste de la bête qu'ils ont accoutumé de chasser: et quelquefois, déja éveillés, ils poursuivent de vaines images de cerfs qu'ils croient voir fuir devant eux, ne cessant de s'agiter qu'après avoir reconnu leur méprise. *Id.* ibid. v. 988.

(1) Et souvent les chiens domestiques ne sont pas plutôt endormis qu'ils s'éveillent, et se dressent sur leurs pieds pour aboyer, comme s'ils voyoient des étrangers. *Lucret.* l. 4, v. 995, et seqq.

(2) Le teint belgique depare un visage romain. *Propert.* eleg. 18, l. 2, v. 26.

gros anneaux d'or le cartilage d'entre les nazeaux pour le faire pendre iusques à la bouche; comme aussi la balievre, de gros cercles enrichis de pierreries, si qu'elle leur tumbe sur le menton, et est leur grace de montrer leurs dents iusques au dessoubs des racines. Au Peru, les plus grandes aureilles sont les plus belles, et les estendent autant qu'ils peuvent par artifice : et un homme d'auiourd'huy dict avoir veu, en une nation orientale, ce soing de les agrandir en tel credit, et de les charger de poisants ioyaux, qu'à touts coups il passoit son bras vestu au travers d'un trou d'aureille. Il est ailleurs des nations qui noircissent les dents avecques grand soing, et ont à mespris de les veoir blanches : ailleurs, ils les teignent de couleur rouge. Non seulement en Basque, les femmes se treuvent plus belles la teste rase; mais assez ailleurs, et, qui plus est, en certaines contrees glaciales, comme dict Pline. Les Mexicanes comptent entre les beautez la petitesse du front; et où elles se font le poil par tout le reste du corps, elles le nourrissent au front, et peuplent par art; et ont en si grande recommendation la grandeur des tettins, qu'elles affectent de pouvoir donner la mammelle à leurs enfants par dessus l'espaule : nous formerions ainsi la laideur. Les Italiens la façonnent grosse et massifve; les Espaignols, vuidee et estrillee : et entre nous, l'un la faict blanche, l'aultre brune; l'un molle et delicate, l'aultre forte et vigoreuse; qui y demande de la mignardise et de la doulceur; qui, de la fierté et maiesté. Tout ainsi que la preference en beauté, que Platon attribue à la figure spherique, les epicuriens la donnent à la pyramidale plustost, ou carree, et ne peuvent avaller un dieu en forme de boule. Mais, quoy qu'il en soit, nature ne nous a non plus privilegiez en cela qu'au demourant, sur ses loix communes : et, si nous nous iugeons bien, nous trouverons que s'il est quelques animaulx moins favorisez en cela que nous, il y en a d'aultres, et en grand nombre, qui le sont plus, à multis animalibus decore vincimur (1), voire des terrestres nos compatriotes; car, quant aux marins, laissant la figure, qui ne peult tumber en proportion, tant elle est aultre, en couleur, netteté, polisseure, disposition, nous leur cedons assez, et non moins en toutes qualitez aux aërez. Et cette prerogative, que les poëtes font valoir de nostre stature droicte, regardant vers le ciel son origine,

> Pronaque cùm spectent animalia cætera terram,
> Os homini sublime dedit, cœlumque videre
> Iussit, et erectos ad sidera tollere vultus, (2)

elle est vrayement poëtique; car il y a plusieurs bestioles qui ont la veue renversee tout à faict vers le ciel; et l'encoleure des chameaux et des austruches ie la treuve encores plus relevee et droicte que la nostre; quels animaulx n'ont la face au hault, et ne l'ont devant, et ne regardent vis à vis, comme nous, et ne descouvrent, en leur iuste posture, autant du ciel et de la terre, que l'homme? et quelles qualitez de nostre corporelle constitution (a), en Platon et en Cicero, ne peuvent servir à mille sortes de bestes? Celles qui nous retirent le plus, ce sont les plus laides et les plus abiectes de toute la bande: car, pour l'apparence exterieure et forme du visage, ce sont les magots;

> Simia quàm similis, turpissima bestia, nobis! (3)

pour le dedans et parties vitales, c'est le porceau. Certes

---

(1) Plusieurs animaux nous surpassent en beauté. *Senec.* epist. 124, sub finem.

(2) Et au lieu que les autres animaux regardent en bas vers la terre, Dieu a placé la tête de l'homme en haut, pour qu'il eût les yeux levés vers le ciel, et disposés à contempler les astres. *Ovid.* metamorph. fab. 2, l. 1, v. 53, et seqq.

(a) Décrites par Platon et par Cicéron : par le premier dans son Timée, et par le dernier dans son traité de la Nature des Dieux, l. 2, c. 54, etc. C.

(3) Tout difforme qu'il est, le singe nous ressemble.
Ennius, apud Cic. de nat: deor. l. 1, c. 35. J'ai pris

quand j'imagine l'homme tout nud, ouy en ce sexe qui semble avoir plus de part à la beauté, ses tares, sa subiection naturelle et ses imperfections, ie treuve que nous avons eu plus de raison que nul aultre animal de nous couvrir. Nous avons esté excusables de emprunter ceulx que nature avoit favorisez en cela plus qu'à nous, pour nous parer de leur beauté, et nous cacher soubs leur despouille, laine, plume, poil, soye. Remarquons au demourant que nous sommes le seul animal duquel le default offense nos propres compaignons, et seuls qui avons à nous desrobber, en nos actions naturelles, de nostre espece. Vrayement c'est aussi un effet digne de consideration, que les maistres du mestier ordonnent, pour remede aux passions amoureuses, l'entiere veue et libre du corps qu'on recherche; que pour refroidir l'amitié, il ne faille que veoir librement ce qu'on aime ;

 Ille quòd obscœnas in aperto corpore partes
 Viderat, in cursu qui fuit, hæsit amor : (1)

et encores que cette recepte puisse à l'adventure partir d'une humeur un peu delicate et refroidie, si est ce un merveilleux signe de nostre defaillance, que l'usage et la cognoissance nous desgouste les uns des aultres: ce n'est pas tant pudeur, qu'art et prudence, qui rend nos dames si circonspectes à nous refuser l'entree de leurs cabinets avant qu'elles soyent peinctes et parees pour la montre publicque:

 Nec Veneres nostras hoc fallit; quò magis ipsæ
 Omnia summopere hos vitæ postscenia celant
 Quos retinere volunt adstrictoque esse in amore: (2)

---

ce vers du dernier traducteur françois de la Nature des Dieux, l'abbé d'Olivet. C.

(1) Tel, pour avoir vu à découvert les parties secretes de ce qu'il aimoit, s'est trouvé tout d'un coup délivré de sa passion. *Ovid.* De remed. amor. v. 429, 430.

(2) Aussi nos dames, qui n'ignorent pas cela, ont-elles grand

là où, en plusieurs animaulx, il n'est rien d'eulx que nous n'aimions et qui ne plaise à nos sens; de façon que de leurs excrements mesmes et de leur descharge nous tirons non seulement de la friandise au manger, mais nos plus riches ornements et parfums. Ce discours ne touche que nostre commun ordre, et n'est pas si sacrilege d'y vouloir comprendre ces divines, supernaturelles et extraordinaires beautez qu'on veoid par fois reluire entre nous, comme des astres soubs un voile corporel et terrestre. Au demourant la part mesme que nous faisons aux animaulx des faveurs de nature, par nostre confession, elle leur est bien advantageuse : nous nous attribuons des biens imaginaires et fantastiques, des biens futurs et absents, desquels l'humaine capacité ne se peult d'elle mesme respondre, ou des biens que nous nous attribuons faulsement par la licence de nostre opinion, comme la raison, la science et l'honneur; et à eulx, nous laissons en partage des biens essentiels, maniables et palpables, la paix, le repos, la securité, l'innocence, et la santé : la santé, dis ie, le plus beau et le plus riche present que nature nous sçache faire. De façon que la philosophie, voire la stoïque, ose bien dire que Heraclitus et Pherecydes, s'ils eussent peu eschanger leur sagesse avecques la santé, et se delivrer, par ce marché, l'un de l'hydropisie, l'aultre de la maladie pediculaire qui le pressoit, ils eussent bien faict. Par où ils donnent encores plus grand prix à la sagesse, la comparant et contrepoisant à la santé, qu'ils ne font en cette aultre proposition qui est aussi des leurs : ils disent que si Circé eust presenté à Ulysses deux bruvages, l'un pour faire devenir un homme de fol sage, l'aultre de sage fol, qu'Ulysses eust den plustost accepter celuy de la folie, que de consentir que Circé eust changé sa figure

---

soin de cacher tout l'artifice de leur parure à un amant qu'elles veulent retenir dans leurs filets. *Lucret.* l. 4, v. 1179, et seqq.

humaine en celle d'une beste : et disent que la sagesse mesme eust parlé à luy en cette maniere : « Quitte moy, laisse moy là, plustost que de me loger soubs la figure et corps d'un asne ». Comment, cette grande et divine sapience, les philosophes la quittent donc pour ce voile corporel et terrestre? ce n'est doncques plus par la raison, par le discours et par l'âme, que nous excellons sur les bestes; c'est par nostre beauté, nostre beau teinct et nostre belle disposition de membres, pour laquelle il nous fault mettre nostre intelligence, nostre prudence et tout le reste à l'abandon. Or i'accepte cette naïfve et franche confession : certes ils ont cogneu que ces parties là, de quoy nous faisons tant de feste, ce n'est que vaine fantasie. Quand les bestes auroient doncques toute la vertu, la science, la sagesse et suffisance stoïque, ce seroient tousiours des bestes ; ny ne seroient pourtant comparables à un homme miserable, meschant, et insensé. Enfin tout ce qui n'est pas comme nous sommes n'est rien qui vaille ; et Dieu mesme pour se faire valoir, il fault qu'il y retire, comme nous dirons tantost : par où il appert que ce n'est par vray discours, mais par une fierté folle, et opiniastreté, que nous nous preferons aux aultres animaulx et nous sequestrons de leur condition et societé.

Mais pour revenir à mon propos, nous avons pour nostre part l'inconstance, l'irresolution, l'incertitude, le dueil, la superstition, la solicitude des choses à venir, voire aprez nostre vie, l'ambition, l'avarice, la ialousie, l'envie, les appetits desreglez, forcenez et indomptables, la guerre, la mensonge, la desloyauté, la detraction et la curiosité. Certes nous avons estrangement surpayé ce beau discours de quoy nous nous glorifions, et cette capacité de iuger et cognoistre, si nous l'avons achetee au prix de ce nombre infiny de passions ausquelles nous sommes incessamment en prinse : s'il ne nous plaist de faire encores valoir, comme faict bien Socrates, cette notable prerogative sur les aultres animaulx, que où nature leur a prescript certaines saisons et limites à la volupté venerienne, elle nous en a lasché la bride à toutes heures et occasions. Ut vinum ægrotis, quia prodest rarò, nocet sæpissimè, melius est non adhibere omninò, quàm, spe dubiæ salutis, in apertam perniciem incurrere : Sic, haud scio an melius fuerit humano generi motum istum celerem, cogitationis acumen, solertiam, quam rationem vocamus, quoniam pestifera sint multis, admodum paucis salutaria, non dari omninò, quàm tam munificè et tam largè dari (1). De quel fruict pouvons nous estimer avoir esté à Varro et Aristote cette intelligence de tant de choses ? les a elle exemptez des incommoditez humaines ? ont ils esté deschargez des accidents qui pressent un crocheteur ? ont ils tiré de la logique quelque consolation à la goutte ? pour avoir sceu comme cette humeur se loge aux ioinctures, l'en ont ils moins sentie ? sont ils entrez en composition de la mort, pour sçavoir qu'aulcunes nations s'en resiouissent ; et du cocuage, pour sçavoir les femmes estre communes en quelque region ? au rebours, ayants tenu le premier reng en sçavoir, l'un entre les Romains, l'aultre entre les Grecs, et en la saison où la science fleurissoit le plus, nous n'avons pas pourtant apprins qu'ils ayent eu aulcune particuliere excellence en leur vie ; voire le Grec a assez à faire à se descharger d'aulcunes taches notables en la sienne : a lon trouvé que la volupté et la santé soyent plus savoureuses à celuy qui sçait l'astrologie et la grammaire ?

---

(1) Comme il vaut mieux ne point donner de vin aux malades, parceque le plus souvent il leur est nuisible, et qu'il leur fait rarement du bien, que de les exposer à un danger visible dans l'espoir d'un bien incertain : ainsi je ne sais s'il ne vaudroit pas mieux que cette activité, cette vivacité, cette subtilité d'esprit, que nous appelons raison, n'eût point été accordée à l'homme, que de lui être donnée si liberalement ; ces qualités se trouvant funestes à beaucoup de gens, et salutaires à fort peu. *Cic.* de nat. dcor. l. 3, c. 27.

Illiterati num minùs nervi rigent ? (1)

et la honte et pauvreté moins importunes ?

> Scilicet et morbis et debilitate carebis,
> Et luctum et curam effugies, et tempora vitæ
> Longa tibi post hæc fato meliore dabuntur ! (2)

J'ay veu en mon temps cent artisans, cent laboureurs, plus sages et plus heureux que des recteurs de l'université ; et lesquels j'aimerois mieulx ressembler. La doctrine, ce m'est advis, tient reng entre les choses necessaires à la vie, comme la gloire, la noblesse, la dignité, ou pour le plus, comme la beauté, la richesse, et telles aultres qualitez qui y servent voirement, mais de loing, et plus par fantasie que par nature. Il ne nous fault guere non plus d'offices, de regles et de loix de vivre en nostre communauté, qu'il en fault aux grues et aux fourmis en la leur ; et ce neantmoins nous voyons qu'elles s'y conduisent tresordonneement, sans erudition. Si l'homme estoit sage, il prendroit le vray prix de chasque chose selon qu'elle seroit la plus utile et propre à sa vie. Qui nous comptera par nos actions et deportements, il s'en trouvera plus grand nombre d'excellents entre les ignorants qu'entre les sçavants : ie dis en toute sorte de vertu. La vieille Rome me semble en avoir bien porté de plus grande valeur, et pour la paix et pour la guerre, que cette Rome sçavante qui se ruyna soy mesme : quand le demourant seroit tout pareil, au moins la preud'hommie et l'innocence demeureroient du costé de l'an-

---

(1) Pour être ignorant et sans lettres, en est-on moins propre à jouir des plaisirs de l'amour ? *Horat.* epod. lib. od. 8, v. 17.

(2) C'est vraiment bien par ce moyen que vous vous préserverez de maladie, de foiblesse, d'affliction, d'inquiétude, et que vous jouirez d'une plus longue et plus heureuse vie ! *Juvenal.* sat. 14, v. 156, et seqq.

cienne ; car elle loge singulierement bien avecques la simplicité. Mais ie laisse ce discours qui me tireroit plus loing que ie ne vouldrois suyvre. I'en diray seulement encores cela, que c'est la seule humilité et soubmission qui peult effectuer un homme de bien. Il ne fault pas laisser au iugement de chascun la cognoissance de son debvoir ; il le luy fault prescrire, non pas le laisser choisir à son discours : aultrement, selon l'imbecillité et varieté infinie de nos raisons et opinions, nous nous forgerions enfin des debvoirs qui nous mettroient à nous manger les uns les aultres, comme dict Epicurus.

La premiere loy que Dieu donna iamais à l'homme, ce feut une loy de pure obeïssance ; ce feut un commandement nud et simple, où l'homme n'eust rien à cognoistre et à causer, d'autant que l'obeïr est le propre office d'une ame raisonnable, recognoissant un celeste superieur et bienfacteur. De l'obeïr et ceder, naist toute aultre vertu ; comme du cuider, tout peché. Et au rebours, la premiere tentation qui veint à l'humaine nature de la part du diable ; sa premiere poison s'insinua en nous par les promesses qu'il nous feit de science et de cognoissance, *eritis sicut dii, scientes bonum et malum* (1) : et les sireines, pour piper Ulysse en Homere, et l'attirer en leurs dangereux et ruyneux laqs, luy offrent en don la science. La peste de l'homme, c'est l'opinion de sçavoir : voylà pourquoy l'ignorance nous est tant recommendée par nostre religion, comme piece propre à la creance et à l'obeïssance ; *cavete ne quis vos decipiat per philosophiam et inanes seductiones, secundùm elementa mundi* (2). En cecy y a il une generale convenance entre touts les philosophes

───────────

(1) Vous serez comme des dieux, sachant le bien et le mal. *Genese*, c. 3, v. 5.

(2) Gardez-vous que personne ne vous séduise par la philosophie, et par de vaines illusions, suivant les éléments du monde. *S. Paul.* ad Coloss. c. 2, v. 8.

de toutes sectes, que le souverain bien consiste en la tranquillité de l'ame et du corps: mais, où la trouvons nous?

> Ad summum, sapiens uno minor est Iove, dives,
> Liber, honoratus, pulcher, rex denique regum:
> Præcipuè sanus, nisi cùm pituita molesta est. (1)

Il semble, à la verité, que nature, pour la consolation de nostre estat miserable et chestif, ne nous ayt donné en partage que la presumption; c'est ce que dict Epictete, « que l'homme n'a rien proprement sien que l'usage de ses opinions » : nous n'avons que du vent et de la fumee en partage. Les dieux ont la santé en essence, dict la philosophie, et la maladie en intelligence : l'homme, au rebours, possede ses biens par fantasie, les maulx en essence. Nous avons eu raison de faire valoir les forces de nostre imagination; car touts nos biens ne sont qu'en songe. Oyez braver ce pauvre et calamiteux animal : « Il n'est rien, dict Cicero, si doulx que l'occupation des lettres, de ces lettres, dis ie, par le moyen desquelles l'infinité des choses, l'immense grandeur de nature, les cieux en ce monde mesme, et les terres et les mers nous sont descouvertes : ce sont elles qui nous ont apprins la religion, la moderation, la grandeur de courage, et qui ont arraché nostre ame des tenebres, pour luy faire veoir toutes choses haultes, basses, premieres, dernieres, et moyennes; ce sont elles qui nous fournissent de quoy bien et heureusement vivre, et nous guident à passer nostre aage sans desplaisir et sans offense » : cettuy cy ne semble il pas parler de la condition de Dieu toutvivant et toutpuissant? et, quant à l'effect, mille femmelettes

---

(1) Le sage ne voit que Jupiter au-dessus de lui : il est riche, libre, noble, beau, en un mot le roi des rois : il jouit sur-tout d'une santé parfaite, si ce n'est lorsqu'il est tourmenté de la pituite. *Horat.* epist. 1, l. 1, v. 106, et seqq.

ont vescu au village une vie plus equable, plus doulce et plus constante que ne feut la sienne.

> Deus ille fuit, deus, inclute Memmi,
> Qui princeps vitæ rationem invenit eam, quæ
> Nunc appellatur sapientia; quique per artem
> Fluctibus è tantis vitam, tantisque tenebris,
> In tam tranquilla et tam clara luce locavit : (1)

voylà des paroles tresmagnifiques et belles; mais un bien legier accident meit l'entendement de cettuy cy (a) en pire estat que celuy du moindre berger, nonobstant ce dieu precepteur, et cette divine sapience. De mesme impudence est cette promesse du livre de Democritus, « Ie m'en voys parler de toutes choses »; et ce sot tiltre, qu'Aristote nous preste, de « dieux mortels »; et ce iugement de Chrysippus, que « Dion estoit aussi vertueux que Dieu » : et mon Seneca recognoist, dict il, que « Dieu luy a donné le vivre, mais qu'il a de soy le bien vivre »; conformement à cet aultre, in virtute verè gloriamur; quod non contingeret, si id donum à deo, non à nobis haberemus (2) : cecy est aussi de Seneque : « que le sage a la fortitude pareille à Dieu, mais en l'humaine foiblesse;

---

(1) Illustre Memmius, celui-là fut un dieu, oui, un dieu, qui le premier trouva cet art de vivre auquel on donne présentement le nom de Sagesse; et qui par cet art divin nous fit passer, des agitations et des ténèbres d'une vie malheureuse, dans un état si tranquille et si lumineux. *Lucret.* l. 5, v. 8, et seqq.

(a) De Lucrece, qui, dans les vers qui précedent cette période, parle si magnifiquement d'Epicure, et de sa doctrine : car un breuvage, que lui donna sa femme ou sa maîtresse, lui troubla si fort la raison, que la violence du mal ne lui laissa que quelques intervalles lucides qu'il employa à composer son poëme; et le porta enfin à se tuer lui-même. *Eusebii* chronicon. C.

(2) C'est avec raison que nous nous glorifions de notre vertu; ce qui ne seroit point, si nous la tenions d'un dieu, et non pas de nous-mêmes. *Cic.* de nat. deor. l. 3, c. 36.

par où il le surmonte ». Il n'est rien si ordinaire que de rencontrer des traicts de pareille temerité : il n'y a aulcun de nous qui s'offense tant de se veoir apparier à Dieu, comme il faict de se veoir deprimer au reng des aultres animaulx : tant nous sommes plus ialoux de nostre interest, que de celuy de nostre Createur!

Mais il fault mettre aux pieds cette sotte vanité, et secouer vifvement et hardiement les fondements ridicules sur quoy ces faulses opinions se bastissent. Tant qu'il pensera avoir quelque moyen et quelque force de soy, iamais l'homme ne recognoistra ce qu'il doibt à son maistre; il fera tousiours de ses œufs poules, comme on dict : il le fault mettre en chemise. Voyons quelque notable exemple de l'effect de sa philosophie : Possidonius, estant pressé d'une si douloureuse maladie qu'elle luy faisoit tordre les bras et grincer les dents, pensoit bien faire la figue à la douleur, pour s'escrier contre elle : « Tu as beau faire! si ne diray ie pas que tu sois mal ». Il sent mesmes passions que mon laquay, mais il se brave sur ce qu'il contient au moins sa langue soubs les loix de sa secte : re succumbere non oportebat, verbis gloriantem (1). Archesilas estant malade de la goutte, Carneades l'estant venu visiter et s'en retournant tout fasché; il le rappella, et luy montrant ses pieds et sa poictrine : «Il n'est rien venu de là icy », luy dict il. Cettuy cy a un peu meilleure grace, car il sent avoir du mal, et vouldroit en estre depestré, mais de ce mal pourtant son cœur n'en est pas abbattu et affoibli ; l'aultre se tient en sa roideur, plus, ce crains ie, verbale, qu'essentielle : et Dionysius Heracleotes, affligé d'une cuison vehemente des yeulx, feut rengé à quitter ces resolutions stoïques. Mais, quand la science feroit par effect ce qu'ils disent, d'esmoucer et rabbattre l'aigreur des infortunes qui nous suyvent,

---

(1) Faisant le brave en paroles, il ne devoit pas succomber en effet. *Cic.* tusc quæst. l. 2, c. 12.

que faict elle que ce que faict beaucoup plus purement l'ignorance, et plus evidemment? le philosophe Pyrrho, courant en mer le hazard d'une grande tourmente, ne presentoit à ceulx qui estoient avecques luy à imiter que la securité d'un porceau qui voyageoit avecques eulx regardant cette tempeste sans effroy. La philosophie, au bout de ses preceptes, nous renvoye aux exemples d'un athlete et d'un muletier, ausquels on veoid ordinairement beaucoup moins de ressentiment de mort, de douleur et d'aultres inconvenients, et plus de fermeté, que la science n'en fournit oncques à aulcun qui n'y feust nay et preparé de soy mesme par habitude naturelle. Qui faict qu'on incise et taille les tendres membres d'un enfant plus ayseement que les nostres, si ce n'est l'ignorance, et ceulx d'un cheval? Combien en a rendu de malades la seule force de l'imagination? nous en voyons ordinairement se faire saigner, purger et medeciner, pour guarir des maulx qu'ils ne sentent qu'en leurs discours? Lorsque les vrays maulx nous faillent, la science nous preste les siens : cette couleur et ce teinct vous presagent quelque defluxion catarrheuse; cette saison chaulde vous menace d'une esmotion fiebvreuse; cette coupeure de la ligne vitale de vostre main gauche vous advertit de quelque notable et voisine indisposition : et enfin elle s'en addresse tout destroussement à la santé mesme; cette alaigresse et vigueur de ieunesse ne peult arrester en une assiette, il luy fault desrobber du sang et de la force, de peur qu'elle ne se tourne contre vous mesme. Comparez la vie d'un homme asservi à telles imaginations, à celle d'un laboureur se laissant aller aprez son appetit naturel, mesurant les choses au seul sentiment present, sans science et sans prognostique, qui n'a du mal que lorsqu'il l'a; où l'aultre a souvent la pierre en l'ame avant qu'il l'ayt aux reins : comme s'il n'estoit point assez à temps pour souffrir le mal lorsqu'il y sera, il l'anticipe par fantasie, et luy court au devant.

Ce que ie dis de la medecine se peult tirer par exemple generalement à toute science : de là est venue cette ancienne opinion des philosophes, qui logeoient le souverain bien à la recognoissance de la foiblesse de nostre iugement. Mon ignorance me preste autant d'occasion d'esperance que de crainte ; et, n'ayant aultre regle de ma santé que celle des exemples d'aultruy et des evenements que ie veois ailleurs en pareille occasion, i'en treuve de toutes sortes ; et m'arreste aux comparaisons qui me sont plus favorables. Ie receois la santé les bras ouverts, libre, plaine, et entiere ; et aiguise mon appetit à la iouïr, d'autant plus qu'elle m'est à present moins ordinaire et plus rare : tant s'en fault que ie trouble son repos et sa doulceur par l'amertume d'une nouvelle et contraincte forme de vivre. Les bestes nous montrent assez combien l'agitation de nostre esprit nous apporte de maladies : ce qu'on nous dict de ceulx du Bresil qu'ils ne mouroient que de vieillesse, et qu'on attribue à la serenité et tranquillité de leur air, ie l'attribue plustost à la tranquillité et serenité de leur ame, deschargee de toute passion, pensee, et occupation tendue ou desplaisante ; comme gents qui passoient leur vie en une admirable simplicité et ignorance, sans lettres, sans loy, sans roy, sans religion quelconque. Et d'où vient, ce qu'on veoid par experience, que les plus grossiers et plus lourds sont plus fermes et plus desirables aux executions amoureuses ; et que l'amour d'un muletier se rend souvent plus acceptable que celle d'un gallant homme ; sinon qu'en cettuy cy l'agitation de l'ame trouble sa force corporelle, la rompt et lasse, comme elle lasse aussi et trouble ordinairement soy mesme ? Qui la desmeut, qui la iecte plus coustumierement à la manie, que sa promptitude, sa poincte, son agilité, et enfin sa force propre ? de quoy se faict la plus subtile folie, que de la plus subtile sagesse ? Comme des grandes amitiez naissent des grandes inimitiez ; des santez vigoureuses, les mortelles maladies : ainsi des rares et vifves agitations de nos ames, les plus excellentes manies et plus destracquees; il n'y a qu'un demi tour de cheville à passer de l'un à l'aultre. Aux actions des hommes insensez, nous voyons combien proprement s'advient la folie avecques les plus vigoreuses operations de nostre ame. Qui ne sçait combien est imperceptible le voisinage d'entre la folie avecques les gaillardes eslevations d'un esprit libre, et les effects d'une vertu supreme et extraordinaire? Platon dict les melancholiques plus disciplinables et excellents : aussi n'en est il point qui ayent tant de propension à la folie. Infinis esprits se treuvent ruynez par leur propre force et soupplesse: quel sault vient de prendre, de sa propre agitation et alaigresse, l'un (a) des plus iudicieux, ingenieux, et plus formés à l'air de cette antique et pure poësie, qu'aultre poëte italien aye de long temps esté? n'a il pas de quoy sçavoir gré à cette sienne vivacité meurtriere? à cette clarté, qui l'a aveuglé? à cette exacte et tendue apprehension de la raison, qui l'a mis sans raison? à la curieuse et laborieuse queste des sciences, qui l'a conduict à la bestise? à cette rare aptitude aux exercices de l'ame, qui l'a rendu sans exercice et sans ame? I'eus plus de despit encores que de compassion, de le veoir à Ferrare en si piteux estat, survivant à soy mesme, mescognoissant et soy et ses ouvrages, lesquels, sans son sceu, et toutesfois à sa veue, on a mis en lumiere incorrigez et informes.

Voulez vous un homme sain, le voulez vous reglé, et en ferme et seure posture? affublez le de tenebres d'oisifveté et de pesanteur: il nous fault abestir, pour nous assagir; et nous esblouïr, pour nous guider. Et si on me dict que la commodité d'avoir l'appetit froid et mouce aux douleurs et aux maulx, tire aprez soy cette incommodité de nous rendre aussi par consequent moins ai-

---

(a) Le fameux Torquato Tasso, auteur de la Jérusalem délivrée.

gus et friands à la iouïssance des biens et des plaisirs ; cela est vray : mais la misère de nostre condition porte que nous n'avons pas tant à iouïr qu'à fuyr, et que l'extreme volupté ne nous touche pas comme une legiere douleur, *segnius homines bona quàm mala sentiunt* (1) : nous ne sentons point l'entiere santé, comme la moindre des maladies ;

<blockquote>
pungit
In cute vix summâ violatum plagula corpus ;
Quando valere nihil quemquam movet. Hoc iuvat unum,
Quòd me non torquet latus aut pes : cætera quisquam
Vix queat aut sanum sese, aut sentire valentem : (2)
</blockquote>

nostre bien estre, ce n'est que la privation d'estre mal. Voylà pourquoy la secte de philosophie qui a le plus faict valoir la volupté, encores l'a elle rengee à la seule indolence. Le n'avoir point de mal, c'est le plus avoir de bien que l'homme puisse esperer, comme disoit Ennius,

<blockquote>
Nimium boni est, cui nihil est mali ; (3)
</blockquote>

car ce mesme chatouillement et aiguisement qui se rencontre en certains plaisirs, et semble nous enlever au dessus de la santé simple et de l'indolence ; cette volupté actifve, mouvante, et ie ne sçais comment cuisante et mordante, celle là mesme ne vise qu'à l'indolence, comme à son but ; l'appetit qui nous ravit à l'accointance

---

(1) Les hommes sont moins sensibles au plaisir qu'à la douleur. *Tit. Liv.* l. 30, c. 21.

(2) Sensibles à la moindre piquure qui ne fait qu'effleurer la peau, nous ne sommes point touchés du plaisir de la santé. L'homme ne met en ligne de compte que l'avantage de n'être point attaqué de la pleurésie ou de la goutte : mais à peine sait-il qu'il est sain et plein de vigueur. *Stephani Boetiani poemata*, au revers de la page 115, lign. 11, 12, etc. Ces vers latins sont pris d'une satire latine, composée par Estienne de la Boëtie. C.

(3) Ennius apud *Cic.* de finibus bon. et mal, l. 2, cap. 13. Montaigne explique ce vers latin avant que de le citer.

des femmes, il ne cherche qu'à chasser la peine que nous apporte le desir ardent et furieux, et ne demande qu'à l'assouvir et se loger en repos et en l'exemption de cette fiebvre : ainsi des aultres. Ie dis doncques que si la simplesse nous achemine à point n'avoir de mal, elle nous achemine à un tresheureux estat selon nostre condition. Si ne la fault il point imaginer si plombee qu'elle soit du tout sans goust : car Crantor avoit bien raison de combattre l'indolence d'Epicurus, si on la bastissoit si profonde que l'abord mesme et la naissance des maulx en feust à dire, « Ie ne loue point cette indolence qui n'est ny possible ny desirable : ie suis content de n'estre pas malade ; mais si ie le suis, ie veulx sçavoir que ie le suis ; et si on me cauterise ou incise, ie le veulx sentir (1) ». De vray, qui desracineroit la cognoissance du mal, il extirperoit quand et quand la cognoissance de la volupté, et enfin aneantiroit l'homme : *istud nihil dolere, non sine magnâ mercede contingit, immanitatis in animo, stuporis in corpore* (2). Le mal est, à l'homme, bien à son tour : ny la douleur ne luy est tousiours à fuyr, ny la volupté tousiours à suyvre.

C'est un tresgrand advantage pour l'honneur de l'ignorance, que la science mesme nous reiecte entre ses bras, quand elle se treuve empeschee à nous roidir contre la pesanteur des maulx ; elle est contraincte de venir à cette composition, de nous lascher la bride, et donner congé de nous sauver en son giron, et nous mettre, soubs

---

(1) *Nec absurdè Crantor : Minimè, inquit, assentior iis qui istam nescio quam indolentiam magnopere laudant, quæ nec potest ulla esse, nec debet. Ne ægrotus sim, inquit ; sed si fuerim, sensus adsit, sive secetur quid, sive avellatur à corpore.* Cic. tusc. quæst. l. 3, c. 6.

(2) Cette indolence ne se peut acquérir qu'il n'en coûte cher à l'esprit et au corps, que le premier n'en devienne féroce, et le dernier stupide. *Id.* ibid.

sa faveur, à l'abri des coups et iniures de la fortune: car que veult elle dire aultre chose, quand elle nous presche « De retirer nostre pensee des maulx qui nous tiennent, et l'entretenir des voluptez perdues; et De nous servir, pour consolation des maulx presents, de la souvenance des biens passez; et D'appeler à nostre secours un contentement esvanouï, pour l'opposer à ce qui nous presse »? levationes ægritudinum in avocatione à cogitanda molestia, et revocatione ad contemplandas voluptates, ponit (1): si ce n'est que où la force luy manque, elle veult user de ruse, et donner un tour de souplesse et de iambe où la vigueur du corps et des bras vient à luy faillir; car non seulement à un philosophe, mais simplement à un homme rassis, quand il sent par effect l'alteration cuisante d'une fiebvre chaulde, quelle monnoye est ce de le payer de la souvenance de la doulceur du vin grec? ce seroit plustost luy empirer son marché:

<blockquote>Che ricordarsi il ben doppia la noia. (2)</blockquote>

De mesme condition est cet aultre conseil que la philosophie donne, « De maintenir en la memoire seulement le bonheur passé, et d'en effacer les desplaisirs que nous avons soufferts »; comme si nous avions en nostre pouvoir la science de l'oubli: et conseil duquel nous valons moins, encores un coup.

<blockquote>Suavis est laborum præteritorum memoria. (3)</blockquote>

Comment, la philosophie, qui me doibt mettre les armes

---

(1) Posant pour maxime, que le moyen d'alléger un mal présent, c'est de détourner son esprit des choses incommodes, et de l'appliquer à la contemplation de celles qui sont agréables. *Cic.* tusc. quæst. l. 3, c. 15.

(2) D'autant que le souvenir du bien passé rend plus pénible le sentiment du mal présent.

(3) Des maux passés le souvenir est doux.
Euripid. apud Cic. de finib. bon. et mal. l. 2, c. 32.

a la main pour combattre la fortune; qui me doibt roidir le courage pour fouler aux pieds toutes les adversitez humaines, vient elle à cette mollesse de me faire conniller par ces destours couards et ridicules! car la memoire nous represente, non pas ce que nous choisissons, mais ce qui luy plaist; voire, il n'est rien qui imprime si vifvement quelque chose en nostre souvenance, que le desir de l'oublier: c'est une bonne maniere de donner en garde, et d'empreindre en nostre ame quelque chose, que de la soliciter de la perdre. Et cela est fauls, *est situm in nobis, ut et adversa quasi perpetuâ oblivione obruamus, et secunda iucundè et suaviter meminerimus* (1); et cecy est vray, *Memini etiam quæ nolo : oblivisci non possum quæ volo* (2). Et de qui est ce conseil (a)? de celuy, qui se *unus sapientem profiteri sit ausus*;

> *Qui genus humanum ingenio superavit, et omnes*
> *Præstinxit stellas, exortus uti ætherius sol.* (3)

De vuider et desmunir la memoire, est ce pas le vray et propre chemin à l'ignorance?

> *Iners malorum remedium ignorantia est.* (4)

---

(1) Il est en notre puissance d'ensevelir nos malheurs dans un éternel oubli, et de rappeler dans notre esprit un doux et agréable souvenir de tout ce qui nous est arrivé d'heureux. *Cic.* de finib. bon. et mal. l. 1, c. 17.

(2) Je me souviens des choses mêmes que je voudrois oublier, et je ne puis oublier celles dont je voudrois perdre le souvenir. *Cic.* de finib. bon. et mal. l. 2, c. 32.

(a) Ce conseil d'ensevelir nos malheurs dans un éternel oubli? de celui, etc.

(3) D'Epicure, le seul homme qui ait osé se dire sage, *Cic.* de finib. bon. et mal. l. 2, c. 3. Lequel, selon Lucrece (l. 3, v. 1056), supérieur en génie à tous les hommes, les a tous effacés, comme le soleil en se levant fait disparoître toutes les étoiles.

(4) Et l'ignorance n'est à nos maux qu'un très foible remede. *Senec.* Oedip. act. 3, v. 7.

Nous voyons plusieurs pareils preceptes, par lesquels on nous permet d'emprunter, du vulgaire, des apparences frivoles, où la raison vifve et forte ne peult assez, pourveu qu'elles nous servent de contentement et de consolation : où ils ne peuvent guarir la playe, ils sont contents de l'endormir et pallier. Ie crois qu'ils ne me nieront pas cecy, que s'ils pouvoient adiouster de l'ordre et de la constance en un estat de vie qui se mainteinst en plaisir et en tranquillité par quelque foiblesse et maladie de iugement, qu'ils ne l'acceptassent :

potare, et spargere flores
Incipiam, patiarque vel inconsultus haberi. (1)

Il se trouveroit plusieurs philosophes de l'advis de Lycas : cettuy cy ayant, au demourant, ses mœurs bien reglees, vivant doulcement et paisiblement en sa famille, ne manquant à nul office de son debvoir envers les siens et estrangiers, se conservant tresbien des choses nuisibles, s'estoit, par quelque alteration de sens, imprimé en la cervelle une resverie, C'est qu'il pensoit estre perpetuellement aux theatres à y veoir des passetemps, des spectacles, et des plus belles comedies du monde. Guari qu'il feut, par les medecins, de cette humeur peccante, à peine qu'il ne les meist en procez pour le restablir en la doulceur de ces imaginations :

Pol ! me occidistis, amici,
Non servastis, ait ; cui sic extorta voluptas,
Et demptus, per vim, mentis gratissimus error : (2)

d'une pareille resverie à celle de Thrasylaus, fils de Py-

---

(1) Et ne dissent avec *Horace*, « Au hasard de passer pour fou, je vais commencer par boire, et par me couronner de fleurs ». Epist. 5, l. 1, v. 14, 15.

(2) Ah ! mes amis, leur dit-il, qu'avez-vous fait ? Loin de me guérir, vous m'avez ôté la vie, en me privant d'un si doux plaisir, en m'arrachant de l'ame cette douce erreur dont j'étois enchanté ? *Horat.* epist. 2, l. 2, v. 138, et seqq.

thodorus, qui se faisoit accroire que touts les navires qui relaschoient du port de Pyree et y abordoient ne travailloient que pour son service : se resiouïssant de la bonne fortune de leur navigation, les recueillant avecques ioye. Son frere Crito, l'ayant faict remettre en son meilleur sens, il regrettoit cette sorte de condition en laquelle il avoit vescu en liesse et deschargé de tout desplaisir. C'est ce que dict ce vers ancien grec, qu' « Il y a beaucoup de commodité à n'estre pas si advisé, »

Εν τῳ φρονειν γαρ μηδεν, ηδιστος βιος. (1)

et l'Ecclesiaste, « En beaucoup de sagesse, beaucoup de desplaisir : et, Qui acquiert science, s'acquiert du travail et torment. » (2)

Cela mesme à quoy, en general, la philosophie consent ; cette derniere recepte qu'elle ordonne à toute sorte de necessitez, qui est De mettre fin à la vie que nous ne pouvons supporter. Placet ? pare : Non placet ? quâcumque vis exi.... Pungit dolor ? vel fodiat sanè ? si nudus es, da iugulum ; sin tectus armis vulcaniis, id est fortitudine, resiste (3) ;

---

(1) Sophocles in Ajace Μαστιγοφορῳ, v. 554, edit. Cantabrig. 1746, in-8°. tom. 1. Montaigne a traduit ce vers grec avant que de le citer.

(2) Ch. 1, v. 18.

(3) Ces premiers mots, *Placet ? pare : Non placet ? quâcumque vis exi*, semblent avoir été imités par Montaigne de ceux-ci de Séneque, *Placet ? vive. Non placet ? licet eò reverti unde venisti* : Epist. 70. Pour le reste, *Pungit dolor?* etc. il est de Cicéron, *Tusc. quæst.* l. 2, c. 13.

Voici maintenant la traduction des deux passages :

La vie te plaît-elle ? accommode-toi de la vie. Ne te plaît-elle point ? sors-en par où tu voudras..... La douleur te pique-t-elle, ou te perce-t-elle vivement ? si tu es nud et désarmé, tends le gosier : et si tu es couvert des armes de Vulcain, c'est-à-dire muni d'un noble courage, résiste. C.

et ce mot des Grecs convives qu'ils y appliquent, Aut bibat, aut abeat (1), qui sonne plus sortablement en la langue d'un gascon, qui change volontiers en V le B, qu'en celle de Cicero :

> Vivere si recte nescis, decede peritis.
> Lusisti satis, edisti satis, atque bibisti;
> Tempus abire tibi est, ne potum largiùs æquo
> Rideat et pulset lasciva decentiùs ætas : (2)

qu'est ce aultre chose qu'une confession de son impuissance, et un renvoi non seulement à l'ignorance, pour y estre à couvert, mais à la stupidité mesme, au non sentir, et au non estre?

> Democritum postquam matura vetustas
> Admonuit memorem motus languescere mentis;
> Sponte suâ letho caput obvius obtulit ipse. (3)

C'est ce que disoit Antisthenes, « qu'il falloit faire provision ou de sens pour entendre, ou de licol pour se pendre »; et ce que Chrysippus alleguoit sur ce propos du poëte Tyrtaeus,

> De la vertu, ou de mort approcher :

et Cratez disoit « que l'amour se guarissoit par la faim, sinon par le temps; et, à qui ces deux moyens ne plai-

---

(1) Qu'il boive, ou s'en aille. Cette application est de Cicéron, dont voici les propres termes : *Mihi quidem in vitá servanda videtur illa lex, quæ in Græcorum conviviis obtinet*, Aut bibat, *inquit*, aut abeat. *Tusc. quæst.* l. 5, c. 4. C.

(2) Si tu ne sais pas vivre, quitte la place à ceux qui le savent. Les jeux, la bonne chere, et le bon vin, ne sont plus de saison pour toi. Il est temps que tu te retires, de peur que, si tu venois à t'enivrer, la jeunesse folâtre et pétulante ne se moquât de toi et ne te maltraitât. *Horat.* epist. 2, l. 2, v. 213, et seqq.

(3) Dès que Démocrite s'apperçut, par les avertissements que lui donnoit la vieillesse, que les facultés de son esprit commen-

roient, par la hart ». Celuy Sextius duquel Seneque et Plutarque parlent avecques si grande recommendation, s'estant iecté, toutes choses laissees, à l'estude de la philosophie, delibera de se precipiter en la mer, voyant le progrez de ses estudes trop tardif et trop long : il couroit à la mort, au default de la science. Voicy les mots de la loy sur ce subiect : « Si d'adventure il survient quelque grand inconvenient qui ne se puisse remedier, le port est prochain, et se peult on sauver, à nage, hors du corps, comme hors d'un esquif qui faict eau ; car c'est la crainte de mourir, non pas le desir de vivre, qui tient le fol attaché au corps ». Comme la vie se rend par la simplicité plus plaisante, elle s'en rend aussi plus innocente et meilleure, comme ie commenceois tantost à dire : les simples, dict sainct Paul, et les ignorants, s'eslevent et saisissent du ciel ; et nous, à tout nostre sçavoir, nous plongeons aux abismes infernaux. Ie ne m'arreste ny à Valentian, ennemy declaré de la science et des lettres, ny à Licinius, touts deux empereurs romains, qui les nommoient le venin et la peste de tout estat politique ; ny à Mahumet, qui, comme i'ay entendu, interdict la science à ses hommes : mais l'exemple de ce grand Lycurgus, et son auctorité, doibt certes avoir grand poids, et la reverence de cette divine police lacedemonienne, si grande, si admirable, et si long temps fleurissante en vertu et en bonheur, sans aulcune institution ny exercice de lettres. Ceulx qui reviennent de ce monde nouveau qui a esté descouvert du temps de nos peres par les Espaignols, nous peuvent tesmoigner combien ces nations, sans magistrat et sans loy, vivent plus legitimement et plus regleement que les nostres, où il y a plus d'officiers et de loix qu'il n'y a d'aultres hommes, et qu'il n'y a d'actions ;

çoient à s'affoiblir, il se livra volontairement à la mort. *Lucret.* l. 3, v. 1052, etc. edit. Michael. Maittaire, Lond. an. 1713.

> Di cittatorie piene, e di libelli,
> D'esamine, e di carte di procure,
> Hanno le mani e il seno, e gran fastelli
> Di chiose, di consigli, et di letture:
> Per cui le facultà de' poverelli
> Non sono mai nelle città sicure;
> Hanno dietro e dinanzi, e d'ambi i lati,
> Notai, procuratori, ed avvocati. (1)

C'estoit ce que disoit un senateur romain des derniers siecles (a), que leurs predecesseurs avoient l'haleine puante à l'ail, et l'estomach musqué de bonne conscience: et qu'au rebours, ceulx de son temps ne sentoient au dehors que le parfum, puants au dedans toute sorte de vices; c'est à dire, comme ie pense, qu'ils avoient beaucoup de sçavoir et de suffisance, et grand' faulte de preud'hommie. L'incivilité, l'ignorance, la simplesse, la rudesse, s'accompaignent volontiers de l'innocence; la curiosité, la subtilité, le sçavoir, traisnent la malice à leur suytte: l'humilité, la crainte, l'obeïssance, la debonnaireté (qui sont les pieces principales pour la conservation de la societé humaine), demandent une ame vuide, docile, et presumant peu de soy. Les chrestiens ont une particuliere cognoissance combien la curiosité est un mal naturel et originel en l'homme: le soing de s'augmenter en sagesse et en science, ce feut la premiere ruyne du genre humain; c'est la voie par où il s'est precipité à la damnation eternelle: l'orgueil est sa perte et sa corrup-

---

(1) Ils ont le sein et les mains pleines d'ajournements, de requêtes, d'informations, de lettres, et de procurations, ils sont chargés de sacs tout farcis de gloses, de consultations, de procédures; par lesquelles le pauvre peuple n'est jamais en sureté dans les villes, accompagné par devant, par derriere, et des deux côtés, d'une foule de notaires, de procureurs, et d'avocats, qui ne le quittent jamais. *Orlando furioso*, cant. 14, stanz. 84.

(a) C'est un passage de Varron, qu'on trouve dans Nonius, au mot *cepe*, p. 201, ed. Mercer. C.

tion ; c'est l'orgueil qui iecte l'homme à quartier des voyes communes, qui luy faict embrasser les nouvelletez, et aimer mieulx estre chef d'une troupe errante et desvoyee au sentier de perdition, aimer mieulx estre regent et precepteur d'erreur et de mensonge, que d'estre disciple en l'eschole de verité, se laissant mener et conduire par la main d'aultruy à la voye battue et droicturiere. C'est à l'adventure ce que dict ce mot grec ancien, que « la superstition suyt l'orgueil, et luy obeït comme à son pere » : ἡ δεισιδαιμονια καθαπερ πατρι τῳ τυφῳ πειθεται. O cuider! combien tu nous empesches! Aprez que Socrates feut adverti que le dieu de sagesse luy avoit attribué le nom de Sage, il en feut estonné; et, se recherchant et secouant partout, n'y trouvoit aulcun fondement à cette divine sentence : il en sçavoit de iustes, temperants, vaillants, sçavants comme luy, et plus eloquents, et plus beaux, et plus utiles au païs. Enfin il se resolut qu'il n'estoit distingué des aultres, et n'estoit sage, que parce qu'il ne s'en tenoit pas ; et que son dieu estimoit bestise singuliere à l'homme l'opinion de science et de sagesse ; et que sa meilleure doctrine estoit la doctrine de l'ignorance; et sa meilleure sagesse, la simplicité. La saincte parole declare miserables ceulx d'entre nous qui s'estiment : « Bourbe et cendre, leur dict elle, qu'as tu à te glorifier »? Et ailleurs, « Dieu a faict l'homme semblable à l'ombre » ; de laquelle qui iugera, quand par l'esloingnement de la lumiere elle sera esvanouïe? Ce n'est rien que de nous. Il s'en fault tant que nos forces conceoivent la haulteur divine, que, des ouvrages de nostre Createur, ceulx là portent mieulx sa marque et sont mieulx siens, que nous entendons le moins. C'est aux chrestiens une occasion de croire, que de rencontrer une chose incroyable ; elle est d'autant plus selon raison, qu'elle est contre l'humaine raison : si elle estoit selon raison, ce ne seroit plus miracle; et si elle estoit selon quelque exemple, ce ne seroit plus chose singuliere.

Meliùs scitur Deus nesciendo (1), dict sainct Augustin; et Tacitus, sanctius est ac reverentius de actis deorum credere, quàm scire (2); et Platon estime qu'il y ayt quelque vice d'impieté à trop curieusement s'enquerir et de dieu, et du monde, et des causes premieres des choses: atque illum quidem parentem huius universitatis invenire difficile; et, quum iam inveneris, indicare in vulgus, nefas (3), dict Cicero. Nous disons bien, Puissance, Verité, Iustice: ce sont paroles qui signifient quelque chose de grand; mais cette chose là, nous ne la voyons aulcunement ny ne la concevons: Nous disons que Dieu craint, que Dieu se courrouce, que Dieu aime,

Immortalia mortali sermone notantes : (4) ce sont toutes agitations et esmotions qui ne peuvent loger en Dieu, selon nostre forme; ny nous, l'imaginer selon la sienne. C'est à Dieu seul de se cognoistre, et d'interpreter ses ouvrages; et le faict en nostre langue improprement, pour s'avaller et descendre à nous, qui sommes à terre couchez. La prudence (a), comment luy peult elle convenir, qui est l'eslite entre le bien et le mal? veu que nul mal ne le touche: quoy la raison et l'intelligence, desquelles nous nous servons pour, par les choses obscures, arriver aux apparentes? veu qu'il n'y a rien d'obs-

---

(1) On connoît mieux Dieu en se soumettant à ignorer ce qu'il est. *S. Aug.* l. 2 *De ordine*, c. 16.

(2) A l'égard des actions des dieux, il est plus saint et plus respectueux de les croire que d'en être instruit. *de Moribus German.* c. 34, fine.

(3) Il est difficile de parvenir à connoître celui qui a formé le grand tout; et après l'avoir découvert, il n'est pas permis de le montrer au peuple. *Ciceronis* Timæus, sive de Universo fragmentum, c. 2.

(4) Exprimant des choses divines en termes humains. *Lucret.* l. 5, v. 122.

(a) Montaigne transcrit ici un long passage de Cicéron, sans le nommer. Voyez de nat. deor. l. 3, c. 15. C.

cur à Dieu : la iustice, qui distribue à chascun ce qui luy appartient, engendree pour la societé et communauté des hommes, comment est elle en Dieu? la temperance, comment? qui est la moderation des voluptez corporelles, qui n'ont nulle place en la divinité : la fortitude à porter la douleur, le labeur, les dangiers, luy appartiennent aussi peu ; ces trois choses n'ayants nul accez prez de luy : parquoy Aristote le tient egualement exempt de vertu et de vice : neque gratiâ neque irâ teneri potest ; quod quæ talia essent, imbecilla essent omnia (1). La participation que nous avons à la cognoissance de la Verité, quelle qu'elle soit, ce n'est point par nos propres forces que nous l'avons acquise : Dieu nous a assez apprins cela par les tesmoings qu'il a choisis du vulgaire, simples et ignorants, pour nous instruire de ses admirables secrets. Nostre foy, ce n'est pas nostre acquest ; c'est un pur present de la liberalité d'aultruy : ce n'est pas par discours ou par nostre entendement que nous avons receu nostre religion ; c'est par auctorité et par commandement estrangier : la foiblesse de nostre iugement nous y ayde plus que la force, et nostre aveuglement plus que nostre clairvoyance ; c'est par l'entremise de nostre ignorance, plus que de nostre science, que nous sommes sçavants de ce divin sçavoir. Ce n'est pas merveille si nos moyens naturels et terrestres ne peuvent concevoir cette cognoissance supernaturelle et celeste : apportons y seulement, du nostre, l'obeïssance et la subiection ; car, comme il est escript : « Ie destruiray la sapience des sages, et abbattray la prudence des prudents : où est le sage ? où est l'escrivain ? où est le disputateur de ce siecle ? Dieu n'a il pas abesty la sapience de ce monde ? car, puisque le monde n'a point cogneu Dieu

---

(1) Il n'est susceptible ni de haine ni d'amour ; parceque ces passions là décelent des êtres foibles. *Cic.* de nat. deor. liv. 1, ch. 17.

par sapience, il luy a pleu, par la vanité de la predication, sauver les croyants. » (1)

Si me fault il veoir enfin s'il est en la puissance de l'homme de trouver ce qu'il cherche; et si cette queste qu'il y a employee depuis tant de siecles l'a enrichi de quelque nouvelle force et de quelque vérité solide. Ie crois qu'il me confessera, s'il parle en conscience, que tout l'acquest qu'il a retiré d'une si longue poursuitte, c'est d'avoir apprins à recognoistre sa foiblesse. L'ignorance, qui estoit naturellement en nous, nous l'avons, par longue estude, confirmee et averee. Il est advenu aux gents veritablement sçavants ce qui advient aux espics de bled; ils vont s'eslevant et se haulsant la teste droicte et fiere, tant qu'ils sont vuides; mais quand ils sont pleins et grossis de grains en leur maturité, ils commencent à s'humilier et baisser les cornes : pareillement, les hommes ayant tout essayé, tout sondé, et n'ayant trouvé, en cet amas de science et provision de tant de choses diverses, rien de massif et ferme, et rien que vanité, ils ont renoncé à leur presumption, et recogneu leur condition naturelle. C'est ce que Velleius reproche à Cotta et à Cicero (2), « qu'ils ont apprins de Philo n'avoir rien apprins. » Pherecydes, l'un des sept sages, escrivant à Thales, comme il expiroit, « l'ay, dict il (a), ordonné aux miens, aprez qu'ils m'auront enterré, de t'apporter mes escripts. S'ils contentent et toy et les aultres sages, publie les; sinon, supprime les : ils ne contiennent nulle certitude qui me satisface à moy mesme; aussi ne foys ie pas profession de sçavoir la vérité, ny d'y attaindre : i'ouvre les choses plus que

---

(1) S. Paul, 1. Epit. aux Corinthiens, c. 1, v. 19, etc.

(2) *Ambo, inquit, ab eodem Philone nihil scire didicistis.* Apud. *Cic.* de nat. deor. l. 1, c. 17. Ce Philon, philosophe académicien, vivoit du temps de Cicéron, et l'avoit eu pour auditeur. C.

(a) Cette lettre, vraie ou fausse, est dans Diogene Laërce, l. 1, à la fin de la vie de Phérécides, segm. 122. C.

ie ne les descouvre ». Le plus sage homme (a) qui feut oncques, quand on luy demanda ce qu'il sçavoit, respondit, « Qu'il sçavoit cela qu'il ne sçavoit rien ». Il verifioit ce qu'on dict, que la plus grand' part de ce que nous sçavons est la moindre de celle que nous ignorons; c'est à dire, que ce mesme que nous pensons sçavoir, c'est une piece, et bien petite, de nostre ignorance. Nous sçavons les choses en songe, dict Platon, et les ignorons en verité : omnes penè veteres nihil cognosci, nihil percipi, nihil sciri posse dixerunt : angustos sensus, imbecilles animos, brevia curricula vitæ (1). Cicero mesme, qui debvoit au sçavoir tout son vaillant, Valerius dict que, sur sa vieillesse, il commencea à desestimer les lettres : et, pendant qu'il les traictoit, c'estoit sans obligation d'aulcun party; suyvant ce qui luy sembloit probable, tantost en l'une secte, tantost en l'aultre ; se tenant tousiours soubs la dubitation de l'academie : Dicendum est, sed ita ut nihil adfirmem ; quæram omnia, dubitans plerumque, et mihi diffidens (2).

J'aurois trop beau ieu, si ie voulois considerer l'homme en sa commune façon et en gros ; et le pourrois faire pourtant par sa regle propre, qui iuge la verité non par le poids des voix, mais par le nombre. Laissons là le peuple,

>   Qui vigilans stertit,
>   Mortua cui vita est propè iam vivo atque videnti, (3)

(a) Socrate.

(1) Presque tous les anciens ont dit qu'on ne pouvoit rien connoître, rien concevoir, ni rien savoir; que nos sens étoient fort bornés, notre esprit foible, et notre vie trop courte. *Cic.* acad. quæst. l. 1, c. 13.

(2) Je vais vous répondre, dit-il à son frere, mais sans rien affirmer ; m'informant de toutes choses, doutant pour l'ordinaire, et me défiant de moi-même. *Cic.* de Divinat. l. 2, c. 3.

(3) Qui dort en veillant : qui est presque mort, quoiqu'il vive et qu'il ait les yeux ouverts. *Lucret.* l. 3, v. 1061, 1059. Montaigne a

qui ne se sent point, qui ne se iuge point, qui laisse la pluspart de ses facultez naturelles, oysifves : ie veulx prendre l'homme en sa plus haulte assiette. Considerons le en ce petit nombre d'hommes excellents et triez, qui, ayants esté douez d'une belle et particuliere force naturelle, l'ont encores roidie et aiguisee par soing, par estude, et par art, et l'ont montee au plus hault poinct de sagesse où elle puisse attaindre : ils ont manié leur ame à touts sens et à touts biais, l'ont appuyee et estansonnee de tout le secours estrangier qui luy a esté propre, et enrichie et ornee de tout ce qu'ils ont peu emprunter, pour sa commodité, du dedans et dehors du monde : c'est en eulx que loge la haulteur extreme de l'humaine nature : ils ont réglé le monde de polices et de loix ; ils l'ont instruict par arts et sciences, et instruict encores par l'exemple de leurs mœurs admirables. Ie ne mettray en compte que ces gents là, leur tesmoignage, et leur experience ; voyons iusques où ils sont allez, et à quoy ils se sont tenus : les maladies et les defauts que nous trouverons en ce college là, le monde les pourra hardiement bien advouer pour siens.

Quiconque cherche quelque chose, il en vient à ce poinct (a), ou qu'il dict qu'il l'a trouvee ; ou qu'elle ne se peult trouver ; ou qu'il en est encores en queste. Toute la philosophie est despartie en ces trois genres : son des-

---

transposé ces deux vers de Lucrece pour les appliquer plus exactement à son sujet. C.

(a) C'est précisément par là que *Sextus Empiricus*, d'où Montaigne a tiré bien des choses, commence son livre des Hypotyposes pyrrhoniennes : de là il infere, comme Montaigne, qu'il y a trois manieres générales de philosopher ; l'une dogmatique, l'autre académique, et l'autre sceptique : les uns assurent qu'ils ont trouvé la vérité ; les autres déclarent qu'elle est au-dessus de notre compréhension ; et les autres la cherchent encore. C.

seing est de chercher la verité, la science, et la certitude.
Les peripateticiens, epicuriens, stoïciens, et aultres, ont
pensé l'avoir trouvee : ceulx cy ont establi les sciences
que nous avons, et les ont traictees comme notices certaines. Clitomachus, Carneades, et les academiciens,
ont desesperé de leur queste, et iugé que la verité ne se
pouvoit concevoir par nos moyens : la fin de ceulx cy,
c'est la foiblesse et humaine ignorance; ce party a eu la
plus grande suitte et les sectateurs les plus nobles.
Pyrrho, et aultres sceptiques ou epechistes, desquels les
dogmes plusieurs anciens ont tenu tirez de Homere, des
sept sages, et d'Archilochus et d'Euripides, et y attachent Zeno, Democritus, Xenophanes, disent qu'ils sont
encores en cherche de la verité : ceulx cy iugent que
ceulx là qui pensent l'avoir trouvee se trompent infiniment, et qu'il y a encores de la vanité trop hardie en ce
second degré qui asseure que les forces humaines ne
sont pas capables d'y attaindre; car cela, d'establir la
mesure de nostre puissance, de cognoistre et iuger la difficulté des choses, c'est une grande et extreme science,
de laquelle ils doubtent que l'homme soit capable :

nil sciri quisquis putat, id quoque nescit,
An sciri possit; quum se nil scire fatetur. (1)

L'ignorance qui se sçait, qui se iuge, et qui se condamne,
ce n'est pas une entiere ignorance; pour l'estre, il fault
qu'elle s'ignore soy mesme : de façon que la profession
des pyrrhoniens est de bransler, doubter, et enquerir, ne
s'asseurer de rien, de rien ne se respondre. Des trois actions de l'ame, l'imaginatifve, l'appetitifve, et la consen-
tante, ils en receoivent les deux premieres; la derniere,
ils la soustiennent et la maintiennent ambiguë, sans in-

---

(1) Quiconque croit qu'on ne peut rien savoir, ne sait pas cela
même si l'on ne peut rien savoir; puisqu'il reconnoît qu'il ne sait
rien lui-même. *Lucret.* l. 4, v. 471.

clination ny approbation d'une part ou d'aultre, tant soit elle legiere. Zenon peignoit de geste son imagination sur cette partition des facultez de l'ame : la main espandue et ouverte, c'estoit Apparence; la main à demy serree, et les doigts un peu croches, Consentement; le poing fermé, Comprehension ; quand de la main gauche il venoit encores à clorre ce poing plus estroict, Science. Or cette assiette de leur iugement, droicte et inflexible, recevant touts obiets sans application et consentement, les achemine à leur Ataraxie, qui est une condition de vie paisible, rassise, exempte des agitations que nous recevons par l'impression de l'opinion et science que nous pensons avoir des choses, d'où naissent la crainte, l'avarice, l'envie, les desirs immoderez, l'ambition, l'orgueil, la superstition, l'amour de nouvelleté, la rebellion, la desobeïssance, l'opiniastreté, et la pluspart des maulx corporels : voire ils s'exemptent par là de la ialousie de leur discipline ; car ils debattent d'une bien molle façon ; ils ne craignent point la revenche à leur dispute : quand ils disent que le poisant va contre bas, ils seroient bien marris qu'on les en creust ; et cherchent qu'on les contredie, pour engendrer la dubitation et surseance de iugement, qui est leur fin. Ils ne mettent en avant leurs propositions, que pour combattre celles qu'ils pensent que nous ayons en nostre creance. Si vous prenez la leur, ils prendront aussi volontiers la contraire à soustenir : tout leur est un ; ils n'y ont aulcun choix. Si vous establissez que la neige soit noire; ils argumentent, au rebours, qu'elle est blanche : si vous dites qu'elle n'est ny l'un ny l'aultre ; c'est à eulx à maintenir qu'elle est touts les deux : si, par certain iugement, vous tenez que vous n'en sçavez rien ; ils vous maintiendront que vous le sçavez : ouï ; et si, par un axiome affirmatif, vous asseurez que vous en doubtez, ils vous iront debattant que vous n'en doubtez pas, ou que vous ne pouvez iuger et establir que vous en doubtez. Et, par cette extremité de doubte, qui se secoue soy mesme, ils se separent et se divisent de plusieurs opinions, de celles mesmes qui ont maintenu en plusieurs façons le doubte et l'ignorance. Pourquoy ne leur sera il permis, disent ils, comme il est entre les dogmatistes, à l'un dire vert, à l'aultre iaulne, à eulx aussi de doubter? est il chose qu'on vous puisse proposer pour l'advouer ou refuser, laquelle il ne soit pas loisible de considerer comme ambiguë? et, où les aultres sont portez, ou par la coustume de leurs païs, ou par l'institution des parents, ou par rencontre, comme par une tempeste, sans iugement et sans choix, voire le plus souvent avant l'aage de discretion, à telle ou telle opinion, à la secte ou stoïque ou epicurienne, à laquelle ils se treuvent hypothequez, asservis et collez, comme à une prinse qu'ils ne peuvent demordre, *ad quamcumque disciplinam, velut tempestate, delati, ad eam, tanquam ad saxum, adhærescunt* (1); pourquoy à ceulx cy ne sera il pareillement concedé de maintenir leur liberté, et considerer les choses sans obligation et servitude? *hoc liberiores et solutiores, quòd integra illis est indicandi potestas* (2). N'est ce pas quelque advantage de se trouver desengagé de la necessité qui bride les aultres? vault il pas mieulx demeurer en suspens, que de s'infrasquer en tant d'erreurs que l'humaine fantasie a produictes? vault il pas mieulx suspendre sa persuasion, que de se mesler à ces divisions seditieuses et querelleuses? Qu'iray ie choisir? « Ce qu'il vous plaira, pourveu que vous choisissiez ». Voylà une sotte response : à laquelle pourtant il semble que tout le dogmatisme arrive, par qui il ne nous est pas permis d'ignorer ce que nous ignorons. Prenez le plus fameux

---

(1) Ils se livrent à la premiere secte que le hasard leur présente, comme un homme qui, poussé par la tempête, se jette sur le premier rocher qu'il rencontre. *Cic.* acad. quæst. l. 2, c. 3.

(2) D'autant plus libres, qu'ils ont une pleine puissance de juger. *Id.* ibid.

party, il ne sera iamais si seur, qu'il ne vous faille, pour le deffendre, attaquer et combattre cent et cent contraires partis : vault il pas mieulx se tenir hors de cette meslee ? Il vous est permis d'espouser, comme vostre honneur et vostre vie, la creance d'Aristote sur l'eternité de l'ame, et desdire et desmentir Platon là dessus ; et à eulx il sera interdit d'en doubter ? S'il est loisible à Panaetius de soustenir son iugement autour des aruspices, songes, oracles, vaticinations, desquelles choses les stoïciens ne doubtent aulcunement; pourquoy un sage n'osera il, en toutes choses, ce que cettuy cy ose en celles qu'il a apprinses de ses maistres, establies du commun consentement de l'eschole de laquelle il est sectateur et professeur ? Si c'est un enfant qui iuge, il ne sçait que c'est ; si c'est un sçavant, il est preoccupé. Ils se sont reservé un merveilleux advantage au combat, s'estant deschargez du soing de se couvrir : il ne leur importe qu'on les frappe, pourveu qu'ils frappent; et font leurs besongnes de tout: s'ils vaincquent, vostre proposition cloche ; si vous, la leur: s'ils faillent, ils verifient l'ignorance; si vous faillez, vous la verifiez : s'ils prouvent que rien ne se sçache, il va bien; s'ils ne le sçavent pas prouver, il est bon de mesme : *Ut quum in eadem re paria contrariis in partibus momenta inveniuntur, facilius ab utraque parte assertio sustineatur* (1) : et font estat de trouver bien plus facilement pourquoy une chose soit faulse, que non pas qu'elle soit vraye; et ce qui n'est pas, que ce qui est ; et ce qu'ils ne croyent pas, que ce qu'ils croyent. Leurs façons de parler sont, « Ie n'establis rien : Il n'est non plus ainsi qu'ainsin, ou que ny l'un ny l'aultre : Ie ne le comprends point : Les apparences sont eguales partout : La loy de parler et pour et contre est pareille : Rien ne semble vray qui ne

---

(1) Afin que, comme sur un même sujet on trouve des raisons égales pour et contre, on puisse aisément suspendre son jugement des deux côtés. *Cic.* acad. quæst. l. 1, c. ult.

puisse sembler fauls ». Leur mot sacramental, c'est επεχο, c'est à dire, « ie soustiens, ie ne bouge » : voylà leurs refrains, et aultres de pareille substance. Leur effect, c'est une pure, entiere, et tresparfaicte surseance et suspension de iugement : ils se servent de leur raison pour enquerir et pour debattre, mais non pas pour arrester et choisir. Quiconque imaginera une perpetuelle confession d'ignorance, un iugement sans pente et sans inclination, à quelque occasion que ce puisse estre, il conceoit le pyrrhonisme. J'exprime cette fantasie autant que ie puis, parce que plusieurs la treuvent difficile à concevoir ; et les auctuers mesmes la representent un peu obscurement et diversement. Quant aux actions de la vie, ils sont en cela de la commune façon : ils se prestent et accommodent aux inclinations naturelles, à l'impulsion et contraincte des passions, aux constitutions des loix et des coustumes, et à la tradition des arts : non enim nos Deus ista scire, sed tantummodo uti, voluit (1). Ils laissent guider à ces choses là leurs actions communes, sans aulcune opination ou iugement : qui faict que ie ne puis pas bien assortir à ce discours ce que on dict de Pyrrho ; ils le peignent stupide et immobile, prenant un train de vie farouche et inassociable, attendant le heurt des charrettes, se presentant aux precipices, refusant de s'accommoder aux loix. Cela est encherir sur sa discipline : il n'a pas voulu (a) se faire pierre ou souche ; il a voulu se faire homme vivant, discourant, et raisonnant, iouïssant de touts plaisirs et commoditez naturelles, embesongnant et se servant de toutes ses pieces corporelles

---

(1) Car Dieu n'a pas voulu que nous eussions la connoissance de ces choses, mais seulement l'usage. *Cic.* de Divinat. l. 1, c. 18.

(a) Montaigne, qui se déclare ici tout ouvertement, et avec raison, contre cette aveugle insensibilité qu'on a imputée à Pyrrhon, semble la reconnoître ailleurs, quoiqu'elle lui paroisse, dit-il, *quasi incroyable.* L. 2, c. 29, vers le commencement. C.

et spirituelles, en regle et droicture : les privileges fantastiques, imaginaires et fauls, que l'homme s'est usurpé, de regenter, d'ordonner, d'establir la verité, il les a de bonne foy renoncez et quittez. Si n'est il point de secte (a) qui ne soit contraincte de permettre à son sage de suyvre assez de choses non comprinses, ny perceues, ny consenties, s'il veult vivre : et quand il monte en mer, il suyt ce desseing, ignorant s'il luy sera utile ; et se plie, à ce que le vaisseau est bon, le pilote experimenté, la saison commode ; circonstances probables seulement, aprez lesquelles il est tenu d'aller, et se laisser remuer aux apparences, pourveu qu'elles n'ayent point d'expresse contrarieté. Il a un corps, il a une ame ; les sens le poulsent, l'esprit l'agite. Encores qu'il ne treuve point en soy cette propre et singuliere marque de iuger, et qu'il s'apperceoive qu'il ne doibt engager son consentement, attendu qu'il peult estre quelque fauls pareil à ce vray ; il ne laisse de conduire les offices de sa vie pleinement et commodement. Combien y a il d'arts qui font profession de consister en la coniecture plus qu'en la science ? qui ne decident pas du vray et du fauls, et suyvent seulement ce qui semble ? Il y a, disent ils, et vray et fauls ; et y a en nous de quoy le chercher, mais non pas de quoy l'arrester à la touche. Nous en valons bien mieulx de nous laisser manier, sans inquisition, à l'ordre du monde : une ame garantie de preiugez a un merveilleux advancement vers la tranquillité ; gents qui iugent et contreroollent leurs iuges, ne s'y soubmettent iamais deuement. Combien, et aux loix de la religion, et aux loix politiques, se treuvent plus dociles, et aysez à mener, les esprits simples et incurieux, que ces esprits surveillants et paidagogues des causes divines et humaines ! Il n'est rien en l'humaine invention où il y ayt tant

---

(a) Montaigne ne fait ici que copier Cicéron. Academic. quæst. l. 2, c. 31. C.

de verisimilitude et d'utilité : cette cy presente l'homme nud et vuide ; recognoissant sa foiblesse naturelle ; propre à recevoir d'en hault quelque force estrangiere; desgarni d'humaine science, et d'autant plus apte à loger en soy la divine ; aneantissant son iugement pour faire plus de place à la foy ; ny mescreant, ny establissant aulcun dogme contre les observances communes ; humble, obeïssant, disciplinable, studieux, ennemy iuré d'heresie, et s'exemptant, par consequent, des vaines et irreligieuses opinions introduictes par les faulses sectes : c'est une charte blanche preparee à prendre du doigt de Dieu telles formes qu'il luy plaira d'y graver. Plus nous nous renvoyons et commettons à Dieu, et renonceons à nous; mieulx nous en valons : « accepte, dict l'Ecclesiaste, en bonne part les choses au visage et au goust qu'elles se presentent à toy, du iour à la iournee; le demourant est hors de ta cognoissance ». Dominus scit cogitationes hominum, quoniam vanæ sunt. (1)

Voylà comment, des trois generales sectes de philosophie, les deux font expresse profession de dubitation et d'ignorance : et, en celle des dogmatistes, qui est troisiesme, il est aysé à descouvrir que la pluspart n'ont prins le visage de l'asseurance, que pour avoir meilleure mine ; ils n'ont pas tant pensé nous establir quelque certitude, que nous montrer iusques où ils estoient allez en cette chasse de la verité, *quam docti fingunt magis quàm nôrunt* (2). Timaeus, ayant à instruire Socrates de ce qu'il sçait des dieux, du monde et des hommes, propose d'en parler comme un homme à un homme; et qu'il suffit, si ses raisons sont probables comme les raisons d'un aultre : car les exactes raisons n'estre en sa main, ny en mortelle main. Ce que l'un de ses sectateurs a ainsin imité : *Ut po-*

---

(1) Dieu sait que les pensées des hommes ne sont que vanité. *Psalm.* 94, secundum Hebr. v. 11.

(2) Que les savants supposent, plutôt qu'ils ne la connoissent.

tero, explicabo : nec tamen, ut Pythius Apollo, certa ut sint et fixa quæ dixero; sed, ut homunculus, probabilia coniecturâ sequens (1); et cela sur le discours du mespris de la mort, discours naturel et populaire : ailleurs il l'a traduict sur le propos mesme de Platon : Si fortè, de deorum naturâ ortuque mundi disserentes, minus id quod habemus in animo consequimur, haud erit mirum : æquum est enim meminisse, et me, qui disseram, hominem esse, et vos, qui iudicetis; ut, si probabilia dicentur, nihil ultra requiratis (2). Aristote nous entasse ordinairement un grand nombre d'aultres opinions, et d'aultres creances, pour y comparer la sienne, et nous faire veoir de combien il est allé plus oultre, et combien il approche de plus prez la verisimilitude : car la verité ne se iuge point par auctorité et tesmoignage d'aultruy ; et pourtant evita religieusement Epicurus d'en alleguer en ses escripts. Cettuy là est le prince des dogmatistes ; et si, nous apprenons de luy que le beaucoup sçavoir apporte l'occasion de plus doubter : on le veoid à escient se couvrir souvent d'obscurité si espesse et inextricable, qu'on n'y peult rien choisir de son advis ; c'est par effect un pyrrhonisme soubs une forme resolutifve. Oyez la protestation de Cicero, qui nous explique la fantasie d'aultruy par la sienne : qui requirunt quid de quaque re ipsi sentiamus, curiosius id faciunt quàm necesse

---

(1) Je m'expliquerai comme je pourrai, sans prétendre vous donner, comme l'Apollon de Delphes, les choses que je dirai pour autant de vérités certaines et indubitables ; mais comme un homme du commun qui s'attache par conjecture à ce qui lui paroit le plus probable. *Cic.* tusc. quæst. l. 1, c. 9.

(2) Si en discourant de la nature des dieux et de l'origine du monde, je ne puis m'exprimer aussi exactement que je souhaiterois, vous ne devez pas en être surpris : car vous devez vous souvenir que moi, qui vais discourir, et vous, qui devez juger, ne sommes que des hommes ; afin que, si je ne vous donne que des probabilités, vous ne demandiez rien de plus. *Ciceronis* Timæus, seu de Universo fragmentum, c. 3.

est.... Hæc in philosophiâ ratio, contra omnia disserendi, nullamque rem apertè iudicandi, profecta a Socrate, repetita ab Arcesila, confirmata a Carneade, usque ad nostram viget ætatem..., Hi sumus, qui omnibus veris falsa quædam adiuncta esse dicamus, tantâ similitudine, ut in iis nulla insit certè iudicandi et assentiendi nota (1). Pourquoy, non Aristote seulement, mais la pluspart des philosophes ont affecté la difficulté, si ce n'est pour faire valoir la vanité du subiect, et amuser la curiosité de nostre esprit, luy donnant où se paistre, à ronger cet os creux et descharné? Clitomachus affermoit n'avoir iamais sceu, par les escripts de Carneades, entendre de quelle opinion il estoit: pourquoy a evité aux siens Epicurus, la facilité; et Heraclitus en a esté surnommé (2) σκοτεινος. La difficulté est une monnoye que les sçavants employent, comme les ioueurs de passe passe, pour ne descouvrir l'inanité de leur art, et de laquelle l'humaine bestise se paye ayseement:

> Clarus ob obscuram linguam magis inter inanes:....
> Omnia enim stolidi magis admirantur amantque
> Inversis quæ sub verbis latitantia cernunt. (3)

Cicero reprend aulcuns de ses amis d'avoir accoustumé

---

(1) Ceux qui voudront savoir ce que je pense sur chaque matiere, poussent leur curiosité trop loin... La secte des académiciens, dont le caractere est de soumettre tout à la dispute, sans décider nettement sur rien, cette secte, qui a été fondée par Socrate, rétablie par Arcesilas, et affermie par Carneade, a fleuri jusqu'à nos jours... Pour moi, qui goûte fort cette maniere de philosopher, je dis que le faux est mêlé par-tout de telle façon avec le vrai, et lui ressemble si fort, qu'il n'y a point de marque certaine pour le distinguer sûrement. *Cic.* de nat. deor. l. 1, c. 5.

(2) Ténébreux.

(3) C'est par l'obscurité de son langage, qu'Héraclite s'est rendu plus illustre auprès des ignorants : car les sots n'estiment et n'admirent rien tant que ce qu'ils voient caché sous un amas de paroles embarrassées. *Lucret.* l. 1, v. 640, et seqq.

de mettre à l'astrologie, au droict, à la dialectique et à la geometrie, plus de temps que ne meritoient ces arts; et que cela les divertissoit des debvoirs de la vie, plus utiles et honnestes: les philosophes cyrenaïques mesprisoient egualement la physique et la dialectique: Zenon, tout au commencement des livres de la republique, declaroit inutiles toutes les liberales disciplines: Chrysippus disoit que ce que Platon et Aristote avoient escript de la logique, ils l'avoient escript par ieu et par exercice; et ne pouvoit croire qu'ils eussent parlé à certes d'une si vaine matiere: Plutarque le dict de la metaphysique; Epicurus l'eust encores dict de la rhetorique, de la grammaire, poësie, mathematique, et, hors la physique, de toutes les sciences; et Socrates, de toutes aussi, sauf celle seulement qui traicte des mœurs et de la vie: de quelque chose qu'on s'enquist à luy, il ramenoit en premier lieu tousiours l'enquerant à rendre compte des conditions de sa vie presente et passee, lesquelles il examinoit et iugeoit, estimant tout aultre apprentissage subsecutif à celuy là et supernumeraire; *parùm mihi placeant eæ litteræ quæ ad virtutem doctoribus nihil profuerunt* (1); la pluspart des arts ont esté ainsi mesprisees par le sçavoir mesme: mais ils n'ont pas pensé qu'il feust hors de propos d'exercer et esbattre leur esprit ez choses où il n'y avoit aulcune solidité prouffitable.

Au demourant, les uns ont estimé Plato dogmatiste; les aultres, dubitateur; les aultres, en certaines choses l'un, et en certaines choses l'aultre: le conducteur de ses dialogismes, Socrates, va tousiours demandant et esmouvant la dispute, iamais l'arrestant, iamais satisfaisant; et dict n'avoir aultre science que la science de

---

(1) Je ne saurois faire grand cas de ces lettres qui n'ont contribué en rien à rendre vertueux ceux qui les ont apprises. *Sallust.* Guerre de Jugurtha, dans la harangue de Marius, p. 94. Edit. Maittairiana, Lond. 1713.

s'opposer. Homere, leur aucteur, a planté egualement les fondements à toutes les sectes de philosophie, pour montrer combien il estoit indifferent par où nous allassions : et de Platon nasquirent dix sectes diverses, dict on ; aussi, à mon gré, iamais instruction ne feut titubante et rien asseverante, si la sienne ne l'est. Socrates disoit, que les sages femmes, en prenant ce mestier de faire engendrer les aultres, quittent le mestier d'engendrer, elles : que luy, par le tiltre de sage homme que les dieux luy ont deferé, s'est aussi desfaict, en son amour virile et mentale, de la faculté d'enfanter, et se contente d'ayder et favorir de son secours les engendrants, ouvrir leur nature, graisser leurs conduicts, faciliter l'yssue de leur enfantement, iuger d'iceluy, le baptizer, le nourrir, le fortifier, l'emmaillotter, et circonscrire ; exerceant et maniant son engein aux perils et fortunes d'aultruy. Il est ainsi de la pluspart des aucteurs de ce tiers genre, comme les anciens ont remarqué des escripts d'Anaxagoras, Democritus, Parmenides, Xenophanes, et aultres : ils ont une forme d'escrire doubteuse en substance, et un desseing enquerant plustost qu'instruisant ; encores qu'ils entresement leur style de cadences dogmatistes. Cela se veoid il pas aussi bien et en Seneque et en Plutarque ? combien disent ils tantost d'un visage, tantost d'un aultre, pour ceulx qui y regardent de prez ? Et les reconciliateurs des iurisconsultes debvroient premierement les concilier chascun à soy. Platon me semble avoir aimé cette forme de philosopher par dialogues, à escient, pour loger plus decemment en diverses bouches la diversité et variation de ses propres fantasies. Diversement traicter les matieres, est aussi bien les traicter que conformement, et mieulx ; à sçavoir plus copieusement et utilement. Prenons exemple de nous : les arrests font le poinct extreme du parler dogmatiste et resolutif ; si est ce que ceulx que nos parlements presentent au peuple, les plus exemplaires, propres à nourrir en luy la reverence qu'il doibt à cette dignité, principalement par la suffisance des personnes qui l'exercent, prennent leur beauté, non de la conclusion qui est à eulx quotidienne, et qui est commune à tout iuge, tant comme de la disceptation et agitation des diverses et contraires ratiocinations que la matiere du droict souffre : et le plus large champ aux reprehensions des uns philosophes à l'encontre des aultres, se tire des contradictions et diversitez en quoy chascun d'eulx se treuve empestré, ou à escient (a) pour montrer la vacillation de l'esprit humain autour de toute matiere, ou forcé ignoramment par la volubilité et incomprehensibilité de toute matiere; que signifie ce refrain, « en un lieu glissant et coulant suspendons nostre creance », car, comme dict Euripides,

Les œuvres de Dieu, en diverses
Façons, nous donnent des traverses ; (1)

semblable à celuy qu'Empedocles semoit souvent en ses livres, comme agité d'une divine fureur et forcé de la verité, « non, non, nous ne sentons rien, nous ne voyons rien ; toutes choses nous sont occultes, il n'en est aulcune de laquelle nous puissions establir quelle elle est »; revenant à ce mot divin, *cogitationes mortalium timidæ, et incertæ adinventiones nostræ et providentiæ* (2). Il ne fault pas trouver estrange, si gents desesperez de la prinse n'ont pas laissé d'avoir plaisir à la chasse, l'estude estant de soy une occupation plaisante, et si plaisante, que, parmy les voluptez, les stoïciens deffendent aussi celle qui vient de l'exercitation de l'esprit, y veulent de la bride, et treuvent de l'intemperance à trop sçavoir.

(a) Par desseing : *édit. in-fol.* de 1595.
(1) De la traduction d'Amyot : *Plutarque dans le traité des Oracles qui ont cessé*, c. 25.
(2) Les pensées des hommes sont mal assurées, notre prévoyance et nos inventions, incertaines. *Sapientia*, c. 9, v. 14.

Democritus, ayant mangé à sa table des figues qui sentoient le miel, commencea soubdain à chercher en son esprit d'où leur venoit cette doulceur inusitee ; et, pour s'en esclaircir, s'alloit lever de table pour veoir l'assiette du lieu où ces figues avoient esté cueillies : sa chambriere ayant entendu la cause de ce remuement, luy dict, en riant, qu'il ne se peinast plus pour cela, car c'estoit qu'elle les avoit mises en un vaisseau où il y avoit eu du miel. Il se despita de quoy elle luy avoit osté l'occasion de cette recherche, et desrobbé matiere à sa curiosité : « Va, luy dict il, tu m'as faict desplaisir ; ie ne lairray pourtant d'en chercher la cause, comme si elle estoit naturelle » : et volontiers n'eust failly de trouver quelque raison vraye à un effect faulx et supposé. Cette histoire d'un fameux et grand philosophe nous represente bien clairement cette passion studieuse qui nous amuse à la poursuyte des choses, de l'acquest desquelles nous sommes desesperez : Plutarque recite un pareil exemple de quelqu'un qui ne vouloit pas estre esclairci de ce de quoy il estoit en doubte, pour ne perdre le plaisir de le chercher; comme l'aultre, qui ne vouloit pas que son medecin luy ostast l'alteration de la fiebvre, pour ne perdre le plaisir de l'assouvir en beuvant : *Satius est supervacua discere, quàm nihil* (1). Tout ainsi qu'en toute pasture il y a le plaisir souvent seul; et tout ce que nous prenons, qui est plaisant, n'est pas tousiours nutritif, ou sain : pareillement ce que nostre esprit tire de la science, ne laisse pas d'estre voluptueux, encores qu'il ne soit ny alimentant ny salutaire. Voicy comme ils disent : « La consideration de la nature est une pasture propre à nos esprits ; elle nous esleve et enfle, nous faict desdaigner les choses basses et terriennes, par la comparaison des

---

(1) Il vaut mieux apprendre des choses inutiles, que de ne rien apprendre du tout. *Senec.* epist. 88, p. 394 édit. varior. Elzevir 1672. Je cite la page, parceque cette épître est fort longue. N.

supcrieures et celestes ; la recherche mesme des choses occultes et grandes est tresplaisante, voire à celuy qui n'en acquiert que la reverence et crainte d'en iuger » : ce sont des mots de leur profession. La vaine image de cette maladifve curiosité se veoid plus expressement encores en cet aultre exemple qu'ils ont par honneur si souvent en la bouche : Eudoxus souhaitoit et prioit les dieux, qu'il peust une fois veoir le soleil de prez, comprendre sa forme, sa grandeur et sa beauté, à peine d'en estre bruslé soubdainement. Il veult, au prix de sa vie, acquerir une science, de laquelle l'usage et possession luy soit quand et quand ostee ; et, pour cette soubdaine et volage cognoissance, perdre toutes aultres cognoissances qu'il a, et qu'il peult acquerir par aprez.

Ie ne me persuade pas ayseement qu'Epicurus, Platon, et Pythagoras, nous ayent donné pour argent comptant leurs Atomes, leurs Idees, et leurs Nombres : ils estoient trop sages pour establir leurs articles de foy de chose si incertaine et si debattable. Mais, en cette obscurité et ignorance du monde, chascun de ces grands personnages s'est travaillé d'apporter une telle quelle image de lumiere ; et ont promené leur ame à des inventions qui eussent au moins une plaisante et subtile apparence, pourveu que, toute faulse, elle se peust maintenir contre les oppositions contraires : *unicuique ista pro ingenio finguntur, non ex scientiæ vi* (1). Un ancien, à qui on reprochoit qu'il faisoit profession de la philosophie, de laquelle pourtant en son iugement il ne tenoit pas grand compte, respondit que « Cela c'estoit vrayement philosopher ». Ils ont voulu considerer tout, balancer tout, et ont trouvé cette occupation propre à la naturelle curiosité qui est en nous : aulcunes choses ils les ont escriptes pour le besoing de la société publicque, comme

(1) Ce sont des choses que chacun a imaginées par génie, et qui ne sont pas le résultat d'une véritable science. *M. Senec.* suasor. 4.

leurs religions; et a esté raisonnable, pour cette consideration, que les communes opinions ils n ayent voulu les esplucher au vif, aux fins de n'engendrer du trouble en l'obeïssance des loix et coustumes de leur païs. Platon traicte ce mystere, d'un ieu assez descouvert : car, où il escript selon soy, il ne prescript rien à certes : quand il faict le legislateur, il emprunte un style regentant et asseverant, et si y mesle hardiement les plus fantastiques de ses inventions, autant utiles à persuader à la commune, que ridicules à persuader à soy mesme ; sçachant combien nous sommes propres à recevoir toutes impressions, et, sur toutes, les plus farouches et enormes : et pourtant, en ses loix, il a grand soing qu'on ne chante en publicque que des poësies desquelles les fabuleuses feinctes tendent à quelque utile fin ; et estant si facile d'imprimer touts phantosmes en l'esprit humain, que c'est iniustice de ne le paistre plustost de mensonges proufitables, que de mensonges ou inutiles, ou dommageables; il dict tout destrousseement, en sa Republique, « Que, pour le proufit des hommes, il est souvent besoing de les piper ». Il est aysé à distinguer les unes sectes avoir plus suyvi la verité ; les aultres l'utilité, par où celles cy ont gaigné credit. C'est la misere de nostre condition, que souvent ce qui se presente à nostre imagination pour le plus vray, ne s'y presente pas pour le plus utile à nostre vie : les plus hardies sectes, epicurienne, pyrrhonienne, nouvelle academique, encores sont elles contrainctes de se plier à la loy civile, au bout du compte. Il y a d'aultres subiects qu'ils ont beluttez, qui à gauche, qui à dextre, chascun se travaillant d'y donner quelque visage, à tort ou à droict; car n'ayant rien trouvé de si caché de quoy ils n'ayent voulu parler, il leur est souvent force de forger des coniectures foibles et folles, non qu'ils les prinssent eulx mesmes pour fondement ne pour establir quelque verité, mais pour l'exercice de leur estude ; *non tam id sensisse quod dicerent, quàm exercere ingenia materiæ* difficultate videntur voluisse (1). Et si on ne le prenoit ainsi, comme couvririons nous une si grande inconstance, varieté, et vanité d'opinions que nous voyons avoir esté prc duictes par ces ames excellentes et admirables ? car, pour exemple, qu'est il plus vain que de vouloir deviner Dieu par nos analogies et coniectures ? le regler, et le monde, à nostre capacité et à nos loix ? et nous servir, aux despens de la Divinité, de ce petit eschantillon de suffisance qu'il luy a pleu despartir à nostre naturelle condition ; et, parce que nous ne pouvons estendre nostre veue iusques en son glorieux siege, l'avoir ramené çà bas à nostre corruption et à nos miseres ?

De toutes les opinions humaines et anciennes touchant la religion, celle là me semble avoir eu plus de vraysemblance et plus d'excuse, qui recognoissoit Dieu comme une puissance incomprehensible, origine et conservatrice de toutes choses, toute bonté, toute perfection, recevant et prenant en bonne part l'honneur et la reverence que les humains luy rendoient, soubs quelque visage, soubs quelque nom et en quelque maniere que ce feust :

Iupiter omnipotens, rerum, regumque, deûmque
Progenitor genitrixque. (2)

Ce zele universellement a esté veu du ciel de bon œil. Toutes polices ont tiré fruict de leur devotion ; les hommes, les actions impies, ont eu partout les evenements

---

(1) Ils ne paroissent pas avoir écrit ces choses d'après leur propre conviction, mais seulement pour exercer l'esprit du lecteur par la difficulté des matieres qu'ils entreprenoient de traiter.

(2) Tout-puissant Jupiter, pere et mere de tout, et des dieux et des rois.
Les vers latins, qui sont de Valerius Soranus, avoient été conservés par Varron, d'où S. Augustin les a transportés dans son livre de Civitate Dei, l. 7, c. 9 et 11. C.

sortables ; les histoires païennes recognoissent de la dignité, ordre, iustice, et des prodiges et oracles employez à leur proufit et instruction , en leurs religions fabuleuses : Dieu, par sa misericorde, daignant, à l'adventure, fomenter, par ces benefices temporels, les tendres principes d'une telle quelle brute cognoissance que la raison naturelle nous a donnee de luy au travers des faulses images de nos songes. Non seulement faulses, mais impies aussi et iniurieuses, sont celles que l'homme a forgé de son invention ; et de toutes les religions que sainct Paul (a) trouva en credit à Athenes , celle qu'ils avoient dediee à une « Divinité cachee et incogneue », luy sembla la plus excusable. Pythagoras adumbra la verité de plus prez, iugeant que la cognoissance de cette Cause premiere et Estre des estres debvoit estre indefinie, sans prescription, sans declaration ; que ce n'estoit aultre chose que l'extreme effort de nostre imagination vers la perfection, chascun en amplifiant l'idee selon sa capacité. Mais si Numa entreprint de conformer à ce proiect la devotion de son peuple, l'attacher à une religion purement mentale sans obiect prefix et sans meslange materiel, il entreprint chose de nul usage : l'esprit humain ne se sçauroit maintenir, vaguant en cet infini de pensees informes ; il les luy fault compiler en certaine image à son modele. La maiesté divine s'est ainsi, pour nous, aulcunement laissé circonscrire aux limites corporels : ses sacrements supernaturels et celestes ont des signes de nostre terrestre condition : son adoration s'exprime par offices et paroles sensibles; car c'est l'homme qui croit et qui prie. Ie laisse à part les aultres arguments qui s'emploient à ce subiect : mais à peine me feroit on accroire que la veue de nos crucifix et peincture de ce piteux supplice, que les ornements et mouvements cerimonieux de nos eglises, que les voix accommodees à la devotion de nos-

---

(a) Actes des Apôtres, c. 17, v. 23.

tre pensee, et cette esmotion des sens, n'eschauffent l'ame des peuples d'une passion religieuse de tresutile effect. De celles ausquelles on a donné corps, comme la necessité l'a requis parmy cette cecité universelle, ie me feusse, ce me semble, plus volontiers attaché à ceulx qui adoroient le soleil,

> la lumiere commune,
> L'œil du monde; et si Dieu au chef porte des yeulx,
> Les rayons du soleil sont ses yeulx radieux,
> Qui donnent vie à touts, nous maintiennent et gardent,
> Et les faicts des humains en ce monde regardent :
> Ce beau, ce grand soleil qui nous faict les saisons,
> Selon qu'il entre ou sort de ses douze maisons ;
> Qui remplit l'univers de ses vertus cognues ;
> Qui d'un traict de ses yeulx nous dissipe les nues :
> L'esprit, l'ame du monde, ardent et flamboyant,
> En la course d'un iour tout le ciel tournoyant ;
> Plein d'immense grandeur, rond, vagabond, et ferme ;
> Lequel tient dessoubs luy tout le monde pour terme :
> En repos, sans repos; oysif, et sans seiour ;
> Fils aisné de nature, et le pere du iour.

d'autant qu'oultre cette sienne grandeur et beauté, c'est la piece de cette machine que nous descouvrons la plus esloingnee de nous, et par ce moyen si peu cogneue, qu'ils estoient pardonnables d'en entrer en admiration et reverence.

Thales, qui le premier s'enquesta de telle matiere, estima dieu un esprit qui feit d'eau toutes choses : Anaximander, que les dieux estoient mourants et naissants à diverses saisons, et que c'estoient des mondes infinis en nombre; Anaximenes, que l'air estoit dieu, qu'il estoit produict et immense, tousiours mouvant. Anaxagoras, le premier, a tenu la description et maniere de toutes choses estre conduicte par la force et raison d'un esprit infini. Alcmaeon a donné la divinité au soleil, à la lune, aux astres, et à l'ame. Pythagoras a faict dieu un esprit espandu par la nature de toutes choses, d'où nos ames

sont desprinses : Parmenides, un cercle entournant le ciel
et maintenant le monde par l'ardeur de la lumiere. Empedocles disoit estre des dieux, les quatre natures, desquelles toutes choses sont faictes : Protagoras, n'avoir que dire
s'ils sont ou non, ou quels ils sont : Democritus, tantost
que les images et leurs circuitions sont dieux ; tantost
cette nature qui eslance ces images ; et puis, nostre
science et intelligence. Platon dissipe sa creance à divers
visages : il dict, au Timee, le pere du monde ne se pouvoir nommer ; aux Loix, qu'il ne se fault enquerir de
son estre ; et ailleurs, en ces mesmes livres, il faict le
monde, le ciel, les astres, la terre, et nos ames, dieux ;
et receoit, en oultre, ceulx qui ont esté receus par l'ancienne institution en chasque republique. Xenophon
rapporte un pareil trouble, de la discipline de Socrates ;
tantost qu'il ne se fault enquerir de la forme de dieu ; et
puis il luy faict establir que le soleil est dieu, et l'ame,
dieu ; qu'il n'y en a qu'un ; et puis, qu'il y en a plusieurs.
Speusippus, nepveu de Platon, faict dieu certaine force
gouvernant les choses, et qu'elle est animale : Aristote,
asture que c'est l'esprit, asture le monde ; asture il donne
un aultre maistre à ce monde, et asture faict dieu l'ardeur du ciel. Xenocrates en faict huict ; les cinq nommez
entre les planetes ; le sixiesme composé de toutes les estoiles fixes, comme de ses membres ; le septiesme et huictiesme, le soleil et la lune. Heraclides ponticus ne faict
que vaguer entre ses advis, et enfin prive dieu de sentiment, et le faict remuant de forme à aultre ; et puis dict
que c'est le ciel et la terre. Theophraste se promene, de
pareille irresolution, entre toutes ses fantasies ; attribuant
l'intendance du monde tantost à l'entendement, tantost
au ciel, tantost aux estoiles : Strato, que c'est nature
ayant la force d'engendrer, augmenter, et diminuer,
sans forme et sentiment : Zeno, la loy naturelle, commandant le bien et prohibant le mal ; laquelle loy est un
animant ; et oste les dieux accoustumez, Iupiter, Iuno,

Vesta : Diogenes apolloniates, que c'est l'aage. Xenophanes faict dieu rond, voyant, oyant, non respirant, n'ayant rien de commun avecques l'humaine nature. Ariston estime la forme de dieu incomprenable, le prive de sens, et ignore s'il est animant ou aultre chose : Cleanthes, tantost la raison, tantost le monde, tantost l'ame de nature, tantost la chaleur supreme entournant et enveloppant tout. Perseus, auditeur de Zeno, a tenu qu'on a surnommé dieux ceulx qui avoient apporté quelque notable utilité à l'humaine vie, et les choses mesmes proufitables. Chrysippus faisoit un amas confus de toutes les precedentes sentences, et compte entre mille formes de dieux qu'il faict, les hommes aussi qui sont immortalisez. Diagoras et Theodorus nioient tout sec qu'il y eust des dieux. Epicurus faict les dieux luisants, transparents, et perflables; logez, comme entre deux forts, entre deux mondes, à couvert des coups ; revestus d'une humaine figure et de nos membres, lesquels membres leur sont de nul usage :

> Ego deûm genus esse semper duxi, et dicam cœlitum ;
> Sed eos non curare opinor quid agat humanum genus. (1)

Fiez vous à vostre philosophie ; vantez vous d'avoir trouvé la febve au gasteau, à veoir ce tintamarre de tant de cervelles philosophiques ! Le trouble des formes mondaines a gaigné sur moy que les diverses mœurs et fantasies aux miennes ne me desplaisent pas tant, comme elles m'instruisent ; ne m'enorgueillissent pas tant, comme elles me humilient en les conferant : et tout aultre chois, que celuy qui vient de la main expresse de Dieu, me semble chois de peu de prerogative. Ie laisse à part les trains

---

(1) Vers d'Ennius, cités par Cicéron, *de Divinat.* l. 2, c. 50, et que l'abbé Régnier a traduits ainsi :
> J'ai toujours cru des dieux ; et cru toujours aussi
> Que des foibles mortels ils n'avoient nul souci. C.

de vie monstrueux et contre nature. Les polices du monde ne sont pas moins contraires en ce subiect, que les escholes : par où nous pouvons apprendre que la fortune mesme n'est pas plus diverse et variable, que nostre raison, ny plus aveugle et inconsideree. Les choses les plus ignorees sont plus propres à estre deïfiees : parquoy, de faire de nous des dieux, comme l'ancienneté, cela surpasse l'extreme foiblesse de discours. J'eusse encores plustost suyvi ceulx qui adoroient le serpent, le chien, et le bœuf; d'autant que leur nature et leur estre nous est moins cogneu, et avons plus de loy d'imaginer ce qu'il nous plaist de ces bestes là, et leur attribuer des facultez extraordinaires : mais d'avoir faict des dieux de nostre condition, de laquelle nous debvons cognoistre l'imperfection, leur avoir attribué le desir, la cholere, les vengeances, les mariages, les generations et les parenteles, l'amour et la ialousie, nos membres et nos os, nos fiebvres et nos plaisirs, nos morts, nos sepultures, il fault que cela soit party d'une merveilleuse yvresse de l'entendement humain ;

> Quæ procul usque adeo divino ab numine distant ;
> Inque deûm numero quæ sint indigna videri ; (1)

Formæ, ætates, vestitus, ornatus noti sunt; genera, coniugia, cognationes, omniaque traducta ad similitudinem imbecillitatis humanæ : nam et perturbatis animis inducuntur; accipimus enim deorum cupiditates, ægritudines, iracundias (2); comme d'a-

---

(1) Toutes choses fort éloignées d'avoir rien de commun avec la nature divine, et tout-à-fait indignes d'être admises dans ce rang. *Lucret.* l. 5, v. 123, 124.

(2) On sait les différentes figures de ces dieux, leur âge, leurs habillements, leurs ornements, leurs généalogies, leurs mariages, leurs alliances ; et on les représente, à tous égards, sur le modèle de l'infirmité humaine, sujets aux mêmes passions, amoureux, chagrins, coleres. *Cic. de nat. deor.* l. 2, c. 28.

voir attribué la divinité non seulement à la foy, à la vertu, à l'honneur, concorde, liberté, victoire, pieté, mais aussi à la volupté, fraude, mort, envie, vieillesse, misere, à la peur, à la fiebvre, et à la male fortune, et aultres iniures de nostre vie fraile et caducque :

> Quid iuvat hoc, templis nostros inducere mores ?
> O curvæ in terris animæ et cœlestium inanes ! (1)

Les Aegyptiens, d'une impudente prudence, deffendoient, sur peine de la hart, que nul eust à dire que Serapis et Isis, leurs dieux, eussent aultresfois esté hommes; et nul n'ignoroit qu'ils ne l'eussent esté : et leur effigie, representee le doigt sur la bouche, signifioit, dict Varro (a), cette ordonnance mysterieuse, à leurs presbtres, de taire leur origine mortelle, comme, par raison necessaire, annullant toute leur veneration. Puisque l'homme desiroit tant de s'apparier à Dieu, il eust mieulx faict, dict Cicero, de ramener à soy les conditions divines et les attirer çà bas, que d'envoyer là hault sa corruption et sa misere : mais, à le bien prendre, il a faict, en plusieurs façons, et l'un et l'aultre, de pareille vanité d'opinion. Quand les philosophes esplnchent la hierarchie de leurs dieux, et font les empressez à distinguer leurs alliances, leurs charges, et leur puissance, ie ne puis pas croire qu'ils parlent à certes. Quand Platon nous deschiffre le vergier de Pluton, et les commoditez ou peines corporelles qui nous attendent encores aprez la ruyne et aneantissement de nos corps, et les accommode au ressentiment que nous avons en cette vie;

---

(1) A quoi bon introduire dans les temples le désordre et la corruption de nos mœurs ? O ames basses et terrestres, vuides de tout sentiment divin ! *Perse*, sat. 11, v. 61.

(a) Vous trouverez dans S. Augustin, *de civit. Dei*, l. 18, c. 5, le passage de Varron où tout ceci est contenu. C.

Secreti celant calles, et myrtea circùm
Sylva tegit; curæ non ipsâ in morte relinquunt; (1)

quand Mahumet promet aux siens un paradis tapissé, paré d'or et de pierreries, peuplé de garses d'excellente beauté, de vins et de vivres singuliers : ie veois bien que ce sont des mocqueurs, qui se plient à nostre bestise pour nous emmieller et attirer par ces opinions et esperances convenables à nostre mortel appetit; si sont auleuns des nostres tumbez en pareil erreur, se promettant, aprez la resurrection, une vie terrestre et temporelle, accompaignee de toutes sortes de plaisirs et commoditez mondaines. Croyons nous que Platon, luy qui a eu ses conceptions si celestes, et si grande accointance à la divinité, que le surnom luy en est demeuré, ayt estimé que l'homme, cette pauvre creature, eüst rien en luy applicable à cette incomprehensible puissance ? et qu'il ayt cru que nos prinses languissantes feussent capables, ny la force de nostre sens assez robuste, pour participer à la beatitude, ou peine, eternelle? Il fauldroit luy dire, de la part de la raison humaine : Si les plaisirs que tu nous promets en l'aultre vie sont de ceulx que i'ay sentis çà bas, cela n'a rien de commun avecques l'infinité : Quand touts mes cinq sens de nature seroient combles de liesse, et cette ame saisie de tout le contentement qu'elle peult desirer et esperer, nous sçavons ce qu'elle peult; cela, ce ne seroit encores rien : S'il y a quelque chose du mien, il n'y a rien de divin ; Si cela n'est aultre que ce qui peult appartenir à cette nostre condition presente, il ne peult estre mis en compte ; tout contentement des mortels est mortel : La recognoissance de nos parents, de nos enfants et de nos amis, si elle nous peult

---

(1) Retirés dans des sentiers écartés qu'un bois de myrte environne de toutes parts, tout morts qu'ils sont, les soucis ne les abandonnent point encore. *Aeneid.* l. 6, v. 443, et seq.

toucher et chatouiller en l'aultre monde, si nous tenons encores à un tel plaisir, nous sommes dans les commoditez terrestres et finies : Nous ne pouvons dignement concevoir la grandeur de ces haultes et divines promesses, si nous les pouvons aulcunement concevoir ; pour dignement les imaginer, il les fault imaginer inimaginables, indicibles et incomprehensibles, et parfaictement aultres que celles de nostre miserable experience. Oeil ne sçauroit veoir, dict sainct Paul (a), et ne peult monter en cœur d'homme, l'heur que Dieu prepare aux siens. Et si, pour nous en rendre capables, on reforme et rechange nostre estre (comme tu dis, Platon, par tes purifications), ce doibt estre d'un si extreme changement et si universel, que, par la doctrine physique, ce ne sera plus nous ;

> Hector erat tunc cùm bello certabat ; at ille
> Tractus ab Aemonio non erat Hector equo ; (1)

ce sera quelque aultre chose qui recevra ces recompenses :

> Quod mutatur .... dissolvitur, interit ergo ;
> Traiiciuntur enim partes, atque ordine migrant. (2)

Car, en la metempsychose de Pythagoras et changement d'habitation qu'il imaginoit aux ames, pensons nous que le lion, dans lequel est l'ame de Cesar, espouse les passions qui touchoient Cesar, ny que ce soit luy ? si c'estoit encores luy, ceulx là auroient raison, qui, combattants cett' opinion contre Platon, luy reprochent que

---

(a) I Corinth. c. 2, v. 9.

(1) C'étoit Hector lorsqu'il combattoit les armes à la main ; mais ce n'étoit point Hector qui fut traîné par les chevaux d'Achille. *Ovid*. Trist. l. 3, eleg. 11, v. 27.

(2) Ce qui change, se dissout et périt par la dissipation et la désorganisation des parties. *Lucret*. l. 3, v. 756, et seq.

le fils se pourroit trouver à chevaucher sa mere revestue d'un corps de mule; et semblables absurditez. Et pensons nous qu'ez mutations qui se font des corps des animaulx en aultres de mesme espece, les nouveaux venus ne soient aultres que leurs predecesseurs? Des cendres d'un phœnix s'engendre, dict on, un ver, et puis un aultre phœnix; ce second phœnix, qui peult imaginer qu'il ne soit aultre que le premier? les vers qui font nostre soye, on les veoid comme mourir et asseicher, et de ce mesme corps se produire un papillon, et de là un aultre ver, qu'il seroit ridicule estimer estre encores le premier : ce qui a cessé une fois d'estre, n'est plus :

> Nec, si materiam nostram collegerit ætas
> Post obitum, rursumque redegerit, ut sita nunc est,
> Atque iterùm nobis fuerint data lumina vitæ,
> Pertineat quidquam tamen ad nos id quoque factum,
> Interrupta semel cùm sit repetentia nostra. (1)

Et quand tu dis ailleurs, Platon, que ce sera la partie spirituelle de l'homme à qui il touchera de iouïr des recompenses de l'aultre vie, tu nous dis chose d'aussi peu d'apparence ;

> Scilicet avolsis radicibus ut nequit ullam
> Dispicere ipse oculus rem, seorsum corpore toto : (2)

car, à ce compte, ce ne sera plus l'homme, ny nous par

---

(1) Et si le temps rassembloit toute la matiere de notre corps après qu'il a été dissous, de sorte qu'il remît cette matiere dans la situation où elle est à présent, et qu'il nous rappelât à la jouissance d'une seconde vie, tout cela ne seroit rien à notre égard, après que le cours de notre existence a été une fois interrompu. *Lucret.* 1. 3, v. 859, et seqq.

(2) Il en est de l'ame, à cet égard, comme de l'œil qui, arraché de sa place et séparé du corps, ne peut rien voir. *Id.* ibid. v. 562, et seq.

consequent, à qui touchera cette iouïssance ; car nous sommes bastis de deux pieces principales essentielles, desquelles la separation c'est la mort et ruyne de nostre estre :

> Inter enim iecta est vitaï pausa, vageque
> Deerrarunt passim motus ab sensibus omnes : (1)

nous ne disons pas que l'homme souffre quand les vers luy rongent ses membres de quoy il vivoit, et que la terre les consomme :

> Et nihil hoc ad nos, qui coïtu coniugioque
> Corporis atque animæ consistimus uniter apti. (2)

Davantage, sur quel fondement de leur iustice peuvent les dieux recognoistre et recompenser à l'homme, aprez sa mort, ses actions bonnes et vertueuses, puisque ce sont eulx mesmes qui les ont acheminees et produictes en luy ? et pourquoy s'offensent ils et vengent sur luy les vicieuses, puisqu'ils l'ont eulx mesmes produict en cette condition faultiere, et que d'un seul clin de leur volonté ils le peuvent empescher de faillir ? Epicurus opposeroit il pas cela à Platon avecques grand' apparence de l'humaine raison, s'il ne se couvroit souvent par cette sentence, « Qu'il est impossible d'establir quelque chose de certain de l'immortelle nature, par la mortelle » ? Elle ne faict que fourvoyer partout, mais specialement quand elle se mesle des choses divines. Qui le sent plus evidemment que nous ? car, encores que nous luy ayons donné des principes certains et infaillibles, encores que nous esclairions ses pas par la saincte lampe de la Ve-

---

(1) Car la vie une fois éteinte, tous les mouvements qui animoient les sens sont dissipés et anéantis. *Id.* ibid. v. 872, et seq.

(2) Cela ne nous touche point, nous qui sommes composés d'un corps et d'une ame étroitement unis ensemble. *Id.* ibid v. 857, et seq.

rité qu'il a pleu à Dieu nous communiquer, nous voyons pourtant iournellement, pour peu qu'elle se desmente du sentier ordinaire, et qu'elle se destourne ou escarte de la voye trassee et battue par l'Eglise, comme tout aussitost elle se perd, s'embarrasse, et s'entrave, tournoyant et flottant dans cette mer vaste, trouble et ondoyante, des opinions humaines, sans bride et sans but: aussitost qu'elle perd ce grand et commun chemin, elle se va divisant et dissipant en mille routes diverses. L'homme ne peult estre que ce qu'il est; ny imaginer, que selon sa portee. C'est plus grande presumption, dict Plutarque, à ceulx qui ne sont qu'hommes, d'entreprendre de parler et discourir des dieux et des demy dieux, que ce n'est à un homme ignorant de musique vouloir iuger de ceulx qui chantent, ou à un homme qui ne feut iamais au camp, vouloir disputer des armes et de la guerre, en présumant comprendre par quelque legiere coniecture les effects d'un art qui est hors de sa cognoissance. L'ancienneté pensa, ce crois ie, faire quelque chose pour la grandeur divine, de l'apparier à l'homme, la vestir de ses facultez, et estrener de ses belles humeurs et plus honteuses necessitez, luy offrant de nos viandes à manger, de nos danses, mommeries et farces à la resiouïr, de nos vestements à se couvrir, et maisons à loger, la caressant par l'odeur des encens et sons de la musique, festons et bouquets, et, pour l'accommoder à nos vicieuses passions, flattant sa iustice d'une inhumaine vengeance, l'esiouïssant de la ruyne et dissipation des choses par elle creees et conservees : comme Tiberius Sempronius qui feit brusler pour sacrifice à Vulcan les riches despouilles et armes qu'il avoit gaigné sur les ennemis en la Sardaigne; et Paul Emyle, celles de Macedoine, à Mars et à Minerve; et Alexandre, arrivé à l'ocean indique, iecta en mer, en faveur de Thetis, plusieurs grands vases d'or; remplissant en oultre ses autels d'une boucherie, non de bestes innocentes seulement, mais d'hommes aussi; ainsi que plusieurs nations, et entre aultres la nostre, avoient en usage ordinaire; et crois qu'il n'en est aulcune exempte d'en avoir faict essay.

> Sulmone creatos
> Quatuor hic iuvenes, totidem quos educat Ufens,
> Viventes rapit, inferias quos immolet umbris. (1)

Les Getes se tiennent immortels; et leur mourir n'est que s'acheminer vers leur dieu Zamolxis. De cinq en cinq ans ils despeschent vers luy quelqu'un d'entre eulx pour le requerir des choses necessaires. Ce deputé est choisi au sort; et la forme de le despescher, aprez l'avoir, de bouche, informé de sa charge, est que de ceulx qui l'assistent, trois tiennent debout autant de iavelines, sur lesquelles les aultres le lancent à force de bras. S'il vient à s'enferrer en lieu mortel, et qu'il trespasse soubdain, ce leur est certain argument de faveur divine: s'il en eschappe, ils l'estiment meschant et exsecrable, et en deputent encores un aultre, de mesme. Amestris, mere de Xerxes, devenue vieille, feit, pour une fois, ensepvelir touts vifs quatorze iouvenceaux des meilleures maisons de Perse, suyvant la religion du païs, pour gratifier à quelque dieu soubterrain. Encores auiourd'huy les idoles de Themistitan se cimentent du sang des petits enfants; et n'aiment sacrifice que de ces pueriles et pures ames: iustice affamée du sang de l'innocence!

> Tantum relligio potuit suadere malorum ! (2)

Les Carthaginois immoloient leurs propres enfants à Saturne; et qui n'en avoit point, en achetoit: estant ce

---

(1) Sur cela Enée saisit quelques jeunes hommes nés à Sulmone, et quatre autres nourris sur les rives de l'Ufens, pour les immoler vivants aux mânes de Pallas. *Aeneid.* l. 10, v. 517, et seqq.

(2) Tant la religion a eu de pouvoir sur les hommes pour inspirer les plus grands crimes! *Lucret.* l. 1, v. 102.

pendant le pere et la mere tenus d'assister à cet office avecques contenance gaye et contente. C'estoit une estrange fantasie, de vouloir payer la bonté divine, de nostre affliction ; comme les Lacedemoniens qui mignardoient leur Diane par le bourrellement des ieunes garsons qu'ils faisoient fouetter en sa faveur, souvent iusques à la mort : c'estoit une humeur farouche de vouloir gratifier l'architecte, de la subversion de son bastiment, et de vouloir garantir la peine due aux coulpables, par la punition des non coulpables; et que la pauvre Iphigenia, au port d'Aulide, par sa mort et immolation, deschargeast envers Dieu l'armee des Grecs des offenses qu'ils avoient commises ;

> Et casta incestè, nubendi tempore in ipso,
> Hostia concideret mactatu mœsta parentis : (1)

et ces deux belles et genereuses ames des deux Decius, pere et fils, pour propitier la faveur des dieux envers les affaires romaines, s'allassent iecter, à corps perdu, à travers le plus espez des ennemis. Quæ fuit tanta deorum iniquitas, ut placari populo romano non possent, nisi tales viri occidissent (2)? Ioinct que ce n'est pas au criminel de se faire fouetter à sa mesure et à son heure; c'est au iuge, qui ne met en compte de chastiement que la peine qu'il ordonne, et ne peult attribuer à punition ce qui vient à gré à celui qui le souffre: la vengeance divine presuppose nostre dissentement entier, pour sa iustice, et pour nostre peine. Et feut ridicule l'humeur de Polycrates, tyran de Samos, lequel, pour interrompre le cours de son conti-

---

(1) Que cette chaste princesse, tremblante au pied des autels, y fût cruellement immolée dans la fleur de son âge par l'ordre de son propre pere. *Lucret.* l. 1, v. 99, 100.

(2) Comment les dieux étoient-ils si irrités contre le peuple romain, qu'ils ne pussent être satisfaits qu'au prix d'un sang si généreux? *Cic.* de nat. deor. l. 3, c. 6.

nuel bonheur, et le compenser, alla iecter en mer le plus cher et precieux ioyau qu'il eust, estimant que, par ce malheur apposté, il satisfaisoit à la revolution et vicissitude de la fortune : et elle, pour se mocquer de son ineptie, feit que ce mesme ioyau reveinst encores en ses mains, trouvé au ventre d'un poisson. Et puis, à quel usage les deschirements et desmembrements des Corybantes, des Menades, et, en nos temps, des Mahumetans qui se balaffrent le visage, l'estomach, les membres, pour gratifier leur prophete : veu que l'offense consiste en la volonté, non en la poictrine, aux yeulx, aux genitoires, en l'embonpoinct, aux espaules, et au gosier ? Tantus est perturbatæ mentis et sedibus suis pulsæ furor, ut sic dii placentur, quemadmodum ne homines quidem sæviunt (1). Cette contexture naturelle regarde, par son usage, non seulement nous, mais aussi le service de Dieu et des aultres hommes ; c'est iniustice de l'affoler à nostre escient, comme de nous tuer pour quelque pretexte que ce soit : ce semble estre grande lascheté et trahison de mastiner et corrompre les functions du corps, stupides et serves, pour espargner à l'ame la solicitude de les conduire selon raison ; ubi iratos deos timent, qui sic propitios habere merentur ?... In regiæ libidinis voluptatem castrati sunt quidam ; sed nemo sibi, ne vir esset, iubente domino, manus intulit (2). Ainsi remplis-

---

(1) Telle est l'extravagance de ces malheureux dont la superstition a dérangé la tête et qu'elle a rendus furieux, qu'ils pensent appaiser les dieux par des actes de cruauté que les hommes mêmes ne sauroient commettre dans leurs plus grands emportements. *D. Augustin.* de civitate Dei, l. 6, c. 10.

(2) Quelle idée effrayante doivent avoir de leurs dieux irrités ceux qui prétendent se les rendre propices par des traitements si barbares ?... On a vu des hommes qui ont été faits eunuques pour le plaisir des rois : mais jamais un homme ne s'est mutilé lui-même, par ordre de son maître, pour n'être pas homme. *Ibid.* è Seneca.

soient ils leur religion de plusieurs mauvais effects.

> sæpiùs olim
> Religio peperit scelerosa atque impia facta. (1)

Or rien du nostre ne se peult assortir ou rapporter, en quelque façon que ce soit, à la nature divine, qui ne la tache et marque d'autant d'imperfection. Cette infinie beauté, puissance, et bonté, comment peult elle souffrir quelque correspondance et similitude à chose si abiecte que nous sommes, sans un extreme interest et deschet de sa divine grandeur? Infirmum Dei fortius est hominibus : et stultum Dei sapientius est hominibus (2): Stilpon le philosophe, interrogé si les dieux s'esiouïssent de nos honneurs et sacrifices : « Vous êtes indiscret, respondit il; retirons nous à part, si vous voulez parler de cela : » toutesfois nous luy prescrivons des bornes, nous tenons sa puissance assiegee par nos raisons (i'appelle raison nos res- -veries et nos songes, avecques la dispense de la philosophie, qui dict, « le fol mesme, et le meschant, forcener par raison; mais que c'est une raison de particuliere forme »); nous le voulons asservir aux apparences vaines et foibles de nostre entendement, luy qui a faict et nous et nostre cognoissance. Parce que rien ne se faict de rien, Dieu n'aura sceu bastir le monde sans matiere. Quoi! Dieu nous a il mis en main les clefs et les derniers ressorts de sa puissance? s'est il obligé à n'oultrepasser les bornes de nostre science? Mets le cas, ô homme, que tu ayes peu remarquer icy quelques traces de ses effects; penses tu qu'il y ayt employé tout ce qu'il a peu, et qu'il ayt mis toutes ses formes et toutes ses idees en cet

---

(1) Depuis long-temps la religion a fait commettre des actions impies et détestables. *Lucret.* l. 1, v. 83, 84.

(2) La foiblesse de Dieu est plus forte que la force des hommes, et la folie de Dieu plus sage que leur sagesse. 1. *Corinth.* c. 1, v. 25.

ouvrage? Tu ne veois que l'ordre et la police de ce petit caveau où tu es logé; au moins si tu la veois : sa divinité a une iurisdiction infinie au delà ; cette piece n'est rien au prix du tout:

> omnia cum cœlo, terràque, marique,
> Nil sunt ad summam summaï totius omnem : (1)

c'est une loy municipale que tu allegues, tu ne sçais pas quelle est l'universelle. Attache toy à ce à quoy tu es subiect, mais non pas luy; il n'est pas ton confrere, ou concitoyen, ou compaignon. S'il s'est aulcunement communiqué à toy, ce n'est pas pour se ravaller à ta petitesse, ny pour te donner le contreroolle de son pouvoir: le corps humain ne peult voler aux nues ; c'est pour toy. Le soleil bransle, sans seiour, sa course ordinaire ; les bornes des mers et de la terre ne se peuvent confondre ; l'eau est instable et sans fermeté; un mur est, sans froissure, impenetrable à un corps solide; l'homme ne peult conserver sa vie dans les flammes; il ne peult estre et au ciel, et en la terre, et en mille lieux ensemble corporellement: c'est pour toy qu'il a faict ces regles ; c'est toy qu'elles attachent : il a tesmoigné aux chrestiens qu'il les a toutes franchies quand il luy a pleu. De vray, pourquoy, tout puissant comme il est, auroit il restreinct ses forces à certaine mesure ? en faveur de qui auroit il renoncé son privilege ? Ta raison n'a, en aulcune aultre chose, plus de verisimilitude et de fondement, qu'en ce qu'elle te persuade la pluralité des mondes,

> Terramque et solem, lunam, mare, cætera quæ sunt,
> Non esse unica, sed numero magis innumerali : (2)

---

(1) Le ciel, la terre, et la mer, tout cela, pris ensemble, n'est rien en comparaison de l'immensité du grand tout. *Lucret.* l. 6, v. 678, et seq.

(2) Que la terre, la mer, le soleil, la lune et les autres choses

les plus fameux esprits du temps passé l'ont creue, et aulcuns des nostres mesmes, forcez par l'apparence de la raison humaine ; d'autant qu'en ce bastiment que nous voyons il n'y a rien seul et un,

cùm in summâ res nulla sit una,
Unica quæ gignatur, et unica solaque crescat ; (1)

et que toutes les especes sont multipliees en quelque nombre ; par où il semble n'estre pas vraysemblable que Dieu ayt faict ce seul ouvrage sans compaignon, et que la matiere de cette forme ayt esté toute espuisee en ce seul individu ;

Quare etiam atque etiam tales fateare necesse est
Esse alios alibi congressus materiaï,
Qualis hic est avido complexu quem tenet æther : (2)

notamment, si c'est un animant, comme ses mouvements le rendent si croyable que Platon l'asseure, et plusieurs des nostres ou le confirment ou ne l'osent infirmer ; non plus que cette ancienne opinion, que le ciel, les estoiles, et aultres membres du monde, sont creatures composees de corps et ame, mortelles en consideration de leur composition, mais immortelles par la determination du Createur : or, s'il y a plusieurs mondes, comme Democritus, Epicurus, et presque toute la philosophie a pensé, que sçavons nous si les principes et les regles de cettuy cy touchent pareillement les aultres ? ils ont, à l'adventure, aultre visage et aultre police. Epicurus les imagine ou

---

ne sont point uniques, mais en nombre innombrable. *Lucret.* l. 2, v. 1084, et seq.

(1) Vu qu'il n'y a rien dans l'univers qui soit engendré et qui croisse seul de son espece. *Id.* ibid. v. 1076, et seq.

(2) Car on ne peut s'empêcher de reconnoître qu'il se fait ailleurs des amas de matiere, pareils à ceux que le ciel enferme dans son vaste circuit. *Lucret.* l. 2, v. 1063, et seqq.

semblables, ou dissemblables. Nous voyons, en ce monde, une infinie difference et varieté, pour la seule distance des lieux : ny le bled, ny le vin se veoid, ny aulcun de nos animaulx, en ces nouvelles terres que nos peres ont descouvertes; tout y est divers : et, au temps passé, voyez en combien de parties du monde on n'avoit cognoissance ny de Bacchus, ny de Ceres. Qui en vouldra croire Pline et Herodote, il y a des especes d'hommes, en certains endroicts, qui ont fort peu de ressemblance à la nostre ; et y a des formes mestisses et ambiguës entre l'humaine nature et la brutale : il y a des contrees où les hommes naissent sans teste, portant les yeulx et la bouche en la poictrine; où ils sont touts androgynes ; où ils marchent de quatre pattes ; où ils n'ont qu'un œil au front, et la teste plus semblable à celle d'un chien qu'à la nostre ; où ils sont moitié poisson par embas, et vivent en l'eau ; où les femmes accouchent à cinq ans, et n'en vivent que huict ; où ils ont la teste si dure et la peau du front, que le fer n'y peult mordre et rebouche contre ; où les hommes sont sans barbe ; des nations sans usage et cognoissance de feu; d'aultres qui rendent le sperme de couleur noire: quoy, ceulx qui naturellement se changent en loups, en iuments, et puis encores en hommes ? et, s'il est ainsi, comme dict Plutarque, qu'en quelque endroict des Indes il y aye des hommes sans bouche, se nourrissants de la senteur de certaines odeurs, combien y a il de nos descriptions faulses ? il n'est plus risible, ny à l'adventure capable de raison et de societé ; l'ordonnance et la cause de nostre bastiment interne seroient, pour la pluspart, hors de propos. Dadvantage, combien y a il de choses en nostre cognoissance qui combattent ces belles regles que nous avons taillees et prescriptes à nature ? Et nous entreprendrons d'y attacher Dieu mesme ! Combien de choses appellons nous miraculeuses et contre nature ? cela se faict par chasque homme, et par chasque nation, selon la mesure de son ignorance : combien trouvons

nous de proprietez occultes et de quintessences? car
« aller selon nature », pour nous, ce n'est qu' « aller selon nostre intelligence », autant qu'elle peult suyvre, et
autant que nous y voyons: ce qui est au delà, est monstrueux et desordonné. Or, à ce compte, aux plus advisez et aux plus habiles, tout sera doncques monstrueux:
car à ceulx là l'humaine raison a persuadé qu'elle n'avoit
ny pied ny fondement quelconque, non pas seulement
pour asseurer si la neige est blanche, et Anaxagoras la
disoit estre noire; s'il y a quelque chose, ou s'il n'y a nulle
chose; s'il y a science, ou ignorance, Metrodorus Chius
nioit l'homme le pouvoir dire; ou, si nous vivons, comme
Euripides est en doubte, « si la vie que nous vivons est
vie, ou si c'est ce que nous appellons mort qui soit vie: »

  Τις δ' οιδεν ει ζην τουθ' ὁ κεκληται θανειν,
  Το ζην δε θνησκειν εστι; (1)

et non sans apparence; car pourquoy prenons nous tiltre
d'estre, de cet instant qui n'est qu'une eloise dans le cours
infini d'une nuict eternelle, et une interruption si briefve
de nostre perpetuelle et naturelle condition, la mort oc-
cupant tout le devant et tout le derriere de ce moment,
et une bonne partie encores de ce moment? D'aultres
iurent Qu'il n'y a point de mouvement, que rien ne bouge,
comme les suyvants de Melissus; car s'il n'y a qu'Un, ny
ce mouvement spherique ne luy peult servir, ny le mouvement de lieu à aultre, comme Platon preuve: Qu'il n'y
a ny generation ny corruption en nature. Protagoras
dict qu'il n'y a rien en nature que le doubte; que de
toutes choses on peult egualement disputer; et de cela
mesme, si on peult egualement disputer de toutes choses:

---

(1) Platon, dans son Gorgias, p. 300, Diogene Laërce, dans la
vie de Pyrrhon, l. 9, segm. 73, et Sextus Empiricus, Pyrrh. Hy-
pot. l. 3, c. 24, citent différemment ces vers, et autrement qu'ils
ne sont ici, sans pourtant qu'il y ait aucune différence réelle pour
le sens. C.

Nausiphanes, Que, des choses qui semblent, rien est non plus que non est; Qu'il n'y a aultre certain, que l'incertitude : Parmenides, Que de ce qu'il semble il n'est aulcune chose en general; Qu'il n'est qu'Un : Zenon, Qu'Un mesme n'est pas, et qu'il n'y a rien; si Un estoit, il seroit ou en un aultre ou en soy mesme; s'il est en un aultre, ce sont deux; s'il est en soy mesme, ce sont encores deux, le comprenant et le comprins. Selon ces dogmes, la nature des choses n'est qu'un' umbre ou faulse ou vaine.

Il m'a tousiours semblé qu'à un homme chrestien cette sorte de parler est pleine d'indiscretion et d'irreverence : « Dieu ne peult mourir; Dieu ne se peult desdire; Dieu ne peult faire cecy, ou cela ». Ie ne treuve pas bon d'enfermer ainsi la puissance divine soubs les loix de nostre parole : et l'apparence qui s'offre à nous en ces propositions, il la fauldroit representer plus reveremment et plus religieusement. Nostre parler a ses foiblesses et ses defaults, comme tout le reste : la plus part des occasions des troubles du monde sont grammairiens; nos procez ne naissent que du debat de l'interpretation des loix; et la plus part des guerres, de cette impuissance de n'avoir sceu clairement exprimer les conventions et traictez d'accord des princes : combien de querelles et combien importantes a produict au monde le doubte du sens de cette syllabe, Hoc? Prenons la clause que la logique mesme nous presentera pour la plus claire : si vous dictes, « Il faict beau temps » et que vous dissiez verité, il faict doncques beau temps. Voylà pas une forme de parler certaine ? Encores nous trompera elle : qu'il soit ainsi, suyvons l'exemple : si vous dictes, « Ie ments » et que vous (a) dissiez

---

(a) C'est ainsi que Montaigne a orthographié deux fois de suite ce mot dans l'exemplaire corrigé de sa main. Nous écririons aujourd'hui *disiez* : mais c'est bien plus la précision et l'énergie, que la correction et la pureté du style, qu'il faut chercher dans Montaigne. Ce philosophe n'est pas un guide plus sûr en fait

vray, vous mentez doncques. L'art, la raison, la force de la conclusion de cette cy sont pareilles à l'aultre; toutesfois nous voylà embourbez. Ie veois les philosophes pyrrhoniens qui ne peuvent exprimer leur generale conception en aulcune maniere de parler; car il leur fauldroit un nouveau langage: le nostre est tout formé de propositions affirmatifves qui leur sont du tout ennemies; de façon que, quand ils disent Ie doubte, on les tient incontinent à la gorge pour leur faire avouer qu'au moins asseurent et sçavent ils cela, qu'Ils doubtent. Ainsin on les a contraincts de se sauver dans cette comparaison de la medecine, sans laquelle leur humeur seroit inexplicable: quand ils prononcent « I'ignore », ou « Ie doubte », ils disent que cette proposition s'emporte elle mesme quand et quand le reste, ny plus ny moins que la rubarbe qui poulse hors les mauvaises humeurs et s'emporte hors quand et quand elle mesme. Cette fantasie est plus seurement conceue par interrogation: QUE SÇAY JE? comme ie la porte à la devise d'une balance. Voyez comment on se prevault de cette sorte de parler pleine d'irreverence: aux disputes qui sont à present en nostre religion, si vous pressez trop les adversaires, ils vous diront tout destrousseement qu' « Il n'est pas en la puissance de Dieu de faire que son corps soit en paradis et en la terre, et en plusieurs lieux ensemble ». Et ce mocqueur (a) ancien comment il en faict son proufit! « Au moins, dict il, est ce une non legiere consolation à l'homme de ce qu'il veoid Dieu ne pouvoir pas toutes choses: car il ne se peult tuer quand il le vouldroit, qui est la plus grande faveur que nous ayons en nostre condition;

---

d'orthographe et de ponctuation: aussi dit-il expressément qu'il ne se mesle ni de l'une ni de l'autre, et qu'il recommande seulement aux imprimeurs de suivre *l'orthografe antiene*. N.

(a) *De Pline*. Edit. in-4°. de 1588, chez Abel l'Angelier. Mais Montaigne a rayé lui-même *de Pline*, et a écrit au-dessus *antien*. N.

il ne peult faire les mortels immortels, ny revivre les trespassez, ny que celuy qui a vescu n'ayt point vescu, celuy qui a eu des honneurs ne les ayt point eus; n'ayant aultre droict sur le passé que de l'oubliance : et à fin que cette societé de l'homme à Dieu s'accouple encores par des exemples plaisants, il ne peult faire que deux fois dix ne soient vingt » (a). Voylà ce qu'il dict, et qu'un chrestien debvroit eviter de passer par sa bouche : là où, au rebours, il semble que les hommes recherchent cette folle fierté de langage, pour ramener Dieu à leur mesure :

> Cras vel atrâ
> Nube polum, Pater, occupato,
> Vel sole puro ; non tamen irritum
> Quodcumque retro est efficiet, neque
> Diffinget infectumque reddet
> Quod fugiens semel hora vexit. (1)

Quand nous disons Que l'infinité des siecles tant passez qu'à venir n'est à Dieu qu'un instant; Que sa bonté, sapience, puissance, sont mesme chose avecques son essence: nostre parole le dict, mais nostre intelligence ne l'apprehende point : et toutesfois nostre oultrecuidance veult faire passer la Divinité par nostre estamine; et de là s'engendrent toutes les resveries et erreurs desquelles le monde se treuve saisi, ramenant et poisant à sa balance chose si esloingnee de son poids : *mirum quò procedat improbitas cordis humani, parvulo aliquo invitata successu* (2) ! Combien insolemment rebrouent Epicurus les stoïciens,

---

(a) Plin. Hist. nat. l. 2, c. 7.

(1) Que demain Jupiter nous donne de la pluie ou du beau temps, il ne pourra jamais faire que ce qui est passé n'ait point été, et que ce que le temps rapide a une fois emmené avec lui, soit encore à faire. *Horat.* od. 29, l. 3, v. 43, et seqq.

(2) Il est étonnant jusqu'où se porte l'arrogance du cœur de l'homme, lorsqu'elle est encouragée par quelque petit succès ! *Plin.* hist. nat. l. 2, c. 23.

sur ce qu'il tient l'Estre véritablement bon et heureux n'appartenir qu'à Dieu, et l'homme sage n'en avoir qu'un umbrage et similitude ! combien temerairement ont ils attaché Dieu à la destinee ! (A la mienne volonté qu'aulcuns du surnom de chrestiens ne le facent pas encores !) et Thales, Platon et Pythagoras l'ont asservy à la necessité. Cette fierté de vouloir descouvrir Dieu par nos yeulx, a faict qu'un grand personnage des nostres a donné à la Divinité une forme corporelle; et est cause de ce qui nous advient touts les iours d'attribuer à Dieu les evenements d'importance, d'une particuliere assignation; parce qu'ils nous poisent, il semble qu'ils luy poisent aussi, et qu'il y regarde plus entier et plus attentif qu'aux evenements qui nous sont legiers ou d'une suitte ordinaire, *magna Dii curant, parva negligunt* (1) : escoutez son exemple, il vous esclaircira de sa raison, *nec in regnis quidem reges omnia minima curant* (2); comme si celuy estoit plus et moins de remuer un empire ou la feuille d'un arbre; et si sa providence s'exerceoit aultrement, inclinant l'evenement d'une battaille, que le sault d'une pulce. La main de son gouvernement se preste à toutes choses, de pareille teneur, mesme force, et mesme ordre; nostre interest n'y apporte rien; nos mouvements et nos mesures ne le touchent pas : *Deus ita artifex magnus in magnis, ut minor non sit in parvis* (3). Nostre arrogance nous remet tousiours en avant cette blasphemeuse appariation : parce que nos occupations nous chargent, Satrato a estrené les dieux de toute immunité d'offices, comme sont leurs

---

(1) Les dieux prennent soin des grandes choses, et négligent les petites, *Cic.* de nat. deor. l. 2, c. 66.

(2) Les rois même n'entrent point dans toutes les minuties du gouvernement. *Id.* ibid. l. 3, c. 35.

(3) Dieu, qui est si parfait ouvrier dans les grandes choses, ne l'est pas moins dans les petites. *D. Augustinus*, de civitate Dei, l. 11, c. 22

presbtres; il faict produire et maintenir toutes choses à nature; et de ses poids et mouvements construit les parties du monde, deschargeant l'humaine nature de la crainte des iugements divins; quod beatum æternumque sit, id nec habere negotii quicquam, nec exhibere alteri (1). Nature veult qu'en choses pareilles il y aye relation pareille : le nombre doncques infini des mortels conclud un pareil nombre d'immortels; les choses infinies qui tuent et nuisent en presupposent autant qui conservent et proufitent. Comme les ames des dieux, sans langue, sans yeulx, sans aureilles, sentent entre elles chascune ce que l'aultre sent, et iugent nos pensees : ainsi les ames des hommes, quand elles sont libres et desprinses du corps par le sommeil ou par quelque ravissement, divinent, prognostiquent et voyent choses qu'elles ne sçauroient veoir meslees aux corps. Les hommes, dict sainct Paul (2), sont devenus fols, cuidants estre sages; et ont mue la gloire de Dieu incorruptible, en l'image de l'homme corruptible. Voyez un peu ce bastellage des deïfications anciennes : aprez la grande et superbe pompe de l'enterrement (3), comme le feu venoit à prendre au hault de la pyramide et saisir le lict du trespassé, ils laissoient en mesme temps eschapper un aigle, lequel, s'envolant à mont, signifioit que l'ame s'en alloit en paradis : nous avons mille medailles, et notamment de cette honneste femme de Faustine, où cet aigle est representé emportant à la chevremorte (4) vers le ciel ces ames deïfiees. C'est pitié que

---

(1) Soutenant « qu'un être heureux et immortel n'a point de peine, et n'en fait à personne ». *Cic.* de nat. deor. l. 1, c. 17. C.

(2) Epître aux Rom. c. 1, v. 22, 23.

(3) Tout cela est exactement décrit par Herodien, l. 4. C.

(4) Celui qui est porté *à la chevremorte* est couché sur le dos de celui qui le porte, et lui embrasse le cou, en tenant ses cuisses et ses jambes autour de son corps. C.

nous nous pipons de nos propres singeries et inventions ;

> Quod finxere timent : (1)

comme les enfants qui s'effroyent de ce mesme visage qu'ils ont barbouillé et noircy à leur compaignon ; quasi quicquam infelicius sit homine, cui sua figmenta dominantur (2). C'est bien loing d'honorer celuy qui nous a faicts, que d'honorer celuy que nous avons faict : Auguste eut plus de temples que Iupiter, servis avec autant de religion et creance de miracles. Les Thasiens, en recompense des bienfaicts qu'ils avoient receus d'Agesilaus, luy veinrent dire qu'ils l'avoient canonisé : « Vostre nation, leur dict il, a elle ce pouvoir de faire dieu qui bon luy semble ? Faictes en, pour veoir, l'un d'entre vous : et puis, quand i'auray veu comme il s'en sera trouvé, ie vous diray grandmercy de vostre offre ». L'homme est bien insensé ! il ne sçauroit forger un ciron, et forge des dieux à douzaines ! Oyez Trismegiste louant nostre suffisance : « De toutes les choses admirables a surmonté l'admiration, que l'homme aye peu trouver la divine nature et la faire ». Voicy des arguments de l'eschole mesme de la philosophie,

> Nosse cui divos et cœli numina soli,
> Aut soli nescire, datum : (3)

« Si Dieu est, il est animal ; s'il est animal, il a sens ; et s'il a sens, il est subiect à corruption. S'il est sans corps, il est sans ame, et par consequent sans action ; et s'il a

---

(1) Ils redoutent les fictions de leur imagination. *Lucan.* l. 1, v. 486.

(2) Comme s'il y avoit rien de plus misérable que l'homme, qui est le jouet de ses propres fantaisies.

(3) Qui seule peut connoître les dieux et les puissances célestes, ou savoir qu'on ne peut point les connoître. *Lucan.* l. 1, v. 452, et seq.

corps, il est perissable ». Voylà pas triumphé! « Nous sommes incapables d'avoir faict le monde : il y a doncques quelque nature plus excellente qui y a mis la main. Ce seroit une sotte arrogance de nous estimer la plus parfaicte chose de cet univers : il y a doncques quelque chose de meilleur ; cela c'est Dieu. Quand vous voyez une riche et pompeuse demeure, encores que vous ne sçachez qui en est le maistre ; si ne direz vous pas qu'elle soit faicte pour des rats : et cette divine structure que nous voyons du palais celeste, n'avons nous pas à croire que ce soit le logis de quelque maistre plus grand que nous ne sommes ? Le plus hault est il pas tousiours le plus digne ? et nous sommes placez au bas. Rien sans ame et sans raison ne peult produire un animant capable de raison : le monde nous produict ; il a doncques ame et raison. Chasque part de nous est moins que nous : nous sommes part du monde ; le monde est doncques fourny de sagesse et de raison, et plus abondamment que nous ne sommes. C'est belle chose que d'avoir un grand gouvernement : le gouvernement du monde appartient doncques à quelque heureuse nature. Les astres ne nous font pas de nuisance : ils sont doncques pleins de bonté. Nous avons besoing de nourriture : aussi ont doncques les dieux, et se paissent des vapeurs de çà bas. Les biens mondains ne sont pas biens à Dieu : ce ne sont doncques pas biens à nous. L'offenser et l'estre offensé sont egualement tesmoignages d'imbecillité : c'est doncques folie de craindre Dieu. Dieu est bon par sa nature ; l'homme par son industrie, qui est plus. La sagesse divine et l'humaine sagesse n'ont aultre distinction, sinon que celle là est eternelle : or, la durée n'est aulcune accession à la sagesse ; parquoy nous voylà compaignons. Nous avons vie, raison et liberté, estimons la bonté, la charité et la iustice : ces qualitez sont doncques en luy ». Somme, le bastiment et le desbastiment (a), les

---

(a) Le théïsme et l'athéïsme, tous ces arguments pour et contre une divinité, se forgent, etc. C.

conditions de la divinité, se forgent par l'homme selon la relation à soy. Quel patron! et quel modele! Estirons, eslevons et grossissons les qualitez humaines tant qu'il nous plaira : enfle toy, pauvre homme, et encores, et encores, et encores,

non, si te ruperis, inquit. (1)

Profectò non Deum, quem cogitare non possunt, sed semetipsos pro illo cogitantes, non illum sed seipsos, non illi, sed sibi comparant (2). Ez choses naturelles les effects ne rapportent qu'à demy leurs causes : quoy cette cy? elle est au dessus de l'ordre de nature; sa condition est trop haultaine, trop esloingnee et trop maistresse, pour souffrir que nos conclusions l'attachent et la garottent. Ce n'est par nous qu'on y arrive, cette route est trop basse : nous ne sommes non plus prez du ciel sur le mont Cenis, qu'au fond de la mer : consultez en pour veoir avecques vostre astrolabe. Ils ramenent Dieu iusques à l'accointance charnelle des femmes, à combien de fois, à combien de generations: Paulina, femme de Saturninus, matrone de grande reputation à Rome, pensant coucher avec le dieu Serapis, se trouva entre les bras d'un sien amoureux par le macquerellage des presbtres de ce temple : Varro, le plus subtil et le plus sçavant aucteur latin, en ses livres de la theologie, escript que le secretain de Hercules, iectant au sort d'une main pour soy, de l'aultre pour Hercules, ioua contre luy un souper et une garse; s'il gaignoit, aux despens des offrandes; s'il perdoit, aux siens : il perdit, paya son souper et sa garse;

---

(1) Quand tu creverois, tu n'en approcherois pas. *Horat.* sat. 3, l. 2, v. 319.

(2) Dans le fond, les hommes croyant penser à Dieu, dont ils ne peuvent se former l'idée, ne pensent point à lui, mais à eux-mêmes; et c'est à eux, non à lui-même qu'ils le comparent véritablement. *D. Augustin.* de civitate Dei, l. 12, c. 17.

son nom fut Laurentine, qui veid, de nuict, ce dieu entre ses bras, luy disant au surplus que, le lendemain, le premier qu'elle rencontreroit la payeroit celestement de son salaire : ce feut (a) Taruncius, ieune homme riche, qui la mena chez luy, et avecques le temps la laissa heritiere. Elle, à son tour, esperant faire chose agreable à ce dieu, laissa heritier le peuple romain : pourquoy on luy attribua des honneurs divins. Comme s'il ne suffisoit pas que par double estoc Platon feust originellement descendu des dieux, et avoir pour aucteur commun de sa race Neptune; il estoit tenu pour certain, à Athenes, que Ariston ayant voulu iouïr de la belle Perictione, n'avoit sceu; et feut adverti en songe par le dieu Apollo de la laisser impollue et intacte iusques à ce qu'elle feust accouchee : c'estoient le pere et mere de Platon. Combien y a il, ez histoires, de pareils cocuages procurez par les dieux contre les pauvres humains? et des maris iniurieusement descriez, en faveur des enfants? En la religion de Mahumet, il se treuve, par la creance de ce peuple, assez de Merlins, à sçavoir enfants sans pere, spirituels, nays divinement au ventre des pucelles; et portent un nom qui le signifie en leur langue.

Il nous fault noter qu'à chasque chose il n'est rien plus cher et plus estimable que son estre; le lion, l'aigle, le daulphin, ne prisent rien au dessus de leur espece; et que chascune rapporte les qualitez de toutes aultres choses à ses propres qualitez; lesquelles nous pouvons bien estendre et racourcir, mais c'est tout; car, hors de ce rapport et de ce principe, nostre imagination ne peult aller, ne peult rien diviner aultre, et est impossible qu'elle sorte de là et qu'elle passe au delà : d'où naissent ces anciennes conclusions; « De (b) toutes les formes, la

---

(a) Ou Tarutius; voyez Plutarque, vie de Romulus, ch. 3, de la traduction d'Amyot. C.
(b) *Cic.* de nat. deor. l. 1, c. 18.

« plus belle est celle de l'homme : Dieu doncques est de
« cette forme. Nul ne peult estre heureux sans vertu; ny
la vertu estre sans raison; et nulle raison loger ailleurs
« qu'en l'humaine figure : Dieu est doncques revestu de
« l'humaine figure ». *Ita est informatum anticipatum mentibus nostris, ut homini, quum de Deo cogitet, forma occurrat humana* (1). Pourtant disoit plaisamment Xenophanes que si les animaulx se forgent des dieux, comme il est vraysemblable qu'ils facent, ils les forgent certainement de mesme eulx, et se glorifient comme nous. Car pourquoy ne dira un oyson ainsi : « Toutes les pieces de l'univers me regardent; la terre me sert à marcher, le soleil à m'esclairer, les estoiles à m'inspirer leurs influences; i'ay telle commodité des vents, telle des eaux; il n'est rien que cette voulte regarde si favorablement que moy; ie suis le mignon de nature? est ce pas l'homme qui me traicte, qui me loge, qui me sert? c'est pour moy qu'il faict et semer et mouldre; s'il me mange, aussi faict il bien l'homme son compaignon; et si foys ie moy les vers qui le tuent et qui le mangent ». Autant en diroit une grue; et plus magnifiquement encores, pour la liberté de son vol et la possession de cette belle et haulte region : *Tam blanda conciliatrix, et tam sui est lena ipsa natura* (2). Or doncques, par ce mesme train, pour nous sont les destinees, pour nous le monde; il luict, il tonne pour nous; et le createur et les creatures, tout est pour nous : c'est le but et le poinct où vise l'université des choses. Regardez le registre que la philosophie a tenu, deux mille ans et plus, des affaires celestes : les dieux n'ont agi, n'ont parlé que pour l'homme; elle ne leur attribue aultre

---

(1) Tant nous sommes portés naturellement à nous représenter Dieu sous une forme humaine, lorsque nous pensons à lui! *Cic.* de nat. deor. l. 1, c. 27.

(2) Tant la nature a d'adresse et de force pour se faire aimer en rendant chaque être un objet aimable à lui-même! *Cic.* de nat. deor. l. 1, c. 27.

consultation et aultre vacation : les voylà contre nous en guerre ;

> domitosque Herculeâ manu
> Telluris iuvenes, unde periculum
> Fulgens contremuit domus
> Saturni veteris : (1)

les voyci partisans de nos troubles, pour nous rendre la pareille de ce que tant de fois nous sommes partisans des leurs ;

> Neptunus muros magnoque emota tridenti
> Fundamenta quatit, totamque a sedibus urbem
> Eruit : hîc Iuno scæas sævissima portas
> Prima tenet : (2)

les Cauniens, pour la ialousie de la domination de leurs dieux propres, prennent armes en dos le iour de leur devotion, et vont courant toute leur banlieue, frappants l'air par cy par là à tout leurs glaives, pourchassants ainsin à oultrance et bannissants les dieux estrangiers, de leur territoire. Leurs puissances sont retrenchees selon nostre necessité : qui guarit les chevaulx, qui les hommes, qui la peste, qui la teigne, qui la toux, qui une sorte de gale, qui une aultre, adeò minimis etiam rebus prava religio inserit deos (3); qui faict naistre les raisins, qui les aulx ; qui a la charge de la paillardise, qui de la marchandise ; à chasque race d'artisans, un dieu ; qui a sa province en orient et son credit, qui en ponent ;

---

(1) Et les enfants de la terre qui, ayant jeté l'alarme dans le brillant palais du vieux Saturne, furent enfin terrassés par Hercule. *Horat. od.* 12, l. 2, v. 6, et seqq.

(2) Neptune avec son trident ébranle les murs de Troie, et renverse cette superbe ville de fond en comble, tandis que l'impitoyable Junon se saisit des portes de Scée pour faire entrer les Grecs. *Aneid.* l 2, v. 610, et seqq.

(3) Tant une religion déréglée se plaît à attacher des dieux aux plus petites choses! *Tit. Liv.* l. 27, c. 23.

hic illius arma
Hic currus fuit; (1)

O sancte Apollo, qui umbilicum certum terrarum obtines! (2)

> Pallada Cecropidæ, minoïa Creta Dianam,
> Vulcanum tellus hipsipylea colit,
> Iunonem Sparte, pelopeiadesque Mycenæ;
> Pinigerum Fauni Mænalis ora caput.

Mars Latio venerandus; (3)

qui n'a qu'un bourg ou une famille en sa possession; qui loge seul; qui en compaignie ou volontaire ou necessaire,

> Iunctaque sunt magno templa nepotis avo: (4)

il en est de si chestifs et populaires (car le nombre s'en monte iusques à trente six mille), qu'il en fault entasser bien cinq ou six à produire un espic de bled, et en prennent leurs noms divers; trois à une porte, celuy de l'ais, celuy du gond, celuy du seuil; quatre à un enfant, protecteurs de son maillot, de son boire, de son manger, de son tetter: aulcuns certains, aulcuns incertains et doubteux; aulcuns qui n'entrent pas encores en paradis:

> Quos, quoniam cœli nondum dignamur honore,
> Quas dedimus certè terras habitare sinamus: (5)

---

(1) Là étoient les armes et le char de Junon, *Aeneid.* l. 1, v. 16, 17.

(2) Saint Apollon, placé dans le milieu du monde.
Cic. de divinat. l. 2, c. 56.
Ce vers est pris de la traduction de l'abbé Regnier.

(3) A Athenes on adore Pallas; dans l'isle de Crete, Diane; et à Lemnos, Vulcain. Sparte et Mycene adorent Junon. Le dieu Faune a des autels en Arcadie, et Mars dans le pays latin. *Ovid.* Fast. 3, v. 81, et seqq.

(4) Le petit-fils est logé avec le grand Jupiter son aïeul dans un même temple. *Id.* ibid. l. 1, v. 294.

(5) Et puisque vous ne leur faisons pas encore l'honneur de les

il en est de physiciens, de poëtiques, de civils : aulcuns, moyens entre la divine et l'humaine nature, mediateurs, entremetteurs de nous à Dieu ; adorez par certain second ordre d'adoration et diminutif ; infinis en tiltres et offices ; les uns bons, les aultres mauvais : il en est de vieux et cassez, et en est de mortels ; car Chrysippus estimoit qu'en la derniere conflagration du monde, touts les dieux auroient à finir, sauf Iupiter. L'homme forge mille plaisantes societez entre Dieu et luy : est il pas son compatriote ?

Iovis incunabula Creten. (1)

Voycy l'excuse que nous donnent, sur la consideration de ce subiect, Scevola, grand pontife, et Varron, grand theologien, en leur temps : « Qu'il est besoing que le peuple ignore beaucoup de choses vrayes, et en croye beaucoup de faulses » : *quum veritatem quâ liberetur inquirat, credatur ei expedire quod fallitur* (2). Les yeulx humains ne peuvent appercevoir les choses, que par les formes de leur cognoissance : et ne nous souvient pas quel sault print le miserable Phaëton pour avoir voulu manier les renes des chevaulx de son pere d'une main mortelle. Nostre esprit retumbe en pareille profondeur, se dissipe

---

admettre dans le ciel, permettons-leur d'habiter les terres que nous leur avons accordées. *Ovid.* metamorph. l. 1, fab. 6, v. 32, 33.

(1) Crete, berceau de Jupiter. *Ovid.* metamorph. l. 8, fab. 1, v. 99.

(2) Comme il ne s'informe de la vérité, que pour ne point gêner la liberté de ses opinions, on croit qu'il lui est plus avantageux d'être dans l'erreur. *D. Augustin.* de civit. Dei, l. 4, c. 27, où vous trouverez ces paroles de Varron, dont Montaigne vient de donner une traduction fort fidele : *Multa esse vera quæ non modò vulgo scire non sit utile, sed etiam, tametsi falsa sint, aliter existimare populum expediat.* M. Terentius Varro, de cultu Deorum. Apud div. Augustin. de civit. Dei, l. 12, c. 31. C.

et se froisse de mesme par sa temerité. Si vous demandez à la philosophie de quelle matiere est le ciel et le soleil? que vous respondra elle, sinon de fer, ou, avecques Anaxagoras, de pierre, et telle estoffe de nostre usage. S'enquiert on à Zenon, que c'est que nature? « Un feu, dict il, artiste, propre à engendrer, procedant regleement ». Archimedes, maistre de cette science qui s'attribue la presseance sur toutes les aultres en verité et certitude, « Le soleil, dict il, est un dieu de fer enflammé ». Voylà pas une belle imagination producte de la beauté et inevitable necessité des demonstrations geometriques! non pourtant si inevitable et utile, que Socrates n'ayt estimé qu'il suffisoit d'en sçavoir iusques à pouvoir arpenter la terre qu'on donnoit et recevoit; et que Polyaenus, qui en avoit esté fameux et illustre docteur, ne les ayt prinses à mespris, comme pleines de faulseté et de vanité apparente, aprez qu'il eut gousté les doulx fruicts des iardins poltronesques d'Epicurus. Socrates, en Xenophon, sur ce propos d'Anaxagoras estimé par l'antiquité entendu au dessus de touts aultres ez choses celestes et divines, dict qu'il se troubla du cerveau, comme font touts hommes qui perscrutent immodereement les cognoissances qui ne sont de leur appartenance : sur ce qu'il faisoit le soleil une pierre ardente, il ne s'advisoit pas qu'une pierre ne luict point au feu, et, qui pis est, qu'elle s'y consomme : en ce qu'il faisoit un du soleil et du feu; que le feu ne noircit pas ceulx qu'il regarde ; que nous regardons fixement le feu; que le feu tue les plantes et les herbes. C'est, à l'advis de Socrates, et au mien aussi, le plus sagement iugé du ciel, que n'en iuger point. Platon ayant à parler des daimons au Timee : « C'est entreprinse, dict il, qui surpasse nostre portee ; il en fault croire ces anciens qui se sont dicts engendrez d'eulx : c'est contre raison de refuser foy aux enfants des dieux, encores que leur dire ne soit establi par raisons necessaires ny vraysemblables, puisqu'ils nous respondent de parler de choses domestiques et familieres ».

Voyons si nous avons quelque peu plus de clarté en la cognoissance des choses humaines et naturelles. N'est ce pas une ridicule entreprinse, à celles ausquelles, par nostre propre confession, nostre science ne peult attaindre, leur aller forgeant un aultre corps, et prestant une forme faulse, de nostre invention ; comme il se veoid au mouvement des planetes, auquel d'autant que nostre esprit ne peult arriver, ny imaginer sa naturelle conduicte, nous leur prestons, du nostre, des ressorts materiels, lourds, et corporels :

temo aureus, aurea summæ
Curvatura rotæ, radiorum argenteus ordo : (1)

vous diriez que nous avons eu des cochers, des charpentiers, et des peintres, qui sont allez dresser là hault des engins à divers mouvements, et renger les rouages et entrelassements des corps celestes bigarrez en couleur, autour du fuseau de la necessité, selon Platon :

Mundus domus est maxima rerum,
Quam quinque altitonæ fragmine zonæ
Cingunt, per quam limbus pictus bis sex signis
Stellimicantibus, altus in obliquo æthere, lunæ
Bigas acceptat : (2)

ce sont touts songes et fanatiques folies. Que ne plaist il un iour à nature nous ouvrir son sein, et nous faire veoir au propre les moyens et la conduicte de ses mouvements,

---

(1) Le timon est d'or, les roues d'or, et les rayons d'argent. metamorph. l. 2., fab. 1, v. 107, et seq.

(2) Le monde est une grande maison environnée de cinq zones, et traversée obliquement par une bordure enrichie de douze signes rayonnants d'étoiles, où sont admis les coursiers de la lune.

Ces vers sont de Varron, et c'est le grammairien Valerius Probus qui les rapporte dans ses notes sur la 6ᵉ églogue de Virgile. Mais il y a, dans le premier, *Maxima homuli* ; et dans le dernier, *Bigas solisque receptat*. C.

et y preparer nos yeulx? ô Dieu! quels abus, quels mescomptes nous trouverions en nostre pauvre science! Ie suis trompé si elle tient une seule chose droictement en son poinct : et m'en partiray d'icy plus ignorant toute aultre chose que mon ignorance. Ay ie pas veu, en Platon, ce divin mot, « que nature n'est rien qu'une poësie ainigmatique » (a)? comme, peultestre, qui diroit une peincture voilee et tenebreuse, entreluisant d'une infinie varieté de fauls iours à exercer nos coniectures : latent ista omnia crassis occultata et circumfusa tenebris; ut nulla acies humani ingenii tanta sit, quæ penetrare in cœlum, terram intrare, possit (1). Et certes la philosophie n'est qu'une poësie sophistiquee. D'où tirent ses aucteurs anciens toutes leurs auctoritez, que des poëtes? et les premiers feurent poëtes eulx mesmes, et la traicterent en leur art. Platon n'est qu'un poëte descousu : Timon l'appelle, par iniure, Grand forgeur de miracles. [Toutes (b) les sciences surhumaines s'accoustrent du style poëtique.] Tout ainsi

---

(a) Montaigne a fort mal pris le sens de Platon, dont voici les propres paroles, Εστι τε φυσει ποιητικη η συμπασα αινιγματωδης, in *Alcibiade* 2, p. 42. C. Ce qui signifie, « Toute poésie est de sa nature énigmatique ». *Coste.*

(1) A notre égard toutes ces choses sont couvertes et enveloppées d'épaisses ténebres : de sorte qu'il n'y a point d'homme d'un esprit assez perçant pour pénétrer ni dans le ciel, ni dans la terre. *Cic.* acad. quæst. l. 4, c. 39.

(b) Cette phrase n'est point dans l'exemplaire corrigé par Montaigne : c'est la leçon de l'édit. in-fol. de 1595. J'observerai à ce sujet que si Mlle de Gournay eût pris la peine de comparer soigneusement l'exemplaire que j'ai sous les yeux avec la copie sur laquelle elle a fait imprimer l'édition de 1595, elle auroit pu donner un excellent texte des *Essais :* mais, soit qu'elle ait jugé cette collation inutile; soit que, pressée par le tems, elle ait négligé ce long et pénible travail, on sent, par cela même, que les deux éditions qu'elle a publiées du livre de Montaigne peuvent être consultées utilement, mais qu'elles n'ont plus aujourd'hui qu'une autorité secondaire et très subordonnée à celle de l'exemplaire de la bibliotheque centrale de Bordeaux. N.

que les femmes emploient des dents d'yvoire où les leurs naturelles leur manquent; et au lieu de leur vray teinct, en forgent un de quelque matiere estrangiere ; comme elles font des cuisses de drap et de feutre, et de l'embonpoinct de coton ; et, au veu et sceu d'un chascun, s'embellissent d'une beauté faulse et empruntee : ainsi faict la science (et nostre droict mesme a, dict on, des fictions legitimes sur lesquelles il fonde la verité de sa iustice); elle nous donne en payement, et en presupposition, les choses qu'elle mesme nous apprend estre inventees ; car ces epicycles excentriques, concentriques, de quoy l'astrologie s'ayde à conduire le bransle de ses estoiles, elle nous les donne pour le mieulx qu'elle ayt sceu inventer en ce subiect : comme aussi, au reste, la philosophie nous presente, non pas ce qui est, ou ce qu'elle croit, mais ce qu'elle forge ayant plus d'apparence et de gentillesse. Platon, sur le discours de l'estat de nostre corps, et de celuy des bestes : « Que ce que nous avons dict soit vray, nous en asseurerions si nous avions sur cela confirmation d'un oracle ; seulement nous asseurons que c'est le plus vraysemblablement que nous ayons sceu dire ». Ce n'est pas au ciel seulement qu'elle envoye ses cordages, ses engins, et ses roues; considerons un peu ce qu'elle dict de nous mesmes et de nostre contexture : il n'y a pas plus de retrogradation, trepidation, accession, reculement, ravissement aux astres et corps celestes, qu'ils en ont forgé en ce pauvre petit corps humain. Vrayement ils ont eu par là raison de l'appeller le petit Monde : tant ils ont employé de pieces et de visages à le massonner et bastir. Pour accommoder les mouvements qu'ils voyent en l'homme, les diverses functions et facultez que nous sentons en nous, en combien de parties ont ils divisé nostre ame ? en combien de sieges logee ? à combien d'ordres et d'estages ont ils desparty ce pauvre homme, oultre les naturels et perceptibles ? et à combien d'offices et de vacations ? Ils en font une chose publicque imaginaire : c'est un subiect qu'ils tiennent et qu'ils manient ; on leur laisse toute puissance de le descoudre, renger, rassembler, et estoffer, chascun à sa fantasie : et si ne le possedent pas encores. Non seulement en verité, mais en songe mesme, ils ne le peuvent regler, qu'il ne s'y trouve quelque cadence, ou quelque son, qui eschappe à leur architecture, toute enorme qu'elle est et rapiecee de mille loppins fauls et fantastiques. Et ce n'est pas raison de les excuser : car, aux peintres, quand ils peignent le ciel, la terre, les mers, les monts, les isles escartees, nous leur condonnons qu'ils nous en rapportent seulement quelque marque legiere, et, comme de choses ignorees, nous contentons d'un tel quel umbrage et feincte ; mais quand ils nous tirent, aprez le naturel, un subiect qui nous est familier et cogneu, nous exigeons d'eulx une parfaicte et exacte representation des lineaments et des couleurs ; et les mesprisons s'ils y faillent. Ie sçais bon gré à la garse milesienne qui, voyant le philosophe Thales s'amuser continuellement à la contemplation de la voulte celeste, et tenir tousiours les yeulx eslevez contremont, luy meit en son passage quelque chose à le faire bruncher, pour l'advertir qu'il seroit temps d'amuser son pensement aux choses qui estoient dans les nues, quand il auroit prouveu à celles qui estoient à ses pieds : elle luy conseilloit certes bien de regarder plustost à soy qu'au ciel ; car, comme dict Democritus par la bouche de Cicero,

 Quod est ante pedes, nemo spectat : cœli scrutantur plagas. (1)

Mais nostre condition porte que la cognoissance de ce que nous avons entre mains est aussi esloingnee de nous, et aussi bien au dessus des nues, que celle des astres : comme dict Socrates, en Platon, que à quiconque

---

(1) Personne ne regarde ce qui est à ses pieds, et l'on s'amuse à observer ce qui se passe dans le ciel. *Cic.* de divin. l. 2, c. 13.

se mesle de la philosophie, on peult faire le reproche que faict cette femme à Thales, qu'il ne veoid rien de ce qui est devant luy : car tout philosophe ignore ce que faict son voisin ; ouy, et ce qu'il faict luy mesme ; et ignore ce qu'ils sont touts deux, ou bestes, ou hommes. Ces gents icy qui treuvent les raisons de Sebond trop foibles ; qui n'ignorent rien ; qui gouvernent le monde : qui sçavent tout ;

> Quæ mare compescant causæ; quid temperet annum ;
> Stellæ sponte suâ, iussæve, vagentur et errent ;
> Quid premat obscurum lunæ, quid proferat orbem ;
> Quid velit et possit rerum concordia discors : (1)

n'ont ils pas quelquesfois sondé, parmy leurs livres, les difficultez qui se presentent à cognoistre leur estre propre? Nous voyons bien que le doigt se meut, et que le pied se meut, qu'aulcunes parties se branslent d'elles mesmes sans nostre congé, et que d'aultres nous les agitons par nostre ordonnance ; que certaine apprehension engendre la rougeur, certaine aultre la pasleur ; telle imagination agit en la rate seulement, telle aultre au cerveau ; l'une nous cause le rire, l'aultre le pleurer ; telle aultre transit et estonne touts nos sens, et arreste le mouvement de nos membres ; à tel obiect l'estomach se sousleve, à tel aultre quelque partie plus basse : mais comme une impression spirituelle face une telle faulsee dans un subiect massif et solide, et la nature de la liaison et cousture de ces admirables ressorts, iamais homme ne l'a sceu, *omnia incerta ratione, et in naturæ maiestate abdita* (2),

---

(1) Ce qui retient la mer dans ses bornes ; ce qui regle les saisons ; si les étoiles ont un mouvement propre, ou sont emportées par une force étrangere ; d'où vient que la lune croît et décroît régulièrement ; quelle est la vertu des quatre éléments, qui, si contraires les uns aux autres, contribuent ensemble à la conservation de l'univers. *Horat.* epist. 12, l. 1, v. 16, et seqq.

(2) Toutes ces choses sont impénétrables à la raison humaine,

dict Pline, et sainct Augustin, modus quo corporibus abhæ-
rent spiritus.... omninò mirus est, nec comprehendi ab homine
potest; et hoc ipse homo est (1); et si ne le met on pas pourtant en doubte, car les opinions des hommes sont receues
à la suitte des creances anciennes, par auctorité et à
crédit, comme si c'estoit religion et loix : on receoit
comme un iargon ce qui en est communement tenu; on
receoit cette verité avecques tout son bastiment et atte-
lage d'arguments et de preuves, comme un corps ferme
et solide qu'on n'esbransle plus, qu'on ne iuge plus ; au
contraire, chascun, à qui mieulx mieulx, va plastrant et
confortant cette creance receue, de tout ce que peult sa
raison, qui est un util souple, contournable, et accommodable à toute figure : ainsi se remplit le monde, et se
confit en fadese et en mensonge. Ce qui faict qu'on ne
doubte de gueres de choses, c'est que les communes impressions, on ne les essaye iamais ; on n'en sonde point
le pied, où gist la faulte et la foiblesse; on ne débat que
sur les branches : on ne demande pas si cela est vray, mais
s'il a esté ainsin ou ainsin entendu; on ne demande pas
si Galen a rien dict qui vaille, mais s'il a dict ainsin ou
aultrement. Vrayement c'estoit bien raison que cette
bride et contraincte de la liberté de nos iugements, et
cette tyrannie de nos creances, s'estendist iusques aux
escholes et aux arts : le dieu de la science scholastique,
c'est Aristote; c'est religion de debattre de ses ordonnances, comme de celles de Lycurgus à Sparte; sa doctrine nous sert de loy magistrale, qui est, à l'adventure,
autant faulse qu'une aultre. Ie ne sçais pas pourquoy
ie n'acceptasse autant volontiers ou les Idees de Platon,
ou les atomes d'Epicurus, où le plein et le vuide de

---

et cachées dans la majesté de la nature. *Plin*. hist. nat. l. 2, c. 37.

(1) La maniere dont les esprits sont unis aux corps est tout-à-
fait merveilleuse, et ne peut être comprise par l'homme ; et c'est
là l'homme lui-même. *D. Augustin*. de civit. Dei, lib. 21, c. 10.

Leucippus et Democritus, ou l'eau de Thales, ou l'infinité de nature d'Anaximander, ou l'air de Diogenes, ou les nombres et symmetrie de Pythagoras, ou l'infini de Parmenides, ou l'Un de Museus, ou l'eau et le feu d'Apollodorus, ou les parties similaires d'Anaxagoras, ou la discorde et amitié d'Empedocles, ou le feu de Heraclitus, ou toute aultre opinion de cette confusion infinie d'advis et de sentences que produict cette belle raison humaine par sa certitude et clairvoyance en tout ce de quoy elle se mesle, que ie ferois l'opinion d'Aristote sur ce subiect des principes des choses naturelles : lesquels principes il bastit de trois pieces, matiere, forme, et privation. Et qu'est il plus vain que de faire, l'inanité mesme, cause de la production des choses ? la privation, c'est une negatifve ; de quelle humeur en a il peu faire la cause et origine des choses qui sont ? Cela toutesfois ne s'oseroit esbransler, que pour l'exercice de la logique ; on n'y debat rien pour le mettre en doubte, mais pour deffendre l'aucteur de l'eschole des obiections estrangieres : son auctorité, c'est le but au delà duquel il n'est pas permis de s'enquerir. Il est bien aysé, sur des fondements avouez, de bastir ce qu'on veult ; car, selon la loy et ordonnance de ce commencement, le reste des pieces du bastiment se conduict aysement, sans se desmentir. Par cette voye nous trouvons nostre raison bien fondee, et discourons à bouleveue : car nos maistres preoccupent et gaignent avant main autant de lieu en nostre creance qu'il leur en fault pour conclure aprez ce qu'ils veulent, à la mode des geometriens par leurs demandes advouees ; le consentement et approbation que nous leur prestons, leur donnant de quoy nous traisner à gauche et à dextre, et nous pirouetter à leur volonté. Quiconque est creu de ses presuppositions, il est nostre maistre et nostre dieu ; il prendra le plan de ses fondements si ample et si aysé, que par iceulx il nous pourra monter, s'il veult, iusques aux nues. En cette practique et negociation de science, nous avons prins pour argent comptant le mot de Pythagoras, « Que chasque expert doibt estre creu en son art » : le dialecticien se rapporte au grammairien de la signification des mots ; le rhetoricien emprunte du dialecticien les lieux des arguments; le poëte, du musicien, les mesures ; le geometrien, de l'arithmeticien, les proportions ; les metaphysiciens prennent pour fondement les coniectures de la physique : car chasque science a ses principes presupposez; par où le iugement humain est bridé de toutes parts. Si vous venez à chocquer cette barriere en laquelle gist la principale erreur, ils ont incontinent cette sentence en la bouche, « Qu'il ne fault pas debattre contre ceulx qui nient les principes » ; or n'y peult il avoir des principes aux hommes, si la Divinité ne les leur a revelez: de tout le demourant, et le commencement, et le milieu, et la fin, ce n'est que songe et fumee. A ceulx qui combattent par presupposition, il leur fault presupposer au contraire le mesme axiome de quoy on debat : car toute presupposition humaine, et toute enunciation, a autant d'auctorité que l'aultre, si la raison n'en faict la difference. Ainsin il les fault toutes mettre à la balance ; et premierement les generales et celles qui nous tyrannisent. L'impression (a) de la certitude est un certain tesmoignage de folie et d'incertitude extreme; et n'est point de plus folles gents ny moins philosophes que les philodoxes (b) de Platon : il fault sçavoir si le feu est chauld, si la neige est blanche, s'il y a rien de dur ou de mol en nostre cognoissance. Et quant à ces responses, de quoy

---

(a) La persuasion : *édit. in-fol.* de 1595.

(b) Gens qui se remplissent l'esprit d'opinions dont ils ignorent les fondements, qui s'entêtent de mots, qui n'aiment èt ne voient que les apparences des choses.

Cette définition est prise de Platon qui les a caractérisés très particulièrement à la fin du cinquieme livre de sa République. C.

il se faict des contes anciens ; comme à celuy qui mettoit en doubte la chaleur, à qui on dict qu'il se iectast dans le feu ; à celuy qui nioit la froideur de la glace, qu'il s'en meist dans le sein ; elles sont tresindignes de la profession philosophique. S'ils nous eussent laissé en nostre estat naturel, recevants les apparences estrangieres selon qu'elles se presentent à nous par nos sens, et nous eussent laissé aller aprez nos appetits simples et reglez par la condition de nostre naissance, ils auroient raison de parler ainsi ; mais c'est d'eulx que nous avons apprins de nous rendre iuges du monde ; c'est d'eulx que nous tenons cette fantasie, « Que la raison humaine est controolleuse generale de tout ce qui est au dehors et au dedans de la voulte celeste ; qui embrasse tout, qui peult tout, par le moyen de laquelle tout se sçait et cognoist ». Cette response seroit bonne parmy les Cannibales, qui iouïssent l'heur d'une longue vie, tranquille et paisible, sans les preceptes d'Aristote, et sans la cognoissance du nom de la physique : cette response vauldroit mieulx à l'adventure, et auroit plus de fermeté que toutes celles qu'ils emprunteront de leur raison et de leur invention : de cette cy seroient capables avecques nous toults les animaulx, et tout ce où le commandement est encores pur et simple de la loy naturelle ; mais eulx, ils y ont renoncé. Il ne fault pas qu'ils me dient, « Il est vray ; car vous le voyez et sentez ainsin » : il fault qu'ils me dient si ce que ie pense sentir ie le sens pourtant en effect ; et, si ie le sens, qu'ils me dient aprez pourquoy ie le sens, et comment, et quoy ; qu'ils me dient le nom, l'origine, les tenants et aboutissants de la chaleur, du froid, les qualitez de celuy qui agit et de celuy qui souffre ; ou qu'ils me quittent leur profession, qui est de ne recevoir ny approuver rien que par la voye de la raison : c'est leur touche à toutes sortes d'essays ; mais certes c'est une touche pleine de faulseté, d'erreur, de foiblesse, et defaillance. Par où la voulons nous mieulx esprouver que par elle mesme ?

s'il ne la fault croire parlant de soy, à peine sera elle propre à iuger des choses estrangieres : si elle cognoist quelque chose, au moins sera ce son estre et son domicile ; elle est en l'ame, et partie, ou effect, d'icelle : car la vraye raison et essentielle, de qui nous desrobbons le nom à faulses enseignes, elle loge dans le sein de Dieu; c'est là son giste et sa retraicte; c'est de là où elle part quand il plaist à Dieu nous en faire veoir quelque rayon, comme Pallas saillit de la teste de son pere pour se communiquer au monde.

Or voyons ce que l'humaine raison nous a apprins de soy, et de l'ame; non de l'ame en general, de laquelle quasi toute la philosophie rend les corps celestes et les premiers corps participants, ny de celle que Thales attribuoit aux choses mesmes qu'on tient inanimees, convié par la consideration de l'aimant; mais de celle qui nous appartient, que nous debvons mieulx cognoistre :

> Ignoratur enim quæ sit natura animaï;
> Nata sit; an, contrà, nascentibus insinuetur;
> Et simul intereat nobiscum morte dirempta;
> An tenebras Orci visat, vastasque lacunas,
> An pecudes alias divinitùs insinuet se : (1)

à Crates et Dicaearchus, qu'il n'y en avoit du tout point, mais que le corps s'esbransloit ainsi d'un mouvement naturel : à Platon, que c'estoit une substance se mouvant de soy mesme : à Thales, une nature sans repos (a) : à Ascle-

---

(1) Car nous ignorons quelle est la nature de notre ame; si elle naît avec le corps, ou si elle y est insinuée d'ailleurs, dans le temps de la naissance; si, dissipée par la mort, elle périt avec nous, ou si elle s'envole dans le sombre royaume de Pluton; ou bien si, par la volonté divine, elle passe dans le corps des bêtes. *Lucret.* l. 1, v. 113, et seqq.

(a) C'est-à-dire, selon Plutarque, qui se meut d'elle-même, αυτοκινητον. *De Placitis philosophorum.* L. 4, c. 2. C.

piades, une exercitation des sens : à Hesiodus et Anaximander, chose composee de terre et d'eau : à Parmenides, de terre et de feu : à Empedocles, de sang;

Sanguineam vomit ille animam : (1)

à Possidonius, Cleanthes et Galen (a), une chaleur ou complexion chaleureuse,

Igneus est ollis vigor, et cœlestis origo: (2)

à Hippocrates, un esprit espandu par le corps : à Varro, un air receu par la bouche, eschauffé au poulmon, attrempé au cœur, et espandu par tout le corps : à Zeno, la quintessence des quatre elements : à Heraclides Ponticus, la lumiere : à Xenocrates et aux Egyptiens, un nombre mobile : aux Chaldees, une vertu sans forme determinee;

habitum quemdam vitalem corporis esse,
Harmoniam Græci quam dicunt : (4)

n'oublions pas Aristote, Ce qui naturellement faict mouvoir le corps, qu'il nomme Entelechie; d'une autant froide invention que nulle aultre, car il ne parle ny de l'essence, ny de l'origine, ny de la nature de l'ame, mais en remarque seulement l'effect : Lactance, Seneque et la meilleure part entre les dogmatistes, ont confessé que c'estoit chose qu'ils n'entendoient pas : Et aprez tout ce

---

(1) Il vomit son ame sanglante. *Aeneid.* l. 9, v. 349.

(a) On cite la-dessus le traité, *quòd animi mores sequantur corporis temperamentum :* mais Nemesius, *de naturá hominis*, c. 2, p. 57. Ed. Oxon., rapporte un passage de Galien, où ce médecin déclare qu'il n'ose rien affirmer sur la nature de l'ame. C.

(2) Les ames sont de la nature du feu, dont elles ont la force; et leur origine est céleste. *Virg.* Aeneid. l. 6, v. 730.

(4) Certaine habitude vitale du corps, que les Grecs nomment Harmonie. *Lucret.* l. 3, v. 100.

denombrement d'opinions, harum sententiarum quæ vera sit, deus aliquis viderit, dict Cicero(1). Ie cognois par moy, dict S. Bernard, combien Dieu est incomprehensible; puisque les pieces de mon estre propre, ie ne les puis comprendre. Heraclitus, qui tenoit tout estre plein d'ames et de daimons, maintenoit pourtant qu'on ne pouvoit aller tant avant vers la cognoissance de l'ame, qu'on y peust arriver; si profonde estre son essence.

Il n'y a pas moins de dissention ny de debat à la loger. Hippocrates et Hierophilus la mettent au ventricule du cerveau : Democritus et Aristote, par tout le corps :

> Ut bona sæpè valetudo cùm dicitur esse
> Corporis, et non est tamen hæc pars ulla valentis : (2)

Epicurus, en l'estomach, (a)

> Hîc exsultat enim pavor ac metus; hæc loca circum
> Lætitiæ mulcent : (3)

les stoïciens, autour et dedans le cœur : Erasistratus, ioignant la membrane de l'epicrane : Empedocles, au sang; comme aussi Moïse, qui feut la cause pourquoy il deffendit de manger le sang des bestes auquel leur ame est ioincte : Galen a pensé que chasque partie du corps ayt son ame : Strato l'a logee entre les deux sourcils : *Quâ facie quidem sit animus, aut ubi habitet, ne quærendum quidem est* (4), dict Cicero; ie laisse volontiers à cet homme ses

---

(1) Il n'appartient qu'à un dieu de déterminer laquelle de ces opinions est la véritable. *Cic.* tusc. quæst. l. 1, c. 11.

(2) Comme lorsqu'on dit que la santé appartient à tout le corps, elle n'est pourtant pas une partie de l'homme en santé. *Lucret.* l. 3, v. 103, et seq.

(a) Mediâ regione in pectoris hæret. *Lucret.* l. 3, v. 141.

(3) Car c'est là qu'éclate la peur et la crainte, et qu'on sent les agréables effets de la joie. *Id.* ibid. v. 142, 143.

(4) Pour la figure de l'ame et le lieu où elle habite, c'est de quoi il ne faut pas s'informer. *Tusc. quæst.* l. 1, c. 28.

mots propres : irois-ie alterer à l'eloquence son parler ?
ioinct qu'il y a peu d'acquest à desrobber la matiere de
ses inventions ; elles sont et peu frequentes, et peu roides, et peu ignorees. Mais la raison pourquoy Chrysippus l'argumente autour du cœur, comme les aultres de
sa secte, n'est pas pour estre oubliee ; c'est parce, dict il,
que, quand nous voulons asseurer quelque chose, nous
mettons la main sur l'estomach, et quand nous voulons
prononcer Εγω, qui signifie Moy, nous baissons vers
l'estomach la maschouere d'en bas. Ce lieu ne se doibt
passer sans remarquer la vanité d'un si grand personnage; car oultre ce que ces considerations sont d'elles
mesmes infiniment legieres, la derniere ne preuve que
aux Grecs qu'ils ayent l'ame en cet endroict là : il n'est
iugement humain, si tendu, qui ne sommeille par fois.
Que craignons nous à dire? voylà les stoïciens, peres de
l'humaine prudence, qui treuvent que l'ame d'un homme
accablé soubs une ruyne, traisne et ahanne long temps
à sortir, ne se pouvant desmesler de la charge, comme
une souris prinse à la trappelle. Aulcuns tiennent que le
monde feut faict pour donner corps, par punition, aux
esprits descheus, par leur faulte, de la pureté en quoy ils
avoient esté creez, la premiere creation n'ayant esté
qu'incorporelle; et que, selon qu'ils se sont plus ou moins
esloingnez de leur spiritualité, on les incorpore plus et
moins alaigrement ou lourdement : de là vient la varieté
de tant de matiere creee. Mais l'esprit qui feut, pour sa
peine, investi du corps du soleil, debvoit avoir une mesure d'alteration bien rare et particuliere. Les extremitez de nostre perquisition tumbent toutes en esblouïssement; comme dict Plutarque de la teste des histoires,
qu'à la mode des chartes, l'orée des terres cogneues est
saisie de marests, forests profondes, deserts et lieux inhabitables : voylà pourquoy les plus grossieres et pueriles ravasseries se treuvent plus en ceulx qui traictent
les choses plus haultes et plus avant, s'abysmants en

leur curiosité et presumption. La fin et le commencement de science se tiennent en pareille bestise : voyez prendre à mont l'essor à Platon en ses nuages poëtiques, voyez chez luy le iargon des dieux ; mais à quoy songeoit il quand il definit l'homme « un animal à deux pieds sans plume » ? fournissant à ceulx qui avoient envie de se mocquer de luy une plaisante occasion, car ayants plumé un chapon vif, ils alloient le nommant « l'Homme de Platon ». Et quoy les epicuriens, de quelle simplicité estoient ils allez premierement imaginer que leurs atomes, qu'ils disoient estre des corps ayants quelque poisanteur et un mouvement naturel contre bas, eussent basti le monde : iusques à ce qu'ils feussent advisez par leurs adversaires, que par cette description il n'estoit pas possible qu'ils se ioignissent et se prinssent l'un à l'aultre, leur cheute estant ainsi droicte et perpendiculaire, et engendrant par tout des lignes paralleles ? parquoy il feut force qu'ils y adioustassent depuis un mouvement de costé, fortuite, et qu'ils fournissent encores à leurs atomes des queues courbes et crochues pour les rendre aptes à s'attacher et se coudre : et lors mesme, ceulx qui les poursuyvent de cette aultre consideration les mettent ils pas en peine ? « si les atomes ont, par sort, formé tant de sortes de figures, pourquoy ne se sont ils iamais rencontrez à faire une maison, un soulier ? pourquoy de mesme ne croit on qu'un nombre infini de lettres grecques versees emmy la place seroient pour arriver à la contexture de l'Iliade » ? Ce qui est capable de raison, dit Zeno, est meilleur que ce qui n'en est point capable : il n'est rien meilleur que le monde ; il est doncques capable de raison. Cotta par cette mesme argumentation faict le monde mathematicien ; et le faict musicien et organiste par cett' autre argumentation aussi de Zeno : « Le tout est plus que la partie : nous sommes capables de sagesse, et parties du monde ; il est doncques sage ». Il se veoid infinis pareils exemples, non d'arguments fauls seulement, mais ineptes, ne se tenants point, et accusants leurs aucteurs non tant d'ignorance que d'imprudence, ez reproches que les philosophes se font les uns aux aultres sur les dissentions de leurs opinions et de leurs sectes.

Qui fagoteroit suffisamment un amas des asneries de l'humaine (a) prudence, il diroit merveilles. J'en assemble volontiers, comme une montre, par quelque biais non moins utile à considerer que les opinions saines et moderees. Iugeons par là ce que nous avons à estimer de l'homme, de son sens et de sa raison, puis qu'en ces grands personnages, et qui ont porté si hault l'humaine suffisance, il s'y treuve des defauts si apparents et si grossiers. Moy i'aime mieulx croire qu'ils ont traicté la science casuellement, ainsi qu'un iouet à toutes mains, et se sont esbattus de la raison, comme d'un instrument vain et frivole, mettants en avant toutes sortes d'inventions et de fantasies, tantost plus tendues, tantost plus lasches. Ce mesme Platon qui definit l'homme comme une poule, dict ailleurs, aprez Socrates, « Qu'il ne sçait à la verité que c'est que l'homme; et que c'est l'une des pieces du monde d'autant difficile cognoissance ». Par cette varieté et instabilité d'opinions, ils nous menent comme par la main tacitement à cette resolution de leur irresolution. Ils font profession de ne presenter pas tousiours leur advis à visage descouvert et apparent; ils l'ont caché tantost soubs des umbrages fabuleux de la poësie, tantost soubs quelque aultre masque : car nostre imperfection porte encores cela, que la viande crue n'est pas tousiours propre à nostre estomach; il la fault asseicher, alterer et corrompre : ils font de mesme; ils obscurcissent par fois leurs naïfves opinions et iugements, et les falsifient, pour s'accommoder à l'usage publicque. Ils ne veulent pas faire profession expresse d'ignorance et de l'imbecillité de la raison humaine, pour ne faire peur aux

---

(a) Sapience. *Edit. in-fol.* de 1595.

enfants : mais ils nous la descouvrent assez soubs l'apparence d'une science trouble et inconstante. Ie conseillois en Italie à quelqu'un qui estoit en peine de parler italien, que pourveu qu'il ne cherchast qu'à se faire entendre, sans y vouloir aultrement exceller, qu'il employast seulement les premiers mots qui luy viendroient à la bouche, latins, françois, espaignols, ou gascons, et qu'en y adioustant la terminaison italienne, il ne fauldroit iamais à rencontrer quelque idiome du pays, ou toscan, ou romain, ou venitien, ou piemontois, ou napolitain, et de se ioindre à quelqu'une de tant de formes : ie dis de mesme de la philosophie ; elle a tant de visages et de varieté, et a tant dict, que touts nos songes et resveries s'y treuvent ; l'humaine fantasie ne peult rien concevoir, en bien et en mal, qui n'y soit; nihil tam absurdè dici potest, quod non dicatur ab aliquo philosophorum (1). Et i'en laisse plus librement aller mes caprices en public : d'autant que bien qu'ils soient nayz chez moy et sans patron, ie sçais qu'ils trouveront leur relation à quelque humeur ancienne, et ne fauldra quelqu'un de dire : « Voylà d'où il le print ». Mes mœurs sont naturelles ; ie n'ay point appellé, à les bastir, le secours d'aulcune discipline : mais toutes imbecilles qu'elles sont, quand l'envie m'a prins de les reciter, et que, pour les faire sortir en public un peu plus decemment, ie me suis mis en debvoir de les assister et de discours et d'exemples ; c'a esté merveille à moy mesme de les rencontrer, par cas d'adventure, conformes à tant d'exemples et discours philosophiques. De quel regiment estoit ma vie, ie ne l'ay appris qu'aprez qu'elle est exploictee et employee : nouvelle figure ; Un philosophe impremedité et fortuite.

---

(1) Il n'y a rien de si absurde, qui n'ait été avancé par quelque philosophe. *Cic.* de divinat. l. 2, c. 58.

Pour revenir à nostre ame : ce que Platon a mis la raison au cerveau, l'ire au cœur et la cupidité au foye, il est vraysemblable que c'a esté plustost une interpretation des mouvements de l'ame, qu'une division et separation qu'il en ayt voulu faire comme d'un corps en plusieurs membres. Et la plus vraysemblable de leurs opinions est, Que c'est tousiours une ame qui, par sa faculté ratiocine, se souvient, comprend, iuge, desire, et exerce toutes ses aultres operations, par divers instruments du corps ; comme le nocher gouverne son navire selon l'experience qu'il en a, ores tendant ou laschant une chorde, ores haulsant l'antenne, ou remuant l'aviron ; par une seule puissance conduisant divers effects : et Qu'elle loge au cerveau ; ce qui appert de ce que les bleceures et accidents qui touchent cette partie, offensent incontinent les facultez de l'ame : de là il n'est pas inconvenient qu'elle s'escoule par le reste du corps ;

> medium non deserit unquam.
> Cœli Phœbus iter ; radiis tamen omnia lustrat ; (1)

comme le soleil espand du ciel en hors sa lumiere et ses puissances, et en remplit le monde :

> Cætera pars animæ, per totum dissita corpus,
> Paret, et ad numen mentis momenque movetur. (2)

Aulcuns ont dict qu'il y avoit une ame generale, comme un grand corps, duquel toutes les ames particulieres estoient extraictes et s'y en retournoient, se remeslant tousiours à cette matiere universelle :

---

(1) Le soleil éclaire tout le monde de ses rayons, quoiqu'il ne s'écarte jamais du milieu des cieux. *Claudian.* de sexto consul. Honorii, v. 411. 412.

(2) L'autre partie de l'ame répandue par tout le corps est soumise à l'esprit, dont la volonté regle la conduite de ses mouvements. *Lucret.* l. 3, v. 144, 145.

deum namque ire per omnes
Terrasque, tractusque maris, cœlumque profundum :
Hinc pecudes, armenta, viros, genus omne ferarum,
Quemque sibi tenues nascentem arcessere vitas :
Scilicet huc reddi deinde ac resoluta referri
Omnia : nec morti esse locum : (1)

d'aultres, qu'elles ne faisoient que s'y reioindre et r'attacher : d'aultres, qu'elles estoient produictes de la substance divine : d'aultres, par les anges, de feu et d'air : aulcuns, de toute ancienneté ; aulcuns, sur l'heure mesme du besoing : aulcuns les font descendre du rond de la lune et y retourner : le commun des anciens, qu'elles sont engendrees de pere en fils, d'une pareille maniere et production que toutes aultres choses naturelles ; argumentants cela par la ressemblance des enfants aux peres ;

Instillata patris virtus tibi ; (2)

Fortes creantur fortibus ; (3)

et qu'on veoid escouler des peres aux enfants, non seulement les marques du corps, mais encores une ressemblance d'humeurs, de complexions et inclinations de l'ame ;

---

(1) Que Dieu pénetre la terre, la mer, et toute l'étendue des cieux : que le bétail, les hommes, et les animaux sauvages de toute espece, puisent chacun leur vie dans sa substance au moment de leur naissance, pour lui être ensuite réunis, et être comme refondus en elle, sans que rien soit sujet à la mort. *Virg.* Georg. l. 4, v. 221, et seqq.

(2) La vertu de ton pere t'a été transmise avec la vie. Je ne sais d'où Montaigne a tiré ce vers. C.

(3) Les enfants courageux naissent de peres pleins de valeur. *Horat.* od. 4, l. 4, v. 29.

Denique cur acris violentia triste leonum
Seminium sequitur, dolu' vulpibus, et fuga cervis
A patribus datur, et patrius pavor incitat artus....
Si non certa suo quia semine seminioque
Vis animi pariter crescit cum corpore toto? (1)

que là dessus se fonde la iustice divine, punissant aux enfants la faulte des peres ; d'autant que la contagion des vices paternels est aulcunement empreinte en l'ame des enfants, et que le desreglement de leur volonté les touche : dadvantage, que si les ames venoient d'ailleurs que d'une suitte naturelle, et qu'elles eussent esté quelque aultre chose hors du corps, elles auroient recordation de leur estre premier, attendu les naturelles facultez qui luy sont propres, de discourir, raisonner et se souvenir :

si in corpus nascentibus insinuatur,
Cur super anteactam ætatem meminisse nequimus,
Nec vestigia gestarum rerum ulla tenemus? (2)

car pour faire valoir la condition de nos ames, comme nous voulons, il les fault presupposer toutes sçavantes, lors qu'elles sont en leur simplicité et pureté naturelle : par ainsin elles eussent esté telles, estants exemptes de la prison corporelle, aussi bien avant que d'y entrer,

---

(1) Enfin pourquoi le lion conserve-t-il toujours la férocité de son espece ? pourquoi la ruse est-elle naturelle aux renards, la timidité aux cerfs,.... si ce n'est à cause que, l'ame et le corps provenant l'un et l'autre d'une même semence, les qualités de l'ame croissent ensemble avec le corps ? *Lucret.* l. 3, v. 741, 742, 743, — 746, 747.

(2) Si l'ame s'insinue dans le corps au moment qu'il nait, d'où vient l'oubli de l'âge précédent ? et pourquoi ne conservons-nous aucun souvenir de ce que nous avons fait avant ce temps-là? *Lucret.* l. 3, v. 671, et seqq.

comme nous esperons qu'elles seront aprez qu'elles en seront sorties : et de ce sçavoir, il fauldroit qu'elles se ressouvinssent encores estants au corps, comme disoit Platon « Que ce que nous apprenions n'estoit qu'un res-souvenir de ce que nous avions sceu » : chose que chascun par experience peult maintenir estre faulse ; en premier lieu, d'autant qu'il ne nous ressouvient iustement que de ce qu'on nous apprend, et que, si la memoire faisoit purement son office, aumoins nous suggereroit elle quelque traict oultre l'apprentissage ; secondement ce qu'elle sçavoit estant en sa pureté, c'estoit une vraye science, cognoissant les choses comme elles sont, par sa divine intelligence : là où icy on luy faict recevoir la mensonge et le vice, si on l'en instruit ; en quoy elle ne peult employer sa reminiscence, cette image et conception n'ayant iamais logé en elle. De dire que la prison corporelle estouffe de maniere ses facultez naïfves, qu'elles y sont toutes esteinctes : cela est premierement contraire à cette aultre creance de recognoistre ses forces si grandes, et les operations que les hommes en sentent en cette vie, si admirables, que d'en avoir conclu cette divinité et eternité passee et l'immortalité à venir ;

> Nam si tantopere est animi mutata potestas,
> Omnis ut actarum exciderit retinentia rerum,
> Non (ut opinor) ea ab letho iam longior errat : (1)

en oultre, c'est icy, chez nous, et non ailleurs, que doibvent estre considerees les forces et les effects de l'ame ; tout le reste de ses perfections luy est vain et inutile : c'est de

---

(1) Car, si le pouvoir de l'ame est si fort altéré qu'elle ait entièrement perdu le souvenir de tout ce qu'elle a fait, je ne crois pas qu'elle soit fort loin d'être actuellement détruite. *Lucret.* l. 3, v. 674, etc. Il y a dans Lucrece, *Non, ut opinor, id ab letho jam longiter errat.* Cet état n'est pas, je crois, fort loin de la mort. C.

l'estat present, que doibt estre payee et recogneue toute son immortalité; et de la vie de l'homme, qu'elle est comptable seulement. Ce seroit iniustice de luy avoir retrenché ses moyens et ses puissances, de l'avoir desarmee, pour, du temps de sa captivité et de sa prison, de sa foiblesse et maladie, du temps où elle auroit esté forcee et contraincte, tirer le iugement et une condamnation de duree infinie et perpetuelle; et de s'arrester à la consideration d'un temps si court, qui est à l'adventure d'une ou de deux heures, ou au pis aller d'un siecle qui n'a non plus de proportion à l'infinité qu'un instant, pour, de ce moment d'intervalle, ordonner et establir definitifvement de tout son estre : ce seroit une disproportion inique, de tirer une recompense eternelle en consequence d'une si courte vie. Platon, pour se sauver de cet inconvenient, veult que les payements futurs se limitent à la duree de cent ans, relatifvement à l'humaine duree; et des nostres assez leur ont donné bornes temporelles : par ainsin ils iugeoient que sa generation suyvoit la commune condition des choses humaines, comme aussi sa vie, par l'opinion d'Epicurus et de Democritus qui a esté la plus receue : suyvant ces belles apparences, Qu'on la voyoit naistre à mesme que le corps en estoit capable, on voyoit eslever ses forces comme les corporelles; on y recognoissoit la foiblesse de son enfance, et avecques le temps sa vigueur et sa maturité, et puis sa declination et sa vieillesse, et enfin sa decrepitude,

gigni pariter cum corpore, et unà
Crescere sentimus, pariterque senescere mentem : (1)

ils l'appercevoient capable de diverses passions, et agitee de plusieurs mouvements penibles, d'où elle tumboit en lassitude et en douleur; capable d'alteration et de chan-

_____

(1) Nous sentons que l'ame naît et croît avec le corps, et qu'elle vieillit avec lui. *Lucret.* l. 3, v. 446, et seq.

gement, d'alaigresse, d'assopissement et de langueur; subiecte à ses maladies et aux offenses, comme l'estomach ou le pied;

> mentem sanari, corpus ut ægrum,
> Cernimus, et flecti medicinâ posse videmus; (1)

esblouïe et troublee par la force du vin; desmeue de son assiette par les vapeurs d'une fiebvre chaulde; endormie par l'application d'aulcuns medicaments, et reveillee par d'aultres;

> corpoream naturam animi esse necesse est,
> Corporeis quoniam telis ictuque laborat : (2)

on luy voyoit estonner et renverser toutes ses facultez par la seule morsure d'un chien malade, et n'y avoir nulle si grande fermeté de discours, nulle suffisance, nulle vertu, nulle resolution philosophique, nulle contention de ses forces, qui la peust exempter de la subiection de ces accidents; la salive d'un chestif mastin, versee sur la main de Socrates, secouer toute sa sagesse et toutes ses grandes et si reglees imaginations, les aneantir de maniere qu'il ne restast aulcune trace de sa cognoissance premiere,

> Vis..........animai
> Conturbatur, et...........divisa seorsum
> Disiectatur, eodem illo distracta veneno; (3)

et ce venin ne trouver non plus de resistance en cette

---

(1) Nous voyons qu'on guérit un esprit comme un corps malade, et qu'on peut le rétablir par le secours de la médecine. *Lucret.* l. 3, v. 509, et seq.

(2) Puisque l'esprit est frappé des traits qu'il reçoit des corps, il faut nécessairement qu'il soit d'une nature corporelle. *Lucret.* l. 3, v. 176, 177.

(3) L'esprit est troublé, confondu, et détruit par la force de ce poison. *Id. ibid.* v. 498, et seqq.

ame qu'en celle d'un enfant de quatre ans : venin capable de faire devenir toute la philosophie, si elle estoit incarnee, furieuse et insensee; si que Caton, qui tordoit le col à la mort mesme et à la fortune, ne peust souffrir la veue d'un mirouer ou de l'eau, accablé d'espovantement et d'effroy, quand il seroit tumbé, par la contagion d'un chien enragé, en la maladie que les medecins nomment hydrophobie :

> vis morbi distracta per artus
> Turbat agens animam, spumantes æquore salso
> Ventorum ut validis fervescunt viribus undæ. (1)

Or, quant à ce poinct, la philosophie a bien armé l'homme, pour la souffrance de touts aultres accidents, ou de patience, ou, si elle couste trop à trouver, d'une desfaicte infaillible, en se desrobbant tout à faict du sentiment : mais ce sont moyens qui servent à une ame estant à soy et en ses forces, capable de discours et de deliberation; non pas à cet inconvenient où chez un philosophe une ame devient l'ame d'un fol, troublee, renversee et perdue : ce que plusieurs occasions produisent, comme une agitation trop vehemente que par quelque forte passion l'ame peult engendrer en soy mesme, ou une bleceure en certain endroict de la personne, ou une exhalation de l'estomach, nous iectant à un esblouïssement et tournoyement de teste,

> morbis in corporis avius errat
> Sæpè animus; dementit enim, deliraque fatur :
> Interdumque gravi lethargo fertur in altum
> Aeternumque soporem, oculis nutuque cadenti. (2)

---

(1) La violence de ce mal, se répandant par tous les membres, trouble l'ame, qui devient le jouet de sa fureur, comme les flots écumeux de la mer violemment agités par l'impétuosité des vents. *Lucret.* l. 3, v. 491, et seqq.

(2) Il arrive souvent que l'esprit de l'homme, troublé dans ses

Les philosophes n'ont, ce me semble, gueres touché cette chorde, non plus qu'un' aultre de pareille importance : ils ont ce dilemme tousiours en la bouche pour consoler nostre mortelle condition : « Ou l'ame est mortelle, ou immortelle : Si mortelle, elle sera sans peine ; Si immortelle, ell' ira en amendant ». Ils ne touchent iamais l'aultre branche ; « Quoy, si elle va en empirant » ? et laissent aux poëtes les menaces des peines futures : mais par là ils se donnent un beau ieu. Ce sont deux omissions qui s'offrent à moy souvent en leurs discours. Ie reviens à la premiere. Cette ame perd l'usage du souverain bien stoïque si constant et si ferme : il fault que nostre belle sagesse se rende en cet endroict, et quite les armes. Au demourant, ils consideroient aussi, par la vanité de l'humaine raison, que le meslange et societé de deux pieces si diverses, comme est le mortel et l'immortel, est inimaginable :

> Quippe etenim mortale æterno iungere, et unà
> Consentire putare, et fungi mutua posse,
> Desipere est. Quid enim diversius esse putandum est,
> Aut magis inter se disiunctum discrepitansque,
> Quàm, mortale quod est, immortali atque perenni
> Iunctum, in concilio sævas tolerare procellas ? (1)

---

fonctions ordinaires par les maladies du corps, extravague dans ses discours ; et quelquefois, attaqué d'une violente léthargie, les yeux fermés, et le visage abattu, il tombe dans un long et profond assoupissement. *Lucret.* l. 3, v. 464, et seqq.

(1) C'est être fou que de prétendre associer le mortel avec l'immortel, et de se figurer qu'ils puissent s'accorder et agir mutuellement ensemble : car est-il rien de plus différent, de plus distinct, et de plus contraire, que l'union d'une substance périssable avec une substance immortelle ? et comment deux êtres aussi divers peuvent-ils s'allier pour supporter de concert mille accidents funestes ? *Lucret.* l. 3, v. 801, et seqq.

dadvantage ils sentoient l'ame s'engager en la mort comme le corps :

> simul ævo fessa fatiscit : (1)

ce que, selon Zeno, l'image du sommeil nous montre assez ; car il estime « que c'est une defaillance et cheute de l'ame, aussi bien que du corps », contrahi animum, et quasi labi putat atque decidere (2) : et, ce qu'on appercevoit en aulcuns, sa force et sa vigueur se maintenir en la fin de la vie, ils le rapportoient à la diversité des maladies ; comme on veoid les hommes, en cette extremité, maintenir, qui un sens, qui un aultre, qui l'ouïr, qui le fleurer, sans alteration ; et ne se veoid point d'affoiblissement si universel, qu'il n'y reste quelques parties entieres et vigoreuses :

> Non alio pacto quàm si pes cùm dolet ægri,
> In nullo caput interea sit fortè dolore. (3)

La veue de nostre iugement se rapporte à la verité, comme faict l'œil du chathuant à la splendeur du soleil, ainsi que dict Aristote. Par où le sçaurions nous mieulx convaincre, que par si grossiers aveuglements en une si apparente lumiere ? car l'opinion contraire de l'immortalité de l'ame, laquelle Cicero dict avoir esté premierement introduicte, aumoins du tesmoignage des livres, par Pherecydes Syrius, du temps du roy Tullus, d'aultres en attribuent l'invention à Thales, et aultres à d'aultres, c'est la partie de l'humaine science traictee avec-

---

(1) Abattue avec lui sous le poids des années.
Lucret. l. 3, v. 459.

(2) *Cic.* de divinat. l. 2, c. 58. Montaigne explique les paroles de Cicéron avant que de les citer.

(3) Comme lorsqu'on a mal au pied, sans ressentir aucune douleur à la tête. *Lucret.* l. 3, v. 111, et seq.

ques plus de reservation et de doubte. Les dogmatistes les plus fermes sont contraincts, en cet endroict principalement, de se reiecter à l'abry des umbrages de l'academie. Nul ne sçait ce qu'Aristote a establi de ce subiect, non plus que touts les anciens, en general, qui le manient d'une vacillante creance ; *rem gratissimam promittentium magis, quàm probantium* (1) : il s'est caché soubs le nuage de paroles et sens difficiles et non intelligibles, et a laissé à ses sectateurs autant à debattre sur son iugement, que sur la matiere. Deux choses leur rendoient cette opinion plausible : l'une, que sans l'immortalité des ames il n'y auroit plus de quoy asseoir les vaines esperances de la gloire, qui est une consideration de merveilleux credit au monde: l'aultre, que c'est une tresutile impression, comme dict Platon, que les vices, quand ils se desrobberont à la veue obscure et incertaine de l'humaine iustice, demeurent tousiours en butte à la divine, qui les poursuyvra, voire aprez la mort des coulpables. Un soing extreme tient l'homme d'alonger son estre : il y a pourveu par toutes ses pieces ; et pour la conservation du corps sont les sepultures ; pour la conservation du nom, la gloire : il a employé toute son opinion à se rebastir, impatient de sa fortune, et à s'estansonner par ses inventions. L'ame, par son trouble et sa foiblesse, ne pouvant tenir sur son pied, va questant de toutes parts des consolations, esperances, et fondements, en des circonstances estrangieres où elle s'attache et se plante ; et, pour legiers et fantastiques que son invention les luy forge, s'y repose plus seurement qu'en

---

(1) Chose agréable qu'ils promettent plutôt qu'ils n'en prouvent la certitude. Paroles tirées de Séneque, (epist. 102,) qui ayant médité sur l'éternité des ames, dit à son ami, *Juvabat de æternitate animarum quærere, imò mehercule credere. Credebam enim facilè opinionibus magnorum virorum, rem gratissimam promittentium magis, quàm probantium.* C.

soy, et plus volontiers. Mais les plus aheurtez à cette si iuste et claire persuasion de l'immortalité de nos esprits, c'est merveille comme ils se sont trouvez courts et impuissants à l'establir par leurs humaines forces: *somnia sunt non docentis, sed optantis*, disoit un ancien (1). L'homme peult recognoistre, par ce tesmoignage, qu'il doibt à la fortune et au rencontre la verité qu'il descouvre luy seul; puisque, lors mesme qu'elle luy est tumbee en main, il n'a pas de quoy la saisir et la maintenir, et que sa raison n'a pas la force de s'en prevaloir. Toutes choses produictes par nostre propre discours et suffisance, autant vrayes que faulses, sont subiectes à incertitude et debat. C'est pour le chastiement de nostre fierté, et instruction de nostre misere et incapacité, que Dieu produisit le trouble et la confusion de l'ancienne tour de Babel: tout ce que nous entreprenons sans son assistance, tout ce que nous voyons sans la lampe de sa grace, ce n'est que vanité et folie: l'essence mesme de la verité, qui est uniforme et constante, quand la fortune nous en donne la possession, nous la corrompons et abastardissons par nostre foiblesse. Quelque train que l'homme prenne de soy, Dieu permet qu'il arrive tousiours à cette mesme confusion, de laquelle il nous represente si vifvement l'image par le iuste chastiement de quoy il battit l'oultrecuidance de Nembroth, et aneantit les vaines entreprinses du bastiment de sa pyramide: *perdam sapientiam sapientium, et prudentiam prudentium reprobabo* (2). La diversité d'idiomes et de langues, de quoy il troubla cet ouvrage, qu'est ce aultre chose que cette infinie et perpetuelle altercation et discordance d'opinions et de raisons, qui accom-

---

(1) Ce sont les rêveries d'un homme qui souhaite les choses, sans se mettre en peine de les prouver. *Cic. acad. quæst.* l. 4, ch. 38.

(2) J'abolirai la sagesse des sages, et j'aneantirai la prudence des intelligents. I. *Corinth.* c. 1, v. 19.

paigne et embrouille le vain bastiment de l'humaine science, et l'embrouille utilement? qui nous tiendroit, si nous avions un grain de cognoissance? Ce sainct m'a faict grand plaisir, *ipsa veritatis occultatio, aut humilitatis exercitatio est, aut elationis attritio* (1): iusques à quel poinct de presumption et d'insolence ne portons nous nostre aveuglement et nostre bestise?

Mais pour reprendre mon propos, c'estoit vrayement bien raison que nous feussions tenus à Dieu seul, et au benefice de sa grace, de la verité d'une si noble creance, puisque de sa seule liberalité nous recevons le fruict de l'immortalité, lequel consiste en la iouïssance de la beatitude eternelle. Confessons ingenuement que Dieu seul nous l'a dict, et la foy; car leçon n'est ce pas de nature et de nostre raison: et qui retentera son estre et ses forces, et dedans et dehors, sans ce privilege divin; qui verra l'homme sans le flatter, il n'y verra ny efficace ny faculté qui sente aultre chose que la mort et la terre. Plus nous donnons et debvons et rendons à Dieu, nous en faisons d'autant plus chrestiennement. Ce que ce philosophe stoïcien dict tenir du fortuite consentement de la voix populaire, valoit il pas mieulx qu'il le tinst de Dieu? *cùm de animarum æternitate disserimus, non leve momentum apud nos habet consensus hominum aut timentium inferos, aut colentium. Utor hâc publicâ persuasione* (2). Or la foiblesse des arguments humains sur ce subiect se cognoist singulierement par les fabuleuses circonstances qu'ils ont adioustees à la suitte de cette opinion, pour

---

(1) Cela même que la vérité soit cachée aux hommes sert à les exercer à l'humilité, ou à domter leur orgueil. *D. Augustin. de civit. dei*, l. 11, c. 22.

(2) Lorsque nous traitons de l'immortalité de l'ame, nous comptons beaucoup sur le consentement des hommes qui craignent ou respectent les dieux infernaux. Je me sers de cette persuasion publique. *Senec. epist.* 117, ab initio.

trouver de quelle condition estoit cette nostre immortalité. Laissons les stoïciens, usuram nobis largiuntur tanquam cornicibus : diù mansuros aiunt animos ; semper, negant (1), qui donnent aux ames une vie au delà de cette cy, mais finie. La plus universelle et plus receue opinion, et qui dure iusques à nous, en divers lieux (a), c'a esté celle de laquelle on faict aucteur Pythagoras ; non qu'il en feust le premier inventeur, mais d'autant qu'elle receut beaucoup de poids et de credit par l'auctorité de son approbation : c'est que « les ames, au partir de nous, ne faisoient que rouler de l'un corps à un aultre, d'un lion à un cheval, d'un cheval à un roy, se promenants ainsi sans cesse de maison en maison » : et luy, disoit « se souvenir avoir esté Aethalides, depuis Euphorbus, en aprez Hermotimus, enfin de Pyrrhus estre passé en Pythagoras ; ayant memoire de soy de deux cents six ans ». Adioustoient aulcuns que ces mesmes ames remontent au ciel par fois, et aprez en devallent encores :

> O pater, anne aliquas ad cœlum hinc ire putandum est
> Sublimes animas, iterumque ad tarda reverti
> Corpora? Quæ lucis miseris tàm dira cupido? (2)

Origene les faict aller et venir eternellement du bon au mauvais estat. L'opinion que Varro recite (b) est qu'en quatre cents quarante ans de revolution elles se reioi-

---

(1) Qui nous en accordent l'usage comme aux corneilles ; disant que nos ames subsisteront long-temps après la mort, mais non pas toujours. *Cic. tusc. quæst.* l. 1, c. 31.

(a) En Perse, dans l'Indoustan, et ailleurs. C.

(2) O mon pere, est-il bien vrai que quelques ames s'élevent d'ici-bas vers le ciel, pour aller encore s'enfermer dans des corps lourds et pesants? D'où vient à ces créatures infortunées une passion si violente pour la vie? *Aeneid.* l. 6, v. 719, et seqq.

(b) De quelques faiseurs d'horoscope; *genethliaci quidam.* Le passage se trouve dans S. Augustin, *de civit. Dei*, l. 22, ch. 28. C.

gnent à leur premier corps : Chrysippus, que cela doibt advenir aprez certain espace de temps non limité. Platon, qui dict tenir de Pindare et de l'ancienne poësie cette croyance des infinies vicissitudes de mutation ausquelles l'ame est preparee, n'ayant ny les peines ny les recompenses en l'aultre monde que temporelles, comme sa vie en cettuy cy n'est que temporelle, conclud en elle une singuliere science des affaires du ciel, de l'enfer, et d'icy, où elle a passé, repassé, et seiourné à plusieurs voyages ; matiere à sa reminiscence. Voicy son progrez ailleurs : « Qui a bien vescu, il se reioinct à l'astre auquel il est assigné : qui mal, il passe en femme ; et, si lors mesme il ne se corrige point, il se rechange en beste de condition convenable à ses mœurs vicieuses ; et ne verra fin à ses punitions, qu'il ne soit revenu à sa naïfve constitution, s'estant par la force de la raison desfaict des qualitez grossieres, stupides, et elementaires qui estoient en luy ». Mais ie ne veulx oublier l'obiection que font à cette transmigration de corps à un aultre les epicuriens ; elle est plaisante : ils demandent « Quel ordre il y auroit si la presse des mourants venoit à estre plus grande que des naissants ? car les ames deslogees de leur giste seroient à se fouler à qui prendroit place la premiere dans ce nouvel estuy » ; et demandent aussi « à quoy elles passeroient leur temps, ce pendant qu'elles attendroient qu'un logis leur feust appresté ? Ou, au rebours, s'il naissoit plus d'animaulx qu'il n'en mourroit, ils disent que les corps seroient en mauvais party, attendant l'infusion de leur ame ; et en adviendroit qu'aulcuns d'iceulx se mourroient avant que d'avoir esté vivants ».

>Denique connubia ad Veneris partusque ferarum
>Esse animas præsto, deridiculum esse videtur :
>Et spectare immortales mortalia membra
>Innumero numero, certareque præproperanter
>Inter se, quæ prima potissimaque insinuetur. (1)

---

(1) Il semble enfin qu'il est ridicule d'imaginer qu'à point nom-

D'aultres ont arresté l'ame au corps des trespassez, pour en animer les serpents, les vers, et aultres bestes qu'on dict s'engendrer de la corruption de nos membres, voire et de nos cendres : d'aultres la divisent en une partie mortelle, et l'aultre immortelle : aultres la font corporelle, et ce neantmoins immortelle : aulcuns la font immortelle, sans science et sans cognoissance. Il y en a aussi qui ont estimé que des ames des condamnez il s'en faisoit des diables ; et aulcuns des nostres l'ont ainsi iugé : comme Plutarque pense qu'il se face des dieux de celles qui sont sauvees ; car il est peu de choses que cet aucteur là establisse d'une façon de parler si resolue qu'il faict cette cy, maintenant partout ailleurs une maniere dubitatrice et ambiguë : « Il fault estimer, dict il, et croire fermement, que les ames des hommes vertueux, selon nature et selon iustice divine, deviennent d'hommes, saincts ; et de saincts, demy dieux ; et de demy dieux, aprez qu'ils sont parfaictement, comme ez sacrifices de purgation, nettoyez et purifiez, estants delivrez de toute passibilité et de toute mortalité, ils deviennent, non par aulcune ordonnance civile, mais à la verité et selon raison vraysemblable, dieux entiers et parfaicts, en recevant une fin tresheureuse et tresglorieuse » (a). Mais qui le vouldra veoir, luy qui est des plus retenus pourtant et moderez de la bande, s'escarmoucher avecques plus de hardiesse, et nous conter ses miracles sur ce propos, ie le renvoye à son discours de la Lune, et du Daimon de Socrates, là où, aussi evidemment qu'en nul aultre lieu, il se peult

---

mé les ames assistent à l'accouplement des animaux, et à leur naissance ; et que ces natures immortelles soient continuellement au guet, en nombre innombrable, pour entrer dans des corps mortels, chacune prête à disputer l'avantage d'être introduite la premiere. *Lucret*. l. 3, v. 777, et seqq.

(a) La traduction employée ici par Montaigne est d'Amyot, *Vie de Romulus*, c. 14. C.

adverer les mysteres de la philosophie avoir beaucoup d'estrangetez communes avecques celles de la poësie : l'entendement humain se perdant à vouloir sonder et contrerooller toutes choses iusques au bout; tout ainsi comme, lassez et travaillez de la longue course de nostre vie, nous retumbons en enfantillage. Voylà les belles et certaines instructions que nous tirons de la science humaine sur le subiect de nostre ame !

Il n'y a point moins de temerité en ce qu'elle nous apprend des parties corporelles. Choisissons en un ou deux exemples; car aultrement nous nous perdrions dans cette mer trouble et vaste des erreurs medicinales. Sçachons si on s'accorde au moins en cecy, De quelle matiere les hommes se produisent les uns des aultres : car, quant à leur premiere production, ce n'est pas merveille si, en chose si haulte et ancienne, l'entendement humain se trouble et dissipe. Archelaüs le physicien, duquel Socrates feut le disciple et le mignon, selon Aristoxenus, disoit Et les hommes et les animaulx avoir esté faicts d'un limon laicteux exprimé par la chaleur de la terre : Pythagoras dict nostre semence estre l'escume de nostre meilleur sang : Platon, l'escoulement de la moëlle de l'espine du dos ; ce qu'il argumente de ce que cet endroict se sent le premier de la lasseté de la besongne : Alcmeon, partie de la substance du cerveau; et qu'il soit ainsi, dict il, les yeulx troublent à ceulx qui se travaillent oultre mesure à cet exercice : Democritus, une substance extraicte de toute la masse corporelle; Epicurus, extraicte de l'ame et du corps : Aristote, un excrement tiré de l'aliment du sang, le dernier qui s'espand en nos membres : aultres, du sang cuict et digeré par la chaleur des genitoires, ce qu'ils iugent de ce qu'aux extremes efforts on rend des gouttes de pur sang; en quoy il semble qu'il y ayt plus d'apparence, si on peult tirer quelque apparence d'une confusion si infinie. Or, pour mener à effect cette semence, combien en font ils d'opinions contraires? Aristote et Democritus tiennent Que les femmes n'ont point de sperme, et que ce n'est qu'une sueur qu'elles eslancent par la chaleur du plaisir et du mouvement, qui ne sert de rien à la generation: Galen, au contraire, et ses suyvants, Que sans la rencontre des semences la generation ne se peult faire. Voylà les medecins, les philosophes, les iurisconsultes, et les theologiens, aux prinses pesle mesle avecques nos femmes, sur la dispute « A quels termes les femmes portent leur fruict » : et moy ie secours, par l'exemple de moy mesme, ceulx d'entr'eulx qui maintiennent la grossesse d'onze mois. Le monde est basty de cette experience; il n'est si simple femmelette qui ne puisse dire son advis sur toutes ces contestations: et si nous n'en sçaurions estre d'accord.

En voylà assez pour verifier que l'homme n'est non plus instruict de la cognoissance de soy en la partie corporelle, qu'en la spirituelle. Nous l'avons proposé luy mesme à soy; et sa raison, à sa raison, pour veoir ce qu'elle nous en diroit. Il me semble assez avoir montré combien peu elle s'entend en elle mesme; et qui ne s'entend en soy, en quoy se peult il entendre? *quasi verò mensuram ullius rei possit agere, qui sui nesciat* (1). Vrayement Protagoras nous en contoit de belles, faisant l'homme la mesure de toutes choses, qui ne sceut iamais seulement la sienne: si ce n'est luy, sa dignité ne permettra pas qu'aultre creature aye cet advantage; or, luy estant en soy si contraire, et l'un iugement subvertissant l'aultre sans cesse, cette favorable proposition n'estoit qu'une risee, qui nous menoit à conclure, par necessité, la neantise du compas et du compasseur. Quand Thales estime la cognoissance de l'homme tresdifficile à l'homme, il luy apprend la cognoissance de toute aultre chose luy estre impossible.

---

(1) Comme si celui qui ignore sa propre mesure pouvoit entreprendre de mesurer quelque autre chose. *Plin.* Hist. nat. l. 2, c. 1.

Vous, pour qui i'ay prins la peine d'estendre un si long corps, contre ma coustume, ne refuyrez point de maintenir vostre Sebond par la forme ordinaire d'argumenter de quoy vous estes touts les iours instruicte, et exercerez en cela vostre esprit et vostre estude : car ce dernier tour d'escrime icy, il ne le fault employer que comme un extreme remede; c'est un coup desesperé, auquel il fault abandonner vos armes pour faire perdre à vostre adversaire les siennes ; et un tour secret duquel il se fault servir rarement et reserveement. C'est grande temerité de vous perdre vous mesme pour perdre un aultre : il ne fault pas vouloir mourir pour se venger, comme feit Gobrias ; car, estant aux prinses bien estroictes avecques un seigneur de Perse, Darius y survenant l'espee au poing, qui craignoit de frapper de peur d'assener Gobrias, il luy cria qu'il donnast hardiement, quand il debvroit donner au travers touts les deux. Il est (a) des armes et conditions de combat si desesperees, qu'il est hors de creance que l'un ny l'aultre se puisse sauver : ie les ay veu condamner ayant esté offertes. Les Portugais prindrent quatorze Turcs en la mer des Indes, lesquels, impatients de leur captivité, se resolurent, et leur succeda, de mettre et eulx, et leurs maistres, et le vaisseau, en cendre, frottant des clous de navire l'un contre l'aultre, tant qu'une estincelle de feu tumbast sur les barils de pouldre à canon qu'il y avoit. Nous secouons icy les limites et dernieres closures des sciences, ausquelles l'extremité est vicieuse, comme en la vertu. Tenez vous dans la route commune: il ne faict mie bon estre si subtil et si

---

(a) Dans l'édition in-fol. de 1595, donnée par Mlle. de Gournay, ce passage est ainsi conçu :

« I'ai veu reprouver pour iniustes des armes et conditions de
« combat singulier, desesperees, et ausquelles celui qui les offroit
« mettoit luy et son compaignon en termes d'une fin à touts deux
« inevitable ». N.

fin : souvienne vous de ce que dict le proverbe toscan,

Chi troppo s'assottiglia, si scavezza. (1)

Ie vous conseille en vos opinions et en vos discours, autant qu'en vos mœurs et en toute aultre chose, la moderation et l'attrempance, et la fuyte de la nouvelleté et de l'estrangeté : toutes les voyes extravagantes me faschent. Vous, qui, par l'auctorité que vostre grandeur vous apporte, et encores plus par les advantages que vous donnent les qualitez plus vostres, pouvez d'un clin d'œil commander à qui il vous plaist, debviez donner cette charge à quelqu'un qui feist profession des lettres, qui vous eust bien aultrement appuyé et enrichi cette fantasie. Toutesfois en voicy assez pour ce que vous en avez à faire. Epicurus disoit, des loix, que les pires nous estoient si necessaires, que sans elles, les hommes s'entremangeroient les uns les aultres; et Platon, à deux doigts prez, que sans loix nous vivrions comme bestes brutes, essaye à le verifier. Nostre esprit est un util vagabond, dangereux, et temeraire; il est malaysé d'y ioindre l'ordre et la mesure : et, de mon temps, ceulx qui ont quelque rare excellence au dessus des aultres, et quelque vivacité extraordinaire, nous les voyons quasi tous desbordez en licence d'opinions et de mœurs; c'est miracle s'il s'en rencontre un rassis et sociable. On a raison de donner à l'esprit humain les barrieres les plus contrainctes qu'on

---

(1) Par trop subtiliser, on s'égare soi-même.
Petrarch. canz. 11, vers. 48, parte prima del Petrarcha edit. de Venise 1756, in-4°.
Dans l'exemplaire corrigé par Montaigne, il ajoute à la fin de ce vers le mot *prose;* pour avertir le compositeur qu'il faut imprimer cette ligne à la suite du texte comme de la prose. On peut dire que c'est ici une nouvelle preuve de *la trahison de sa memoire*, puisque cette prétendue prose est un vers de Pétrarque. N.

peult : en l'estude, comme au reste, il luy fault compter
et regler ses marches; il luy fault tailler par art les limites de sa chasse. On le bride et garrotte de religions, de
loix, de coustumes, de science, de preceptes, de peines
et recompenses mortelles et immortelles; encores veoid
on que, par sa volubilité et dissolution, il eschappe à toutes ces liaisons : c'est un corps vain, qui n'a par où estre
saisi et assené; un corps divers et difforme, auquel on
ne peult asseoir nœud ny prinse. Certes il est peu d'a-
mes, si reglees, si fortes, et bien nees, à qui on se puisse
fier de leur propre conduicte, et qui puissent avecques
moderation et sans temerité voguer en la liberté de
leurs iugements, au delà des opinions communes : il est
plus expedient de les mettre en tutelle. C'est un oultra-
geux glaive que l'esprit, à son possesseur mesme,
pour qui ne sçait s'en armer ordonneement et discrettement; et n'y a point de beste à qui plus iustement il faille
donner des orbieres pour tenir sa veue subiecte et contraincte devant ses pas, et la garder d'extravaguer ny çà
ny là hors les ornieres que l'usage et les loix luy tracent :
parquoy il vous siera mieulx de vous resserrer dans le
train accoustumé, quel qu'il soit, que de iecter vostre
vol à cette licence effrenee. Mais si quelqu'un de ces nouveaux docteurs entreprend de faire l'ingenieux en vostre
presence, aux despens de son salut et du vostre; pour
vous desfaire de cette dangereuse peste qui se respand
touts les iours en vos courts, ce preservatif à l'extreme
nécessité empeschera que la contagion de ce venin n'of-
fensera ny vous ny vostre assistance.

 La liberté doncques et gaillardise de ces esprits anciens produisoit en la philosophie et sciences humaines
plusieurs sectes d'opinions differentes; chascun entreprenant de iuger, et de choisir, pour prendre party. Mais
à present, que les hommes vont touts un train, *qui certis
quibusdam destinatisque sententiis addicti et consecrati sunt,*

ut etiam, quæ non probant, cogantur defendere (1), et que nous recevons les arts par civile auctorité et ordonnance, si que les escholes n'ont qu'un patron et pareille institution et discipline circonscripte, on ne regarde plus ce que les monnoyes poisent et valent, mais chascun à son tour les receoit selon le prix que l'approbation commune et le cours leur donne; on ne plaide pas de l'alloy, mais de l'usage. Ainsi se mettent egualement toutes choses : on receoit la medecine, comme la geometrie; et les bastelages, les enchantements, les liaisons, le commerce des esprits des trespassez, les prognostications, les domifications, et iusques à cette ridicule poursuitte de la pierre philosophale, tout se met sans contredict. Il ne fault que sçavoir que le lieu de Mars loge au milieu du triangle de la main, celuy de Venus au poulce, et de Mercure au petit doigt; et que quand la mensale coupe le tubercle de l'enseigneur, c'est signe de cruauté; quand elle fault soubs le mitoyen, et que la moyenne naturelle faict un angle avecques la vitale soubs mesme endroict, que c'est signe d'une mort miserable; que si à une femme, la naturelle est ouverte et ne ferme point l'angle avecques la vitale, cela denote qu'elle sera mal chaste : ie vous appelle vous mesme à tesmoing, si avecques cette science un homme ne peult passer avecques reputation et faveur parmy toutes compaignies.

Theophrastus disoit que l'humaine cognoissance acheminee par les sens pouvoit iuger des causes des choses iusques à certaine mesure; mais qu'estant arrivee aux causes extremes et premieres, il falloit qu'elle s'arrestast, et qu'elle rebouchast, à cause ou de sa foiblesse, ou de la difficulté des choses. C'est une opinion moyenne et doulce, Que nostre suffisance nous peult conduire iusques à la

---

(1) Que, dévoués à certaines opinions fixes et déterminées, ils sont réduits à défendre les choses mêmes qu'ils désapprouvent. *Ex Cicerone*, tusc. quæst. l. 2, c. 2.

cognoissance d'aulcunes choses, et qu'elle a certaines mesures de puissance, oultre lesquelles c'est témérité de l'employer : cette opinion est plausible, et introduicte par gents de composition. Mais il est malaysé de donner bornes à nostre esprit; il est curieux et avide, et n'a point occasion de s'arrester plustost à mille pas qu'à cinquante : ayant essayé, par experience, que ce à quoy l'un s'estoit failly, l'aultre y est arrivé, et que ce qui estoit incogneu à un siecle, le siecle suyvant l'a esclairci, et que les sciences et les arts ne se iectent pas en moule, ains se forment et figurent peu à peu en les maniant et polissant à plusieurs fois, comme les ours façonnent leurs petits en les laichant à loisir ; ce que ma force ne peult descouvrir, ie ne laisse pas de le sonder et essayer, et en retastant et paistrissant cette nouvelle matiere, la remuant et l'eschauffant, i'ouvre à celuy qui me suyt quelque facilité pour en iouïr plus à son ayse, et la luy rends plus soupple et plus maniable,

     Ut hymettia sole
  Cera remollescit, tractataque pollice multas
  Vertitur in facies, ipsoque fit utilis usu ; (1)

autant en fera le second au tiers ; qui est cause que la difficulté ne me doibt pas desesperer, ny aussi peu mon impuissance, car ce n'est que la mienne. L'homme est capable de toutes choses, comme d'aulcunes : et s'il advoue, comme dict Theophrastus, l'ignorance des causes premieres et des principes, qu'il me quite hardiement tout le reste de sa science ; si le fondement luy fault, son discours est par terre : le disputer et l'enquerir n'a aultre but et arrest que les principes ; si cette fin n'arreste son cours, il se iecte à une irresolution infinie. Non potest aliud alio magis minusve comprehendi, quoniam omnium rerum una est

---

(1) Comme la cire qui, ramollie par la chaleur du soleil, et pressée avec le pouce, prend différentes figures, et par-là devient utile. *Ovid.* métamorph. l. 10, fab. 8, v. 42, et seqq.

definitio comprehendendi (1). Or il est vraysemblable que si l'ame sçavoit quelque chose, elle se sçauroit premierement elle mesme; et si elle sçavoit quelque chose hors d'elle, ce seroit son corps et son estuy, avant toute aultre chose: si on veoid iusques auiourd'huy les dieux de la medecine se debattre de nostre anatomie;

Mulciber in Troiam; pro Troia stabat Apollo; (2)

quand attendons nous qu'ils en soient d'accord? nous nous sommes plus voisins, que ne nous est la blancheur de la neige ou la pesanteur de la pierre; si l'homme ne se cognoist, comment cognoist il ses functions et ses forces? Il n'est pas, à l'adventure, que quelque notice veritable ne loge chez nous; mais c'est par hazard : et d'autant que par mesme voye, mesme façon et conduicte, les erreurs se receoivent en nostre ame, elle n'a pas de quoy les distinguer, ny de quoy choisir la verité, du mensonge. Les academiciens recevoient quelque inclination de iugement; et trouvoient trop crud de dire « qu'il n'estoit pas plus vraysemblable que la neige feust blanche que noire; et que nous ne feussions non plus asseurez du mouvement d'une pierre qui part de nostre main, que de celuy de la huictiesme sphere »: et, pour eviter cette difficulté et estrangeté qui ne peult à la verité loger en nostre imagination que malayseement, quoyqu'ils establissent que nous n'estions aulcunement capables de sçavoir, et que la verité est engoufree dans des profonds abysmes où la veue humaine ne peult penetrer; si advouoient ils les unes choses plus vraysemblables que les aultres, et recevoient en leur iugement cette faculté de se pouvoir incli-

---

(1) Une chose ne peut être plus ou moins comprise qu'une autre, parceque nous les comprenons toutes par une même regle. *Cic.* acad. quæst. l. 4, c. 41, in fine.

(2) Vulcain est contre Troie; et pour Troie, Apollon.
Ovid. de tristib. l. 1, eleg. 2, v. 5.

ner plustost à une apparence qu'à une aultre : ils luy permettoient cette propension, luy deffendant toute resolution. L'advis des pyrrhoniens est plus hardy, et quand et quand plus vraysemblable : car cette inclination academique, et cette propension à une proposition plustost qu'à une aultre, qu'est ce aultre chose que la recognoissance de quelque plus apparente verité en cette cy qu'en celle là ? si nostre entendement est capable de la forme, des lineaments, du port, et du visage de la verité, il la verroit entiere, aussi bien que demie, naissante et imperfecte : cette apparence de verisimilitude qui les faict prendre plustost à gauche qu'à droicte, augmentez la ; cette once de verisimilitude qui incline la balance, multipliez la de cent, de mille onces ; il en adviendra enfin que la balance prendra party tout à faict, et arrestera un chois et une verité entiere. Mais comment se laissent ils plier à la vraysemblance, s'ils ne cognoissent le vray ? comment cognoissent ils la semblance de ce de quoy ils ne cognoissent pas l'essence ? ou nous pouvons iuger tout à faict ; ou tout à faict nous ne le pouvons pas. Si nos facultez intellectuelles et sensibles sont sans fondement et sans pied, si elles ne font que flotter et venter, pour neant laissons nous emporter nostre iugement à aulcune partie de leur operation, quelque apparence qu'elle semble nous presenter ; et la plus seure assiette de nostre entendement, et la plus heureuse, ce seroit celle là où il se maintiendroit rassis, droict, inflexible, sans bransle et sans agitation : inter visa, vera aut falsa, ad animi assensum, nihil interest (1). Que les choses ne logent pas chez nous en leur forme et en leur essence, et n'y facent leur entree de leur force propre et auctorité, nous le voyons assez : parce que s'il estoit ainsi nous les recevrions de

---

(1) Entre les apparences, vraies ou fausses, il n'y a point de différence d'après laquelle l'esprit puisse se déterminer définitivement. *Cic.* acad. quæst. l. 4, c. 28.

mesme façon ; le vin seroit tel en la bouche du malade, qu'en la bouche du sain ; celuy qui a des crevasses aux doigts, ou qui les a gourds, trouveroit une pareille dureté au bois ou au fer qu'il manie, que faict un aultre : les subiects estrangiers se rendent doncques à nostre mercy ; ils logent chez nous comme il nous plaist. Or si de nostre part nous recevions quelque chose sans alteration, si les prinses humaines estoient assez capables et fermes pour saisir la verité par nos propres moyens, ces moyens estants communs à touts les hommes, cette verité se reiecteroit de main en main de l'un à l'aultre ; et au moins se trouveroit il une chose au monde, de tant qu'il y en a, qui se croiroit par les hommes d'un consentement universel : mais ce, qu'il ne se veoid aulcune proposition qui ne soit debattue et controverse entre nous, ou qui ne le puisse estre, montre bien que nostre iugement naturel ne saisit pas bien clairement ce qu'il saisit ; car mon iugement ne le peult faire recevoir au iugement de mon compaignon, qui est signe que ie l'ay saisi par quelque aultre moyen que par une naturelle puissance qui soit en moy et en touts les hommes. Laissons à part cette infinie confusion d'opinions qui se veoid entre les philosophes mesmes, et ce debat perpetuel et universel en la cognoissance des choses : car cela est presupposé tresveritablement Que d'aulcune chose les hommes, ie dis les sçavants les mieulx nays, les plus suffisants, ne sont d'accord, non pas que le ciel soit sur nostre teste ; car ceulx qui doubtent de tout, doubtent aussi de cela ; et ceulx qui nient que nous puissions comprendre aulcune chose, disent que nous n'avons pas comprins que le ciel soit sur nostre teste : et ces deux opinions sont, en nombre, sans comparaison les plus fortes.

Oultre cette diversité et division infinie ; par le trouble que nostre iugement nous donne à nous mesmes, et l'incertitude que chascun sent en soy, il est aysé à veoir qu'il a son assiette bien mal asseurée. Combien diversement iugeons nous des choses? combien de fois changeons nous nos fantasies? Ce que ie tiens auiourd'huy, et ce que ie crois, ie le tiens et le crois de toute ma croyance; touts mes utils et touts mes ressorts empoignent cette opinion et m'en respondent sur tout ce qu'ils peuvent; ie ne sçaurois embrasser aulcune verité ny conserver avecques plus d'asseurance, que ie foys cette cy; i'y suis tout entier, i'y suis voirement: mais ne m'est il pas advenu, non une fois, mais cent, mais mille, et touts les iours, d'avoir embrassé quelque aultre chose, à tout ces mesmes instruments, en cette mesme condition, que depuis i'ay iugee faulse? Au moins fault il devenir sage à ses propres despens : si ie me suis trouvé souvent trahi soubs cette couleur; si ma touche se treuve ordinairement faulse, et ma balance inegale et iniuste, quelle asseurance en puis ie prendre à cette fois plus qu'aux aultres? n'est ce pas sottise de me laisser tant de fois piper à un guide? Toutesfois, que la fortune nous remue cinq cents fois de place, qu'elle ne face que vuider et remplir sans cesse, comme dans un vaisseau, dans nostre creance aultres et aultres opinions; tousiours la presente et la derniere c'est la certaine et l'infaillible : pour cette cy il fault abandonner les biens, l'honneur, la vie, et le salut, et tout.

   Posterior . . . . res illa reperta
   Perdit, et immutat sensus ad pristina quæque. (1)

Quoy qu'on nous presche, quoy que nous apprenions, il fauldroit tousiours se souvenir que c'est l'homme qui donne, et l'homme qui receoit : c'est une mortelle main qui nous le presente; c'est une mortelle main qui l'accepte. Les choses qui nous viennent du ciel ont seules droict et auctorité de persuasion, seules, marque de ve-

---

(1) Cette derniere connoissance nous dégoûte des premieres, et les décrédite entièrement dans notre esprit. *Lucret.* l. 5, v. 1413. et seq.

rité : laquelle aussi ne voyons nous pas de nos yeulx, ny ne la recevons par nos moyens ; cette saincte et grande image ne pourroit pas en un si chestif domicile, si Dieu pour cet usage ne le prepare, si Dieu ne le reforme et fortifie par sa grace et faveur particuliere et supernaturelle. Au moins debvroit nostre condition faultiere nous faire porter plus modereement et retenuement en nos changements : il nous debvroit souvenir, quoy que nous receussions en l'entendement, que nous recevons souvent des choses faulses, et que c'est par ces mesmes utils qui se desmentent et qui se trompent souvent. Or n'est il pas merveille s'ils se desmentent, estants si aysez à incliner et à tordre par bien legieres occurrences. Il est certain que nostre apprehension, nostre iugement, et les facultez de nostre ame, en general, souffrent selon les mouvements et alterations du corps, lesquelles alterations sont continuelles : n'avons nous pas l'esprit plus esveillé, la memoire plus prompte, le discours plus vif, en santé qu'en maladie ? la ioye et la gayeté ne nous font elles pas recevoir les subiects qui se presentent à nostre ame, d'un tout aultre visage que le chagrin et la melancholie ? Pensez vous que les vers de Catulle ou de Sappho rient à un vieillard avaricieux et rechigné, comme à un ieune homme vigoreux et ardent ? Cleomenes, fils d'Anaxandridas, estant malade, ses amis luy reprochoient qu'il avoit des humeurs et fantasies nouvelles et non accoustumees : « Ie crois bien, feit il ; aussi ne suis ie pas celuy que ie suis estant sain : estant aultre, aussi sont aultres mes opinions et fantasies ». En la chicane de nos palais ce mot est en usage, qui se dict des criminels qui rencontrent les iuges en quelque bonne trempe, doulce et debonnaire, Gaudeat de bona fortuna(1); car il est cer-

---

(1) Qu'il jouisse de ce bonheur.
C'est ainsi que Montaigne a rendu lui-même ces mots, dans son édition de Bourdeaux de 1580, p. 336, et dans celle de 1588, in-4°. p. 237, verso.

tain que les iugements se rencontrent, par fois plus tendus à la condamnation, plus espineux et aspres, tantost plus faciles, aysez, et enclins à l'excuse : tel qui rapporte de sa maison la douleur de la goutte, la ialousie, ou le larrecin de son valet, ayant toute l'ame teincte et abruvee de cholere, il ne fault pas doubter que son iugement ne s'en altere vers cette part là. Ce venerable senat d'Areopage iugeoit de nuict, de peur que la veue des poursuyvants corrompist sa iustice. L'air mesme et la serenité du ciel nous apporte quelque mutation, comme dict ce vers grec, en Cicero,

> Tales sunt hominum mentes, quali pater ipse
> Iuppiter auctiferà lustravit lampade terras. (1)

Ce ne sont pas seulement les fiebvres, les bruvages, et les grands accidents qui renversent nostre iugement, les moindres choses du monde le tournevirent : et ne fault pas doubter, encores que nous ne le sentions pas, que si la fiebvre continue peult atterrer nostre ame, que la tierce n'y apporte quelque alteration selon sa mesure et proportion ; si l'apoplexie assopit et esteinct tout à faict la veue de nostre intelligence, il ne fault pas doubter que le morfondement ne l'esblouïsse : et, par consequent, à peine se peult il rencontrer une seule heure en la vie où nostre iugement se treuve en sa deue assiette, nostre corps estant subiect à tant de continuelles mutations, et estoffé de tant de sortes de ressorts, que (i'en crois les medecins) combien il est malaysé qu'il n'y en ayt tousiours quelqu'un qui tire de travers. Au demourant, cette maladie ne se descouvre pas si aysement, si elle n'est du tout extreme et irremediable ; d'autant que la raison va

---

(1) Tel est le jour qui éclaire le monde, telle est l'humeur des hommes. *Cic.* fragmenta poëmatum, tom. 10, p. 4291, edit. Gronov. Les vers latins sont une traduction de deux vers d'Homere. *Odyss.* l. 18, v. 135, 136. C.

tousiours, et torte, et boiteuse, et deshanchee, et avecques le mensonge comme avecques la verité : par ainsin, il est malaysé de descouvrir son mescompte et desreglement. J'appelle tousiours raison cette apparence de discours que chascun forge en soy : cette raison, de la condition de laquelle il y en peult avoir cent contraires autour d'un mesme subiect, c'est un instrument de plomb et de cire, alongeable, ployable, et accommodable à touts biais et à toutes mesures ; il ne reste que la suffisance de le sçavoir contourner. Quelque bon desseing qu'ayt un iuge, s'il ne s'escoute de prez, à quoy peu de gents s'amusent, l'inclination à l'amitié, à la parenté, à la beauté, et à la vengeance, et non pas seulement choses si poisantes, mais cet instinct fortuite, qui nous faict favoriser une chose plus qu'une aultre, et qui nous donne sans le congé de la raison le chois en deux pareils subiects, ou quelque umbrage de pareille vanité, peuvent insinuer insensiblement en son iugement la recommendation ou desfaveur d'une cause, et donner pente à la balance. Moy, qui m'espie de plus prez, qui ay les yeulx incessamment tendus sur moy, comme celuy qui n'ay pas fort à faire ailleurs,

quis sub Arcto
Rex gelidæ metuatur oræ,
Quid Tyridatem terreat unicè,
Securus, (1)

à peine oserois ie dire la vanité et la foiblesse que ie treuve chez moy : i'ay le pied si instable et si mal assis, ie le treuve si aysé à crouler et si prest au bransle, et ma veue si desreglee, que à ieun ie me sens aultre qu'aprez le repas ; si ma santé me rid et la clarté d'un beau iour, me voylà honneste homme ; si i'ay un cor qui me presse l'or-

---

(1) Nullement en peine de savoir quel roi se fait redouter sous l'ourse glacée, dans le fond du septentrion, ni ce qui fait trembler Tyridate. *Horat.* od. 26, l. 1, v. 3, et seqq.

teil, me voylà renfrongné, mal plaisant, et inaccessible.
un mesme pas de cheval me semble tantost rude, tantost
aysé; et mesme chemin, à cette heure plus court, une
aultre fois plus long; et une mesme forme, ores plus,
ores moins agreable: maintenant ie suis à tout faire,
maintenant à rien faire; ce qui m'est plaisir à cette heure,
me sera quelquesfois peine. Il se faict mille agitations
indiscrettes et casuelles chez moy; ou l'humeur melancholique me tient, ou la cholerique; et, de son auctorité
privee, à cett' heure le chagrin predomine en moy, à
cett' heure l'alaigresse. Quand ie prends des livres, i'auray apperceu, en tel passage, des graces excellentes, et qui
auront feru mon ame: qu'un' aultre fois i'y retumbe, i'ay
beau le tourner et virer, i'ay beau le plier et le manier,
c'est une masse incogneue et informe pour moy. En mes
escripts mesmes, ie ne retreuve pas tousiours l'air de ma
premiere imagination: ie ne sçais ce que i'ay voulu dire;
et m'eschaulde souvent à corriger et y mettre un nouveau sens, pour avoir perdu le premier qui valoit mieulx.
Ie ne foys qu'aller et venir: mon iugement ne tire pas
tousiours avant; il flotte, il vague,

velut minuta magno
Deprensa navis in mari, vesaniente vento. (1)

Maintesfois, comme il m'advient de faire volontiers,
ayant prins, pour exercice et pour esbat, à maintenir une
contraire opinion à la mienne, mon esprit, s'appliquant
et tournant de ce costé là, m'y attache si bien, que ie ne
treuve plus la raison de mon premier advis, et m'en des-
pars. Ie m'entraisne quasi où ie penche, comment que ce
soit, et m'emporte de mon poids. Chascun à peu prez en
diroit autant de soy, s'il se regardoit comme moy: les
prescheurs sçavent que l'esmotion qui leur vient en parlant les anime vers la creance; et qu'en cholere nous nous

---

(1) Comme une petite barque, surprise en pleine mer, durant
une furieuse tempête. *Catull.* epig. 23, v. 12, 13.

addonnons plus à la deffense de nostre proposition, l'imprimons en nous et l'embrassons avecques plus de vehemence et d'approbation, que nous ne faisons estant en nostre sens froid et reposé. Vous recitez simplement une cause à l'advocat : il vous y respond chancellant et doubteux ; vous sentez qu'il luy est indifferent de prendre à soustenir l'un ou l'aultre party : l'avez vous bien payé pour y mordre et pour s'en formaliser, commence il d'en estre interessé, y a il eschauffé sa volonté ? sa raison et sa science s'y eschauffent quand et quand ; voylà une apparente et indubitable verité qui se presente à son entendement ; il y descouvre une toute nouvelle lumiere, et le croit à bon escient, et se le persuade ainsi. Voire, ie ne sçais si l'ardeur qui naist du despit et de l'obstination à l'encontre de l'impression et violence du magistrat et du dangier, ou l'interest de la reputation, n'ont envoyé tel homme soustenir iusques au feu l'opinion pour laquelle, entre ses amis et en liberté, il n'eust pas voulu s'eschaulder le bout du doigt. Les secousses et esbranlements que nostre ame receoit par les passions corporelles peuvent beaucoup en elle, mais encores plus les siennes propres, ausquelles elle est si fort en prinse, qu'il est, à l'adventure, soustenable qu'elle n'a aulcune aultre allure et mouvement que du souffle de ses vents, et que sans leur agitation elle resteroit sans action, comme un navire en pleine mer que les vents abandonnent de leur secours : et qui maintiendroit cela, suyvant le parti des peripateticiens, ne nous feroit pas beaucoup de tort, puisqu'il est cogneu que la pluspart des plus belles actions de l'ame procedent et ont besoing de cette impulsion des passions ; la vaillance, disent ils, ne se peult parfaire sans l'assistance de la cholere ;

Semper Aiax fortis, fortissimus tamen in furore ; (1)
ny ne court on sus aux meschants et aux ennemis assez

---

(1) Ajax, toujours courageux, le fut au plus haut point dans l'excès de sa fureur. *Cic.* tusc. quæst. l. 4, c. 23.

vigoreusement, si on n'est courroucé; et veulent que
l'advocat inspire le courroux aux iuges, pour en tirer iustice : les cupiditez esmeurent Themistocles, esmeurent
Demosthenes, et ont poulsé les philosophes aux travaux,
veillees et peregrinations ; nous menent à l'honneur, à
la doctrine, à la santé, fins utiles : et cette lascheté d'ame
à souffrir l'ennuy et la fascherie sert à nourrir en la
conscience la penitence et la repentance, et à sentir les
fleaux de Dieu pour nostre chastiement, et les fleaux de
la correction politique : la compassion sert d'aiguillon à
la clemence; et la prudence de nous conserver et gouver-
ner est esveillee par nostre crainte: et combien de belles
actions par l'ambition? combien par la presumption?
aulcune eminente et gaillarde vertu enfin n'est sans quelque agitation desreglee. Seroit ce pas l'une des raisons
qui auroit meu les epicuriens à descharger Dieu de tout
soing et solicitude de nos affaires, d'autant que les effects
mesmes de sa bonté ne se pouvoient exercer envers nous
sans esbransler son repos par le moyen des passions, qui
sont comme des picqueures et solicitations acheminant
l'ame aux actions vertueuses? ou bien ont ils creu aultrement, et les ont prinses comme tempestes qui desbau-
chent honteusement l'ame de sa tranquillité? ut maris
tranquillitas intelligitur, nullâ, ne minimâ quidem, aurâ fluctus
commovente : sic animi quietus et placatus status cernitur, quum
perturbatio nulla est quâ moveri queat (1). Quelles differences de sens et de raison, quelle contrarieté d'imaginations,
nous presente la diversité de nos passions? Quelle asseurance pouvons nous doncques prendre de chose si instable et si mobile, subiecte par sa condition à la maistrise du trouble, n'allant iamais qu'un pas forcé et

---

(1) Comme on voit la mer calme, lorsqu'elle n'est point agitée
par le moindre souffle de vent : de même l'esprit se montre paisible et tranquille, quand les passions ne peuvent faire aucune impression sur lui. *Cic.* tusc. quæst. l. 5, c. 6.

emprunté ? Si nostre iugement est en main à la maladie mesme et à la perturbation ; si c'est de la folie et de la temerité, qu'il est tenu de recevoir l'impression des choses ; quelle seureté pouvons nous attendre de luy ? N'y a il point de hardiesse à la philosophie d'estimer, des hommes, qu'ils produisent leurs plus grands effects et plus approchants de la divinité, quand ils sont hors d'eulx, et furieux, et insensez ? nous nous amendons par la privation de nostre raison et son assoupissement ; les deux voyes naturelles (a) pour entrer au cabinet des dieux et y prevoir le cours des destinees, sont la fureur et le sommeil : cecy est plaisant à considerer ; par la dislocation que les passions apportent à nostre raison, nous devenons vertueux ; par son extirpation, que la fureur ou l'image de la mort apporte, nous devenons prophetes et devins. Iamais plus volontiers ie ne l'en creus. C'est un pur enthousiasme que la saincte Verité a inspiré en l'esprit philosophique, qui luy arrache, contre sa proposition, que l'estat tranquille de nostre ame, l'estat rassis, l'estat plus sain que la philosophie luy puisse acquerir, n'est pas son meilleur estat : nostre veillee est plus endormie que le dormir ; nostre sagesse moins sage que la folie ; nos songes valent mieulx que nos discours ; la pire place que nous puissions prendre, c'est en nous. Mais pense elle pas que nous ayons l'advisement de remarquer que la voix qui faict l'esprit, quand il est desprins de l'homme, si clairvoyant, si grand, si parfaict, et pendant qu'il est en l'homme, si terrestre, ignorant, et tenebreux, c'est une voix partant de l'esprit qui est partie de l'homme terrestre, ignorant et tenebreux ; et, à cette cause, voix infiable et incroyable ? Ie n'ay point grande experience de ces agitations vehementes, estant d'une complexion molle et poisante, desquelles la pluspart surprennent

---

(a) Montaigne a pris ceci de Cicéron, *de divinatione*, L. 1, ou la chose est traitée assez au long. C.

subitement nostre ame, sans luy donner loisir de se recognoistre : mais cette passion qu'on dict estre producte par l'oysifveté au cœur des ieunes hommes, quoyqu'elle s'achemine avecques loisir et d'un progrez-mesuré, elle represente bien evidemment, à ceulx qui ont essayé de s'opposer à son effort, la force de cette conversion et alteration que nostre iugement souffre. I'ay aultresfois entreprins de me tenir bandé pour la soustenir et rabbattre, car il s'en fault tant que ie sois de ceulx qui convient les vices, que ie ne les suys pas seulement, s'ils ne m'entraisnent : ie la sentois naistre, croistre, et s'augmenter en despit de ma resistance, et enfin, tout voyant et vivant, me saisir et posseder, de façon que, comme d'une yvresse, l'image des choses me commenceoit à paroistre aultre que de coustume; ie voyois evidemment grossir et croistre les advantages du subiect que i'allois desirant, et aggrandir et enfler par le vent de mon imagination; les difficultez de mon entreprinse s'ayser et se planir; mon discours et ma conscience se tirer arriere : mais, ce feu estant evaporé, tout à un instant, comme de la clarté d'un esclair, mon ame reprendre une aultre sorte de veue, aultre estat, et aultre iugement; les difficultez de la retraicte me sembler grandes et invincibles, et les mesmes choses de bien aultre goust et visage que la chaleur du desir ne me les avoit presentees : lequel plus veritablement? Pyrrho n'en sçait rien. Nous ne sommes iamais sans maladie : les fiebvres ont leur chauld et leur froid; des effects d'une passion ardente, nous retumbons aux effects d'une passion frilleuse : autant que ie m'estois iecté en avant, ie me relance d'autant en arriere:

> Qualis ubi alterno procurrens gurgite pontus
> Nunc ruit ad terras, scopulosque superiacit undam
> Spumeus, extremamque sinu perfundit arenam :
> Nunc rapidus retro, atque æstu revoluta resorbens
> Saxa, fugit, littusque vado labente relinquit. (1)

---

(1) Semblable aux flots de la mer, agités alternativement par

Or, de la cognoissance de cette mienne volubilité, i'ay, par accident, engendré en moi quelque constance d'opinion, et n'ay gueres alteré les miennes premieres et naturelles : car, quelque apparence qu'il y ayt en la nouvelleté, ie ne change pas ayseement, de peur que i'ay de perdre au change; et puisque ie ne suis pas capable de choisir, ie prends le chois d'aultruy, et me tiens en l'assiette où Dieu m'a mis : aultrement ie ne me sçaurois garder de rouler sans cesse. Ainsi me suis ie, par la grace de Dieu, conservé entier, sans agitation et trouble de conscience, aux anciennes creances de nostre religion, au travers de tant de sectes et de divisions que nostre siecle a produictes. Les escripts des anciens, ie dis les bons escripts, pleins et solides, me tentent et remuent quasi où ils veulent; celuy que i'ois me semble tousiours le plus roide; ie les treuve avoir raison chascun à son tour, quoyqu'ils se contrarient : cette aysance que les bons esprits ont de rendre ce qu'ils veulent vraysemblable, et qu'il n'est rien si estrange à quoy ils n'entreprennent de donner assez de couleur pour tromper une simplicité pareille à la mienne, cela montre evidemment la foiblesse de leur preuve. Le ciel et les estoiles ont branslé trois mille ans; tout le monde l'avoit ainsi creu, iusques à ce que Cleanthes le samien, ou, selon Theophraste, Nicetas syracusien, s'advisa de maintenir que c'estoit la terre qui se mouvoit par le cercle oblique du zodiaque tournant à l'entour de son aixieu; et, de nostre temps, Copernicus a si bien fondé cette doctrine, qu'il s'en sert tresregleement à toutes les consequences astronomiques : que prendrons

---

un grand orage, qui tantôt, se jetant vers la terre, inondent les plus grands rochers, et se répandent sur les extrémités du rivage, et tantôt repoussés en arriere, et se retirant avec la même rapidité, abandonnent les pierres et les cailloux qu'ils avoient entraînés, et laissent le rivage à découvert. *Acneid.* l. 11, v. 624 et seqq.

nous de là, sinon qu'il ne nous doibt chaloir lequel ce soit des deux? et qui sçait qu'une tierce opinion, d'icy à mille ans, ne renverse les deux precedentes?

> Sic volvenda ætas commutat tempora rerum:
> Quod fuit in pretio, fit nullo denique honore;
> Porrò aliud succedit, et e contemptibus exit,
> Inque dies magis appetitur, floretque repertum
> Laudibus, et miro est mortales inter honore. (1)

Ainsi quand il se presente à nous quelque doctrine nouvelle, nous avons grande occasion de nous en desfier, et de considerer qu'avant qu'elle feust produicte sa contraire estoit en vogue; et, comme elle a esté renversee par cette cy, il pourra naistre à l'advenir une tierce invention qui chocquera de mesme la seconde. Avant que les principes qu'Aristote a introduicts feussent en credit, d'aultres principes contentoient la raison humaine, comme ceulx cy nous contentent à cette heure. Quelles lettres ont ceulx cy, quel privilege particulier, que le cours de nostre invention s'arreste à eulx, et qu'à eulx appartient pour tout le temps advenir la possession de nostre creance? ils ne sont non plus exempts du boute-hors, qu'estoient leurs devanciers. Quand on me presse d'un nouvel argument, c'est à moy à estimer que ce à quoy ie ne puis satisfaire, un aultre y satisfera: car de croire toutes les apparences desquelles nous ne pouvons nous desfaire, c'est une grande simplesse; il en adviendroit par là que tout le vulgaire, et nous sommes touts du vulgaire, auroit sa creance contournable comme une girouette, car son ame estant molle et sans resistance seroit forcee de

---

(1) Ainsi l'âge change le prix des choses : ce qui fut précieux autrefois tombe aujourd'hui dans le mépris ; et dans la suite, une autre chose, dont on ne faisoit aucun cas, se met en crédit, et devient tous les jours plus recherchée, plus estimée, et plus respectée parmi les hommes. *Lucret.* l. 5, v. 1275, et seqq.

recevoir sans cesse aultres et aultres impressions, la derniere effaceant tousiours la trace de la precedente. Celuy qui se treuve foible, il doibt respondre, suyvant la practique, qu'il en parlera à son conseil; ou s'en rapporter aux plus sages desquels il a receu son apprentissage. Combien y a il que la medecine est au monde? on dict qu'un nouveau venu, qu'on nomme Paracelse, change et renverse tout l'ordre des regles anciennes, et maintient que iusques à cette heure elle n'a servi qu'à faire mourir les hommes. Ie crois qu'il verifiera ayseement cela: mais de mettre ma vie à la preuve de sa nouvelle experience, ie treuve que ce ne seroit pas grand' sagesse. Il ne fault pas croire à chascun, dict le precepte, parce que chascun peult dire toutes choses. Un homme de cette profession de nouvelletez et de reformations physiques, me disoit, il n'y a pas long temps, que touts les anciens s'estoient notoirement mescomptez en la nature et mouvements des vents, ce qu'il me feroit tresevidemment toucher à la main si ie voulois l'entendre. Aprez que i'eus eu un peu de patience à ouïr ses arguments qui avoient tout plein de verisimilitude, « Comment doncques, luy feis ie, ceulx qui navigeoient soubs les loix de Theophraste, alloient ils en occident quand ils tiroient en levant? alloient ils à costé ou à reculons »? « C'est la fortune, me respondit il: tant y a qu'ils se mescomptoient ». Ie luy repliquay lors que i'aimois mieulx suyvre les effects que la raison. Or ce sont choses qui se chocquent souvent : et m'a lon dict qu'en la geometrie (qui pense avoir gaigné le hault poinct de certitude parmy les sciences) il se treuve des demonstrations inevitables, subvertissant la verité de l'experience: comme Iacques Peletier me disoit chez moy, qu'il avoit trouvé deux lignes s'acheminant l'une vers l'aultre pour se ioindre (a),

---

(a) C'est l'hyperbole, et les lignes droites, qui, ne pouvant arriver à se joindre à elle, ont été pour cela même nommées *Asymp-*

qu'il verifioit toutesfois ne pouvoir iamais, iusques à l'infinité, arriver à se toucher. Et les pyrrhoniens ne se servent de leurs arguments et de leur raison que pour ruyner l'apparence de l'experience : et est merveille iusques où la soupplesse de nostre raison les a suyvis à ce desseing de combattre l'evidence des effects; car ils vérifient que nous ne nous mouvons pas, que nous ne parlons pas, qu'il n'y a point de poisant ou de chauld, avecques une pareille force d'argumentations que nous verifions les choses plus vraysemblables. Ptolomeus, qui a esté un grand personnage, avoit establi les bornes de nostre monde; touts les philosophes anciens ont pensé en tenir la mesure, sauf quelques isles escartees qui pouvoient eschapper à leur cognoissance; c'eust esté pyrrhoniser, il y a mille ans, que de mettre en doubte la science de la cosmographie et les opinions qui en estoient receues d'un chascun; c'estoit heresie d'advouer des antipodes : voylà de nostre siecle une grandeur infinie de terre ferme, non pas une isle ou une contree particuliere, mais une partie eguale à peu prez en grandeur à celle que nous cognoissions, qui vient d'estre descouverte. Les geographes de ce temps ne faillent pas d'asseurer que meshuy tout est trouvé, et que tout est veu,

Nam quod adest præsto, placet, et pollere videtur. (1)

Sçavoir mon, si Ptolomee s'y est trompé aultresfois, sur les fondements de sa raison, si ce ne seroit pas sottise de

---

totes ; voyez les Coniques d'Apollonius, l. 2, propos. 1, et la propos. 14, où cet ancien mathématicien a démontré que les asymptotes et l'hyperbole ne peuvent jamais venir à se toucher, quoiqu'elles s'approchent l'une de l'autre à l'infini. Les mathématiciens n'ont pas besoin qu'on leur développe cette démonstration, qu'ils reconnoissent tous pour incontestable; et ceux qui ne le sont pas doivent s'en rapporter à la décision des géometres. C.

(1) Car ce qu'on possede actuellement donne du plaisir, et paroît l'emporter sur tout autre chose. *Lucret*. l. 5, v. 1411.

me fier maintenant à ce que ceulx cy en disent; et s'il n'est pas plus vraysemblable que ce grand corps que nous appellons le monde est chose bien aultre que nous ne iugeons. Platon tient qu'il change de visage à touts sens; que le ciel, les estoiles et le soleil renversent par fois le mouvement que nous y voyons, changeant l'orient en occident. Les presbtres aegyptiens dirent à Herodote, Que depuis leur premier roy, de quoy il y avoit onze mille tant d'ans, et de touts leurs roys ils luy feirent veoir les effigies en statues tirées aprez le vif, le soleil avoit changé quatre fois de route; Que la mer et la terre se changent alternatifvement l'une en l'aultre; Que la naissance du monde est indeterminee: Aristote, Cicero, de mesme: et quelqu'un d'entre nous, Qu'il est de toute eternité, mortel et renaissant à plusieurs vicissitudes, appellant à tesmoing Salomon et Esaïe; pour eviter ces oppositions, que Dieu a esté quelquesfois createur sans creature; qu'il a esté oysif; qu'il s'est desdict de son oysifveté, mettant la main à cet ouvrage; et qu'il est par consequent subiect à mutation. En la plus fameuse des grecques escholes, le monde est tenu un dieu, faict par un aultre dieu plus grand, et est composé d'un corps, et d'un' ame qui loge en son centre, s'espandant, par nombres de musique, à sa circonference; divin, tresheureux, tresgrand, tressage, eternel: en luy sont d'aultres dieux, la terre, la mer, les astres qui s'entretiennent d'une harmonieuse et perpetuelle agitation et danse divine; tantost se rencontrants, tantost s'esloingnants, se cachants, se montrants, changeants de reng, ores d'avant, et ores derriere. Heraclitus establissoit le monde estre composé par feu; et, par l'ordre des destinees, se debvoir enflammer et resouldre en feu quelque iour, et quelque iour encores renaistre. Et des hommes dict Apuleius, *sigillatim mortales, cunctim perpetui* (1). Alexandre escrivit à sa mere la nar-

---

(1) Ils sont mortels, chacun à part; et en général immor-

ration d'un presbtre aegyptien, tirée de leurs monuments, tesmoignant l'ancienneté de cette nation, infinie, et comprenant la naissance et progrez des aultres païs au vray. Cicero et Diodorus disent, de leur temps, que les Chaldeens tenoient registre de quatre cents mille tant d'ans : Aristote, Pline, et aultres, que Zoroastre vivoit six mille ans avant l'aage de Platon. Platon dict que ceulx de la ville de Saïs ont des memoires, par escript, de huict mille ans, et que la ville d'Athenes feut bastie mille ans avant ladicte ville de Saïs : Epicurus, qu'en mesme temps que les choses sont icy comme nous les voyons, elles sont toutes pareilles et en mesme façon en plusieurs aultres mondes ; ce qu'il eust dict plus asseureement s'il eust veu les similitudes et convenances de ce nouveau monde des Indes occidentales avecques le nostre present et passé, en si estranges exemples. En verité, considerant ce qui est venu à nostre science du cours de cette police terrestre, ie me suis souvent esmerveillé de veoir, en une tresgrande distance de lieux et de temps, les rencontres d'un grand nombre d'opinions populaires, monstrueuses, et des mœurs et creances sauvages, et qui par aulcun biais ne semblent tenir à nostre naturel discours. C'est un grand ouvrier de miracles, que l'esprit humain ! Mais cette relation a ie ne sçais quoy encores de plus heteroclite : elle se treuve aussi en noms, en accidents, et en mille aultres choses : car on y trouva des nations n'ayant, que nous sçachons, ouï nouvelles de nous ; où (a) la circoncision estoit en credit ; où il y avoit

---

tels. *Apul.* in libello suo de Deo Socratis, p. 670, Paris., in usum Delphini, où il y a, *Singillatim mortales, cuncti tamen universo genere perpetui*. C.

(a) Montaigne entasse ici tous ces rapports, tels qu'il les a trouvés dans certaines relations, sans se mettre en peine d'examiner s'ils sont réels, ou uniquement fondés sur l'ignorance et la prévention espagnole. On peut voir encore ces prétendus rap-

des estats et grandes polices maintenues par des femmes, sans hommes ; où nos ieusnes et nostre caresme estoit representé, y adioustant l'abstinence des femmes : où nos croix estoient en diverses façons en credit ; icy on en honoroit les sepultures ; on les appliquoit là, et nommeement celle de sainct André, à se deffendre des visions nocturnes, et à les mettre sur les couches des enfants contre les enchantements ; ailleurs ils en rencontrerent une de bois, de grande haulteur, adoree pour dieu de la pluye, et celle là bien fort avant dans la terre ferme : on y trouva une bien expresse image de nos penitenciers ; l'usage des mitres, le cœlibat des presbtres, l'art de diviner par les entrailles des animaulx sacrifiez, l'abstinence de toute sorte de chair et poisson, à leur vivre ; la façon aux presbtres d'user, en officiant, de langue particuliere et non vulgaire ; et cette fantasie, que le premier dieu feust chassé par un second son frere puisné : qu'ils feurent creez avecques toutes commoditez, lesquelles on leur a depuis retrenchees pour leur peché ; changé leur territoire et empiré leur condition naturelle : qu'aultresfois ils ont esté submergez par l'inondation des eaux celestes ; qu'il ne s'en sauva que peu de familles qui se iecterent dans les haults creux des montaignes, lesquels creux ils boucherent si que l'eau n'y entra point, ayant enfermé là dedans plusieurs sortes d'animaulx ; que quand ils sentirent la pluye cesser, ils meirent hors des chiens, lesquels estants revenus nets et mouillez, ils iugerent l'eau n'estre encores gueres abbaissee ; depuis en ayant faict sortir d'aultres, et les voyants revenir bourbeux, ils sortirent repeupler le monde, qu'ils trouverent plein

---

ports, détaillés à-peu-près de la même maniere que Montaigne nous les donne ici, dans l'Histoire de la conquête du Mexique, écrite par Antonio Solis, dans l'Histoire des guerres civiles des Espagnols en Amérique, dans le Commentaire royal de l'Inca Garcillasso de la Vega. C.

seulement de serpents : on rencontra en quelque endroict la persuasion du iour du iugement, si qu'ils s'offensoient merveilleusement contre les Espaignols qui espandoient les os des trespassez en fouillant les richesses des sepultures, disants que ces os escartez ne se pourroient facilement reioindre ; la traficque par eschange, et non aultre; foires et marchez pour cet effect ; des nains et personnes difformes pour l'ornement des tables des princes ; l'usage de la faulconnerie selon la nature de leurs oiseaux ; subsides tyranniques ; delicatesses de iardinages; danses, saults basteleresques, musique d'instruments, armoiries ; ieux de paulme, ieu de dez et de sort auquel ils s'eschauffent souvent iusques à s'y iouer eulx mesmes et leur liberté ; medecine non aultre que de charmes ; la forme d'escrire par figures ; creance d'un seul premier homme pere de touts les peuples ; adoration d'un Dieu qui vesquit aultresfois homme en parfaicte virginité, ieusne et penitence, preschant la loy de nature et des cerimonies de la religion, et qui disparut du monde sans mort naturelle ; l'opinion des geants ; l'usage de s'enyvrer de leurs bruvages et de boire d'autant; ornements religieux peincts d'ossements et testes de morts, surplis, eau beneicte, aspergez ; femmes et serviteurs qui se presentent à l'envy à se brusler et enterrer aveques le mary ou maistre trespassé ; loy que les aisnez succedent à tout le bien, et n'est reservé aulcune part au puisné, que d'obeïssance ; coustume, à la promotion de certain office de grande auctorité, que celuy qui est promeu prend un nouveau nom et quitte le sien ; de verser de la chaulx sur le genouïl de l'enfant freschement nay, en luy disant, « Tu es venu de pouldre, et retourneras en pouldre » ; l'art des augures. Ces vains umbrages de nostre religion, qui se voyent en aulcuns de ces exemples, en tesmoignent la dignité et la divinité : non seulement elle s'est aulcunement insinuee en toutes les nations infidelles de deçà par quelque imitation, mais à ces barbares aussi comme par une commune et supernaturelle inspiration ; car on y trouva aussi la creance du purgatoire, mais d'une forme nouvelle ; ce que nous donnons au feu, ils le donnent au froid, et imaginent les ames et purgees et punies par la rigueur d'une extreme froidure : et m'advertit cet exemple, d'une aultre plaisante diversité, car, comme il s'y trouva des peuples qui aimoient à deffubler le bout de leur membre, et en retrenchoient la peau à la mahumetane et à la iuifve, il s'y en trouva d'aultres qui faisoient si grande conscience de le deffubler, qu'à tout des petits cordons ils portoient leur peau bien soigneusement estiree et attachee au dessus, de peur que ce bout ne veist l'air ; et de cette diversité aussi, que, comme nous honorons les roys et les festes en nous parant des plus honnestes vestements que nous ayons, en aulcunes regions, pour montrer toute disparité et soubmission à leur roy, les subiects se presentoient à luy en leurs plus vils habillements, et entrants au palais prennent quelque vieille robbe deschiree sur la leur bonne, à ce que tout le lustre et l'ornement soit au maistre. Mais suyvons. Si nature enserre dans les termes de son progrez ordinaire, comme toutes aultres choses, aussi les creances, les iugements et opinions des hommes ; si elles ont leur revolution, leur saison, leur naissance, leur mort, comme les choux ; si le ciel les agite et les roule à sa poste, Quelle magistrale auctorité et permanente leur allons nous attribuant ? Si par experience nous touchons à la main, que la forme de nostre estre despend de l'air, du climat et du terroir où nous naissons, non seulement le teinct, la taille, la complexion et les contenances, mais encores les facultez de l'ame ; et *plaga cœli non solùm ad robur corporum, sed etiam animorum facit* (1), dict Vegece ; et que la deesse fondatrice de la ville d'Athe-

---

(1) Le climat ne contribue pas seulement à la vigueur du corps mais encore à celle de l'esprit. *Veget.* l. 1, c. 2.

nes choisit, à la situer, une temperature de païs qui feist les hommes prudents, comme les presbtres d'Aegypte apprindrent à Solon, Athenis tenue cœlum; *ex quo etiam acutiores putantur Attici: crassum Thebis; itaque pingues Thebani, et valentes* (1); en maniere que, ainsi que les fruicts naissent divers et les animaulx, les hommes naissent aussi plus et moins belliqueux, iustes, temperants et dociles; icy subiects au vin, ailleurs au larrecin ou à la paillardise; icy enclins à superstition, ailleurs à la mescreance; icy à la liberté, icy à la servitude; capables d'une science, ou d'un art; grossiers, ou ingenieux; obeïssants, ou rebelles; bons, ou mauvais, selon que porte l'inclination du lieu où ils sont assis; et prennent nouvelle complexion si on les change de place, comme les arbres, qui feut la raison pour laquelle Cyrus ne voulut accorder aux Perses d'abandonner leur païs aspre et bossu pour se transporter en un aultre doulx et plain, disant que les terres grasses et molles font les hommes mols, et les fertiles, les esprits infertiles: Si nous voyons tantost fleurir un art, une opinion, tantost une aultre, par quelque influence celeste; tel siecle produire telles natures, et incliner l'humain genre à tel ou tel ply; les esprits des hommes tantost gaillards, tantost maigres, comme nos champs; Que deviennent toutes ces belles prerogatives de quoy nous nous allons flattant? Puisqu'un homme sage se peult mescompter, et cent hommes, et plusieurs nations; voire et l'humaine nature selon nous se mescompte plusieurs siecles en cecy ou en cela; quelle seureté avons nous que par fois elle cesse de se mescompter, et qu'en ce siecle elle ne soit en mescompte?

Il me semble, entre aultres tesmoignages de nostre

---

(1) L'air d'Athenes est subtil; et par cette raison les Athéniens sont réputés avoir l'esprit plus délicat: celui de Thebes est épais; c'est pourquoi les Thébains passent pour gens grossiers, et pleins de vigueur. *Cic.* de Fato, c. 4.

imbecillité, que celuy cy ne merite pas d'estre oublié, Que, par desir mesme, l'homme ne sçache trouver ce qu'il luy fault; Que, non par iouïssance, mais par imagination et par souhait, nous ne puissions estre d'accord de ce de quoy nous avons besoing pour nous contenter. Laissons à nostre pensee tailler et coudre à son plaisir; elle ne pourra pas seulement desirer ce qui luy est propre, et se satisfaire :

>
quid enim ratione timemus,
>Aut cupimus? quid tam dextro pede concipis, ut te
>Conatûs non pœniteat, votique peracti? (1)

c'est pourquoy Socrates ne requeroit les dieux sinon de luy donner ce qu'ils sçavoient luy estre salutaire : et la priere des Lacedemoniens, publicque et privee, portoit simplement, Les choses bonnes et belles leur estre octroyees ; remettant à la discretion (a) divine le triage et chois d'icelles :

>Coniugium petimus, partumque uxoris; at illis
>Notum, qui pueri, qualisque futura sit uxor: (2)

et le chrestien supplie Dieu « Que sa volonté soit faicte »: pour ne tumber en l'inconvenient que les poëtes feignent du roy Midas. Il requit les dieux que tout ce qu'il toucheroit se convertist en or : sa priere feut exaucee; son vin feut or, son pain or et la plume de sa couche, et d'or sa chemise et son vestement; de façon qu'il se trouva

---

(1) Car que craignons-nous, ou que desirons-nous par raison? L'homme peut-il former des vœux si justes, qu'il n'ait sujet de les rétracter, et qu'il n'en voie l'accomplissement avec peine? *Juvenal.* sat. 10, v. 4, et seqq.

(a) De la puissance suprême. *Edit.* de 1595.

(2) Nous leur demandons une femme et des enfants; mais c'est eux qui savent ce que seront nos enfants et notre femme. *Juvenal.* sat. 10, v. 352, 353.

accablé soubs la iouïssance de son desir, et estrené d'une insupportable commodité : il luy falut desprier ses prieres.

> Attonitus novitate mali, divesque miserque,
> Effugere optat opes, et, quæ modò voverat, odit. (1)

Disons de moy mesme : Ie demandois à la fortune autant qu'aultre chose l'ordre sainct Michel, estant ieune ; car c'estoit lors l'extreme marque d'honneur de la noblesse françoise, et tresrare. Elle me l'a plaisamment accordé : au lieu de me monter et haulser de ma place pour y aveindre, elle m'a bien plus gracieusement traicté, elle l'a ravallé et rabaissé iusques à mes espaules et au dessoubs. Cleobis et Biton, Trophonius et Agamedes, ayant requis, ceulx là leur deesse, ceulx cy leur dieu, d'une recompense digne de leur pieté, eurent la mort pour present : tant les opinions celestes sur ce qu'il nous fault sont diverses aux nostres ! Dieu pourroit nous octroyer les richesses, les honneurs, la vie et la santé mesme, quelquesfois à nostre dommage ; car tout ce qui nous est plaisant ne nous est pas tousiours salutaire. Si, au lieu de la guarison, il nous envoye la mort ou l'empirement de nos maulx, virga tua et baculus tuus, ipsa me consolata sunt (2) ; il le faict par les raisons de sa providence, qui regarde bien plus certainement ce qui nous est deu, que nous ne pouvons faire : et le debvons prendre en bonne part, comme d'une main tressage et tresamie ;

> si consilium vis :
> Permittes ipsis expendere Numinibus quid
> Conveniat nobis, rebusque sit utile nostris : ....
> Charior est illis homo quàm sibi : (3)

---

(1) Tout étonné d'un malheur si nouveau, se trouvant riche et indigent tout à la fois, il desire d'être débarrassé de ses richesses, et déteste ce qu'il venoit de souhaiter avec tant d'ardeur. *Ovid.* metamorph. l. 11, fab. 3, v. 43, et seq.

(2) Ta verge et ta houlette m'ont consolé. *Psal.* 22, v. 4.

(3) Voulez-vous m'en croire ? Laissez aux dieux le soin de dé-

car de les requerir des honneurs, des charges, c'est les requerir qu'ils vous iectent à une bataille, ou au ieu des dez, où telle aultre chose de laquelle l'yssue vous est incogneüe et le fruict doubteux.

Il n'est point de combat si violent entre les philosophes, et si aspre, que celuy qui se dresse sur la question du souverain bien de l'homme; duquel, par le calcul de Varro, nasquirent deux cents quatre vingt huict sectes. Qui autem de summo bono dissentit, de totà philosophiæ ratione disputat. (1)

> Tres mihi convivæ propè dissentire videntur,
> Poscentes vario multùm diversa palato :
> Quid dem? quid non dem? Renuis tu quod iubet alter;
> Quod petis, id sanè est invisum acidumque duobus : (2)

nature debvroit ainsi respondre à leurs contestations et à leurs debats. Les uns disent nostre bienestre loger en la vertu; d'aultres en la volupté; d'aultres au consentir à nature; qui en la science, qui à n'avoir point de douleur, qui à ne se laisser emporter aux apparences; et à cette fantasie semble retirer cett' aultre de l'ancien Pythagoras,

> Nil admirari, propè res est una, Numici,
> Solaque, quæ possit facere et servare beatum, (3)

---

terminer ce qui nous convient et nous est le plus utile : car l'homme leur est plus cher qu'il ne l'est à lui-même. *Juven.* sat. 10, v. 346, et seqq.

(1) Or, dès qu'on ne s'accorde point sur le souverain bien, on disconvient sur tout le fond de la philosophie. *Cic.* de finib. bon. et mal. l. 5, c. 5.

(2) Il me semble voir trois conviés dont les goûts sont entièrement opposés, et qui demandent des mets tout différents. Que présenterai-je? Que ne présenterai-je pas? Vous refusez ce que l'autre demande; et ce que vous souhaitez, déplaît aux deux autres. *Horat.* epist. 2, l. 2, v. 61, et seqq.

(3) Ne rien admirer, n'être surpris de rien, c'est peut-être

qui est la fin de la secte pyrrhonienne : Aristote attribue à magnanimité rien n'admirer : et disoit Archesilas les soustenements et l'estat droict et inflexible du iugement, estre les biens, mais les consentements et applications, estre les vices et les maulx ; il est vray qu'en ce qu'il l'establissoit par axiome certain, il se despartoit du pyrrhonisme : les pyrrhoniens, quand ils disent que le souverain bien c'est l'ataraxie (a), qui est l'immobilité du iugement, ils ne l'entendent pas dire d'une façon affirmative, mais le mesme bransle de leur ame qui leur faict fuyr les precipices, et se mettre à couvert du serein, celuy là mesme leur presente cette fantasie et leur en faict refuser une aultre.

Combien ie desire que pendant que ie vis, ou quelque aultre, ou Iustus Lipsius, le plus sçavant homme qui nous reste, d'un esprit trespoli et iudicieux, vrayement germain à mon Turnebus, eust et la volonté, et la santé, et assez de repos, pour ramasser en un registre, selon leurs divisions et leurs classes, sincerement et curieusement autant que nous y pouvons veoir, les opinions de l'ancienne philosophie sur le subiect de nostre estre et de nos mœurs, leurs controverses, le credit et suitte des parts, l'application de la vie des aucteurs et sectateurs à leurs preceptes ez accidents memorables et exemplaires : Le bel ouvrage et utile que ce seroit !

Au demourant, si c'est de nous que nous tirons le reglement de nos mœurs, à quelle confusion nous reiectons nous ? car ce que nostre raison nous y conseille de plus vraysemblable, c'est generalement à chascun d'obeïr aux loix de son païs, comme est l'advis de Socrates,

---

Numicius, la seule chose qui puisse rendre un homme constamment heureux. *Horat.* epist. 6, l. 1, v. 1, 2.

(a) Mot grec qui signifie, tranquillité parfaite, absolue indifférence : αδιαφορια, autre terme de la philosophie pyrrhonienne. C.

inspiré, dict il, d'un conseil divin ; et par là que veult elle dire, sinon que nostre debvoir n'a aultre regle que fortuite? La Verité doibt avoir un visage pareil et universel : la droicture et la iustice, si l'homme en cognoissoit qui eust corps et veritable essence, il ne l'attacheroit pas à la condition des coustumes de cette contree ou de celle là; ce ne seroit pas de la fantasie des Perses ou des Indes, que la vertu prendroit sa forme. Il n'est rien subiect à plus continuelle agitation que les loix: depuis que ie suis nay, i'ay veu trois et quatre fois rechanger celles des Anglois nos voisins; non seulement en subiect politique, qui est celuy qu'on veult dispenser de constance, mais au plus important subiect qui puisse estre, à sçavoir de la religion: de quoy i'ay honte et despit, d'autant plus que c'est une nation à laquelle ceulx de mon quartier ont eu aultresfois une si privee accointance, qu'il reste encores en ma maison aulcunes traces de nostre ancien cousinage: et chez nous icy, i'ay veu telle chose qui nous estoit capitale, devenir legitime; et nous, qui en tenons d'aultres, sommes à mesme, selon l'incertitude de la fortune guerriere, d'estre un iour criminels de leze maiesté humaine et divine, nostre iustice tumbant à la mercy de l'iniustice, et, en l'espace de peu d'annees de possession, prenant une essence contraire. Comment pouvoit ce dieu ancien (a) plus clairement accuser en l'humaine cognoissance l'ignorance de l'estre divin, et apprendre aux hommes que la religion n'estoit qu'une piece de leur invention propre à lier leur societé, qu'en declarant, comme il feit à ceulx qui en recherchoient l'instruction de son trepied, « Que le vray culte à chascun estoit celuy qu'il trouvoit observé par l'usage du lieu où il estoit »? O Dieu! quelle obligation n'avons nous à la benignité de nostre souverain Createur, pour avoir desniaisé nostre creance de ces vagabondes et arbitraires

---

(a) Apollon. *Voyez Xenoph.* memorab. Socr. l. 1, c. 3, §. 1.

devotions, et l'avoir logee sur l'eternelle base de sa saincte parole! Que nous dira doncques en cette necessité la philosophie? « que nous suyvions les loix de nostre païs » : c'est à dire cette mer flottante des opinions d'un peuple ou d'un prince, qui me peindront la iustice d'autant de couleurs, et la reformeront en autant de visages, qu'il y aura en eulx de changements de passion : ie ne puis pas avoir le iugement si flexible. Quelle bonté est ce, que ie veoyois hier en credit, et demain plus ; et que le traiect d'une riviere faict crime ? Quelle verité, que ces montaignes bornent, qui est mensonge au monde qui se tient au delà ? Mais ils sont plaisants, quand, pour donner quelque certitude aux loix, ils disent qu'il y en a aulcunes fermes, perpetuelles et immuables, qu'ils nomment naturelles, qui sont empreintes en l'humain genre par la condition de leur propre essence ; et de celles là, qui en faict le nombre de trois, qui de quatre, qui plus, qui moins : signe que c'est une marque aussi doubteuse que le reste. Or ils sont si desfortunez (car comment puis ie aultrement nommer cela que desfortune, que d'un nombre de loix si infini, il ne s'en rencontre au moins une que la fortune et temerité du sort ayt permis estre universellement receue par le consentement de toutes les nations?) ils sont, dis ie, si miserables, que de ces trois ou quatre loix choisies, il n'en y a une seule qui ne soit contredicte et desadvouee, non par une nation, mais par plusieurs. Or c'est la seule enseigne vraysemblable par laquelle ils puissent argumenter aulcunes loix naturelles, que l'université de l'approbation : car ce que nature nous auroit veritablement ordonné, nous l'ensuyvrions sans doubte d'un commun consentement ; et non seulement toute nation, mais tout homme particulier, ressentiroit la force et la violence que luy feroit celuy qui le vouldroit poulser au contraire de cette loy. Qu'ils m'en montrent, pour veoir, une de cette condition. Protagoras et Ariston ne donnoient aultre essence à la iustice des loix, que l'auctorité et opinion du legislateur ; et que, cela mis à part, le bon et l'honneste perdoient leurs qualitez, et demeuroient des noms vains de choses indifferentes: Thrasymachus, en Platon, estime qu'il n'y a point d'aultre droict, que la commodité du superieur. Il n'est chose en quoy le monde soit si divers qu'en coustumes et loix : telle chose est icy abominable, qui apporte recommendation ailleurs, comme en Lacedemone la subtilité de desrobber ; les mariages entre les proches sont capitalement deffendus entre nous, ils sont ailleurs en honneur,

> Gentes esse feruntur,
> In quibus et nato genitrix, et nata parenti
> Iungitur, et pietas geminato crescit amore ; (1)

le meurtre des enfants, meurtre des peres, communication de femmes, traficque de voleries, licence à toutes sortes de voluptez, il n'est rien en somme si extreme qui ne se treuve receu par l'usage de quelque nation. Il est croyable qu'il y a des loix naturelles, comme il se veoid ez aultres creatures : mais en nous elles sont perdues; cette belle raison humaine s'ingerant par tout de maistriser et commander, brouillant et confondant le visage des choses, selon sa vanité et inconstance; nihil itaque amplius nostrum est ; quod nostrum dico, artis est (2). Les subiects ont divers lustres et diverses considerations ; c'est de là que s'engendre principalement la diversité d'opinions : une nation regarde un subiect par un visage, et s'arreste à celuy là; l'aultre, par un aultre. Il n'est rien si horrible à imaginer que de manger son pere : les peuples qui avoient anciennement cette coustume, la prenoient tou-

---

(1) On dit qu'il y a des nations où la mere couche avec son fils, et la fille avec son pere, leur affection s'augmentant par ce redoublement d'amour. *Ovid.* metamorph. l. 10, fab. 9, v. 34, et seqq.

(2) Il ne reste plus rien qui soit véritablement nôtre; ce que j'appelle nôtre, n'est qu'une production de l'art.

tesfois pour tesmoignage de pieté et de bonne affection ; cherchants par là à donner à leurs progeniteurs la plus digne et honorable sepulture; logeants en eux mesmes et comme en leurs moelles les corps de leurs peres et leurs reliques; les vivifiants aulcunement et regenerants par la transmutation en leur chair vifve, au moyen de la digestion et du nourrissement : il est aysé à considerer quelle cruauté et abomination c'eust esté à des hommes abbruvez et imbus de cette superstition, de iecter la despouille des parents à la corruption de la terre et nourriture des bestes et des vers. Lycurgus considera au larrecin la vivacité, diligence, hardiesse et adresse qu'il y a à surprendre quelque chose de son voisin, et l'utilité qui revient au public que chascun en regarde plus curieusement à la conservation de ce qui est sien ; et estima que de cette double institution à assaillir et à deffendre, il s'en tiroit du fruict à la discipline militaire (qui estoit la principale science et vertu à quoy il vouloit duire cette nation) de plus grande consideration que n'estoit le desordre et l'iniustice de se prevaloir de la chose d'aultruy.

Dionysius le tyran offrit à Platon une robbe à la mode de Perse, longue, damasquinee et parfumee; Platon la refusa, disant qu'estant nay homme, il ne se vestiroit pas volontiers de robbe de femme : mais Aristippus l'accepta, avecques cette response « Que nul accoustrement ne pouvoit corrompre un chaste courage ». Ses amis tansoient sa lascheté de prendre si peu à cœur que Dionysius luy eust craché au visage : « Les pescheurs (dict il) souffrent bien d'estre baignés des ondes de la mer, depuis la teste iusqu'aux pieds, pour attraper un goujon » : Diogenes lavoit ses choux, et le voyant passer, « Si tu sçavois vivre de choux, tu ne ferois pas la court à un tyran » : à quoy Aristippus, « Si tu sçavois vivre entre les hommes, tu ne laverois pas des choux ». Voylà comment la raison fournit d'apparence à divers effects :

c'est un pot à deux anses, qu'on peult saisir à gauche et à dextre :

> Bellum, ô terra hospita, portas :
> Bello armantur equi ; bellum hæc armenta minantur.
> Sed tamen idem olim curru succedere sueti
> Quadrupedes, et fræna iugo concordia ferre,
> Spes est pacis. (1)

On preschoit Solon de n'espandre pour la mort de son fils des larmes impuissantes et inutiles : « Et c'est pour cela, dict il, que plus iustement ie les espands, qu'elles sont inutiles et impuissantes ». La femme de Socrates rengregeoit son dueil par telle circonstance : Oh ! qu'iniustement le font mourir ces meschants iuges ! « Aimerois tu doncques mieulx que ce feust iustement »? luy repliqua il. Nous portons les aureilles percees ; les Grecs tenoient cela pour une marque de servitude : nous nous cachons pour iouïr de nos femmes ; les Indiens le font en public : les Scythes immoloient les estrangiers en leurs temples ; ailleurs les temples servent de franchise :

> Inde furor vulgi, quòd numina vicinorum
> Odit quisque locus, cùm solos credat habendos
> Esse deos quos ipse colit. (2)

I'ay ouï parler d'un iuge lequel, où il rencontroit un aspre conflict entre Bartolus et Baldus, et quelque ma-

---

(1) O terre, notre seconde patrie, tu nous présages la guerre : comme c'est pour la guerre qu'on arme les chevaux, ces haras nous menacent de guerre. Mais d'ailleurs, les chevaux étant faits depuis long-temps à traîner des chars et à porter tranquillement le joug, cela nous donne des espérances de paix. *Aeneid.* l. 3, v. 539, et seqq.

(2) En Égypte (dit *Juvénal*, sat. 15, v. 37, et suiv.) il y a des peuples animés d'une extrême fureur les uns contre les autres, parceque les uns adorent des dieux que les autres détestent ; chacun croyant que ceux qu'il sert sont les seuls qui méritent d'être reconnus pour dieux.

tiere agitee de plusieurs contrarietez, mettoit (a) au marge de son livre, « Question pour l'ami » : c'est à dire que la verité estoit si embrouillee et debattue, qu'en pareille cause il pourroit favoriser celle des parties que bon luy sembleroit. Il ne tenoit qu'à faulte d'esprit et de suffisance, qu'il ne peust mettre par tout, « Question pour l'ami » : les advocats et les iuges de nostre temps treuvent à toutes causes assez de biais pour les accommoder où bon leur semble. A une science si infinie, dependant de l'auctorité de tant d'opinions, et d'un subiect si arbitraire, il ne peult estre qu'il n'en naisse une confusion extreme de iugements : aussi n'est il gueres si clair procez auquel les advis ne se treuvent divers ; ce qu'une compaignie a iugé, l'aultre le iuge au contraire, et elle mesme au contraire une aultre fois. De quoy nous voyons des exemples ordinaires par cette licence, qui tache merveilleusement la cerimonieuse auctorité et lustre de nostre iustice, de ne s'arrester aux arrests, et courir des uns aux aultres iuges pour décider d'une mesme cause. Quant à la liberté des opinions philosophiques touchant le vice et la vertu, c'est chose où il n'est besoing de s'estendre, et où il se treuve plusieurs advis qui valent mieulx teus que publiez aux foibles esprits : Arcesilaus disoit n'estre considerable en la paillardise (b) de quel costé et par où on le feust : Et obscœnas voluptates, si natura requirit, non genere, aut loco, aut ordine, sed formâ, ætate, figurâ, metiendas Epicurus putat : ... Ne amores quidem sanctos à sapiente alienos esse arbitrantur : .... Quæ-

---

(a) mettoit en marge : *édit.* de 1595.

(b) Plutarque, dans un dialogue intitulé, Les regles et preceptes de santé, ch. 5, où le philosophe Arcesilaus ne dit cela que pour blâmer également toute sorte de débauche. « Il souloit dire contre les paillards et luxurieux, qu'il ne peult chaloir de quel côté on le soit, pource qu'il y a (ajoute Plutarque, fidèlement traduit par Amyot) autant de mal à l'un qu'à l'aultre ». C.

ramus ad quam usque ætatem iuvenes amandi sint (1). Ces deux derniers lieux stoïques, et, sur ce propos, le reproche de Dicaearchus à Platon mesme, montrent combien la plus saine philosophie souffre de licences esloingnees de l'usage commun, et excessifves. Les loix prennent leur auctorité de la possession et de l'usage ; il est dangereux de les ramener à leur naissance : elles grossissent et s'annoblissent en roulant, comme nos rivieres ; suyvez les contremont iusques à leur source, ce n'est qu'un petit sourgeon d'eau à peine recognoissable, qui s'enorgueillit ainsin et se fortifie en vieillissant. Voyez les anciennes considerations qui ont donné le premier bransle à ce fameux torrent, plein de dignité, d'horreur et de reverence ; vous les trouverez si legieres et si delicates, que ces gents icy qui poisent tout et le ramenent à la raison, et qui ne receoivent rien par auctorité et à credit, il n'est pas merveille s'ils ont leurs iugements souvent tresesloingnez des iugements publicques. Gents qui prennent pour patron l'image premiere de nature, il n'est pas merveille, si en la pluspart de leurs opinions ils gauchissent la voye commune : comme, pour exemple, peu d'entre eulx eussent approuvé les conditions contrainctes de nos mariages ; et la pluspart ont voulu les femmes communes et sans obligation : ils refusoient nos cerimonies ; Chrysippus disoit qu'un philosophe fera une douzaine de culebuttes en public, voire sans hault de chausses, pour une douzaine d'olives ; à peine eust il donné advis à Clisthenes de refuser la belle Agariste sa

---

(1) Et à l'egard des plaisirs lascifs de l'amour, si la nature les exige, Epicure croit qu'il n'y faut considérer ni la race, ni le lieu, ni le rang, mais la grace, l'âge et la beauté. *Cic.* tusc. quæst. l. 5, c. 33... Les stoïciens ne pensent pas que les amours sacrés soient interdits au sage, *Cic.* de finib. bon. et mal. l. 3, c. 20..... Voyons (disent-ils encore) jusqu'à quel âge on doit aimer les jeunes gens. *Senec.* epist. 123, *sub fine.*

fille à Hippoclides pour luy avoir veu faire l'arbre fourché sur une table : Metrocles lascha un peu indiscretement un pet, en disputant, en presence de son eschole, et se tenoit en sa maison caché de honte; iusques à ce que Crates le feut visiter, et adioustant à ses consolations et raisons l'exemple de sa liberté, se mettant à peter à l'envy avecques luy, il luy osta ce scrupule, et, de plus, le retira à sa secte stoïque, plus franche, de la secte peripatetique plus civile, laquelle iusques lors il avoit suyvi. Ce que nous appellons Honnesteté, de n'oser faire à descouvert ce qui nous est honneste de faire à couvert, ils l'appelloient Sottise; et de faire le fin à taire et desadvouer ce que nature, coustume et nostre desir publient et proclament de nos actions, ils l'estimoient Vice : et leur sembloit, Que c'estoit affoler les mysteres de Venus que de les oster du retiré sacraire de son temple, pour les exposer à la veue du peuple; et Que tirer ses ieux hors du rideau, c'estoit les avilir : c'est un' espece de poids que la honte; la recelation, reservation, circonscription, parties de l'estimation : Que la volupté tresingenieusement faisoit instance, sous le masque de la vertu, de n'estre prostituee au milieu des quarrefours, foulee des pieds et des yeulx de la commune, trouvant à dire la dignité et commodité de ses cabinets accoustumez. De là disent aulcuns que d'oster les bordels publicques, c'est non seulement espandre partout la paillardise qui estoit assignee à ce lieu là; mais encores aiguillonner les hommes à ce vice, par la malaysance :

> Mœchus es Aufidiæ, qui vir, Scævine, fuisti :
> Rivalis fuerat qui tuus, ille vir est.
> Cur aliena placet tibi, quæ tua non placet uxor?
> Nunquid securus non potes arrigere? (1)

---

(1) Scævinus, après avoir été mari d'Aufidie, te voilà son galant, maintenant qu'elle est la femme de ton rival. D'où vient que tu

cette experience se diversifie en mille exemples :

> Nullus in urbe fuit totâ, qui tangere vellet
> Uxorem gratis, Cæciliane, tuam,
> Dum licuit : sed nunc, positis custodibus, ingens
> Turba fututorum est. Ingeniosus homo es. (1)

On demandoit à un philosophe qu'on surprit à mesme, « ce qu'il faisoit » : il respondit tout froidement, « Ie plante un homme » (a) : ne rougissant non plus d'estre rencontré en cela, que si on l'eust trouvé plantant des aulx. C'est, comme i'estime, d'une opinion tendre, respectueuse, qu'un grand et religieux aucteur (b) tient cette action si necessairement obligee à l'occultation et à la vergongne, qu'en la licence des embrassements cyniques il ne se peult persuader que la besongne en veinst à sa fin ; ains qu'elle s'arrestoit à representer des mouvements lascifs seulement, pour maintenir l'impudence de la profession de leur eschole ; et que, pour eslancer ce que la honte avoit contrainct et retiré, il leur estoit encores aprez besoing de chercher l'umbre. Il n'avoit pas veu assez avant en leur desbauche : car Diogenes, exerceant en public sa masturbation, faisoit souhait, en

---

prends goût à la femme d'un autre, qui te déplaisoit lorsqu'elle étoit à toi? Es-tu donc impuissant, dès que tu n'as rien à craindre ? *Martial.* l. 3, epigr. 70.

(1) Dans toute la ville, ô Cécilianus, il ne s'est trouvé personne qui voulût s'approcher de ta femme gratis, tandis qu'on a eu la liberté de le faire : mais depuis que tu la fais garder (Ah que tu es fin !) elle est assiégée d'une foule de galants. *Martial.* libro 1, epigr. 74.

(a) Ce conte qu'on fait de Diogene le cynique, se débite tous les jours en conversation, et a passé dans plusieurs livres modernes : mais, si l'on en croit Bayle, « il n'est fondé sur le témoignage d'aucun ancien écrivain ». Voyez son dictionnaire, art. *Hipparchia*, rem. D. p. 1473, éd. de 1720. C.

(b) S. Augustin, dans son livre, *de civit. Dei*, l. 14, c. 20.

presence du peuple assistant, « qu'il peust ainsi saouler son ventre en le frottant » : A ceulx qui luy demandoient pourquoy il ne cherchoit lieu plus commode à manger qu'en pleine rue : « C'est, respondoit il, que i'ay faim en pleine rue ». Les femmes philosophes, qui se mesloient à leur secte, se mesloient aussi à leur personne, en tout lieu, sans discretion ; et Hipparchia ne feut receue en la societé de Crates, qu'en condition de suyvre en toutes choses les uz et coustumes de sa regle. Ces philosophes icy donnoient extreme prix à la vertu, et refusoient toutes aultres disciplines que la morale : si est ce qu'en toutes actions ils attribuoient la souveraine auctorité à l'eslection de leur sage, et au dessus des loix ; et n'ordonnoient aux voluptez aultre bride, que la moderation et la conservation de la liberté d'aultruy.

Heraclitus et Protagoras, de ce que le vin semble amer au malade et gracieux au sain ; l'aviron tortu dans l'eau et droict à ceulx qui le veoyent hors de là, et de pareilles apparences contraires qui se treuvent aux subiects, argumenterent que touts subiects avoient en eulx les causes de ces apparences ; et qu'il y avoit au vin quelque amertume qui se rapportoit au goust du malade ; l'aviron, certaine qualité courbe se rapportant à celuy qui le regarde dans l'eau ; et ainsi de tout le reste : qui est dire que tout est en toutes choses, et par consequent rien en aulcune ; car rien n'est, où tout est. Cette opinion me ramentoit l'experience que nous avons qu'il n'est aulcun sens ny visage, ou droict, ou amer, ou doulx, ou courbe, que l'esprit humain ne treuve aux escripts qu'il entreprend de fouiller : en la parole la plus nette, pure et parfaicte qui puisse estre, combien de faulseté et de mensonge a l'on faict naistre ? quelle heresie n'y a trouvé des fondements assez et tesmoignages pour entreprendre et pour se maintenir ? C'est pour cela que les aucteurs de telles erreurs ne se veulent iamais despartir de cette preuve du tesmoignage de l'interpretation des mots.

Un personnage de dignité, me voulant approuver par auctorité cette queste de la pierre philosophale où il est tout plongé, m'allegua dernierement cinq ou six passages de la Bible sur lesquels il disoit s'estre premierement fondé pour la descharge de sa conscience (car il est de profession ecclesiastique); et, à la verité, l'invention n'en estoit pas seulement plaisante, mais encores bien proprement accommodee à la deffense de cette belle science. Par cette voye se gaigne le credit des fables divinatrices : il n'est prognostiqueur, s'il a cette auctorité qu'on le daigne feuilleter, et rechercher curieusement touts les plis et lustres de ses paroles, à qui on ne face dire tout ce qu'on vouldra, comme aux Sibylles; car il y a tant de moyens d'interpretation, qu'il est malaysé que, de biais ou de droict fil, un esprit ingenieux ne rencontre en tout subiect quelque air qui luy serve à son poinct : pourtant se treuve un style nubileux et doubteux en si frequent et ancien usage. Que l'aucteur puisse gaigner cela, d'attirer et embesongner à soy la posterité, ce que non seulement la suffisance, mais autant, ou plus, la faveur fortuite de la matiere peult gaigner; qu'au demourant il se presente, par bestise, ou par finesse, un peu obscurement et diversement; il ne luy chaille : nombre d'esprits, le beluttant et secouant, en exprimeront quantité de formes, ou selon, ou à costé, ou au contraire, de la sienne, qui luy feront toutes honneur; il se verra enrichi des moyens de ses disciples, comme les regents du (a) landy. C'est ce qui a faict valoir plusieurs choses de neant, qui a mis en credit plusieurs escripts, et chargé de toute sorte de matiere qu'on a voulu; une mesme chose recevant mille et mille, et autant qu'il nous plaist d'images et considerations diverses. Est il possible que

---

(a) *Landit* ou *landy* signifie ici le salaire que les écoliers donnoient à leur maître..... Il signifie aussi la foire de S. Denys en France. Voyez *Ménage* dans son dictionnaire étymologique. C.

Homere aye voulu dire tout ce qu'on luy faict dire; et qu'il se soit presté à tant et si diverses figures, que les theologiens, legislateurs, capitaines, philosophes, toute sorte de gents qui traictent sciences, pour differemment et contrairement qu'ils les traictent, s'appuyent de luy, s'en rapportent à luy? maistre general à touts offices, ouvrages et artisans; general conseiller à toutes entreprinses: quiconque a eu besoing d'oracles et de predictions, en y a trouvé pour son faict. Un personnage sçavant, et de mes amis, c'est merveille quels rencontres et combien admirables il en faict naistre en faveur de nostre religion; et ne se peult aysement despartir de cette opinion, que ce ne soit le desseing d'Homere; si luy est cet aucteur aussi familier qu'à homme de nostre siecle: et ce qu'il treuve en faveur de la nostre, plusieurs anciennement l'avoient trouvé en faveur des leurs. Voyez demener et agiter Platon: chascun, s'honorant de l'appliquer à soy, le couche du costé qu'il le veult: on le promeine et l'insere à toutes les nouvelles opinions que le monde receoit; et le differente lon à soy mesme, selon le different cours des choses; l'on faict desadvouer à son sens les mœurs licites en son siecle, d'autant qu'elles sont illicites au nostre: tout cela, vifvement et puissamment, autant qu'est puissant et vif l'esprit de l'interprete. Sur ce mesme fondement qu'avoit Heraclitus et cette sienne sentence, « Que toutes choses avoient en elles les visages qu'on y trouvoit », Democritus en tiroit une toute contraire conclusion, c'est « Que les subiects n'avoient du tout rien de ce que nous y trouvions »; et de ce que le miel estoit doulx à l'un et amer à l'aultre, il argumentoit qu'il n'estoit ny doulx ny amer. Les pyrrhoniens diroient qu'ils ne sçavent s'il est doulx ou amer, ou ny l'un ny l'aultre, ou touts les deux; car ceulx cy gaignent tousiours le hault poinct de la dubitation. Les cyrenayens tenoient que rien n'estoit perceptible par le dehors, et que cela estoit seulement perceptible qui nous touchoit par l'interne attouchement, comme la douleur et la volupté; ne recognoissants ny ton, ny couleur, mais certaines affections seulement qui nous en venoient; et que l'homme n'avoit aultre siege de son iugement. Protagoras estimoit « estre vray à chascun ce qui semble à chascun ». Les epicuriens logent aux sens tout iugement, et en la notice des choses, et en la volupté. Platon a voulu le iugement de la verité, et la verité mesme retiree des opinions et des sens, appartenir à l'esprit et à la cogitation. Ce propos m'a porté sur la consideration des sens, ausquels gist le plus grand fondement et preuve de nostre ignorance. Tout ce qui se cognoist, il se cognoist sans doubte par la faculté du cognoissant; car puisque le iugement vient de l'operation de celuy qui iuge, c'est raison que cette operation il la parface par ses moyens et volonté, non par la contraincte d'aultruy, comme il adviendroit si nous cognoissions les choses par la force et selon la loy de leur essence. Or toute cognoissance s'achemine en nous par les sens; ce sont nos maistres ;

> via qua munita fidei
> Proxima fert humanum in pectus, templaque mentis : (1)

la science commence par eulx, et se resoult en eulx. Aprez tout, nous ne sçaurions non plus qu'une pierre, si nous ne sçavions qu'il y a son, odeur, lumiere, saveur, mesure, poids, mollesse, dureté, aspreté, couleur, polisseure, largeur, profondeur : voylà le plan et les principes de tout le bastiment de nostre science; et selon aulcuns, Science n'est aultre chose que Sentiment. Quiconque me peult poulser à contredire les sens, il me

---

(1) Le premier moyen par où la certitude des choses est communiquée à l'esprit. *Lucret.* l. 5, v. 103, et seq.

tient à la gorge ; il ne me sçauroit faire reculer plus arriere : les sens sont le commencement et la fin de l'humaine cognoissance :

> Invenies primis ab sensibus esse creatam
> Notitiam veri; neque sensus posse refelli....
> Quid maiore fide porrò, quàm sensus haberi
> Debet ? (1)

Qu'on leur attribue le moins qu'on pourra, tousiours fauldra il leur donner cela, que par leur voye et entremise s'achemine toute nostre instruction. Cicero dict que Chrysippus, ayant essayé de rabbattre de la force des sens et de leur vertu, se representa à soy mesme des arguments au contraire, et des oppositions si vehementes, qu'il n'y peut satisfaire : surquoy Carneades, qui maintenoit le contraire party, se vantoit de se servir des armes mesmes et paroles de Chrysippus pour le combattre; et s'escrioit à cette cause contre luy : « O miserable, ta force t'a perdu » ! Il n'est aulcun absurde, selon nous, plus extreme, que de maintenir que le feu n'eschauffe point, que la lumiere n'esclaire point, qu'il n'y a point de pesanteur au fer ny de fermeté, qui sont notices que nous apportent les sens; ny creance ou science en l'homme qui se puisse comparer à celle là en certitude.

La premiere consideration que i'ay sur le subiect des sens, est que ie mets en doubte que l'homme soit pourveu de touts sens naturels. Ie veois plusieurs animaulx qui vivent une vie entiere et parfaicte, les uns sans la veue, aultres sans l'ouïe : qui sçait si à nous aussi il ne manque pas encores un, deux, trois, et plusieurs aultres sens ? Car s'il en manque quelqu'un, nostre discours n'en

---

(1) Vous serez convaincu que la connoissance de la vérité vient de la premiere impression des sens, qu'on ne peut raisonnablement récuser : car à quoi doit-on donner plus de crédit qu'aux sens ? *Lucret.* l. 4, v. 480, 481.   484, 485.

peult descouvrir le default. C'est le privilege des sens d'estre l'extreme borne de nostre appercevance : il n'y a rien au delà d'eulx qui nous puisse servir à les descouvrir ; voire ny l'un sens n'en peult descouvrir l'aultre :

> An poterunt oculos aures reprehendere? an aures
> Tactus? an hunc porrò tactum sapor arguet oris?
> An confutabunt nares, oculive revincent? (1)

ils font trestouts la ligne extreme de nostre faculté :

> seorsum cuique potestas
> Divisa est, sua vis cuique est. (2)

Il est impossible de faire concevoir à un homme naturellement aveugle, qu'il n'y veoid pas; impossible de luy faire desirer la veue, et regretter son default : parquoy nous ne debvons prendre aulcune asseurance de ce que nostre ame est contente et satisfaicte de ceulx que nous avons; veu qu'elle n'a pas de quoy sentir en cela sa maladie et son imperfection, si elle y est. Il est impossible de dire chose à cet aveugle, par discours, argument, ny similitude, qui loge en son imagination aulcune apprehension de lumiere, de couleur, et de veue : il n'y a rien plus arriere qui puisse poulser le sens en evidence. Les aveugles naiz, qu'on veoid desirer à veoir, ce n'est pas pour entendre ce qu'ils demandent : ils ont apprins de nous qu'ils ont à dire quelque chose, qu'ils ont quelque chose à desirer qui est en nous, laquelle ils nomment bien, et ses effects et consequences ; mais ils ne sçavent pourtant pas que c'est, ny ne l'apprehendent ny prez ny loing. I'ay veu un gentilhomme de bonne mai-

---

(1) L'ouïe pourroit-elle critiquer la vue ? et le toucher l'ouïe ? le goût corrigera-t-il l'attouchement ? et l'odorat et la vue reformeront-ils les autres sens ? *Lucret.* l. 4, v. 488, et seqq.

(2) Chacun a sa puissance à part, et sa faculté particuliere. *Id.* ibid. v. 491, 492.

son, aveugle nay, au moins aveugle de tel aage qu'il ne sçait que c'est que de veue : il entend si peu ce qui luy manque, qu'il use et se sert comme nous des paroles propres au veoir, et les applique d'une mode toute sienne et particuliere. On luy presentoit un enfant duquel il estoit parrain ; l'ayant prins entre ses bras : « Mon dieu, dict il, le bel enfant ! qu'il le faict beau veoir ! qu'il a le visage gay » ! il dira, comme l'un d'entre nous, « Cette salle a une belle veue ; il faict clair ; il faict beau soleil ». Il y a plus : car, parce que ce sont nos exercices que la chasse, la paulme, la bute, et qu'il l'a ouï dire, il s'y affectionne et s'y embesongne ; et croit y avoir la mesme part que nous y avons : il s'y picque et s'y plaist ; et ne les receoit pourtant que par les aureilles. On luy crie que voylà un lievre, quand on est en quelque belle splanade où il puisse picquer ; et puis on luy dict encores que voylà un lievre prins : le voylà aussi fier de sa prinse comme il oit dire aux aultres qu'ils le sont. L'esteuf, il le prend à la main gauche, et le poulse à tout sa raquette : de la arquebuse, il en tire à l'adventure, et se paye de ce que ses gents luy disent qu'il est ou hault ou costier. Que sçait on si le genre humain faict une sottise pareille, à faulte de quelque sens, et que par ce default la pluspart du visage des choses nous soit caché ? Que sçait on si les difficultez que nous trouvons en plusieurs ouvrages de nature viennent de là ? et si plusieurs effects des animaulx, qui excedent nostre capacité, sont produicts par la faculté de quelque sens que nous ayons à dire ? et si aulcuns d'entre eulx ont une vie plus pleine par ce moyen et entiere que la nostre ? Nous saisissons la pomme quasi par touts nos sens ; nous y trouvons de la rougeur, de la polisseure, de l'odeur et de la doulceur : oultre cela, elle peult avoir d'aultres vertus, comme d'asseicher ou restreindre, ausquelles nous n'avons point de sens qui se puisse rapporter. Les proprietez que nous appellons occultes en plusieurs choses, comme à l'aimant d'attirer le fer, n'est il pas vraysemblable qu'il y a des facultez sensitifves en nature propres à les iuger et à les appercevoir, et que le default de telles facultez nous apporte l'ignorance de la vraye essence de telles choses ? C'est, à l'adventure, quelque sens particulier qui descouvre aux coqs l'heure du matin et de minuict, et les esmeut à chanter; qui apprend aux poules, avant tout usage et experience, de craindre un esparvier, et non un' oye ny un paon, plus grandes bestes; qui advertit les poulets de la qualité hostile qui est au chat contre eulx, et à ne se desfier du chien ; s'armer contre le miaulement, voix aulcunement flatteuse, non contre l'abbayer, voix aspre et querelleuse ; aux freslons, aux fourmis et aux rats, de choisir tousiours le meilleur formage et la meilleure poire, avant que d'y avoir tasté ; et qui achemine le cerf, l'elephant, le serpent, à la cognoissance de certaine herbe propre à leur guarison. Il n'y a sens qui n'ayt une grande domination, et qui n'apporte par son moyen un nombre infini de cognoissances. Si nous avions à dire l'intelligence des sons, de l'harmonie et de la voix, cela apporteroit une confusion inimaginable à tout le reste de nostre science : car, oultre ce qui est attaché au propre effect de chasque sens, combien d'arguments, de consequences et de conclusions tirons nous aux aultres choses, par la comparaison de l'un sens à l'aultre ? Qu'un homme entendu imagine l'humaine nature producte originellement sans la veue, et discoure combien d'ignorance et de trouble luy apporteroit un tel default, combien de tenebres et d'aveuglement en nostre ame ; on verra par là combien nous importe, à la cognoissance de la verité, la privation d'un aultre tel sens, ou de deux, ou de trois, si elle est en nous. Nous avons formé une verité par la consultation et concurrence de nos cinq sens : mais à l'adventure falloit il l'accord de huict, ou de dix sens, et leur contribution, pour l'appercevoir certainement et en son essence.

Les sectes qui combattent la science de l'homme, elles la combattent principalement par l'incertitude et foiblesse de nos sens : car, puisque toute cognoissance vient en nous par leur entremise et moyen, s'ils faillent au rapport qu'ils nous font, s'ils corrompent ou alterent ce qu'ils nous charrient du dehors, si la lumiere qui par eulx s'escoule en nostre ame est obscurcie au passage, nous n'avons plus que tenir. De cette extreme difficulté sont nees toutes ces fantasies : « Que chasque subiect a en soy tout ce que nous y trouvons ; Qu'il n'a rien de ce que nous y pensons trouver » : et celle des epicuriens, « Que le soleil n'est non plus grand que ce que nostre veue le iuge :

> Quicquid id est, nihilo fertur maiore figura,
> Quàm, nostris oculis quam cernimus, esse videtur : (1)

Que les apparences qui representent un corps grand à celuy qui en est voisin, et plus petit à celuy qui en est esloingné, sont toutes deux vrayes :

> Nec tamen hic oculos falli concedimus hilum ;....
> Proinde animi vitium hoc oculis adfingere noli : (2)

et resoluement, Qu'il n'y a aulcune tromperie aux sens ; qu'il fault passer à leur mercy, et chercher ailleurs des raisons pour excuser la difference et contradiction que nous y trouvons, voire inventer toute aultre mensonge

---

(1) Quoi qu'il en soit, il n'est pas plus grand que nos yeux nous le représentent lorsque nous le regardons. *Lucret.* l. 5, v. 577.

Ce que Lucrece dit ici de la lune, Montaigne l'applique au soleil, dont on doit affirmer la même chose selon les principes d'Epicure. C.

(2) Nous n'avons garde d'accorder que nos yeux se trompent en ce cas-là..... N'attribuez donc pas à la vue cette erreur de l'esprit. *Lucret.* l. 4, v. 380, 386.

et resverie (ils en viennent iusques là), plustost que d'accuser les sens » : Timagoras iuroit que pour presser ou biaiser son œil, il n'avoit iamais apperceu doubler la lumiere de la chandelle, et que cette semblance venoit du vice de l'opinion, non de l'instrument : de toutes les absurditez, la plus absurde aux epicuriens est desadvouer la force et effect des sens ;

> Proinde, quod in quoquo est his visum tempore, verum est.
> Et, si non potuit ratio dissolvere causam,
> Cur ea, quæ fuerint iuxtim quadrata, procul sint
> Visa rotunda ; tamen præstat rationis egentem
> Reddere mendosè causas utriusque figuræ,
> Quàm manibus manifesta suis emittere quæquam,
> Et violare fidem primam, et convellere tota
> Fundamenta quibus nixatur vita salusque :
> Non modò enim ratio ruat omnis, vita quoque ipsa
> Concidat extemplo, nisi credere sensibus ausis,
> Præcipitesque locos vitare, et cætera quæ sint
> In genere hoc fugienda. (1)

Ce conseil desesperé, et si peu philosophique, ne represente aultre chose, sinon que l'humaine science ne se peult maintenir que par raison desraisonnable, folle et forcenee; mais qu'encores vault il mieulx que l'homme,

---

(1) Tout ce qu'on voit par les sens, en quelque temps que ce soit, est véritable : et si la raison ne peut point montrer pourquoi les corps qui de près paroissent quarrés paroissent ronds étant vus de loin, il vaut mieux, si l'on ne peut pas expliquer la cause de ce double effet, en rendre une mauvaise raison, que de renoncer à des notions évidentes, et à la premiere origine de notre croyance, en détruisant les fondements les plus solides de notre vie et de notre conservation ; car si l'on ne veut point se fier au témoignage des sens, ni éviter, sur leur rapport, les précipices et toute autre chose de cette espece dont il faut se donner de garde, dès-lors non seulement la raison est anéantie, mais il faut que la vie s'éteigne en un instant. *Lucret.* l. 4, v. 502, et seqq. Edit. Havercamp.

pour se faire valoir, s'en serve, et de tout aultre remede tant fantastique soit il, que d'advouer sa necessaire bestise : verité si desadvantageuse. Il ne peult fuyr que les sens ne soient les souverains maistres de sa cognoissance : mais ils sont incertains, et falsifiables à toutes circonstances ; c'est là où il se fault battre à oultrance, et, si les forces iustes nous faillent, comme elles font, y employer l'opiniastreté, la temerité, l'impudence. Au cas que ce que disent les epicuriens soit vray, à sçavoir « Que nous n'avons pas de science si les apparences des sens sont faulses »; et ce que disent les stoïciens, s'il est aussi vray, « Que les apparences des sens sont si faulses qu'elles ne nous peuvent produire aulcune science »: nous conclurons, aux despens de ces deux grandes sectes dogmatistes, Qu'il n'y a point de science. Quant à l'erreur et incertitude de l'operation des sens, chascun s'en peult fournir autant d'exemples qu'il luy plaira : tant les faultes et tromperies qu'ils nous font sont ordinaires. Au retentir d'un valon, le son d'une trompette semble venir devant nous, qui vient d'une lieue derriere :

> Exstantesque procul medio de gurgite montes,
> Classibus inter quos liber patet exitus, idem
> Apparent, et longè divolsi licèt, ingens
> Insula coniunctis tamen ex his una videtur....
> Et fugere ad puppim colles campique videntur,
> Quos agimus præter navim....
>   Ubi in medio nobis equus acer obhæsit
> Flumine, equi corpus transversum ferre videtur
> Vis, et in adversum flumen contrudere raptim : (1)

à manier une balle d'arquebuse soubs le second doigt,

---

(1) Lorsqu'on est en pleine mer, on voit des montagnes, qui, quoique séparées d'une si grande distance qu'une flotte entiere pourroit aisément passer entre deux, ne laissent pas de paroître comme une masse de montagnes jointes ensemble, dont l'union

celuy du milieu estant entrelacé par dessus, il fault extrêmement se contraindre pour advouer qu'il n'y en ayt qu'une, tant le sens nous en represente deux : car que les sens soient maintesfois maistres du discours, et le contraignent de recevoir des impressions qu'il sçait et iuge estre faulses, il se veoid à touts coups. Ie laisse à part celuy de l'attouchement, qui a ses functions plus voisines, plus vifves et substancielles, qui renverse tant de fois, par l'effect de la douleur qu'il apporte au corps, toutes ces belles resolutions stoïques, et contrainct de crier au ventre celuy qui a establi en son ame ce dogme, avecques toute resolution, « Que la cholique, comme toute aultre maladie et douleur, est chose indifferente, n'ayant la force de rien rabbattre du souverain bonheur et felicité en laquelle le sage est logé par sa vertu »; il n'est cœur si mol, que le son de nos tabourins et de nos trompettes n'eschauffe; ny si dur, que la doulceur de la musique n'esveille et ne chatouille; ny ame si revesche, qui ne se sente touchee de quelque reverence à considerer cette vastité sombre de nos eglises, la diversité d'ornements et ordre de nos cerimonies, et ouïr le son devotieux de nos orgues, et l'harmonie si posee et religieuse de nos voix : ceulx mesmes qui y entrent avecques mespris sentent quelque frisson dans le cœur, et quelque horreur, qui les met en desfiance de leur opinion. Quant à moy, ie ne m'estime point assez fort pour ouïr en sens rassis des vers d'Horace et de Catulle, chantez d'une voix suffisante par une belle et ieune bouche : et Zenon avoit raison de

---

apparente présente aux yeux la forme d'une grande isle..... et les collines et les campagnes que nous rasons en navigeant, ne paroissent elles pas courir vers la pouppe du vaisseau ?....En traversant un fleuve, si le cheval qui nous porte s'arrête dans le courant de l'eau, il nous semble que le cheval est entraîné vers le haut du fleuve. *Lucret.* l. 4, v. 398, et seqq. 390, et seq. 422, et seqq.

dire que la voix estoit la fleur de la beauté. On m'a voulu faire accroire qu'un homme, que touts nous aultres François cognoissons, m'avoit imposé, en me recitant des vers qu'il avoit faicts ; qu'ils n'estoient pas tels sur le papier qu'en l'air, et que mes yeulx en feroient contraire iugement à mes aureilles : tant la prononciation a de credit à donner prix et façon aux ouvrages qui passent à sa mercy ! Sur quoy Philoxenus ne feut pas fascheux ; lequel, oyant un donner mauvais ton à quelque sienne composition, se print à fouler aux pieds et casser de la brique qui estoit à luy ; disant : « Ie romps ce qui est à toy ; comme tu corromps ce qui est à moy ». A quoy faire, ceulx mesmes qui se sont donné la mort d'une certaine resolution, destournoient ils la face pour ne veoir le coup qu'ils se faisoient donner ? et ceulx qui, pour leur santé, desirent et commandent qu'on les incise et cauterise, ne peuvent soustenir la veue des appressts, utils et operation du chirurgien ; attendu que la veue ne doibt avoir aulcune participation à cette douleur ? cela, ne sont ce pas propres exemples à verifier l'auctorité que les sens ont sur le discours ? Nous avons beau sçavoir que ces tresses sont empruntees d'un page ou d'un laquay ; que cette rougeur est venue d'Espaigne, et cette blancheur et polisseure, de la mer oceanne ; encores fault il que la veue nous force d'en trouver le subiect plus aimable et plus agreable, contre touté raison : car en cela il n'y a rien du sien.

> Auferimur cultu : gemmis, auroque teguntur
> Crimina : pars minima est ipsa puella sui.
> Sæpè, ubi sit quod ames, inter tam multa, requiras :
> Decipit hac oculos ægide dives amor. (1)

---

(1) La parure des dames nous impose : l'or et les pierreries nous cachent leurs défauts. Une jeune fille est la moindre partie de ce qui nous plait en elle : et l'on a souvent bien de la peine à démê-

Combien donnent à la force des sens les poëtes qui font Narcisse esperdu de l'amour de son umbre;

> Cunctaque miratur quibus est mirabilis ipse;
> Se cupit imprudens; et, qui probat, ipse probatur :
> Dumque petit, petitur; pariterque accendit, et ardet: (1)

et l'entendement de Pygmalion si troublé par l'impression de la veue de sa statue d'ivoire, qu'il l'aime et la serve pour vifve?

> Oscula dat, reddique putat; sequiturque tenetque,
> Et credit tactis digitos insidere membris;
> Et metuit pressos veniat ne livor in artus. (2)

Qu'on loge un philosophe dans une cage de menus filets de fer clair-semez, qui soit suspendue au hault des tours Nostre Dame de Paris; il verra, par raison evidente, qu'il est impossible qu'il en tumbe; et si ne se sçauroit garder (s'il n'a accoustumé le mestier des couvreurs) que la veue de cette haulteur extreme ne l'espovante et ne le transisse: car nous avons assez affaire de nous asseurer aux galeries qui sont en nos clochiers, si elles sont façonnees à iour, encores qu'elles soient de pierre; il y en a qui n'en peuvent pas seulement porter la pensee. Qu'on

---

ler l'objet aimé parmi tous ces riches ornements dont l'amour se sert comme d'une égide pour nous éblouir. *Ovid.* de remed. amor. l. 1, v. 343, et seqq.

(1) Il admire toutes les choses par lesquelles lui-même se fait admirer. Insensé qu'il est, il se desire lui-même : il est lui-même l'objet des louanges qu'il donne, et des empressements qu'il témoigne, brûlant d'un feu qu'il allume lui-même. *Ovid.* metamorph. l. 3, fab. 6, v. 424, et seqq.

(2) Il donne des baisers à cette statue, et s'imagine qu'elle les lui rend. Il court l'embrasser : il se figure que ces membres cedent à l'impression de ses doigts, et craint de les rendre livides en les pressant trop fortement. *Id.* ibid. l. 10, fab. 8, v. 14, et seqq.

iecte une poultre entre ces deux tours, d'une grosseur telle qu'il nous la fault à nous promener dessus, il n'y a sagesse philosophique de si grande fermeté qui puisse nous donner courage d'y marcher, comme nous ferions si elle estoit à terre. J'ay souvent essayé cela en nos montaignes de deçà, et si suis de ceulx qui ne s'effroyent que mediocrement de telles choses, que ie ne pouvois souffrir la veue de cette profondeur infinie, sans horreur et tremblement de iarrets et de cuisses; encores qu'il s'en fallust bien ma longueur que ie ne feusse du tout au bord, et n'eusse sceu cheoir si ie ne me feusse porté à escient au dangier. J'y remarquay aussi, quelque haulteur qu'il y eust, pourveu qu'en cette pente il s'y presentast un arbre ou bosse de rochier pour soustenir un peu la veue et la diviser, que cela nous allege et donne asseurance, comme si c'estoit chose de quoy à la cheute nous peussions recevoir secours; mais que les precipices coupez et unis nous ne les pouvons pas seulement regarder sans tournoyement de teste: *ut despici sine vertigine simul oculorum animique non possit* (1): qui est une evidente imposture de la veue. Ce beau philosophe (a) se creva les yeulx, pour descharger l'ame de la desbauche qu'elle en recevoit, et pouvoir philosopher plus en liberté: mais à ce compte, il se debvoit aussi faire estoupper les aureilles, que Theophrastus dict estre le plus dangereux instru-

---

(1) De sorte qu'on ne peut regarder en bas, que la tête ne tourne, et que l'esprit ne se trouble.

—Ces paroles sont empruntées de Tite Live, qui dit, en décrivant les défilés de Tempé en Thessalie; *Rupes utrinque ita abscisæ sunt, ut despici vix sine vertigine quâdam simul oculorum animique possit*, l. 44, c. 6. C.

(a) Démocrite : *Cic.* de finib. bon. et mal. l. 5, c. 29. Mais Cicéron n'en parle là que comme d'une chose incertaine; et Plutarque dit positivement que c'est une fausseté. *De la curiosité*, c. 11, de la traduction d'Amyot. C.

ment que nous ayons pour recevoir des impressions violentes à nous troubler et changer, et se debvoit priver enfin de touts les aultres sens, c'est à dire de son estre et de sa vie; car ils ont touts cette puissance de commander nostre discours et nostre ame. Fit etiam sæpè specie quâdam, sæpè vocum gravitate et cantibus, ut pellantur animi vehementiùs, sæpè etiam curâ et timore (1). Les medecins tiennent qu'il y a certaines complexions qui s'agitent, par aulcuns sons et instruments, iusques à la fureur. J'en ay veu qui ne pouvoient ouïr ronger un os soubs leur table, sans perdre patience; et n'est gueres homme qui ne se trouble à ce bruit aigre et poignant que font les limes en raclant le fer; comme, à ouïr mascher prez de nous, ou ouïr parler quelqu'un qui ayt le passage du gosier ou du nez empesché, plusieurs s'en esmeuvent iusques à la cholere et la haine. Ce fleuteur protocole de Gracchus, qui amollissoit, roidissoit et contournoit la voix de son maistre lorsqu'il haranguoit à Rome, à quoy servoit il, si le mouvement et qualité du son n'avoit force à esmouvoir et alterer le iugement des auditeurs? vrayement il y a bien de quoy faire si grande feste de la fermeté de cette belle piece qui se laisse manier et changer au bransle et accidents d'un si legier vent! Cette mesme piperie que les sens apportent à nostre entendement, ils la receoivent à leur tour; nostre ame par fois s'en revenche de mesme: ils mentent et se trompent à l'envy. Ce que nous voyons et oïons, agitez de cholere, nous ne l'oïons pas tel qu'il est:

Et solem geminum, et duplices se ostendere Thebas: (2)

---

(1) Il arrive souvent qu'un certain air de visage, un certain son de voix, et de certains chants font de fortes impressions sur l'esprit : et souvent aussi, l'inquiétude et la crainte produisent le même effet. *Cic. de divinat.* l. 1, c. 36.

(2) L'on voit alors deux soleils et deux Thebes.
Aeneid. l. 4, v. 470.

l'object que nous aimons, nous semble plus beau qu'il n'est;

> Multimodis igitur pravas turpesque videmus
> Esse in deliciis, summoque in honore vigere; (1)

et plus laid celuy que nous avons à contre cœur : à un homme ennuyé et affligé, la clarté du iour semble obscurcie et tenebreuse. Nos sens sont non seulement alterez, mais souvent hebestez du tout par les passions de l'ame : combien de choses voyons nous, que nous n'appercevons pas si nous avons nostre esprit empesché ailleurs?

> In rebus quoque apertis noscere possis,
> Si non advertas animum, proinde esse quasi omni
> Tempore semotæ fuerint, longeque remotæ. (2)

il semble que l'ame retire au dedans et amuse les puissances des sens : par ainsin et le dedans et le dehors de l'homme est plein de foiblesse et de mensonge. Ceulx qui ont apparié nostre vie à un songe, ont eu de la raison, à l'adventure, plus qu'ils ne pensoient. Quand nous songeons, nostre ame vit, agit, exerce toutes ses facultez, ne plus ne moins que quand elle veille; mais, si plus mollement et obscurement, non de tant, certes, que la difference y soit comme de la nuict à une clarté vifve; ouy, comme de la nuict à l'umbre : là elle dort, icy elle sommeille; plus et moins, ce sont tousiours tenebres, et tenebres cimmeriennes. Nous veillons dormants, et

---

(1) Ainsi nous voyons souvent que des femmes laides et contrefaites inspirent un grand respect et une forte passion. *Lucret.* l. 4, v. 1149, et seq.

(2) Dans les choses les plus sensibles qui sont à notre portée, il est certain que, si l'esprit n'est point appliqué à les observer, il ne les apperçoit non plus que si, durant tout ce temps-là, elles avoient été à une fort grande distance. *Lucret.* l. 4, v. 809, et seqq.

veillants dormons. Ie ne veois pas si clair dans le sommeil; mais quant au veiller, ie ne le treuve iamais assez pur et sans nuage : encores le sommeil en sa profondeur endort par fois les songes; mais nostre veiller n'est iamais si esveillé qu'il purge et dissipe bien à poinct les resveries, qui sont les songes des veillants, et pires que songes. Nostre raison et nostre ame recevant les fantasies et opinions qui luy naissent en dormant, et auctorisant les actions de nos songes de pareille approbation qu'elle faict celles du iour, pourquoy ne mettons nous en doubte si nostre penser, si nostre agir, n'est pas un aultre songer, et nostre veiller quelque espece de dormir?

Si les sens sont nos premiers iuges, ce ne sont pas les nostres qu'il fault seuls appeller au conseil; car, en cette faculté, les animaulx ont autant ou plus de droict que nous : il est certain qu'aulcuns ont l'ouïe plus aiguë que l'homme, d'aultres la veue, d'aultres le sentiment, d'aultres l'attouchement ou le goust; Democritus disoit que les dieux et les bestes avoient les facultez sensitifves beaucoup plus parfaictes que l'homme. Or entre les effects de leurs sens et les nostres, la difference est extreme : nostre salive nettoie et asseiche nos plaies, elle tue le serpent :

> Tantaque in his rebus distantia differitasque est,
> Ut quod aliis cibus est, aliis fuat acre venenum.
> Sæpè etenim serpens, hominis contacta salivâ,
> Disperit, ac sese mandendo conficit ipsa. (1)

quelle qualité donnerons nous à la salive? ou selon nous, ou selon le serpent? par quel des deux sens verifierons nous sa veritable essence que nous cherchons? Pline dict

---

(1) Il y a une si grande diversité dans ces choses, que ce qui sert d'aliment aux uns est pour d'autres un violent poison. Ainsi la salive de l'homme venant à toucher le serpent, il en devient si furieux qu'il se dévore lui-même. *Lucret.* l. 4, v. 640, et seqq.

qu'il y a aux Indes certains lievres marins qui nous sont poison, et nous à eulx, de maniere que du seul attouchement nous les tuons : qui sera veritablement poison, ou l'homme, ou le poisson ? à qui en croirons nous, ou au poisson de l'homme, ou à l'homme du poisson ? Quelque qualité d'air infecte l'homme, qui ne nuit point au bœuf; quelque aultre, le bœuf, qui ne nuit point à l'homme : laquelle des deux sera, en verité et en nature, pestilente qualité ? Ceulx qui ont la iaunisse, ils voient toutes choses iaunastres et plus pasles que nous :

> Lurida præterea fiunt quæcunque tuentur
> Arquati : (1)

ceulx qui ont cette maladie que les medecins nomment Hyposphagma, qui est une suffusion de sang soubs la peau, voyent toutes choses rouges et sanglantes. Ces humeurs qui changent ainsi les operations de nostre veue, que sçavons nous si elles predominent aux bestes, et leur sont ordinaires ? car nous en voyons les unes qui ont les yeulx iaunes comme nos malades de iaunisse, d'aultres qui les ont sanglants de rougeur; à celles là, il est vraysemblable que la couleur des obiects paroist aultre qu'à nous : quel iugement des deux sera le vray ? car il n'est pas dict que l'essence des choses se rapporte à l'homme seul ; la dureté, la blancheur, la profondeur, et l'aigreur, touchent le service et science des animaulx comme la nostre : nature leur en a donné l'usage comme à nous. Quand nous pressons l'œil, les corps que nous regardons, nous les appercevons plus longs et estendus; plusieurs bestes ont l'œil ainsi pressé : cette longueur est doncques, à l'adventure, la veritable forme de ce corps, non pas celle que nos yeulx luy donnent en leur assiette ordinaire. Si nous serrons l'œil par dessoubs, les choses nous semblent doubles :

---

(1) Tout paroît jaune à ceux qui ont la jaunisse. *Lucret.* l. 4, v. 333.

Bina lucernarum florentia lumina flammis,....
Et duplices hominum facies, et corpora bina. (1)

Si nous avons les aureilles empeschees de quelque chose, ou le passage de l'ouïe resserré, nous recevons le son aultre que nous ne faisons ordinairement: les animaulx qui ont les aureilles velues, ou qui n'ont qu'un bien petit trou au lieu de l'aureille, ils n'oyent par consequent pas ce que nous oyons, et receoivent le son aultre. Nous voyons aux festes et aux theatres, qu'opposant, à la lumiere des flambeaux, une vitre teincte de quelque couleur, tout ce qui est en ce lieu nous appert ou vert, ou iaune, ou violet :

> Et vulgò faciunt id lutea russaque vela,
> Et ferriginea, cùm, magnis intenta theatris,
> Per malos volgata trabesque trementia pendent :
> Namque ibi concessum caveaï subter, et omnem
> Scenaï speciem, patrum, matrumque, deorumque
> Inficiunt, coguntque suo volitare colore : (2)

il est vraysemblable que les yeulx des animaulx, que nous voyons estre de diverse couleur, leur produisent les apparences des corps de mesme leurs yeulx. Pour le iugement de l'action des sens, il fauldroit doncques que nous en feussions premierement d'accord avecques les bestes, secondement entre nous mesmes ; ce que nous

---

(1) La chandelle envoie une double lumiere..... et chaque homme qu'on regarde paroît avec deux visages et deux corps. *Lucret.* l. 4, v. 452, 454.

(2) C'est ce qu'on peut remarquer aussi dans ces toiles rousses et jaunes, qui suspendues par des poutres couvrent nos vastes théâtres : car alors elles répandent leurs couleurs sur toute la décoration, sur les sénateurs, les dames, les statues des dieux, et la foule des spectateurs ; et cela différemment, selon que les toiles changent de situation. *Lucret,* l. 4, v. 73, et seqq.

ne sommes aulcunement, et entrons en debat touts les coups de ce que l'un oit, veoid, ou gouste quelque chose aultrement qu'un aultre ; et debattons, autant que d'aultre chose, de la diversité des images que les sens nous rapportent. Aultrement oit et veoid, par la regle ordinaire de nature, et aultrement gouste un enfant, qu'un homme de trente ans ; et cettuy cy aultrement qu'un sexagenaire : les sens sont aux uns plus obscurs et plus sombres, aux aultres plus ouverts et plus aigus. Nous recevons les choses aultres et aultres, selon que nous sommes, et qu'il nous semble : or nostre sembler estant si incertain et controversé, ce n'est plus miracle si on nous dict que nous pouvons avouer que la neige nous apparoist blanche ; mais que d'establir si de son essence elle est telle et à la verité, nous ne nous en sçaurions respondre : et ce commencement esbranslé, toute la science du monde s'en va necessairement à vau l'eau. Quoy, que nos sens mesmes s'entr'empeschent l'un l'aultre ? une peincture semble eslevee à la veue, au maniement elle semble plate : dirons nous que le musc soit agreable ou non, qui resiouït nostre sentiment, et offense nostre goust ? il y a des herbes et des onguents propres à une partie du corps, qui en blecent une aultre : le miel est plaisant au goust, mal plaisant à la veue : ces bagues qui sont entaillees en forme de plumes qu'on appelle en devise Pennes sans fin, il n'y a œil qui en puisse discerner la largeur, et qui se sceust deffendre de cette piperie que d'un costé elles n'aillent en eslargissant, et s'appointant et estrecissant par l'aultre, mesme quand on les roule autour du doigt ; toutesfois au maniement elles vous semblent equables en largeur et partout pareilles. Ces personnes qui, pour ayder leur volupté, se servoient anciennement de mirouers propres à grossir et aggrandir l'obiect qu'ils representent, à fin que les membres qu'ils avoient à embesongner leur pleussent davantage par cette accroissance oculaire ; auquel des deux sens donnoient ils gaigné, ou à la veue qui leur representoit ces membres gros et grands à souhait, ou à l'attouchement qui les leur presentoit petits et desdaignables? Sont ce nos sens qui prestent au subiect ces diverses conditions, et que les subiects n'en aient pourtant qu'une? comme nous voyons du pain que nous mangeons; ce n'est que pain, mais nostre usage en faict des os, du sang, de la chair, des poils et des ongles;

> Ut cibus in membra atque artus cùm diditur omnes,
> Disperit, atque aliam naturam sufficit ex se; (1)

l'humeur que succe la racine d'un arbre, elle se faict tronc, feuille et fruict; et l'air n'estant qu'un, il se faict, par l'application à une trompette, divers en mille sortes de sons : sont ce, dis ie, nos sens qui façonnent de mesme de diverses qualitez ces subiects? ou s'ils les ont telles? et sur ce doubte, que pouvons nous resouldre de leur veritable essence? D'advantage, puisque les accidents des maladies, de la resverie ou du sommeil, nous font paroistre les choses aultres qu'elles ne paroissent aux sains, aux sages, et à ceulx qui veillent; n'est il pas vraysemblable que nostre assiette droicte, et nos humeurs naturelles, ont aussi de quoy donner un estre aux choses, se rapportant à leur condition, et les accommoder à soy, comme font les humeurs desreglees? et nostre santé aussi capable de leur fournir son visage, comme la maladie? pourquoy n'a le temperé quelque forme des obiects relatifve à soy, comme l'intemperé; et ne leur imprimera il pareillement son charactere? le degousté charge la fadeur au vin; le sain, la saveur; l'alteré, la friandise. Or nostre estat accommodant les choses à soy, et les transformant selon soy, nous ne sçavons plus quelles sont les choses

---

(1) Comme l'aliment qui distribué dans tous les membres périt, en formant une autre nature tout-à-fait différente de la sienne. *Lucret.* l. 3, v. 703, et seq.

en verité; car rien ne vient à nous que falsifié et altéré par nos sens. Où le compas, l'esquarre et la regle sont gauches, toutes les proportions qui s'en tirent, touts les bastiments qui se dressent à leur mesure, sont aussi necessairement manques et defaillants : l'incertitude de nos sens rend incertain tout ce qu'ils produisent :

> Denique ut in fabricâ, si prava est regula prima,
> Normaque si fallax rectis regionibus exit,
> Et libella aliqua si ex parte claudicat hilum ;
> Omnia mendosè fieri, atque obstipa necessum est,
> Prava, cubantia, prona, supina, atque absona tecta ;
> Iam ruere ut quædam videantur velle, ruantque
> Prodita iudiciis fallacibus omnia primis :
> Sic igitur ratio tibi rerum prava necesse est
> Falsaque sit, falsis quæcumque à sensibus orta est. (1)

Au demourant, qui sera propre à iuger de ces differences ? Comme nous disons, aux debats de la religion, qu'il nous fault un iuge non attaché à l'un ny à l'aultre party, exempt de chois et d'affection, ce qui ne se peult parmy les chrestiens : il advient de mesme en cecy ; car, s'il est vieil, il ne peult iuger du sentiment de la vieillesse, estant luy mesme partie en ce debat ; s'il est ieune, de mesme ; sain, de mesme ; de mesme, malade, dormant et

---

(1) Si, dans la construction d'un édifice, l'architecte viole d'abord les regles de son art, si son équerre est mal placée, et que le niveau s'éloigne, par quelque endroit, de la juste situation qu'il doit avoir, il faut nécessairement que tout le bâtiment soit vicieux, de travers, et disproportionné dans ses parties, les unes étant foibles, trop basses, ou trop hautes, et les autres courbées à l'envers ; de sorte qu'il y en aura quelques unes qui paroîtront prêtes à tomber, et que tout tombera effectivement pour avoir été d'abord mal conduit : de même, si les sens sont dépouillés de leur certitude, si leurs facultés sont trompeuses, la raison, qui ne connoît les choses que sur le rapport des sens, doit être fausse et trompeuse aussi. *Lucret.* l. 4, v. 516, et seqq.

veillant : il nous fauldroit quelqu'un exempt de toutes ces qualitez, à fin que sans preoccupation de iugement il iugeast de ces propositions comme à luy indifferentes ; et, à ce compte, il nous fauldroit un iuge qui ne feust pas. Pour iuger des apparences que nous recevons des subiects, il nous fauldroit un instrument iudicatoire ; pour verifier cet instrument, il nous y fault de la demonstration ; pour verifier la demonstration, un instrument : nous voylà au rouet. Puisque les sens ne peuvent arrester nostre dispute, estants pleins eulx mesmes d'incertitude, il fault que ce soit la raison ; aulcune raison ne s'establira sans une aultre raison : nous voylà à reculons iusques à l'infini. Nostre fantasie ne s'applique pas aux choses estrangieres, ains elle est conceue par l'entremise des sens ; et les sens ne comprennent pas le subiect estrangier, ains seulement leurs propres passions : et par ainsi la fantasie et apparence n'est pas du subiect, ains seulement de la passion et souffrance du sens ; laquelle passion et subiect sont choses diverses : parquoy qui iuge par les apparences, iuge par chose aultre que le subiect. Et de dire que les passions des sens rapportent à l'ame la qualité des subiects estrangiers, par ressemblance ; comment se peult l'ame et l'entendement asseurer de cette ressemblance, n'ayant de soy nul commerce avecques les subiects estrangiers : tout ainsi comme, qui ne cognoist pas Socrates, voyant son pourtraict, ne peult dire qu'il luy ressemble. Or qui vouldroit toutesfois iuger par les apparences ; si c'est par toutes, il est impossible ; car elles s'entr'empeschent par leurs contrarietez et discrepances, comme nous voyons par experience : sera ce qu'aulcunes apparences choisies reglent les aultres ? il fauldra verifier cette choisie par une aultre choisie, la seconde par la tierce ; et par ainsi ce ne sera iamais faict. Finalement, il n'y a aulcune constante existence, ny de nostre estre, ny de celuy des obiects ; et nous, et nostre iugement, et toutes choses mortelles, vont coulant et roulant sans cesse : ainsin il ne se peult establir rien de certain de l'un à l'aultre, et le iugeant et le iuge estants en continuelle mutation et bransle. Nous n'avons aulcune communication à l'estre, parce que toute humaine nature est tousiours au milieu entre le naistre et le mourir, ne baillant de soy qu'une obscure apparence et umbre, et une incertaine et debile opinion : et si, de fortune, vous fichez vostre pensee à vouloir prendre son estre, ce sera ne plus ne moins que qui vouldroit empoigner l'eau ; car tant plus il serrera et pressera ce qui de sa nature coule partout, tant plus il perdra ce qu'il vouloit tenir et empoigner. Ainsin, estant toutes choses subiectes à passer d'un changement en aultre, la raison y cherchant une reelle subsistance se treuve deceue, ne pouvant rien apprehender de subsistant et permanent, parce que tout ou vient en estre et n'est pas encores du tout, ou commence à mourir avant qu'il soit nay. Platon disoit Que les corps n'avoient iamais existence, ouy bien naissance; estimant que Homere eust faict l'Ocean pere des dieux, et Thetis la mere, pour nous montrer que toutes choses sont en fluxion, muance et variation perpetuelle; opinion commune à touts les philosophes avant son temps, comme il dict, sauf le seul Parmenides qui refusoit mouvement aux choses, de la force duquel il faict grand cas: Pythagoras, Que toute matiere est coulante et labile: les stoïciens, Qu'il n'y a point de temps present, et que ce que nous appellons present n'est que la ioincture et assemblage du futur et du passé: Heraclitus (a), Que iamais homme n'estoit deux fois entré en mesme riviere : Epicharmus, Que celuy qui a pieça emprunté de l'argent, ne le doibt pas maintenant; et que celuy qui cette nuict a esté convié à venir ce matin disner, vient auiourd'huy

---

(a) Séneque, *epist.* 58, Hoc est quod ait Heraclitus : In idem flumen bis non descendimus. Et Plutarque dans son traité intitulé, *Que signifie ce mot* ει ; c. 12, C.

non convié, attendu que ce ne sont plus eulx, ils sont devenus aultres : « et (a) qu'il ne se pouvoit trouver une « substance mortelle deux fois en mesme estat ; car, par « soubdaineté et legiereté de changement, tantost elle « dissipe, tantost elle rassemble, elle vient, et puis s'en « va; de façon que ce qui commence à naistre ne par- « vient iamais iusques à perfection d'estre, pour autant « que ce naistre n'acheve iamais et iamais n'arreste com- « me estant à bout, ains, depuis la semence, va tousiours « se changeant et muant d'un à aultre; comme de semence « humaine se faict premierement dans le ventre de la mere « un fruict sans forme, puis un enfant formé, puis, es- « tant hors du ventre, un enfant de mammelle, aprez il « devient garson, puis consequemment un iouvenceau, « aprez un homme faict, puis un homme d'aage, à la fin « decrepite vieillard ; de maniere que l'aage et genera- « tion subsequente va tousiours desfaisant et gastant la « precedente :

> Mutat enim mundi naturam totius ætas,
> Ex alioque alius status excipere omnia debet ;
> Nec manet ulla sui similis res : omnia migrant,
> Omnia commutat natura et vertere cogit. (1)

« Et puis nous aultres sottement craignons une espece de

(a) Depuis ces mots, « et qu'il ne se pouvoit trouver une sub-stance », etc. jusqu'à ces mots inclusivement, « sans qu'on puisse dire Il a été, ou Il sera, sans commencement et sans fin » : tout cela, excepté le passage de Lucrece, est copié mot pour mot du traité de Plutarque cité dans la note précédente, c. 12, et dans les propres termes d'Amyot. J'ai eu soin de faire marquer cette longue citation par des guillemets, afin qu'elle n'échappât point aux yeux du lecteur. C.

(1) Car le temps apporte du changement à toutes choses : une disposition cesse pour faire place à une autre : rien ne demeure constamment le même ; tout passe, et est forcé de changer d'état. *Lucret.* l. 5, v. 826, et seqq.

« mort, là où nous en avons desia passé et en passons tant
« d'aultres; car, non seulement, comme disoit Heraclitus,
« la mort du feu est generation de l'air, et la mort de
« l'air, generation de l'eau, mais encores plus manifeste-
« ment le pouvons nous veoir en nous mesmes; la fleur
« d'aage se meurt et passe quand la vieillesse survient, et
« la ieunesse se termine en fleur d'aage d'homme faict,
« l'enfance en la ieunesse, et le premier aage meurt en
« l'enfance, et le iour d'hier meurt en celuy du iour
« d'huy, et le iour d'huy mourra en celuy de demain, et
« n'y a rien qui demeure ne qui soit tousiours un; car
« qu'il soit ainsi, si nous demeurons tousiours mesmes
« et un, comment est ce que nous nous esiouïssons mainte-
« nant d'une chose, et maintenant d'une aultre? comment
« est ce que nous aimons choses contraires ou les haïs-
« sons, nous les louons ou nous les blasmons? comment
« avons nous differentes affections, ne retenants plus le
« mesme sentiment en la mesme pensee? car il n'est pas
« vraysemblable que sans mutation nous prenions aultres
« passions; et ce qui souffre mutation ne demeure pas
« un mesme, et s'il n'est pas un mesme, il n'est doncques
« pas aussi, ains, quand et l'estre tout un, change aussi
« l'estre simplement, devenant tousiours aultre d'un aul-
« tre : et par consequent se trompent et mentent les sens
« de nature, prenants ce qui apparoist pour ce qui est, à
« faulte de bien sçavoir que c'est qui est. Mais qu'est ce
« doncques qui est veritablement? ce qui est eternel;
« c'est à dire qui n'a iamais eu de naissance, ny n'aura
« iamais fin; à qui le temps n'apporte iamais aulcune
« mutation : car c'est chose mobile que le Temps, et qui
« apparoist comme en umbre avecques la matiere cou-
« lante et fluante tousiours sans iamais demeurer stable
« ny permanente, à qui appartiennent ces mots, Devant,
« et Aprez, et A esté, ou Sera, lesquels tout de prime
« face montrent evidemment que ce n'est pas chose qui
« soit, car ce seroit grande sottise, et faulseté toute appa-

« rente, de dire que cela soit, qui n'est pas encores en
« estre, ou qui desia a cessé d'estre; et quant à ces mots,
« Present, Instant, Maintenant, par lesquels il semble que
« principalement nous soustenons et fondons l'intelli-
« gence du temps, la raison le descouvrant, le destruict
« tout sur le champ, car elle le fend incontinent et le par-
« tit en futur et en passé, comme le voulant veoir neces-
« sairement desparti en deux. Autant en advient il à la
« nature qui est mesuree, comme au temps qui la mesure;
« car il n'y a non plus en elle rien qui demeure, ne qui soit
« subsistant, ains y sont toutes choses ou nees, ou nais-
« santes, ou mourantes. Au moyen de quoy ce seroit pe-
« ché de dire de Dieu, qui est le seul qui Est, que Il feut,
« ou Il sera; car ces termes là sont declinaisons, passa-
« ges ou vicissitudes de ce qui ne peult durer ny demeu-
« rer en estre: parquoy il fault conclure que Dieu seul
« Est, non point selon aulcune mesure du temps, mais
« selon une eternité immuable et immobile, non mesuree
« par temps, ny subiecte à aulcune declinaison; devant
« lequel rien n'est, ny ne sera aprez, ny plus nouveau ou
« plus recent; ains un realement Estant, qui par un seul
« Maintenant emplit le Tousiours; et n'y a rien qui veri-
« tablement soit, que luy seul, sans qu'on puisse dire, Il
« a esté, ou, Il sera, sans commencement et sans fin. »

A cette conclusion si religieuse d'un homme païen, ie veulx ioindre seulement ce mot d'un tesmoing de mesme condition, pour la fin de ce long et ennuyeux discours qui me fourniroit de matiere sans fin : « O la vile chose, dict il, et abiecte, que l'homme, s'il ne s'esleve au dessus de l'humanité(1) »! Voylà un bon mot et un utile desir, mais pareillement absurde: car de faire la poignee plus grande que le poing, la brassee plus grande que le bras, et d'espe-rer eniamber plus que de l'estendue de nos iambes, cela

---

(1) O quàm contempta res est homo, nisi supra humana se erexerit ! *Seneca*, nat. quæst. l. 1, in præf.

est impossible et monstrueux, ny que l'homme se monte au dessus de soy et de l'humanité, car il ne peult veoir que de ses yeulx, ny saisir que de ses prinses; il s'eslevera si Dieu luy preste extraordinairement la main; il s'eslevera, abandonnant et renonceant à ses propres moyens, et se laissant haulser et soublever par les moyens purement celestes. C'est à nostre foy chrestienne, non à sa vertu stoïque, de pretendre à cette divine et miraculeuse metamorphose.

CHAPITRE XIII.

De iuger de la mort d'aultruy.

Quand nous iugeons de l'asseurance d'aultruy en la mort, qui est sans doubte la plus remarquable action de la vie humaine, il se fault prendre garde d'une chose, Que malayseement on croit estre arrivé à ce poinct. Peu de gents meurent, resolus que ce soit leur heure derniere; et n'est endroict où la piperie de l'esperance nous amuse plus : elle ne cesse de corner aux aureilles; « D'aultres ont bien esté plus malades sans mourir; L'affaire n'est pas si desesperee qu'on pense; et, au pis aller, Dieu a bien faict d'aultres miracles ». Et advient cela, de ce que nous faisons trop de cas de nous : il semble que l'université des choses souffre aulcunement de nostre aneantissement, et qu'elle soit compassionnee à nostre estat; d'autant que nostre veue alteree se represente les choses de mesme, et nous est advis qu'elles luy faillent à mesure qu'elle leur fault : comme ceulx qui voyagent en mer, à qui les montaignes, les campaignes, les villes, le ciel, et la terre vont mesme bransle et quand et quand eulx :

Provehimur portu, terræque urbesque recedunt. (1)

---

(1) Les terres et les villes reculent à mesure que nous nous

Qui veid iamais vieillesse qui ne louast le temps passé et ne blasmast le present, chargeant le monde et les mœurs des hommes de sa misere et de son chagrin?

> Iamque caput quassans grandis suspirat arator,....
> Et cùm tempora temporibus præsentia confert
> Præteritis, laudat fortunas sæpe parentis,
> Et crepat antiquum genus ut pietate repletum. (1)

Nous entraisnons tout avecques nous; d'où il s'ensuit que nous estimons grande chose nostre mort, et qui ne passe pas si ayseement, ny sans solenne consultation des astres; *tot circa unum caput tumultuantes deos* (2); et le pensons d'autant plus, que plus nous nous prisons: « Comment? tant de science se perdroit elle avecques tant de dommage, sans particulier soulcy des destinees? Un' ame si rare et exemplaire ne couste elle non plus à tuer, qu'un' ame populaire et inutile? Cette vie, qui en couvre tant d'aultres, de qui tant d'aultres vies despendent, qui occupe tant de monde par son usage, remplit tant de places, se desplace elle comme celle qui tient à son simple nœud »? Nul de nous ne pense assez n'estre qu'un: de là viennent ces mots de Cesar à son pilote, plus enflez que la mer qui le menaceoit:

> Italiam si cœlo auctore recusas,
> Me pete : sola tibi causa hæc est iusta timoris,
> Vectorem non nosse tuum ; perrumpe procellas
> Tutelà secure mei : (3)

éloignons du port. *Aeneid.* l. 3, v. 72.

(1) Le laboureur chargé d'années secoue la tête en soupirant; et, dans la comparaison qu'il fait du temps présent avec le passé, il exalte le siecle de ses peres, et en parle toujours comme d'un siecle rempli de piété. *Lucret.* l. 2, v. 1164 et seqq.

(2) Tant de dieux en mouvement pour la vie d'un seul homme. *M. Senecæ*, suasoriar. l. uno, suasor. 4.

(3) Si tu n'oses aller en Italie, de l'avis du ciel, va-s-y sous mes auspices : la seule juste raison que tu aies de craindre, c'est

et ceulx cy,

> credit iam digna pericula Cæsar
> Fatis esse suis ; tantusque evertere (dixit)
> Me superis labor est, parvâ quem puppe sedentem,
> Tam magno petiere mari : (1)

et cette resverie publicque, que le soleil porta en son front, tout le long d'un an, le dueil de sa mort :

> Ille etiam extincto miseratus Cæsare Romam,
> Cùm caput obscurâ nitidum ferrugine texit : (2)

et mille semblables, de quoy le monde se laisse si ayseement piper, estimant que nos interests alterent le ciel, et que son infinité se formalise de nos menues distinctions. Non tanta cœlo societas nobiscum est, ut nostro fato mortalis sit ille quoque siderum fulgor (3). Or de iuger la resolution et la constance en celuy qui ne croit pas encores certainement estre au dangier, quoy qu'il y soit, ce n'est pas raison ; et ne suffit pas qu'il soit mort en cette desmarche, s'il ne s'y estoit mis iustement pour cet effect : il advient à la pluspart de roidir leur contenance et leurs paroles pour en acquerir reputation, qu'ils esperent encores iouïr vivants. D'autant que i'en ay veu mou-

---

de ne pas connoître celui que tu portes sur ton vaisseau ; assuré par ma protection, tu peux hardiment affronter la tempête. *Lucan.* l. 5, v. 579, et seqq.

(1) César se crut alors dans un péril digne de lui. Ma perte, dit-il, est pour les dieux une si grande entreprise, que me voyant dans ce petit vaisseau, ils ne m'ont attaqué qu'en pleine mer. *Id.* l. 5, v. 653, et seqq.

(2) A la mort de César, le soleil, touché de compassion pour Rome, se couvrit d'une rougeur obscure qui ternissoit son éclat. *Virg.* georg. l. 1, v. 466, et seq.

(3) Il n'y a point une alliance si forte et si grande entre le ciel et nous, qu'à notre mort la lumiere des astres vienne à s'éteindre. *Plin.* hist. nat. l. 2, c. 8.

rir la fortune a disposé les contenances, non leur desseing; et de ceulx mesmes qui se sont anciennement donné la mort, il y a bien à choisir si c'est une mort soubdaine, ou mort qui ayt du temps. Ce cruel (a) empereur romain disoit de ses prisonniers, qu'il leur vouloit faire sentir la mort; et si quelqu'un se desfaisoit en prison, « Celuy là m'est eschappé », disoit il: il vouloit estendre la mort et la faire sentir par les torments.

> Vidimus et toto quamvis in corpore cæso
> Nil animæ lethale datum, moremque nefandæ
> Durum sævitiæ, pereuntis parcere morti. (1)

De vray, ce n'est pas si grand' chose d'establir, tout sain et tout rassis, de se tuer; il est bien aysé de faire le mauvais avant que de venir aux prinses: de maniere que le plus efféminé homme du monde, Heliogabalus, parmi ses plus lasches voluptez, desseignoit bien de se faire mourir délicatement où l'occasion l'en forceroit; et, à fin que sa mort ne dementist point le reste de sa vie, avoit faict bastir exprez une tour sumptueuse, le bas et le devant de laquelle estoit planché d'ais enrichis d'or et de pierreries, pour se precipiter; et aussi faict faire des chordes d'or et de soye cramoisie pour s'estrangler; et battre une espee d'or pour s'enferrer; et gardoit du

---

(a) Le cruel empereur qui vouloit faire sentir la mort à ses prisonniers, c'étoit Caligula, comme on peut voir dans sa vie écrite par Suétone, §. 30; et c'est Tibere qui dit, d'un prisonnier nommé Carvilius qui s'étoit tué lui-même, qu'il lui étoit échappé : *Carvilius me evasit :* Suétone, dans la vie de Tibere, §. 61. Mais ces deux monstres se ressemblent si fort en cruauté, qu'il est aisé de prendre l'un pour l'autre. C.

(1) Nous avons vu qu'en couvrant un corps de blessures on évitoit de lui donner le coup mortel, et que, par une exécrable cruauté, on avoit soin de prolonger la vie des mourants. *Lucan.* l. 2, v. 178, et seqq.

(2) Voyez *Ael. Lamprid.* p. 112, 113. Hist. August.

venin dans des vaisseaux d'emeraude et de topaze, pour s'empoisonner, selon que l'envie luy prendroit de choisir de toutes ces façons de mourir :

> Impiger...... et fortis virtute coactâ. (1)

toutesfois quant à cettuy cy, la mollesse de ses appresls rend plus vraysemblable que le nez luy eust saigné, qui l'en eust mis au propre. Mais de ceulx mesmes qui, plus vigoreux, se sont resolus à l'execution, il fault veoir, dis ie, si c'a esté d'un coup qui ostast le loisir d'en sentir l'effect : car c'est à deviner, à veoir escouler la vie peu à peu, le sentiment du corps se meslant à celuy de l'ame, s'offrant le moyen de se repentir, si la constance s'y feust trouvee et l'obstination en une si dangereuse volonté.

Aux guerres civiles de Cesar, Lucius Domitius, prins en (a) l'Abbruzze, s'estant empoisonné, s'en repentit aprez. Il est advenu de nostre temps que tel, resolu de mourir, et de son premier essai n'ayant donné assez avant, la demangeaison de la chair luy repoulsant le bras, se reblecea bien fort à deux ou trois fois aprez, mais ne peut iamais gaigner sur luy d'enfoncer le coup. Pendant qu'on faisoit le procez à Plautius Silvanus, Urgulania sa mere grand' luy envoya un poignard, duquel n'ayant peu venir à bout de se tuer, il se feit couper les veines à ses gents. Albucilla, du temps de Tibere, s'estant pour se tuer frappée trop mollement, donna encores à ses parties moyen de l'emprisonner et faire mourir à

---

(1) Brave et vaillant d'un courage forcé.
Lucan. l. 4, v. 798. Edit. Gronov. in-8°.
ex officinâ Plantinianâ.

(a) Je mets ici l'Abbruzze au lieu de la Prusse, faute d'impression que j'ai trouvée dans toutes mes éditions de Montaigne, et qui a été fidèlement copiée par le traducteur anglais. Sur cette aventure de Domitius voyez *Plutarque* dans la vie de J. César, c. 10. C.

leur mode. Autant en feit le capitaine Demosthenes aprez sa route en la Sicile : et C. Fimbria s'estant frappé trop foiblement, impetra de son valet de l'achever. Au rebours, Ostorius, lequel ne se pouvant servir de son bras, desdaigna d'employer celuy de son serviteur à aultre chose qu'à tenir le poignard droict et ferme ; et, se donnant le bransle, porta luy mesme sa gorge à l'encontre, et la transpercea. C'est une viande, à la vérité, qu'il fault engloutir sans mascher, qui n'a le gosier ferré à glace : et pourtant l'empereur Adrianus feit que son medecin marquast et circonscrivist en son tettin iustement l'endroict mortel où celuy eust à viser, à qui il donna la charge de le tuer. Voylà pourquoy Cesar, quand on luy demandoit quelle mort il trouvoit la plus souhaitable, « La moins premeditee, respondit il, et la plus courte »(1). Si Cesar l'a osé dire, ce ne m'est plus lascheté de le croire. « Une mort courte, dict Pline, est le souverain heur de la vie humaine(2) ». Il leur fasche de la recognoistre. Nul ne se peult dire estre resolu à la mort, qui craint à la marchander, qui ne peult la soustenir les yeulx ouverts : ceulx qu'on veoid aux supplices courir à leur fin et haster l'execution et la presser, ils ne le font pas de resolution, ils se veulent oster le temps de la considerer ; l'estre mort ne les fasche pas, mais ouy bien le mourir ;

Emori nolo, sed me esse mortuum nihili æstimo : (3)

c'est un degré de fermeté auquel i'ay experimenté que ie

---

(1) In sermone nato ... quisnam esset finis vitæ commodissimus? repentinum inopinatumque prætulerat. *Sueton.* in J. Cæsar. §. 87.

(2) Mortes repentinæ, hoc est summa vitæ felicitas. *Hist. nat.* l. 7, c. 53.

(3) Il m'importe peu d'être mort, mais je crains de mourir. Le vers latin est de Cicéron, *Tusc. quæst.* l. 1, c. 8 , et c'est la traduction d'un vers d'Epicharme, philosophe grec. C.

pourrois arriver, ainsi que ceulx qui se iectent dans les dangiers, comme dans la mer, à yeulx clos. Il n'y a rien, selon moy, plus illustre en la vie de Socrates, que d'avoir eu trente iours entiers à ruminer le decret de sa mort, de l'avoir digeree tout ce temps là d'une trescertaine esperance, sans esmoy, sans alteration, et d'un train d'actions et de paroles ravallé plustost et anonchaly, que tendu et relevé par le poids d'une telle cogitation.

Ce Pomponius Atticus à qui Cicero escript, estant malade, feit appeller Agrippa son gendre et deux ou trois aultres de ses amis; et leur dict qu'ayant essayé qu'il ne gaignoit rien à se vouloir guarir, et que tout ce qu'il faisoit pour allonger sa vie, allongeoit aussi et augmentoit sa douleur, il estoit deliberé de mettre fin à l'un et à l'aultre, les priant de trouver bonne sa deliberation, et, au pis aller, de ne perdre point leur peine à l'en destourner. Or ayant choisi de se tuer par abstinence, voylà sa maladie guarie par accident: ce remede qu'il avoit employé pour se desfaire, le remet en santé. Les medecins et ses amis faisants feste d'un si heureux evenement, et s'en resiouissants avecques luy, se trouverent bien trompez, car il ne leur feut possible pour cela de luy faire changer d'opinion, disant qu'ainsi comme ainsi luy falloit il, un iour, franchir ce pas, et qu'en estant si avant, il se vouloit oster la peine de recommencer un' aultre fois. Cettuy cy ayant recogneu la mort tout à loisir, non seulement ne se descourage pas au ioindre, mais il s'y acharne; car estant satisfait en ce pourquoy il estoit entré en combat, il se picque par braverie d'en veoir la fin : c'est bien loing au delà de ne craindre point la mort, que de la vouloir taster et savourer. L'histoire du philosophe Cleanthes est fort pareille : Les gengives luy estoient enflees et pourries; les medecins luy conseillerent d'user d'une grande abstinence : ayant ieusné deux iours, il est si bien amendé qu'ils luy declarent sa guarison, et permettent de retourner à son train de vivre accoustumé ; luy, au rebours, goustant desià quelque doulceur en cette defaillance, entreprend de ne se retirer plus arriere, et franchit le pas qu'il avoit fort advancé. Tullius Marcellinus, ieune homme romain, voulant anticiper l'heure de sa destinee, pour se desfaire d'une maladie qui le gourmandoit plus qu'il ne vouloit souffrir, quoyque les medecins luy en promissent guarison certaine, sinon si soubdaine, appella ses amis pour en deliberer : les uns, dict Seneca, luy donnoient le conseil que par lascheté ils eussent prins pour eulx mesmes ; les aultres, par flatterie, celuy qu'ils pensoient luy debvoir estre plus agreable : mais un stoïcien luy dict ainsi : « Ne te travaille pas, Mar- « cellinus, comme si tu deliberois de chose d'importance : « ce n'est pas grand' chose que vivre ; tes valets et les « bestes vivent : mais c'est grand' chose de mourir honnes- « tement, sagement et constamment. Songe combien il « y a que tu foys mesme chose, manger, boire, dormir ; « boire, dormir et manger : nous rouons sans cesse en « ce cercle : Non seulement les mauvais accidents et in- « supportables, mais la satieté mesme de vivre donne « envie de la mort ». Marcellinus n'avoit besoing d'homme qui le conseillast, mais d'homme qui le secourust : les serviteurs craignoient de s'en mesler ; mais ce philosophe leur feit entendre que les domestiques sont souspeçonnez lors seulement qu'il est en doubte si la mort du maistre a esté volontaire : aultrement qu'il seroit d'aussi mauvais exemple de l'empescher, que de le tuer ; d'autant que

Invitum qui servat, idem facit occidenti. (1)

Aprez il advertit Marcellinus qu'il ne seroit pas messeant,

---

(1) C'est tuer un homme que de le sauver malgré lui. *Horat.* de arte poët. v. 467.

comme le dessert des tables se donne aux assistants, nos repas faicts, aussi la vie finie, de distribuer quelque chose à ceulx qui en ont esté les ministres. Or estoit Marcellinus de courage franc et liberal : il feit despartir quelque somme à ses serviteurs, et les consola. Au reste, il n'y eut besoing de fer ny de sang ; il entreprint de s'en aller de cette vie, non de s'en fuyr ; non d'eschapper à la mort, mais de l'essayer. Et pour se donner loisir de la marchander, ayant quité toute nourriture, le troisiesme iour suyvant, aprez s'estre faict arrouser d'eau tiede, il defaillit peu à peu, et non sans quelque volupté, à ce qu'il disoit. De vray, ceulx qui ont eu ces defaillances de cœur qui prennent par foiblesse, disent n'y sentir aulcune douleur, ains plustost quelque plaisir, comme d'un passage au sommeil et au repos. Voylà des morts estudiees et digerees. Mais afin que le seul Caton peust fournir à tout exemple de vertu, il semble que son bon destin luy feist avoir mal en la main dequoy il se donna le coup, à ce qu'il eust loisir d'affronter la mort et de la colleter, renforceant le courage au dangier, au lieu de l'amollir. Et si c'eust esté à moy de le representer en sa plus superbe assiette, c'eust esté deschirant tout ensanglanté ses entrailles ; plustost que l'espee au poing, comme feirent les statuaires de son temps : car ce second meurtre feut bien plus furieux que le premier.

CHAPITRE XIV.

Comme nostre esprit s'empesche soy mesme.

C'est une plaisante imagination, de concevoir un esprit balancé iustement entre deux pareilles envies : car il est indubitable qu'il ne prendra iamais parti, d'autant que l'application et le chois porte inegualité de prix ; et qui nous logeroit entre la bouteille et le iambon, avecques egal appetit de boire et de manger, il n'y auroit sans doubte remede que de mourir de soif et de faim. Pour pourveoir à cet inconvenient, les stoïciens, quand on leur demande d'où vient en nostre ame l'eslection de deux choses indifferentes ; et qui faict que d'un grand nombre d'escus nous en prenions plustost l'un que l'aultre, estants touts pareils, et n'y ayant aulcune raison qui nous incline à la preference, respondent que ce mouvement de l'ame est extraordinaire et desreglé, venant en nous d'une impulsion estrangiere, accidentale et fortuite. Il se pourroit dire, ce me semble, plustost, que aulcune chose ne se presente à nous où il n'y ait quelque difference, pour legiere qu'elle soit ; et que, ou à la veue ou à l'attouchement, il y a tousiours quelque plus qui nous attire, quoyque ce soit imperceptiblement : pareillement qui presupposera une fiscelle egualement forte par tout, il est impossible de toute impossibilité qu'elle rompe, car par où voulez vous que la faulsee commence ? et de rompre par tout ensemble, il n'est pas en nature. Qui ioindroit encores à cecy les propositions geometriques qui concluent, par la certitude de leurs demonstrations, le contenu plus grand que le contenant, le centre aussi grand que sa circonference, et qui trouvent deux lignes s'approchant sans cesse l'une de l'aultre et ne se pouvant iamais ioindre, et la pierre philosophale, et quadrature du cercle, où la raison et l'effect sont si opposites; en tireroit à l'adventure quelque argument pour secourir ce mot hardy de Pline, *solum certum nihil esse certi, et homine nihil miserius aut superbius* (1).

---

(1) Il n'y a rien de certain que l'incertitude, et rien plus miserable et plus fier que l'homme. *Hist. nat.* l. 2, c. 7. Cette traduction est de Montaigne même, comme on peut voir dans la premiere édition des Essais, faite à Bourdeaux en 1580. C.

TITRES
DES CHAPITRES
DU LIVRE SECOND

Contenus dans ce volume.

CHAP.

1. DE l'inconstance de nos actions, page 1.
2. De l'yvrongnerie, 11.
3. Coustume de l'isle de Cea. 23.
4. A demain les affaires. 41.
5. De la conscience. 44.
6. De l'exercitation. 49.
7. Des recompenses d'honneur. 63.
8. De l'affection des peres aux enfants. 68.
9. Des armes des Parthes. 93.
10. Des livres. 97.
11. De la cruauté. 115.
12. Apologie de Raimond Sebond. 136.
13. De iuger de la mort d'aultruy. 380.
14. Comme nostre esprit s'empesche soy mesme. 389.

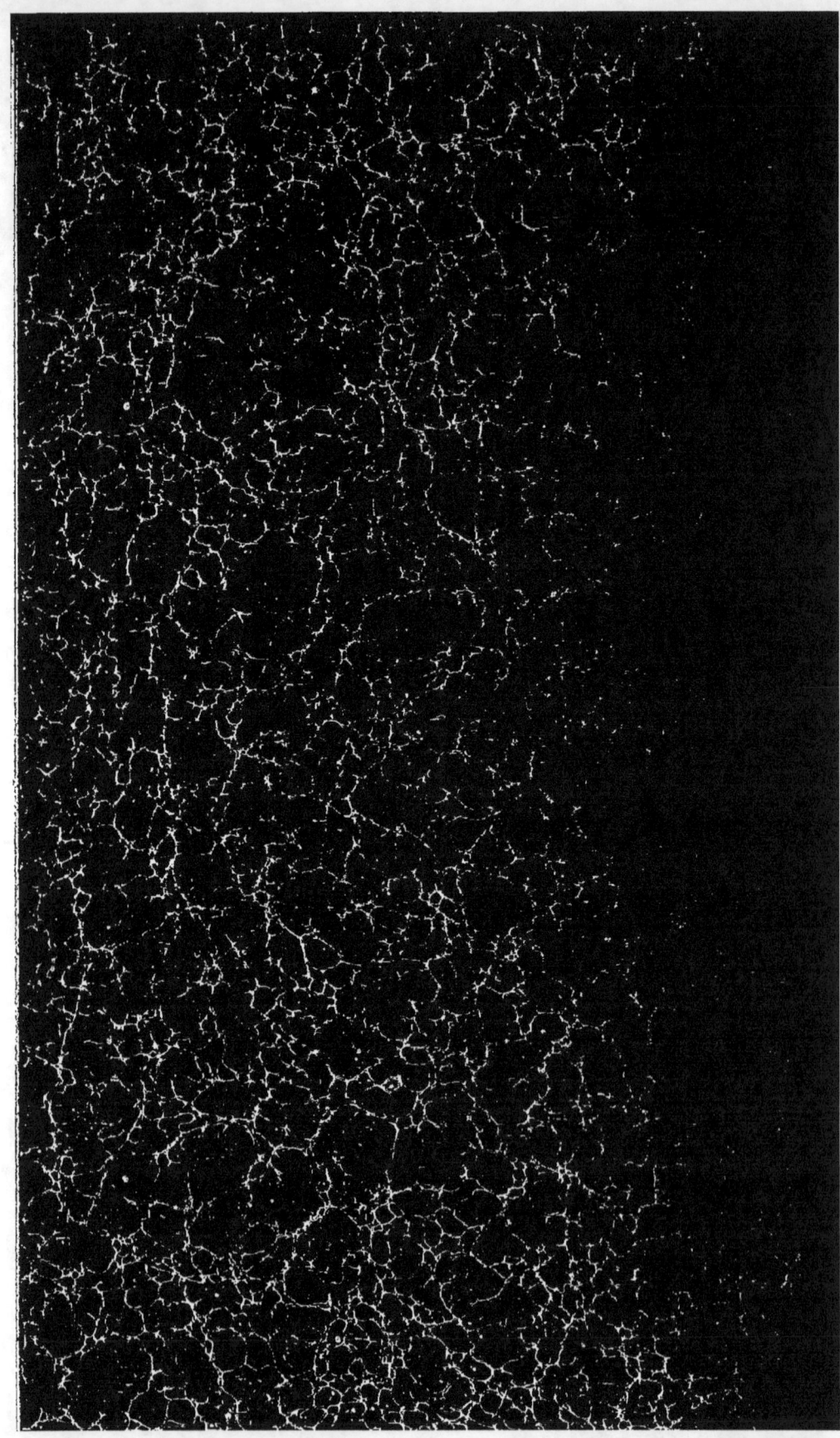

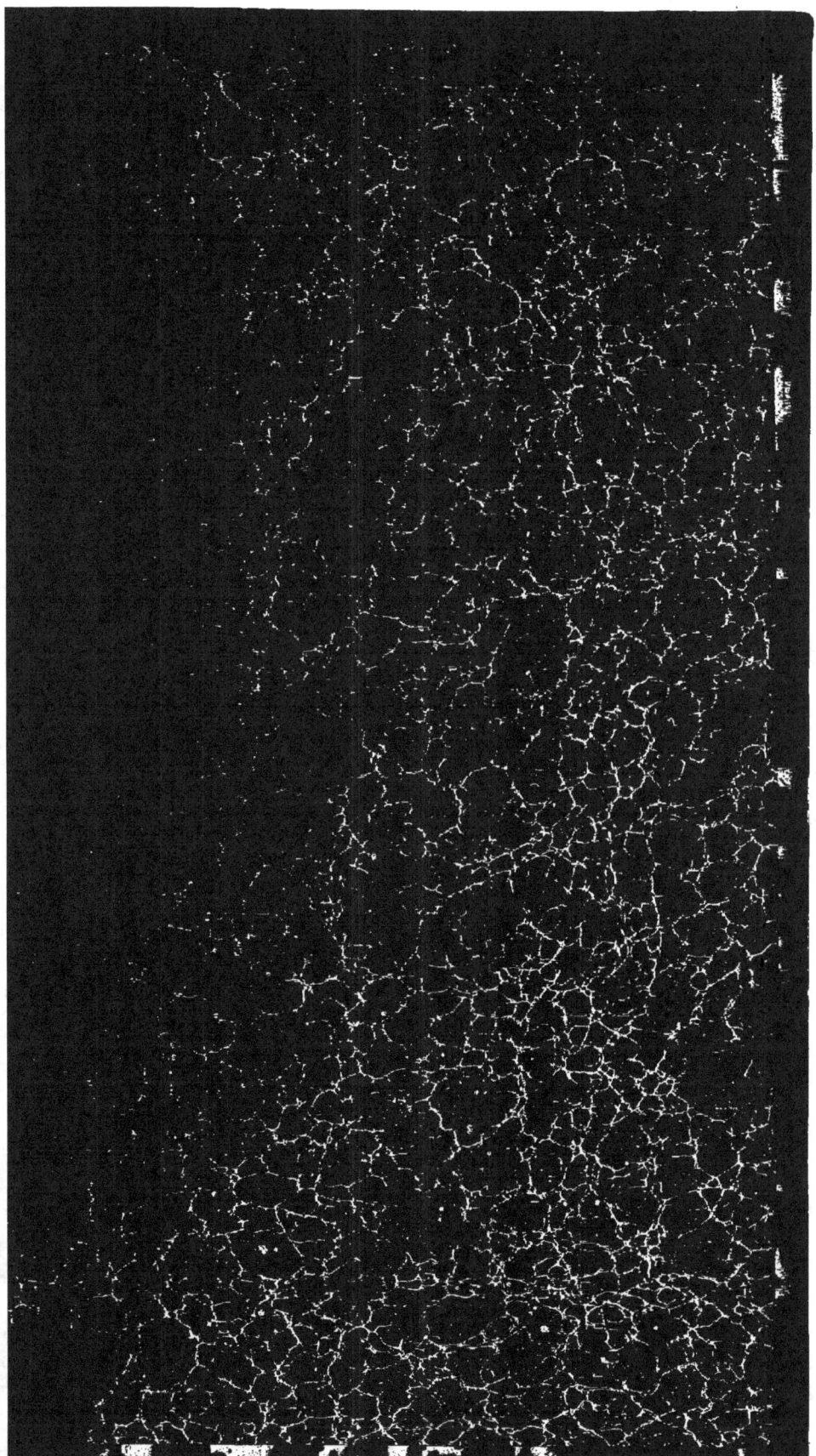

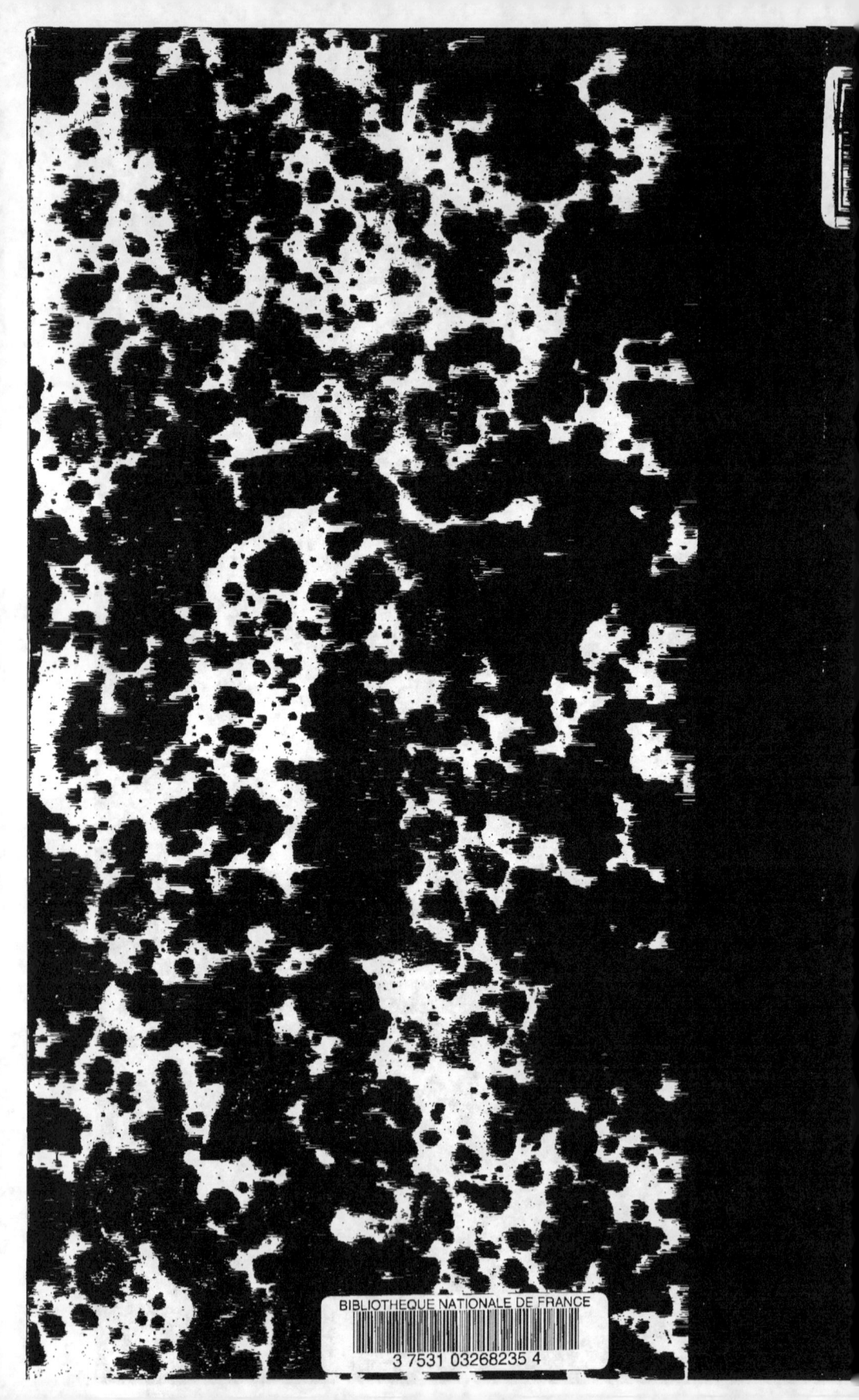

www.ingramcontent.com/pod-product-compliance
Lightning Source LLC
Chambersburg PA
CBHW071900230426
43671CB00010B/1412